广东省优秀社会科学家传略丛书

广东省优秀社会科学家传略

（二）

张知干 ◎ 主编

·广州·

版权所有　翻印必究

图书在版编目（CIP）数据

广东省优秀社会科学家传略. 二／张知干主编. —广州：中山大学出版社，2021.12
（广东省优秀社会科学家传略丛书）
ISBN 978-7-306-06974-0

Ⅰ. ①广… Ⅱ. ①张… Ⅲ. ①社会科学家—列传—广东 Ⅳ. ①K825.1

中国版本图书馆 CIP 数据核字（2022）第 028363 号

| 出 版 人：王天琪 |
| 特约编辑：林洪浩 |
| 策划编辑：金继伟 |
| 责任编辑：靳晓虹 |
| 封面设计：曾　斌 |
| 责任校对：潘惠虹 |
| 责任技编：靳晓虹 |
| 出版发行：中山大学出版社 |
| 电　　话：编辑部 020 - 84110773，84113349，84111997，84110779 |
| 　　　　　发行部 020 - 84111998，84111981，84111160 |
| 地　　址：广州市新港西路 135 号 |
| 邮　　编：510275　　传　　真：020 - 84036565 |
| 网　　址：http：//www.zsup.com.cn　E-mail：zdcbs@mail.sysu.edu.cn |
| 印 刷 者：佛山市浩文彩色印刷有限公司 |
| 规　　格：787mm×1092mm　1/16　19.5 印张　404 千字 |
| 版次印次：2021 年 12 月第 1 版　2021 年 12 月第 1 次印刷 |
| 定　　价：98.00 元 |

如发现本书因印装质量影响阅读，请与出版社发行部联系调换

张知干，男，汉族，1966年7月生，湖南宁远人，中共党员，法学博士。1988年8月参加工作，现任广东省社会科学界联合会党组书记、主席。先后在新华社广东分社、广东省委宣传部、广东省委外宣办（省政府新闻办）和广东省作家协会任职。长期从事党的宣传文化工作，熟悉党的宣传思想文化工作路线、方针和政策，具有较高的政策理论水平和较强的组织领导能力。采访撰写了一大批有影响的重大新闻报道，在《人民日报》《文艺报》《南方日报》上发表了一系列学习领会习近平新时代中国特色社会主义思想的理论文章；策划组织开展了"欧洲及海上丝绸之路沿线国家主流媒体看广东"、2015欧洲摄影师看广东采风活动、构建对外宣传国际网络传播矩阵等重大外宣创新工作；策划举办了"21世纪海上丝绸之路文学发展论坛"、推动广东文学院改革、率先开展重大现实题材创作"攀登高峰"计划、建设广东优秀当代文学作品覆盖全球翻译出版工程等在全国文学界有影响的首创工作；以及策划开展了"广东省决战决胜脱贫攻坚社科普及系列展演活动"、全面改版《南方智库专报》、建设广东省社科类社会组织信息化服务与管理平台、构建广东省哲学社会科学重点实验室等在全国社科界领先的创新工作，为推动广东宣传文化工作走在全国前列做出了积极贡献。

广东省优秀社会科学家传略丛书编委会

顾　问（以姓氏笔画为序）：

　　于海峰　王　创　方　真　朱孔军　李　彬
　　李大胜　李志坚　李惠武　李善民　吴业春
　　吴定海　林如鹏　郑贤操　姜　虹　郭跃文
　　隋广军　曾伟玉

主　任：张知干

委　员：李　敏　叶金宝　曾　赠　李翰敏　李夏铭
　　　　杨小蓉　冯达才　汤其中　姜　波　黄　姗
　　　　汪虹希　胡琼琼

总 序

党的十八大以来,以习近平同志为核心的党中央对哲学社会科学重视程度之高、推动力度之大前所未有。2016年5月17日,习近平总书记主持召开哲学社会科学工作座谈会并发表重要讲话,这在我国哲学社会科学发展史上具有重要的里程碑意义。习近平总书记的重要讲话从坚持和发展中国特色社会主义的战略高度,深刻阐明了哲学社会科学的地位与作用,提出了加快构建中国特色哲学社会科学的战略任务,科学回答了事关我国哲学社会科学长远发展的一系列根本性问题,为新时代哲学社会科学的繁荣发展指明了前进方向、提供了根本遵循。由此,我国哲学社会科学发展迎来了史无前例的重大机遇,掀开了繁荣昌盛的崭新篇章。

广东省委、省政府坚决贯彻习近平总书记关于哲学社会科学的重要论述,鲜明提出"推动我省哲学社会科学事业全面繁荣、走在前列"的新目标、新要求。全省广大哲学社会科学工作者自觉立时代之潮头、通古今之变化、发思想之先声,以走在前列的担当作为,积极为党和人民述学立论、建言献策,涌现出以广东省优秀社会科学家为主要代表的名家楷模群体,在推动我省哲学社会科学事业迈向高质量发展之路的历史进程中生动诠释了广东学人的时代风采和价值担当。

优秀社会科学家群体的集聚与崛起,既是广东学人潜心耕耘、静待花开的必然结果,更是加快构建中国特色哲学社会科学历史进程的精彩呈现。我们编撰这套《广东省优秀社会科学家传略》,主要目的是向第一届至第三届共36位广东省优秀社会科学家致敬,并期盼通过诸位传主卓尔不凡的人生大写意,为广大读者朋友勾勒出一幅正在走向全面繁荣的广东哲学社会科学的盛世图景,以便更好地彰显广东学人风范、传承广东人文精神、增强广东学术自信、扩大广东学术影响力。这套丛书的出版,得到了诸位优秀社会科学家的积极支持,他们贡献个人资料、学术成果、思想智慧以及各种建设性意见,为丛书的编辑出版奠定了可靠厚实的基础。中山大学出版社承担了本丛书的出版工作,组建了精干的编辑团队,认真组织编辑校核。我们一并表示衷心的感谢和崇高的敬意！由于时间和水平所限，丛书难免存在纰漏欠妥之处，敬请读者批评指正。

这套丛书付梓之时，正值全党全国如火如荼深入学习贯彻习近平总书记在庆祝中国共产党成立100周年大会上的重要讲话精神之际，中华民族意气风发，又踏上了新的"赶考"之路。我们期待一切有理想、有抱负的哲学社会科学工作者，积极响应习近平总书记、党中央的伟大号召，自觉以优秀社会科学家为榜样，始终心怀"国之大者"，抓住历史机遇，肩负时代使命，勇于担当作为，接续开拓进取，不断为加快构建中国特色哲学社会科学学科体系、学术体系、话语体系，为广东在新征程中走在全国前列创造新的辉煌，为实现第二个百年奋斗目标、实现中华民族伟大复兴的中国梦做出新的更大贡献。

丛书编委会

2021年10月

目 录

广东省第二届优秀社会科学家　王　珺 ·· 001
　　一、潜心学术　孜孜以求 ·· 001
　　二、学术旨趣与贡献 ·· 017
　　三、硕果累累　桃李芬芳 ·· 027
　　四、勤于耕耘　不断探索 ·· 033

广东省第二届优秀社会科学家　毛蕴诗 ·· 037
　　一、求学之路　别样际遇 ·· 037
　　二、立足本土　成果丰硕 ·· 044
　　三、学科建设　人才培养 ·· 052
　　四、教学科研　心得体会 ·· 060

广东省第二届优秀社会科学家　冯达文 ·· 067
　　一、学术生涯　纯真岁月 ·· 067
　　二、学术探索与成果 ·· 075
　　三、社会影响 ··· 096
　　四、治学感言 ··· 097

广东省第二届优秀社会科学家　胡经之 ·· 100
　　一、学术志趣应时进 ·· 100
　　二、中西贯通为今用 ·· 119
　　三、雅俗共赏启后人 ·· 122
　　四、美学助我创人生 ·· 124

广东省第二届优秀社会科学家　徐真华 ·· 141
　　一、清苦求学，传承治学做人之道 ·· 142
　　二、执着探索，笃行教育家之使命 ·· 148

三、耕耘不问收获，自有一路花香 ………………………………… 164
　　四、格物致知而修身，明德至善而治校 ……………………………… 173
广东省第二届优秀社会科学家　黄修己 ……………………………… 179
　　一、生于战乱：从三坊七巷走进军旅 ………………………………… 179
　　二、负笈北大：激情燃烧的岁月 ……………………………………… 182
　　三、终身志向：踏上研究现代文学之路 ……………………………… 187
　　四、以人为本：不断重写文学史 ……………………………………… 190
　　五、学无止境：现代文学学术史研究的开拓 ………………………… 197
　　六、读两本书：做学问的一点体会 …………………………………… 202
广东省第二届优秀社会科学家　蒋述卓 ……………………………… 206
　　一、求学问学与工作经历 ……………………………………………… 206
　　二、代表性学术研究成果与学术贡献 ………………………………… 212
　　三、学术影响与人才培养 ……………………………………………… 226
　　四、问学与治学心得 …………………………………………………… 230
广东省第二届优秀社会科学家　曾宪通 ……………………………… 235
　　一、个人经历 …………………………………………………………… 235
　　二、耄耋之年　不忘教育 ……………………………………………… 236
　　三、业界享盛誉 ………………………………………………………… 244
　　四、与古文字之缘 ……………………………………………………… 248
广东省第二届优秀社会科学家　戴伟华 ……………………………… 266
　　一、学习经历：二月分明在扬州 ……………………………………… 266
　　二、学术历程：幕府地域诗歌史 ……………………………………… 273
　　三、学术影响：涓流有心归大海 ……………………………………… 293
　　四、心得感言：一滴水珠映大千 ……………………………………… 298

广东省第二届优秀社会科学家

王 珺

一、潜心学术 孜孜以求[①]

（一）潜心求学 投身学术

王珺，1958年10月出生于内蒙古包头市，父亲是河北唐山人，母亲是河北石家庄人。新中国成立以后，王珺的父母响应国家支援边疆的号召前往内蒙古，成为铁路职工。王珺的父亲是一名工程师，母亲则是医院的药剂师，可谓一个小知识分子家庭。王珺上小学的第二年，也就是1966年爆发了"文化大革命"，他的父母都因出身问题受到了一定的冲击。在中学时，因为出身问题王珺错过了一些当学生干部的机会。这件事对他内敛性格的形成也产生了一定影响。那时，学校每年都会把学生的考试成绩公布出来，而王珺在全年级总是名列前茅，这自然引起了老师们对他的关注与喜欢。老师们的引导与鼓励，引发了他对人生的思考与对未来的规

[①] 本部分内容参考王珺、于尚艳：《感恩在怀、淡定于事的"草根学者"——王珺教授访谈记》，载《华南师范大学学报》2015年第6期。

划。王珺在中学时就比较喜欢逻辑性强的东西，1976年，他读了高尔斯基的《形式逻辑》，被形式逻辑的力量深深吸引，于是，他就按照大前提、小前提与结论三段论的方式，照葫芦画瓢地写了一些文章。当时，王珺觉得挺得意的，还向报社投稿，虽然都没有被发表，但这应该算是最初的逻辑训练。这种逻辑训练使他形成了一种习惯，即在做任何事之前都要说出条理来，都要弄清每件事的条理。另外，王珺从小就对数学感兴趣，这也使他养成了比较严谨的思维习惯。

初中毕业后，王珺去了包头市一所小学当代课老师。在工作上，他认真严谨，不愿意让别人说半个"不"字，第一年他就获得了东河区"先进教师"的称号。毕业后，他虽然已经不是学生了，但是他始终保持着看书和学习的兴趣。"四人帮"被粉碎后，作为最后一届工农兵学员，王珺被单位推选到包头市师范高等专科学校（今内蒙古科技大学包头师范学院）读书，当时他和父母都非常高兴。但是，命运却跟他开了一个玩笑，他并未前往包头师范高等专科学校就读。

1977年下半年，我国高考制度得以恢复，对于王珺这一批人来说，是难得的机遇。直到今天，他都一直觉得，高考恢复，给予了他们这一代人新的希望。首届高考，王珺没有上线（只差4分）。在父母的建议下，1978年2月，王珺辞去了代课的工作，专心复习了两个多月，再次参加高考，最终被南开大学经济系录取了。

选择南开大学，主要是因为王珺在呼和浩特铁路一中补习时的老师张永安是南开大学中文系毕业的，他建议王珺报考南开大学中文系。而且当时王珺的报考志愿也是中文系。然而，高考成绩出来后，王珺的政治分数很高，有86分，而语文却只有60多分，数学也才56分。入学后，王珺发现其实很多同学的数学成绩都比较低，有十几分的，还有零分的，而他这个成绩还算是不错的。可能是政治和数学成绩较高，因此王珺被经济系录取了。当时王珺觉得自己是幸运的，尤其是被这样一所享有盛名的学校录取（那一届全国共有550多万人参加高考，仅24万人被录取）。因此，不管学习什么专业，王珺只有一个想法——读书和学习一定是有用的。但实际上，当时王珺对经济学专业并不十分了解，只是听经济系的老师说，经济学专业的毕业生无非是三条出路：一是做老师；二是做理论宣传干部；三是做秘书等方面的工作。但对王珺来说，经济学专业，虽然不比当时流行的"学会数理化，走遍天下都不怕"的硬专业，但是像他这种在高中阶段没有深入学习数理化等学科的，在大学学习这个专业也是比较合适的选择。对于王珺这一代人来说，当时上大学还谈不上根据兴趣来选择专业，许多人的兴趣都是在学习中逐步培养出来的。王珺对自己的经济学专业的兴趣就是在学习与积累的过程中产生的。

20世纪70年代末的南开大学，虽然受到"文革"的冲击，但仍然云集了一批著名的经济学家，如傅筑夫、杨敬年、魏埙、腾维藻、熊性美、李竞能、谷书堂等。当时，这些老师有的为在校学生开设讲座，有的开设比较系统的课程，等等。对于王珺来说，虽然当时这些老师研究的问题与领域他并不一定都能完全理解，但是，他们的研究与治学精神对王珺日后的研究道路产生了深刻的影响。至今王珺仍与其中的一些老师及其弟子保持着联系。南开大学给王珺的印象是学风严谨扎实，注重系统学习，经济系所开设的课程都是从培养经济学人所必需的知识结构的完整性来考虑的，诸如经济理论流派、各国经济历史以及经济分析工具应用等。值得一提的是，南开大学还很注重基础训练，比如，《资本论》及相关原理等课程的学习需要两年：第一年主要是理论及相关原理的学习；第二年主要是对原著的学习，包括《资本论》的第一、第二和第三卷。当时，他与其他许多同学一样不完全理解，为什么学校不用更多的时间来教学西方经济学其他各流派的观点与理论？直到多年以后，王珺才理解了当时重点开设这些课程的用意，即不仅让学生除了反复理解《资本论》及相关原理，还要让学生认真仔细地研读马克思用40年所建构的理论体系及其体现出来的研究方法，如归纳与分析、理论逻辑与历史逻辑、博采众长与辩证思考等。对于一个从事研究工作的人来说，这一套研究方法在如何发现问题、分析问题以及解决问题上是十分有帮助的，也是终生受用的。大学期间，王珺还喜欢跑到哲学系去听辩证逻辑等方面的课程，他说："受知识结构的限制，当时能听懂的（辩证逻辑）并不多，但还是坚持去，努力地体会和吸收，现在想起来，还是颇有收益的。"在学习过程中，王珺总结出了一套提升研究能力的方法，即在思考经济问题时，主要是要参考各学术流派中大家们的观点，体会大家们各自的独特魅力与研究风格，尤其是思考他们的理论观点是怎样推理出来的，搞清楚他们的思想、理论与观点之间的联系和区别。所以，王珺喜欢研读原著。他认为，与教科书相比，读原著的好处不仅能更好地理解原著作者所阐述的道理与观点，而且可以看到他是如何阐释和论证自己观点与逻辑的，从中发现他与其他学者的不同视角。

据王珺回忆，当时南开大学1977级和1978级两届学生除了必要的体育活动，诸如排球等，其他的课外娱乐与业余活动相对较少，大部分人都把主要精力放在了学习上，这可能与当时的社会氛围及学生来源有关。那时，大多数人的普遍想法就是，把失去的学习时间夺回来，每个人都很珍惜这样的学习机会，所以，只要有点时间，同学们就用来读书与讨论。当时大部分同学早上6点就起床了，然后去操场一边跑步一边背英语。在学习中，除了讨论学到的一些基础理论与知识外，一些有工作经历的同学更多地会关注国家政策、体制改革等方面的现实问题。王珺认为，他们这一代人不论走到哪个工作岗位，都会更多地关心有关国家层面的发展战略与政策体制等方面的问题。在当时的社会环境影响下，他们这一代人都会有一种自然形成的"修身、齐家、治国、平天下"忧国忧民的责任感。王珺的同班同学中，后来成为知名学者的有伍晓鹰、张春霖、佟家栋、柳欣和马君潞等。刚恢复高考的那几年，大学里学生的年龄跨度很大，比如王珺身边的同学，有的16岁，有的31岁，而且生活阅历差异也比较大。根据年龄，同学们自然而然地分成几组交往群体，年龄由高到低被称为"大帮子""中帮子"和"小帮子"。王珺属于"小帮子"（1978年南开大学经济学系的58名学生的平均入学年龄是23岁，王珺是20岁），但他相对老成、有主见、性格直爽，在三个"帮子"里都有一定的影响力。

大三后,他担任了班里的团支部书记,积极参与班里的公共事务。同时,王珺还积极参加系里的一些课外学习和科研活动。1978年底,南开大学经济系学生会创办了一个小报——《经济初学》(半月刊),这件事当时在学术界还产生了一定的影响,中国社会科学院经济研究所主办的杂志《经济学动态》在1979年第1期对此进行了报道。《经济初学》创刊时每期8开纸两版。创刊号刊登了近20篇短文及报道,作者大都是经济系的学生,旨在促进同学们一边学习一边对经济改革热点问题进行讨论。创刊号上刊登的署名特约评论员的文章说:"我校是周总理的母校,我系是全国高校中基础最好的经济系之一,我们应对我国经济科学现代化作出较大贡献,我们应和北大、复旦、厦大等校经济系来一个比赛,看哪个学校在新时期出的经济学人才最多最好。"《经济初学》的创刊号还全文刊登了著名经济学家于光远给南开大学经济系同学的复信,该信也作为《经济初学》的"代发刊词"。① 王珺也是该刊的活跃人物之一。大三那年,王珺担任了《经济初学》主编,这对他的经济学研究也产生了积极影响。在大学即将毕业时,他光荣地加入了中国共产党。

本科毕业以后,王珺于1982年9月考入中山大学经济系攻读硕士研究生,开始了他与广东的数十年情缘。在攻读研究生期间,他师从卓炯教授、雷强教授、张志铮教授和汤其高教授。当时中山大学经济系新建的时间不长,因为原来的中山大学经济系是"文革"期间停办的暨南大学把包括经济学在内的许多专业整建制地迁入中山大学的。"文革"结束后,暨南大学复办,经济系的大部分老师都回到了暨南大学。于是,中山大学从当时的公共课教研室抽调一些专业教师,并从各地调入了一批专业骨干教师,重新组建了中山大学经济系。而中山大学经济系的组建恰逢广东省作为"特殊政策,灵活措施"的开放前沿省份之一,四个经济特区中有三个位于广东省境内,究竟如何率先改革与开放?这给经济学者们提出了许多亟待研究的重大理论与实践问题,如对经济特区定位的讨论、经济特区货币发行等问题。这样,中山大学经济系在建设初期就天然地注重广东实践,教师与学生都不是"两耳不闻窗外事,一心只读圣贤书",而是努力关切回应现实,例如很多老师都积极参与社会实践与政府咨询活动。在这种情况下,当时中山大学经济系的老师带研究生外出调研的机会很多,比如,对经济特区所有制、市场价格、企业承包制、劳动力市场化与工资改革等方面的实地考察。这都让王珺对广东的改革实践有了更多的了解与认识,并从现实的视角来思考经济理论问题,而不是从理论中来再到理论中去。王珺认为,在中山大学攻读研究生是十分幸运的,作为一个经济学者,身处改革开放的最前沿,新的实践为理论研究提供了广阔的空间,这个历史机遇是可遇不可求的。如果说在南开的本科岁月,重视基础理论与方法等方面的研究氛围锻炼了王珺的严谨思维,那么,在中山大学攻读硕士的三年,王珺跟着老师一起深入实践调研则培养了他对现实的敏锐洞察力。

---

① 王德:《南开大学经济系学生会创办〈经济初学〉小报》,载《经济学动态》1979年第1期。

读硕士研究生的三年时间让王珺对学习与生活有了更多的感悟。其中之一就是对研究生学习特点的理解。王珺总结了中学、大学本科阶段与研究生阶段之间的学习差异。他认为中学阶段的学习更具有被动性特点，也就是说，根据老师围绕着课程布置的问题来完成作业，而大学本科阶段学习的主动性会更强一些，即在大学本科阶段，学生围绕专业的具体问题，需要查阅更多的参考文献，从不同的视角进行更深入的理解，所以，学习效果的差异不局限于对教科书的简单理解，而需要对广泛的参考文献进行把握。一个学生在某个专业问题上参阅的参考书目越多，他对这个专业问题的理解可能会越深入。如果说本科阶段更多地体现了共性学习的特点的话，那么，研究生阶段的学习就更具有个性化特征。因为这个阶段主要是围绕导师布置的专题以及个人感兴趣的学术问题展开更具专业性的研究，所以每个研究生之间关注的重点理论与现实问题也就不一样了。此外，王珺深刻地体会到完成并发表具有一定创见性的研究成果不是一件容易的事。中山大学《研究生学刊》创刊不久，许多研究生都以在《研究生学刊》上发表文章而感到自豪，这表示自己的努力得到了学术界的认同，按照经济理论的说法，这算是个人努力转化为社会必要劳动的"惊险一跳"。王珺结合调研的体会，也写了一篇有关深圳经济特区工资分配的文章，并刊登在1984年第4期的《研究生学刊》上。欣喜之余，他感觉到，撰写文章时认为的"有火花的思想"内容，写出来的内容却并没有多少闪光点。再与别人发表的文章相比，没有写出来之前，总觉得自己的理解更深刻一些，但是，写出来后也没有明显体现这一点。这就是说，与其他许多同学一样，在研究初期存在着一个通病——眼高手低，即没有更深入地理解别人文章的思想与观点，只觉得自己的认识与理解会更深刻一些。当把自己的想法写出来后才发现有许多遗憾之处，这就是功力的差距。如何拉近眼与手之间的距离？唯有多写、多积累与多练习。经过研究生阶段的不断学习、思考和练习，王珺逐步明白了做研究与写文章是不一样的，做学术性研究需要先展开调查、收集数据与阅读文献，了解理论进展与争论问题，然后提出问题，给出自己解决这个问题的方法与思路，并代入数据进行证明等。所以，研究的结果是写学术文章的起点。虽然研究的成果是通过文章的形式显示出来的，但是如果没有研究是写不出来的。这是学术性文章与其他文章的不同之处。如果能较早地明白这两者之间的区别，即把自己的大量精力、时间放在先做研究后写论文上，而不是把精力放在如何写文章上，就能少走弯路。这个启示对他以后的研究工作产生了重要的指导性影响。

1996年，王珺开始在中山大学攻读在职博士学位，师从我国著名管理学家、中山大学管理学院毛蕴诗教授。此时，他已经做了三年的教授，取得了比较丰硕的研究成果，也产生了一定的学术影响，并作为访问学者从哈佛大学回到了中山大学。在许多人看来，这时再去读博士没有太大的必要，但他通过出国学习更多地看到了自己与国际一流大学学者之间在研究方法、理论视野与数据使用等方面的学术差距，希望通过更深入、更严格的训练和考验，进一步提升自己的研究水平与学术能力。在导师的指导下，同时也受在哈佛大学访问与学习交流的影响，王珺将研究的主要方向集中于经济转轨过程中国有企业的改革问题，通过与导师的多次讨论，最终确定"小题大做"的主题，即以国有企业经理角色转换为研究对象。在攻读博士学位期间，王珺定期参加由毛蕴诗教授组织的关于企业制度与企业家的专题研讨，这对他研究国企经理人的理论与实践有重要的推动作用。围绕这个主题，他完成了多篇高质量的论文，且都发表在《经济研究》等权威杂志上，在国内经济学界引起了较大的反响。经过努力，王珺完成了博士学位论文《企业经理角色转换中的激励制度研究》，并取得了优秀的成绩，最终于 2000 年 12 月通过了博士学位论文答辩，于 2001 年 6 月获得了博士学位。博士毕业后，王珺在博士学位论文基础上修改扩充的专著《企业经理角色转换中的激励制度研究——兼论国有企业"官员型经理"向企业家型经理的转变》于 2002 年由广东人民出版社出版，此书先后获得了教育部和广东省的多项奖励。

（二）数度负笈海外　学成满载而归

1985 年研究生毕业后，王珺留校任教，两年以后被评定为讲师。当时，中山大学经济系的起步时间不长，而且各方面都需要人手，对于年轻人的培养学校是特别重视的。据王珺回忆，当时，一位经济系的领导曾对刚留校的年轻教师说过，要趁着年轻多读一些书，有机会还要出去进修，目前一些具体的行政工作，我们这批人多承担一些，等你们回来，再接班。他们是这样说的，确确实实也是这样做的。1985 年 11 月，王珺刚留校几个月，经济系就安排他到当时教育部在中山大学设立的英语培训中心进行脱产学习，时间是三个学期。那时候正赶上出国留学潮，许多刚刚毕业的大学生都想去国外留学。这是因为，一方面，中国刚刚改革开放不久，大家看到了我们与国外在科技教育与经济水平上的较大差距；另一方面，中国亟须加快经济建设，这需要更多更新的思维、思路与工具，特别是人才。对于经济学科来说，除了马克思主义的经济理论外，当时被习惯地称为西方经济学也开始为国内经济学者，特别是年轻学者所关注。但是，当时国内系统地学习与了解西方经济学的学者不多，而且新中国成立前这些学者大多数是受过这方面的训练的，或在国外受过教育后回国的。新中国成立以后，苏联教科书的理论体系长期居于经济研究的主导地位，对西方经济学熟悉并系统地了解的人并不是很多。所以，当时的经济研究被戏称为"80 年代与 40 年代的学者结合"。20 世纪 80 年代初期，中国社会科学院通过举办培训班的方式邀请了当时国际上一批著名经济学家来华讲学，国内经济学者也开始越来越多地接触到现代西方经济学的一些理论观点与分析工具。但是，当时许多国内经济学者所了解的这些观点与思想，基本上是从这些接受过培训的中国社会科学院学者发表的观点中间接得到的。王珺当时就想，与其间接地获得这些理论观点与工具，不如直接接触和了解。所以，从英语培训中心毕业后，他决定到国外学习进修。

1987年，王珺通过了教育部选派学者的英文考试后，按照教育部安排，赴上海外国语大学参加为期半年的出国前英语培训之后，于当年10月前往英国的莱斯特大学（University of Leicester）经济系进修发展经济学，师从印度经济学家苏布拉塔·贾塔克（Subrata Ghatak）。在英国留学的一年里，王珺更多的收获不是来自听课，因为课堂上的一些内容他听得一知半解，他认为与其多听课，不如泡在图书馆里看书。当时，他是带着外向发展的研究课题去的，围绕这个课题，通过电脑查找了相关的文献后，他发现许多文章与专著都引用了同样的几本书，这几本书可能就是最重要的文献，于是，他借来精读。有些书在学校图书馆里还没有，他便利用"图书馆馆际互借系统"（inter-library loan）来借书，这样，借阅就不受莱斯特大学图书馆藏书与杂志的限制了，仅在莱斯特大学办理借阅手续，就可以借到其他图书馆的书籍，而且基本上在一至两周之内就可以拿到。利用这个系统，他把与课题有关的经典文献都借出来研读，并将"二战"以后发展中国家贸易和工业化发展理论与战略的整个脉络都梳理了出来。在此基础上，他还提出了一些关于外向经济理论的问题，并与指导老师进行了多次讨论。

在英国访学期间，通过研读相关论文，王珺感受到学术论文规范化的重要性，比如，发表的文章往往都有四个部分，即引言、理论模型、数据实证与结论。这四个部分就可以让读者清楚地知道，你研究的问题是什么，你是在什么样的基础上开展研究的，你是如何从理论上论证这个问题的，你是用什么样的数据去证明你的这个观点的，最后你得出了什么样的结论。在这个研究框架中，读者对你的这篇文章的贡献一目了然。在今天看来，这些都属于做学问的基本常识，但是，对于当时的国内经济学界来说，这还是很新颖的。王珺试着用这套方法来训练自己，先模仿这种形式化的方法，把自己关注的问题与内容代入，不懂的地方就请教指导老师。通过摸索，他明白了做经济理论的研究应该从哪里入手，如何带着问题查阅相关的参考文献，怎么寻找与处理数据，如何形成自己的研究框架等。在英国访学期间，他深刻地感受到做研究的结果是写论文的起点这个道理。按照这种方式，王珺在英国访学期间收集了有关发展经济学中关于工业化与贸易发展等方面的大量文献，并初步形成了一些理论观点。一年后，他如期回到了中山大学，并承担了本科生与硕士研究生的发展经济学课程。1991年，他在国内经济学领域的权威期刊《经济研究》上发表了学术论文。1992年他又完成了第一部专著，即《外向经济论》，之后还获得广东省第四届社会科学优秀成果奖著作类一等奖。当时，他是这个奖项最年轻的获得者。1991年3月，王珺被破格提拔为副教授，1993年10月又破格晋级为教授。

1993年，王珺获得岭南基金会的资助，在哈佛大学傅高义（Ezra Feivel Vogel）教授的帮助下，于1994年2月，王珺作为访问学者前往哈佛大学费正清东亚研究中心进行学术访问。在美国访学初期，他试图采用类似在英国访学时的方式，将大量的时间泡在图书馆里埋头做自己的研究,但观察后发现,如果这样做,那就太浪费哈佛大学的资源了,用经济学的话说,机会成本太高。因为与英国的一些院校不同,哈佛大学每天都有非常多的学术讲座,演讲者都是来自世界各国的政要、顶尖学者、知名记者及著名企业家等,这是不可多得的资源与机会。比如,费正清东亚研究中心的公告栏每天都是排得满满的研讨会——从周一到周五,从早上9点直到下午5点,几乎天天如此。由于费正清东亚研究中心的研究领域主要集中在东亚地区,因此,这里的演讲者主要来自中国,以及韩国与日本等。当时,王珺以为学术交流繁荣的现象可能只是费正清东亚研究中心特有的,但是到了哈佛大学其他研究机构之后,他才明白学校大体上都是如此。听了一段时间讲座后,他发现,虽然这些讲座都很有冲击力,并开阔了他的学术视野,但是,讲座之间并不能形成系统,这对整体了解一门课程是不够的。于是,他选了经济系一些博士研究生的课程,诸如"转轨国家的经济转型研究",这是一门由多个著名学者讲授的专题课程,如麻省理工学院的布兰查德(Olivier Blanchard)教授、哈佛大学经济系的萨克斯(Jeffrey D. Sachs)教授、哈佛大学的科尔奈(Janos Kornai)教授以及世界银行的经济学家盖尔布(Alan Gelb)等。他也选了由萨克斯教授主讲的"中俄经济史比较"以及施莱佛(Andrei Shleifer)教授开设的"俄罗斯经济转轨"的专题课。这些课都是没有教材的,每个教师上课的教案都是根据自己的研究论文编写的。换句话说,研究是授课的基础,没有研究,教授也不可能走到这个讲台上来。他在那里深切体会到"每篇文章都有自己的贡献"的真正含义。而且,无论多大牌的教授,上课都是十分认真的,讲授提纲、阅读参考、讨论问题等在教案中一应俱全,十分完整。此外,他们讲授的内容都是紧扣实际的,这个实际就是当下的全球经济与政策大事,然后对其进行评价、分析与预测。研讨会具有全球视野,无论是教师讲授,还是学生提问题,都关注全球范围内发生的大事件,关注这些事件预期性的全球影响等,而不局限于某一个国家或一个国家某个历史阶段。这种授课的启发性很强,所以,在课堂上,师生互动非常活跃,而且理论和实践结合得特别紧密,特别注重对事件的结果进行多种情况的预测分析。

此外,他也参加了由戴慕珍(Jean C. Oi)教授组织的"中国经济转轨专题"研讨会,与哈佛大学研究中国问题的学者共同讨论。总之,对于国际一流大学教师授课的风格,他耳濡目染,这也对他回国后开设的课程内容与讲授方式产生了重要影响。回国后,他按照这种"套路"为中山大学岭南学院的研究生和本科生开设了"转轨经济学"的专题课。学生们的反馈是,王珺的专题课无论是形式还是内容,都有一些新颖之处,具有启发性,更接地气,因此他的课备受学生的欢迎。在研究上,求新求特是哈佛学者的研究共性,无论是各自的研究视角,还是为证明观点而收集与处理数据和实例的特殊方法,概莫能外。

2004年,王珺获得了学校推荐申请富布赖特基金的访学机会。王珺决定去美国麻省理工学院(Massachusetts Institute of Technology,MIT)。一方面是MIT位于波士顿剑桥市，与哈佛大学同在一个城市。10年前王珺在这个城市居住过，对这个城市有一种特殊的感情。波士顿是美国的学术之城，有60多所大学聚集在此。此外，与美国的其他城市不同，波士顿也是一个比较集约的城市。比如说，在波士顿几乎不需要开车，地铁与步行结合就可以到达波士顿的任何地方，所以，美国人也将波士顿称为"步行的城市"（walking city）。再有，作为新英格兰地区的一个城市，波士顿保持着英格兰的一些传统风格，如MIT与英国莱斯特大学的风格有相近之处。还值得一提的是，2005年，在美国各大学的专业评估中，MIT的经济系与芝加哥大学的经济系并列排在美国高校经济学专业第一位。另一方面，MIT的斯隆管理学院与中山大学岭南学院开展了工商管理项目合作。当时，MIT的斯隆管理学院与中国三所大学的管理学院进行合作办学，即清华大学管理学院、复旦大学管理学院以及中山大学岭南学院。这种合作方式主要是三所大学的管理学院在三年之中安排20名教师到MIT接受培训，回国后开设相关的课程。基于这两方面的原因，王珺选择MIT作为第二次赴美访学的学校。这一年，他携夫人和女儿一同前往美国，并住在MIT校园里。

在MIT，王珺所选的课程有两个方面，一是选修了商学院开设的相关课程，因为他的访学安排被列入MIT商学院与岭南学院的合作培训项目。此外，这些课程的实践性较强，绝大多数学员是来自世界各地的知名企业家，与他们的互动和讨论十分精彩。二是选修了经济系的一些课程，诸如霍姆斯特罗姆（Bengt Holmstrom，2016年诺贝尔经济学奖获得者）主讲的"组织经济学"，阿西莫格鲁（Daron Acemoglu）、罗宾逊（James A. Robinson）等人开设的"制度与经济发展"课程等。他还参加了由哈佛大学经济系哈特教授（Oliver Hart，2016年诺贝尔经济学奖获得者）牵头组织的哈佛大学经济系与MIT经济系部分教师共同参加的"产业组织理论"研讨会，讲者一般先用大约40分钟左右介绍自己的研究成果，然后大家一起讨论。无论是年轻学者还是负有盛名的老学者，只要提出一个新观点，就会被"横挑鼻子竖挑眼"，若没有新的观点与方法就没有人捧场。王珺觉得，这种氛围对学术进步是十分重要的。同时，他也感受到MIT的学者视野很广，对世界各国的历史与现状似乎都比较熟悉，一些小国的史料与发展案例随口就来。他认为，随着科技进步的加快与运输、通信条件的大幅度改善，"地理空间"日益压缩让世界变成了地球村。作为一名社会科学研究者，要像MIT的学者一样，把世界各国发展的过去、现在与未来都放在我们研究的视野内。从MIT回来后，王珺多次谈到，对于陈寅恪所说的"自由之思想，独立之人格"他有了更深刻的理解，即学者要有独立的思想，尤其是独立的批判精神，这也是他的追求。陈寅恪游历了十多个国家才发出此番感悟，王珺也走访了许多大学以及学术重镇，用心揣摩，才加深了对这句话的理解。

三次出国访学的经历给了王珺不同的体会。如果说，在莱斯特大学经济系的访学让他明白了规范的学术训练是做研究的基本门槛，理解了什么是一篇规范的论文，了解如何完成一篇规范论文的写作，以及学术研究应从哪里入手的话，那么，哈佛大学的学术研究活动让他体会到如何推陈出新，怎么形成一个出新思想的环境与氛围，如何找到一些令人意想不到又符合情理的新论据。而MIT商学院的研究活动除了与哈佛大学相近，也给予王珺更多的直接参与互动与讨论的机会。确实，在美国这两所全球一流的大学中，他见到了许多世界顶尖的经济学家。在那里，王珺也大致了解了他们的研究方向，以及研究方法等。回国后，一些教师和学生请他谈出国的感受。他经常把出国访学戏称为"看猪跑"，这来源于"没吃过猪肉，还没见过猪跑吗？"这句俗语，意思是出国学习就是看看这些世界顶尖学者都在干什么，或者说，他们是如何做研究的。由于当时国内外经济学研究范式的差异，以及国内学者在知识结构及训练经历方面的限制，国内经济学的发展与国际前沿还有明显的差距。对于大多数国内经济学者来说，要在短时间内达到世界顶尖学者的高度，并做出同样水平的成果还很难，正是由于存在这样的差距，我们才需要更近距离观察他们的研究活动、了解经济学的前沿动态，以及他们在具体领域中所做的开拓性工作。因此，观察、模仿与交流也是拉近学术研究距离的一种方式。在王珺看来，这个"看猪跑"的经历使他对如何开展研究有了更深入的理解。当然，不得不说王珺是幸运的，如果没有中山大学始终如一地对年轻教师的培养与推荐，他就得不到这样的机会。所以，王珺特别感谢中山大学以及中山大学岭南学院，感谢岭南董事会的一批老先生们对教育事业无私奉献的精神以及对岭南学院持之以恒的支持，这使很多年轻学子获得了出国深造与学习的机会。从北到南，从中国到英美，王珺在多样的文化学术融合中逐渐确立了自己的学术研究坐标。他深有体会地说："我们不能闭门造车，一定要坚持开放，开门搞研究，把握世界潮流，学习、比较、吸收世界各国优秀学术文化成果，为我所用，创新发展。"

2006年，在麻省理工学院

（三）学术孜孜以求　工作尽职尽责

　　凡是了解与熟悉王珺的人，都对他有一个大致相同的印象，那就是他喜欢读书、乐于思考、勤于写作。如果说，年轻时代在南开大学，王珺是为考试而读书和为梦想而读书，那么，工作后他从事的职业又是以研究与教学为主的大学教师，就更离不开看书做研究了。为研究和备课而读书，几十年如一日，使他养成了一种读书思考的习惯。从中山大学到广东省社会科学院，王珺办公室里的书架上总是摆着满满的书籍，办公桌上也都堆满了书籍和资料。他的公文包里总是带着一本书，无论走到哪里（比如在出差的飞机上，在休息室、酒店等），只要有时间他就会翻几页看看，真的是手不释卷。他看的书绝大多数与专业有关，当然，有时也会带上一些需要评审的项目书籍等。在广东省社科院工作期间，他基本上每个周末都会回到办公室。许多人不理解，出于关心地提醒他，不必每个周末都加班，没有必要把自己搞得太辛苦吧。他也半开玩笑地回答，周末没有人打扰，这个时间干什么事情都没有看书或看文件的效率高。开始时，他一回办公室，司机和办公室的相关人员也会跟着回来。他觉得这样不好，不能让别人也跟着自己一样不能休息，于是，王珺直接对他们说，"这不是加班，你们不用回来"。所以，在广东省社科院，大家都形成了这样一个共识，"找王院长商量工作与业务时，如果平时找不到他，那么周末就到他办公室找他，一般都会找得到"。在与学生和同事讨论学术问题时，他调侃较多的一句话就是，现在最苦恼的事情——出书的速度比看书的速度快。走上领导岗位后，行政管理工作占用了他的大量时间。面对这种情况，周末一有时间，他就会约一些弟子或搞研究的同事来讨论学术问题。他经常这样说，"现在我没有更多的时间看书，那么我听你们说，近期读了什么书，哪些是很值得精读的，然后我再去有选择地找来看，至少要跟得上你们研究的动态"。事实上，这种师生互补、教学相长的做法已成为他的研究团队的一种风气。总之，从他的工作与生活的安排中可以看出，读书与思考不仅是一种习惯，也成为他生活乐趣的一部分。所以，几十年来，他一直保持着对学术研究的兴奋度，讨论学问也总是兴致勃勃的，从不感到疲倦。

　　虽然王珺偏好读书，但是也没有给人一种书呆子的印象，因为他对"往下面跑"也很有兴趣。王珺经常跟学生们谈及自己的体会："每次调研都发现一些新问题，如果现有的理论没有答案，研究这些现实问题本身就留下了理论提炼与构建的空间，这让我觉得这个过程很有魅力。"在王珺比较有建树的领域中，如劳动工资改革、外向型经济、企业理论以及产业集群等，无一不是在大量调研的基础上通过理论提炼与分析形成的成果。在大学任教期间，一方面，王珺只要有时间就会主动联系熟人、朋友以及学生开展实地调研；另一方面，社会上的一些研究机构、政府部门以及基层单位也愿意找他来研究当地的现实问题。因为他们觉得王珺既有广阔的研究视野，又十分接地气，而且由他所提出来的一些建议具有可操作性。所以，在大学教师中,他承担的地方政府决策咨询课题也是比较多的。

40岁以后,王珺承担了许多管理和领导方面的工作。1998年,王珺担任中山大学岭南学院副院长;1999年,王珺担任中山大学校长助理;2008年初,卸任校长助理工作后,王珺到与研究工作相关的中山大学社会科学高等研究院担任院长;2009年,中山大学和广东省委政策研究室合作共建了中山大学广东决策科学研究院,王珺担任常务副院长;2012年初,王珺服从组织安排,调入广东省社会科学院任副院长,2014年任院长;2019年3月,卸任社科院院长的同时,王珺担任了广东省政协经济委员会主任。从事管理后,王珺的工作性质有了一些变化:在研究与管理工作上,要更多地关注管理工作;在研究工作上,要更多地关注年轻人的培养工作。他认为,一方面,个人的兴趣要服从国家的需要,这是个人获得成就的最大平台。一个人再有本事,没有这个平台,施展的机会也是有限的。相反,有了这个需求,个人就可能会释放更多的潜能。另一方面,人的精力是有限的,当人把时间投入这个方面,在其他方面的投入自然就减少,必须学会根据自己的优势进行选择。虽然直接进行实证性研究减少了,但是,他认为自己的学术判断力还是存在的,这可以帮助年轻人在学术上获得成长。在广东省社科院任职期间,王珺着力推动社科院从策略型智库向战略型智库转型的二次探索,努力构建具有学术影响力、决策影响力与社会影响力的国家新型智库,取得了一定的效果,广东省社科院发展进入快车道。

在学者和管理者之间如何转换角色,王珺也在不断摸索。在大学工作时,他主要看一些学术研究的专业书籍,后来,随着工作性质的变化,他开始进行"思想武装",看一些关于管理的书籍。时间就这么多,不可能两全,只能有所取舍,工作性质有了一些变化,那就要把管理工作放在更重要的位置上,因为学问毕竟是个人的事情,而行政管理工作则是一个单位整体的事情。因此,王珺不仅仅是一名学者,更是一个单位的领导者与管理者,这是一份责任。而且,以他的性格,不管做什么工作,只要承诺下来,就一定会尽自己最大的力量做好。不愿让人在背后指指点点,这就是王珺的价值观与世界观。所以,在他看来,人生的不同阶段有不同的任务,每个阶段都要完成好,才能算是精彩人生。

到广东省社会科学院工作后,王珺面临着从理论研究向政策研究的转换。在中山大学当教授时,他重视理论研究,推陈出新。到了广东省社科院,他不仅要关注理论研究,更要重视应用性的政策研究;不仅要做好自己的研究,更要推动整个社科院的团队研究发展;不仅要千方百计地提高研究成果的质量,更要重视研究平台与团队的建设。在处理这些关系时,首先要解决好社科院的研究定位问题。换句话说,社科院究竟与大学以及政府职能部门的研究机构有什么样的区别?经过几年的摸索,他提出了这样的看法:如果把基础研究到对策研究看成一个链条,那么,大学的研究是处在上游和前端,这是以基础研究为主的;政府职能部门的研究是下游和后端,这是以对策研究为重点的;而社科院的研究则应处在两者之间,那就是基础研究与政策研究的结合和转化。如果集中力量做基础研究，既不是社科院的优势，也不符合社会，特别是政府的要求；如果集中去做政策研究，不仅做不过职能部门，也容易与这些部门"抢饭吃"。社科院要以中长期的战略研究为重点，突出前瞻性与战略性，既需要基础研究做支撑，又为政策研究提供依据。这样，相互错位发展，竞争性就变成了互补性。他认为："过去很多年，大学、政府职能部门以及社会上的研究机构等之所以出现研究成果大致雷同的倾向，主要是因为我们既没有把理论和政策很好地区分开，也没有把各研究机构在研究链上的位置梳理清楚。"他解释说，理论就是研究事物的内在联系和因果关系，重在道理；政策就是在了解事物的前因后果以后寻找解决问题的办法，重在针对问题提出对策建议。同时，各个研究机构在研究链上的分工是不一样的。对于社科院来说，既要了解理论的动态，也要知道政策的重点，更要熟悉实践的进展。只有这样，才能把握好势与时，也才能更好地做一些前瞻性预断。他的这种看法得到了时任广东省委宣传部部长傅华的认同。

本来，人生是一个不断选择的过程。但是，在王珺的职业生涯中，一路走来在选择上好像并没有刻意耗费多少心思。比如说，考大学时，他听从了中学老师的建议，报考了南开大学，结果如愿被录取；大学毕业时，经济系的研究生导师希望他报考本校，但当时的女朋友（也就是后来的妻子）提出，广东处于改革开放的前沿，位于广州的中山大学可能会提供更多的发展机会，于是，他报考了中山大学经济系的研究生，并如愿以偿；研究生毕业时，许多前辈劝他，有本事的少林人都是在少林学艺，然后再打出少林的。这其实就是建议他，毕业后到社会上打拼，才能有更好的发展。但是，当时中山大学经济系系主任对他说，正在复办的经济系急需教师，希望他留校。他跟父母商量后，听从学校的安排留校工作了。在中大干了20多年后，广东省社会科学院的一位领导询问他，能否出来干，可能平台更大一些。他思考了几天，欣然答应调入社科院工作。王珺的哥哥曾对他说："在家庭、事业与工作等方面好像你都没有怎么费过神，好像是命运事先安排好的。"他对自己的经历则是这样理解的：一是不管做什么事情，一定要下功夫，让组织和领导感觉到任何事情交给他做都比较放心。换句话说，机会不是天上掉下来的，而是自己用行动争取来的，或者说，自己的行为本身就孕育着下一次机会。二是要对帮助过自己的人与组织始终怀有感恩之心。三是遇到不尽如人意的事情时，不过多地纠缠其中。最让人怀念的不是曾经取得的成绩带给王珺的喜悦，而是失败带来的教训以及挫折形成的历练。谁也不可能每次努力都能达到预期的结果，若达不到，也绝不气馁，因为这些积累可能对下一次有所帮助。

（四）温馨幸福家庭　相伴共同进步

谈到王珺每一个研究上的进展、每一个工作上的成绩和每一次事业上的进步，都不得不提及他的爱人与家庭。按照他的说法，假设每个人的聪明程度一样，如果你比别人进步快，那么，这就意味着你的投入比别人多。这个投入主要是指当别人在以儿子、丈夫与父亲的身份尽职尽责地陪伴亲人时，你却把更多的时间用在了工作与研究上。显然，没有家人的理解与支持是做不到这一点的。应该说，王珺在事业上的发展与进步离不开他的妻子与家庭的默默奉献。

王珺的妻子蒋江敏是他在南开大学读本科时的同班同学。一个是地道的北方汉子，一个是出生在岭南的广州姑娘，两个人在南开大学求学时有了交集。王珺对南开大学充满了感情，这里是他事业的重要起点，也是他爱情的收获之地。蒋江敏出生在一个干部家庭，知书达理，聪颖贤惠。在恢复高考的第二年，应届高中毕业的她以优异的成绩考入了南开大学，这在当时是十分令人羡慕的。在南开大学毕业时，王珺选择报考中山大学的研究生，与爱人一道来到了广州。1985年，王珺研究生毕业后与蒋江敏结婚。婚后，蒋江敏承担了大量的家务，搞好后勤，全力支持丈夫的工作。到广州学习、工作和生活，对于王珺来说，这个选择的"痛"就是离住在内蒙古呼和浩特的父母的距离更远了。他曾说："当我把考取中山大学研究生的消息告诉父母时，我本以为他们会为我而高兴。但是，父亲沉默了很长时间后说，南北差异很大，你可能不习惯那里的生活；另外，如果你去了广州，将来你回来一趟也不容易了。这句话充满了无奈，在我心里一直是沉甸甸的。广州与呼市相隔2300多公里，天各一方，当时的收入水平与交通运输条件，可以想象，这是不太可能每年都有机会有条件回家的。"到广州后，蒋江敏懂得丈夫的心思，知道他心里一直牵挂惦念着远在北方的父母。由于蒋江敏在广州的一所部属院校做老师，也有寒暑假期。因此，她总是和王珺商量暑假回家的行程。可以说，王珺几乎每年至少回老家一趟探望父母，每年的工资除了吃饭，大部分都交给了交通部门。但是，蒋江敏对此从没有一句怨言。20世纪90年代后，随着居住条件的改善，王珺也曾几次接父母来广州长住。在此期间，蒋江敏与公公婆婆相处得十分融洽。后来，王珺的父母在广州看病住院期间，蒋江敏分担了许多事情，诸如联系医生、买药、送饭以及陪老人看病等，更重要的是，王珺从没有遇到因婆媳关系而产生的各类摩擦以及由此带来的烦恼。王珺对父母尽责不够而内心感到愧疚，作为妻子的蒋江敏则在默默地帮他弥补。王珺一直深感幸运的是，因为家里人的大力支持，无论家里发生什么事情，他都几乎没有请过一天假，没有耽误过一天的工作。在父母过世前的十多年时间里，王珺一家三口人除了在父母家过年团聚过，几乎没有聚在自己的小家里过个年。特别是当女儿到了美国读书、工作后就更是如此，三口人常常是在三个地方过年，王珺在内蒙古，蒋江敏在广州（因为她父母年纪也大了，身体不太好，需要她留在身边），女儿则在纽约。

蒋江敏也是一个有理想而不甘落后的人，并且从未放弃对事业的追求。在高校工作五年后，她调入中国银行广东省分行国际金融研究所担任助理研究员，从事金融研究。五年后，她又转入新闻界，先供职于香港商报，任广州办事处高级记者，后调入羊城晚报报业集团，担任过新快报总编室主任、主任记者，担任过《羊城晚报·财富大讲坛》的策划人与主持人。很多时候，蒋江敏与王珺的工作也是有一些交集的，这时她也会尽力帮王珺在报纸杂志上收集的信息材料，比如，在东南亚金融危机爆发后的一段时间，蒋江敏是香港商报的高级记者，王珺正在开展有关东南亚国家经济开放进程的研究，她除了每天带回《香港商报》，让王珺及时了解有关东南亚经济与金融等方面的最新动态与信息外，还为他收集、剪裁和复印香港及内地其他报纸上的相关信息和资料数据。蒋江敏利用当记者走南闯北、接触大量企业、了解基层经济发展运行状况的职业优势，提供了不少有价值的信息助力王珺的理论研究工作。

更有意思的是，在家庭聚会时，往往聊着聊着就会变成经济问题的研讨会，大家常常为某个经济问题争论得不可开交。因为王珺的岳父蒋励是农业经济问题专家，曾担任广东省政府发展研究中心副主任、广东省农村发展研究中心副主任、《南方农村》杂志主编；妻兄蒋振民是广州市委政研室财贸处处长，还曾在广东省社会科学院经济研究所工作过；妻子蒋江敏也有高校和研究机构的工作经历，一大家子在理论研究方面都比较活跃，常常出席各类研讨会，撰写论文公开发表。平时忙起来少有见面的家人，却可能会在某个研讨会上相遇。

2018年，与妻子在南开大学周恩来像前合影

值得一提的是，蒋江敏有两次陪王珺访学的经历：一次是1994年10月至1995年4月王珺在美国哈佛大学访学；另一次是2005年9月至2006年7月王珺在美国麻省理工学院访学。王珺的这两次访学，蒋江敏都没有闲着，第一次她到餐馆打工，体验刷盘子的生活，同时了解了厨房里许多中国人的故事，并与他们交了朋友。回国后，还一直与他们保持着联系。后来第二次到波士顿，她还专程去拜访了他们。她认为，这些经历对于她了解中国人在美国的留学生活是很有好处的。

第二次到波士顿后，蒋江敏除了担起照顾丈夫与女儿生活起居的"后勤工作"外，闲暇之余她还以作为记者的职业敏锐性及天生的好奇心，了解当地的风土人情以及社会状况。她先是参加哈佛大学与MIT等中国学者及中国留学生的诸多聚会，在克服了英语交流的一些困难后，扩展到与美国当地人交流。她记录了与不同人交流的奇闻趣事，并发表在内地以及香港的媒体上，特别是对美国政治、社会、教育、生活等方方面面的介绍。她的文章很受国内读者欢迎，有些文章还产生了较大影响，比如《在哈佛园里看尖叫裸奔》，因为题材新鲜独特而备受关注，在网上广为流传。她在对美国大学考察时写的文章甚至还被许多人视为留学指南。回国后，她把在美国写的几十篇文章以及女儿写的十篇文章编写成了一本书，即《陪读春秋：在美国MIT的日子》。王珺调侃地说，被陪读的人没有写出一本书，反而陪读的人倒是出了一本书。作为丈夫，王珺也为这本书写了序——《人是要有追求的》，记述了蒋江敏在美国当"特约记者"的缘起和经历，也赞叹了蒋江敏的追求精神。王珺与蒋江敏这两段在异国他乡的学习、生活经历，以及各自的丰硕成果，成了他们朋友圈的美谈佳话，着实令人羡慕。

女儿是在中山大学校园里长大的。从上小学开始，除了一年级偶尔由外公、外婆接送外，大部分时间都是女儿自己上、下学的。那时，因为王珺经常在办公室工作，当记者的蒋江敏也因为经常加班而不能按时回家。有时王珺回不来，她就自己弄点吃的。所以，从小学四年级开始女儿就会自己煮面。有一次，女儿作为中大附小的合唱团成员参加晚上举行的国际儿童歌唱比赛，在彩排时，其他队员都有家长陪同，有的队员不仅有父母陪伴，甚至爷爷、奶奶都来了，而她却独自一人。事后当女儿以平静的口吻向他叙述这件事时，王珺感觉心里很不是滋味，感觉到确实亏欠女儿太多了。不过，这种各忙各的家庭生活也使女儿早就养成了独立生活的习惯。

2005年9月，本应升入高三年级的女儿与王珺一起去了波士顿，并在地处哈佛大学与MIT两校之间的拉丁公立中学11年级插班学习。学完一个学期后，由于女儿成绩优秀，学校批准她转入12年级学习，最后女儿顺利地拿到美国中学的毕业证书。这一年，女儿在美国中学的学习，让王珺看到了女儿的成长，深深感受到她无论是学习态度还是学习方法，都有很大的改变，比在国内重点中学的学习更加自觉主动，自信心得到提高，而且慢慢有了自己对一些传统的或者说已经根深蒂固的价值观的判断。有一次，因为一点小事，女儿和王珺争执起来，要是在国内，通常都是女儿乖乖地听他大发宏论，然而那一次女儿居然不再沉默，开始据理力争："您怎么就能肯定自己说的一定全对呢?!"两人争论得不可开交。第二天王珺与妻子蒋江敏说起这件事，两个人都觉得这是女儿的一大进步，敢于在"权威"面前发表自己的不同意见，这也是缘于她比较独立的生活经历所形成的潜意识在美国自由教育环境下得以发展的结果。王珺结束了在MIT的访学回国后，女儿也进入纽约州宾翰顿大学（Binghamton University）经济系读本科。两年

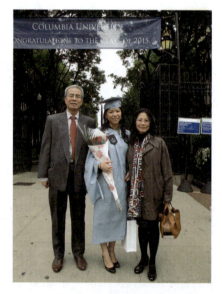

2015年，参加女儿在哥伦比亚大学的硕士毕业典礼

后，由于成绩优异，她转入当年全美高校排名第 24 位的密歇根大学经济系（The University of Michigan）继续后两年的本科学习。本科毕业后，女儿回国进入外企工作了两年，随后又考上了美国哥伦比亚大学国际事务专业的硕士，毕业后在纽约安永咨询公司工作。

二、学术旨趣与贡献

从 40 年的研究实践来看，王珺的研究具有以下三个特点：一是理论研究的领域是适应时代需要的变化而有所调整的。如从 20 世纪 80 年代中期关注深圳经济特区作为我国改革开放最前沿地区的工资分配体制与生产率之间的关系，到 20 世纪 80 年代后期广东外向发展的理论与实践；从 20 世纪 90 年代初期国有企业制度变革，到 21 世纪初对产业集群的研究等。40 年来的研究主题之所以发生这种改变，王珺认为，一方面是因为改革开放实践中需要回答的重大战略问题在变化，不回应这些时代需求是不可能成为优秀学者的；另一方面是因为一个问题的研究深化不可避免地涉及其他相关领域。如果不了解这些相关领域的学术进展与联系，研究是不可能深入的。比如说，研究企业的工资分配必然涉及企业制度；研究企业制度必然绕不开企业的相关行业与产业特征；研究产业必然涉及同样的产业在不同地区的差异问题；等等。所以，从工资到企业制度，再到产业和区域都是有着内在的逻辑联系的。二是对于每个问题的具体研究都立足于本土实践。20 世纪 80 年代以来，我国进入以改革开放促进发展的新阶段，广东是我国改革开放的前沿地带，一方面承担着体制转轨与政策在推广前先行先试的任务；另一方面率先改革开放也不可避免地遇到其他地区还没有遇到的问题，这两方面的实践发展都对经济理论提出了迫切需求。不立足于本土实践，不关注本土实践需要解决的理论问题，理论工作就失去了生命力。三是对每个实践中提出的基本理论问题揪住不放、持续深耕。在调研基础上提炼一个理论问题，不是简单地写一篇文章了事，更不是停留于问题、原因与对策等政策操作层面，而是从两方面加以深化，首先，看一下现有的经济及相关理论是如何阐释这些问题的，这些阐释是否能解答现实的问题。如果不能解答这些问题，那么，什么样的理论假设又可以解释这些问题呢？反过来说，现有的理论也有助于扩展对实践问题的理解。比如说，从就事论事中跳出来，思考一种现象与另一种现象联系的视角等。其次，从全球视野、国家战略与本土实践三个层次关注一个问题。这样，认识与理解的深度和广度就会增加。这也是王珺三次出国学习在思考视角与研究方法上的收获。所以，他的研究成果、课堂教学与学术发言等往往对同行学者、决策部门等都有一定的启发和影响力。下面从四个领域具体看一下他的研究实践与成果是如何体现这些特点的。

（一）劳动工资理论研究

在改革开放初期，城市经济中首先面临的就是分配制度改革问题。计划经济体制下，企业的工资由上级部门通过工资标准来确定。在20世纪80年代初期，全国仍然执行1956年制定的工资制度。在这种工资制度下：一方面工资偏低；另一方面工资没有差别，缺乏对劳动者的激励。如何在保证公平的前提下改革工资制度以促进经济效率在当时是一个需要深入研究的重要问题。

当时，深圳作为发展最为迅速的经济特区，商品经济和市场机制正在形成，尤其是一部分港商在此投资，在工资改革上有一些突破。在攻读硕士研究生期间，在导师雷强的指导安排下，王珺到深圳对有关工资分配体制与生产率之间的关系问题蹲点调查了一个多月，走访了十多家企业，逐步提炼深化了关于深圳经济特区工资分配与效率的问题，之后与导师合作完成了论文《试论深圳特区工资分配的微观效率与宏观控制》，发表在《学术研究》1985年第1期。这篇论文对当时深圳经济特区出现的"高工资、高效率"现象进行了理论概括，并提出了以效率工资为取向的工资结构的观点，同时首次提出了如何协调工资分配的微观激励与宏观调控问题，该论文在1987年获得了广东省劳动学会二等奖和广东省第三次优秀社会科学研究优秀成果奖。

随后，王珺就工资改革中扩大企业工资分配权的情况下工资总量控制、工资与就业的关系以及工资与物价和经济增长的关系等问题逐步深入开展了一系列富有创见的研究，对当时的工资制度改革具有较大的参考价值。他在《论全民所有制企业工资的宏观控制》一文中，针对国有企业在获得分配自主权以后形成的工资、奖金超分配，进而引起的"工资膨胀"现象，提出了优化工资外部控制机制的设想以及未来趋势。他指出，工资的控制有内部控制和外部控制两种机制，而国有企业由于内部缺乏工资分配的相互制衡机制，只能靠外部的各项规定加以限定。他认为，虽然当时我国外部控制方式正在从直接外部控制形式转向依靠市场竞争力量的间接外部控制形式，但这种转变仍未到位，可通过企业内部设置工资总额与税利相互增长的相关系数以及外部的税收调节两种手段来优化间接外部控制机制。他又进一步指出企业外部工资控制方式的发展趋势：间接外部控制方式逐步占主导，国家在调节过程中更多地使用经济杠杆，以及工资与企业效益之间的经济杠杆最终成为企业内部的管理活动。在另一篇文章《论我国工资与就业组合的转变》中，王珺指出在就业压力大，同时工资基金总额被压缩在较低水平的情况下，我国选择了一种"多就业、低工资"的组合，这种组合使我国的工资与就业陷入一种低水平均衡的状态。因此，未来应以提高效率、适度考虑就业压力，以及理顺宏微观的经济联系为标准重建工资与就业的组合，其突破口就是逐步拉开复杂劳动和简单劳动的工资差距，形成工资与就业的良性互动和循环。

随着我国经济体制改革的逐步推进,物价改革成为其中的关键,而当时物价改革的结果是物价水平出现了较大幅度的上升,降低了职工的实际工资水平。当时解决这一问题的理论观点和政策手段主要有两类:一是财政补贴;二是工资与物价指数挂钩。但这两种手段都存在一定的缺陷。因此,为了解决如何协调推进物价体制改革和工资体制改革以使我国实现可持续的经济增长的问题,王珺深入研究了物价、工资与经济增长的内在联系,提出了实现物价、工资和经济增长的良性互动的主要途径,即根据工资增长率确定物价调整和放开的幅度和范围,把物价水平变动控制在工资增长率之内。这一观点在当时有助于解决工资体制改革中的困境。①

(二)外向经济理论研究

1987年,王珺参与了由汤其高教授主持、美国王安基金会资助的"珠江三角洲外向农业发展研究"课题,在课题研究过程中,他对外向型经济发展战略的相关问题产生了浓厚的兴趣。20世纪80年代后期,世界银行发表了以推动发展中国家经济战略转向外向经济为主题的《1987年世界发展报告》,同时在"抓住机遇,迎接挑战,进一步扩大我国对外开放"政策方针指导下,国内一些经济学者提出了我国沿海地区应确立"两头在外,大进大出"的外向型经济发展的观点,并得到政府决策部门的认可。在这种政策推动下,作为我国经济开放前沿省份之一的广东进一步提出了要走外向型经济发展道路战略。在这种背景下,许多理论和实践的问题亟待回答,比如从世界各国经济发展的历史实践来看,20世纪60年代以后外向型经济发展得比较成功的都是一些小国(地区),那么处在20世纪80年代末90年代初的发展中大国——中国还能够采用同样的战略取得成功吗?实施外向型经济发展战略的体制与政策运作特征是什么?针对这些问题,王珺进行了初步的探索性研究,完成了两篇研究论文,即《外向型经济的特征与发展的条件》《论我国沿海地区发展外向型经济的十个关系》,他在论文中分析了外向型经济的基本特征、条件和需要处理的十个关系,提出的观点引起了学术界和有关部门的重视。随后,他在英国莱斯特大学访学期间系统地学习了发展经济学并继续深入研究外向型经济问题。回国后,王珺完成了专著《外向经济论》。该专著总结了200多年来出口带动增长以及国际上曾经出现"三次外向经济发展"浪潮的国际经验与教训,并在此基础上提出了外向经济发展可借鉴、不可复制的观点,这一结论是基于国际环境、资源条件、市场规模、政策激励与产业基础五个因素组合推导的结果,其中国际环境是不可重复的,因而基于特殊国际环境下的一国成功经验,在另一种国际环境下并不一定适用。他提出的这个分析框架扩展了仅从政策激励层面讨论出口战略问题的思路,也进一步明确了外向型经济发展战略的实施条件及具体路径。

---

① 王珺:《论物价、工资和经济成长的内在联系》,载《经济科学》1988年第4期。

在完成《外向经济论》的研究后，王珺认为对有些问题仍未做出解答，理论界也还没有给予足够的关注，比如根据《1987年世界发展报告》中的数据，采取外向型经济发展战略的国家（地区）的各项指标都好于内向型经济国家（地区），那么为什么世界上只有非常少的发展中国家（地区）转向了外向型经济？究竟是什么原因制约着大多数国家经济类型向外向型经济转变？国际贸易理论专家巴格瓦蒂（J. N. Bhagwati）和克鲁格（A. O. Kruger）虽然就贸易开放提出了五阶段理论，但他们并没有把一国的资本账户开放考虑进去，也没有考察资本项目开放与国内金融市场改革之间的关系以及由此引发的经济开放风险问题，所以他们的研究也并没有给出完善的回答。为弄清楚这个问题，王珺针对东南亚四国的经济开放进程进行了深入的考察和理论分析，并向国家教育委员会申请设立"东南亚经济开放顺序"的研究课题，课题成果最终形成了《经济开放的道路——东南亚国家经济开放顺序研究》一书，这部专著获得了广东省1998年的优秀学术专著出版基金的资助。他在专著中仔细分析了东南亚四国经济开放的过程，从中得出以下结论：东南亚四国的经济开放是亚洲"四小龙"外向发展成功经验与各国资源优势相结合的背景下加速推进的；在东南亚四国经济的开放顺序中，鼓励出口既是起点，也是核心，这是由出口作为经济开放时期的经济增长主要动力所决定的；东南亚四国的经济开放基本上是在开放取向与渐近性的结合中进行的；东南亚四国在20世纪90年代末爆发的金融危机不是经济开放的必然结果，而是开放顺序安排不适当、政策不协调和内外经济环境相互作用的结果；在转向开放的体制与政策过程中，外部经济变动的影响程度越来越大，从而需要对外部经济变动中的机会与风险做出判断，并对相应的政策做出反应。这直接影响着东南亚四国经济开放的速度与顺序。

王珺还进一步从国际竞争力的角度考察了我国外向型经济的进程和发展方向。在1991年发表的《论制造业的比较国际竞争力》论文中，他把库兹涅茨（Kuznets, 1971）提出的相对生产率概念创新地应用于国内贸易发展战略中，较早地提出了比较国际竞争力的概念，并用这个概念分析了我国贸易结构与生产结构的差异，实证地研究了这种差异对我国产品出口的国际竞争力影响，指出我国制造业比国际竞争力弱的主要原因有两个方面：一是生产力水平较为落后，二是传统的贸易体制和政策的限制，从而得出要推进生产结构转变以支撑贸易结构转变，同时调整贸易体制政策来提高国际竞争力的结论。

（三）转轨经济理论研究

在研究外向型经济过程中，王珺进一步发现，由内向型经济体制向外向型经济体制的转变仅仅是整个经济体制转轨中的一个组成部分，于是，他开始拓宽研究思路和领域，从更宽广的范围思考经济转轨问题。1994年初，他进入美国哈佛大学费正清东亚研究中心进行为期一年的访学，选修了由当时著名的发展经济学家和转轨经济学家开设的"转轨经济学"课程，带着中国经济转轨过程中遇到的问题与直接参与东欧、俄罗斯等国家、地区经济转轨决策的世界顶尖级经济学家进行交流，寻求他们对这些问题的看法。通过在哈佛大学的深入讨论和交流，王珺对转轨经济的理论与实践有了更深刻的认识，同时也启发了他更多的思考。他发现当时的转轨经济学家着重分析各转轨国家的宏观经济政策及其运行绩效，微观主体的经济行为以及政府行为都没有得到足够的展开和论述，而一个国家的微观经济主体的反应能力和制度基础对于宏观经济政策的有效性，以及转轨经济国家的变革路径有着非常重要的影响。于是他决定对这个问题深究下去。回国后，王珺带着这些问题陆续调查了天津、上海、江苏等省市，以及广东省珠三角地区的一些市县和镇，丰富的实践给了王珺很大启发，也让他认识到我国经济转轨过程中微观经济行为的关键在于政企关系，因此他就以政企关系为主线开始深入挖掘。在转轨过程中，政企关系这条主线有两个方面：一是资产关系；二是人事关系。在顺序上一般是政府与企业的资产关系界定应先行改革，而人事组织制度改革相应跟进，王珺的研究主要集中在这两个方面。在政府与企业的资产关系方面，他于2000年出版了专著《政企关系演变的实证逻辑——经济转轨中的广东企业政策及其调整》，并发表了一系列文章，包括《政企关系演变的实证逻辑——我国政企分开的三阶段假说》《国有企业的改制能力分析》等。这些研究最突出的贡献是运用新制度经济学的理论工具，提出了我国"政企关系三阶段变迁"的理论假说。该假说的理论意义在于：一是它论证了行政性分权比经济性分权有效，进而对我国经济转轨要从经济性分权开始的权威观点提出了挑战；二是发现了买方市场作为我国政企关系发生产权结构变化的约束条件和阶段性变化；三是分析了企业跨地区投资与地方政府之间形成的特征。

在政企关系的人事组织制度方面，王珺着重研究了企业经理制度变革。在1998年发表的《论转轨时期国有企业经理行为与治理途径》这篇论文中，王珺在"制度—行为—绩效"的分析框架下对制度环境进行分类，建立了在特定制度环境下的经理行为模型，并基于此指出我国当时的制度环境是经理收入与企业绩效挂钩的收入制度和行政任命经理的组织制度的组合。在这种制度环境下，经理们偏离所有者利益的行为十分普遍。王珺认为，治理这种偏离行为要从解决所有者的监督机制入手，而在所有者缺乏有效监督的条件下，年薪制不能有效地解决这个问题，还必须积极推进经理的组织制度变革，重要的变革方向是建立由董事会选聘经理的组织制度，这既是有效推进年薪制的基本前提，也是提高所有制对经理行为监督效果的基本制度安排。2002年，王珺在博士学位论文的基础上完成并出版了专著《企业经理角色转换中的激励制度研究——兼论国有企业"官员型经理"向企业家型经理的转变》，同时还发表了论文《双重博弈中的激励与行为——对转轨时期国有企业经理激励不足的一种新解释》（以下简称《双重博弈》），更深入地讨论了企业经理制度的改革问题。在这方面的研究中，他的主要理论贡献是突破了用委托—代理框架分析国有企业经理行为的局限性，把博弈论与国有企业代理人行为结合起来，对国有企业经理人的行为动机进行了实证研究，提出经理行为的双重博弈理论假说。该假说把国企经理与政府之间的博弈看成长期的、重复性的，把国企经理与企业之间的博弈看作一次性的、短期的。这样，行政组织成为国企经理的强激励主体，而企业组织是弱激励主体，并且行政组织作为强激励主体必然会进一步弱化企业组织对经理的激励性，最终造成国企经理在与行政组织保持长期关系的过程中针对企业采取短期行为。因此，王珺认为问题的症结就在于经理选择机制和收益机制设计主体的分离，即由行政组织设计经理的选择机制，而由企业组织设计经理的其他收益机制，他认为只有通过把经理选择权交给企业组织，使企业能够对经理选择和收益激励进行完整的设计和实施，才能从根本上解决问题。《双重博弈》这篇文章发表后在学术界引起了广泛关注，它分别被《中国经济学2001》《委托—代理与机制设计：激励理论前沿专题》这两部文集全文收录，也被《新经济杂志》2005年第2期转载。

在以上研究基础上，王珺还进一步研究了转轨背景下政府的行为演变，发表了论文《增长取向的适应性调整：对地方政府行为演变的一种理论解释》，该论文指出，以增长为取向的适应性调整是20多年来我国地方政府行为演变的基本轨迹。其中，业绩评价与激励的制度设计确立了增长取向的主线，不确定的体制转轨环境导致了地方政府在实现增长取向上的持续性调整，经营企业、经营城市与经营园区就是这种适应性调整的阶段性特征，这项研究对改革过程中地方政府行为的调整过程做出了更深入的理论总结和清晰刻画。

此外，王珺还针对国有企业的经济绩效测算问题进行了研究，发表了论文《国有企业的经济绩效分析》。这篇论文针对国有企业在经济转轨时期究竟发挥了什么作用的理论进行了探讨，使用全要素生产率指标（Total Factor Productivity，TFP）对我国改革以来的国有企业绩效进行了测算，发现1980—1994年国有企业TFP每年增长2.48%。他把这种绩效分解为三个来源，即宏观经济环境、产业结构变化与市场制度推进因素，这三个因素对国有企业绩效的贡献率分别为53.4%、23%和15%。这种对效率来源的分类测算是对生产函数解释产值来源理论的一种深化。

（四）产业集群理论研究

随着我国改革开放的不断推进，从20世纪90年代中后期开始，我国工业化进程加速，并且逐步向东南沿海地区集聚，在这些地区出现了大量专业化的产业区，引起了经济学、管理学、社会学以及地理学学者的广泛关注，这一现象被称为产业集群。在浙江，往往是以县区为单位的"块状经济"，如诸暨的袜子产业集群、海宁的皮革皮件产业集群、永康的五金机械产业集群；在广东，大多是以镇为单位的产业集聚区，如佛山南庄镇的建筑陶瓷产业集群、西樵镇的纺织产业集群、中山古镇的灯饰产业集群、广州新塘镇的牛仔服装产业集群等。可以说，产业集群是支撑"中国制造"或"世界工厂"最突出的产业空间组织形式。实际上，产业集群不是中国独有的，在世界范围内都有广泛分布，理论界也早有研究，英国经济学家马歇尔（A. Marshall）在其1890年出版的《经济学原理》中就关注了产业集群，并给出了基本的分析框架。20世纪80年代以后，意大利学者贝卡提尼（Giacomo Becattini）、美国经济学家克鲁格曼（Paul R. Krugman）、美国管理学家波特（Michael E. Porter）等对产业集群现象都进行了多角度的理论研究。但中国在20世纪90年代以后形成的产业集群展现出很多特殊性，这些特殊性难以用已有的理论进行解释，这对当时的集群理论形成了一定的挑战。王珺通过对珠三角地区广泛的调研和观察发现产业集群理论诸多的真空地带，于是他在全国同类研究领域中较早地开展了产业集群的前沿性与交叉性研究，广泛地运用了制度经济学、产业组织理论、公司治理、社会资本等分析视角和工具，结合广东的创新性实践，对产业集群的生成、类型、竞争与合作、产业链分工与治理机制、创新机制与扶持体系等问题展开了综合性的研究。

  王珺协同中山大学的李新春教授、丘海雄教授以及广东省科学技术厅的路平研究员等学者率先提出了"专业镇"的概念，并在地方性经济发展的实践中得以应用。20世纪90年代，王珺和广东省政府相关部门的调研组去南海、顺德调研，提出了用"集群"这个概念来概括广东特别是珠三角地区许多镇区出现的"一镇一品"的发展特色。随后，他与上述学者共同提出了"专业镇"概念，并将其作为地方政府的一种可行战略。2000年起，广东省人民政府将这个概念应用到镇域经济发展上，具体由广东科学技术厅组织申报、评审、扶持与技术服务等加以推行。2001年，王珺又提出每个专业镇应设立一个创新平台的建议，被广东省人民政府采纳。以镇划定产业集群，突出了地方行政边界对产业集群发展的意义。如果说产业区、产业集群和块状经济等概念往往停留在理论描述层面，那么，以"一镇一品"为特色的"专业镇"概念为基于增长取向的地方政府发展地方经济找到了一个可行的抓手。[①] 事实上，自2000年起至2016年，广东经过评审授牌的专业镇有440个。2017年，这些专业镇的地区生产总值达到3万亿元，占广东全省生产总值的三成以上，科技产出占全省近四成，已成为广东创新驱动发展的一支主力军。为了更好地实施该战略，王珺又开展了一系列的应用研究，诸如评估指标设计、创新机制与体系等。"专业镇"概念的社会经济意义在于，20年来在此领域的跟踪性研究以及自上而下的持续推动使得"专业镇"概念在学术领域与实际部门被广泛接受，并成为地方性经济的一个重要战略。在2009年3月25日中山大学"985产业与区域经济发展基地"的评估中，中国政法大学副校长张宝生教授认为，"专业镇

---

① 王珺：《社会资本与生产方式对集群演进的影响——一个关于集群的分类与演进框架的讨论与应用》，载《社会学研究》2004年第5期。

概念的提出与应用是一项原创性的科研成果"。美国杜克大学社会学教授周雪光把专业镇评价为集群理论与中国实践相结合的一个典范。中国社会科学院经济研究所的张曙光教授认为，专业镇不是一种国外集群理论的简单复制与照搬，而是结合了中国特别是广东特色的改进，也可以说是一种创新。

2009年，在中山大学作报告

王珺的研究并没有停留在有关专业镇的政策建议层面，而是在中国产业集群，尤其是专业镇发展实践的基础上，对产业集群的一系列理论问题进行深入的探索。一个比较突出的贡献就是在产业集群形成机制方面的研究。经典的产业集群（cluster）和产业集聚（agglomeration）理论认为产业集群的形成主要是由于企业在一定空间集中后会产生丰富的外部性，包括知识的外溢、相关产业之间的配套以及劳动力市场的共享等。另外，相互扎堆的企业形成了一个相对较小的社区，社区内的社会网络和社会资本会降低集群内的交易费用。总之，集群是一个低成本的洼地，所以产业集群初步形成后会产生很强的向心力，这种向心力使得企业不断进入，导致集群的规模持续扩大。这种理论解释着重说明有一部分企业扎堆后触发的基于外部性的集聚机制，但最初的一部分企业扎堆具体是什么原因，经典的理论将之归结为一些具有偶然性的外生因素，比如地区的资源禀赋、历史上遗留下来的产业基础或者外资的嵌入等。除了这些常见的外生因素，还有哪些因素，这些外生因素导致最初企业集聚的机制是什么？已有的理论讨论并不充分。但弄清楚这些问题在理论上和实践上都具有很大的意义：在理论上，研究清楚产业集群最初的形成机制就可以理解地区之间产业集群的发展程度不同的原因；在实践中，就可以采取有针对性的政策来促进产业集群的形成，从而推动地区的发展。王珺在此领域开展了研究，从基于专业化贸易市场的衍生型集群以及企业所有权结构两个角度拓展和丰富了人们对产业集群形成机制的认识，研究成果也主要体现在两篇论文上。

一篇是2005年发表在《管理世界》的《衍生型集群：珠江三角洲西岸地区产业集群生成机制研究》。广东的珠江西岸地区既缺乏资源，也没有比较雄厚的产业基础，外资投入也比较少，但该地区却形成了大量的产业集群。对此，以往的产业集群理论难以给出令人满意的解释。王珺通过深入细致的调查发现，专业化的贸易市场是促进这一地区产业集群发育的重要推动力，而这种在专业贸易市场基础上发展起来的集群类型，王珺把它概括为衍生型集群。广东在全国率先市场化的过程中，在珠三角西岸地区形成了许多专业化的贸易市场，而市场中的贸易商在资本积累和技术学习的基础上逐步转向生产环节，则该地区的产业集群就逐步形成了。衍生型集群的理论概括是从历史制度主义角度把集群形成与专业市场的发育过程结合起来，把集市贸易与专业市场的发育程度作为集群形成的制度基础，丰富了产业集群形成机制的理论解释。这种理论观点与先贸易、再生产的历史逻辑是一致的。该理论也具有较大的应用价值：第一，我国东部与中西部的集群发展差异不在于资源与机会不同，而是集市贸易与专业市场的历史发展程度有很大的差别。中西部地区在集群发展中，要把视野扩展到专业市场上，先培育市场、后生成集群的理论逻辑对于集群发展来说是一个有可操作意义的命题。第二，并不是所有的专业市场都必然产生相关产业的集群，从专业市场中衍生出产业集群有两个基本的前提，即资本门槛和技术门槛。比如20世纪90年代初期珠江东岸有钢材市场，但是并没有建立起钢铁生产集群，原因是钢铁生产所需要的资本与技术门槛过高，使得民营企业难以从贸易转入生产。只要民营经济在资本与技术上有能力进入，都可能会从专业市场演变出相关的产业集群。2005年5月30日，在山东大学经济学院举办的"产业组织理论与发展"国际学术研讨会上，北京大学的王缉慈教授对这个观点的评价是，从专业市场的历史角度挖掘集群的生成根源，这是一个新的发现。这个发现对于集群理论发展有重要的理论意义与应用价值。

2010年在《管理世界》发表的另一篇论文《企业所有权结构与产业集群的形成》中，王珺和他的博士生杨本建提出，除了专业贸易市场，企业的所有权结构是集群形成的另一个重要影响因素。我国产业集群的分布自东向西密度逐步减小，一般的研究认为，这主要是由于中西部地区产业集群的发展条件不足，没有达到集群的形成门槛，或东部地区率先形成的产业集群挤占了西部的资源。王珺和杨本建指出，地区之间产业集群分布差异的一个重要原因就是东部地区的民营企业比重比中西部地区高。其背后的机制是，国有企业是代理人控制的企业，民营企业是出资人控制的企业，出资人控制的企业在企业边界的选择上更倾向于对外购买，而代理人控制的企业更倾向于自制，即会更多地进行纵向一体化，这导致代理人控制的企业集聚效应较弱，从而在其周围不易形成集群；出资人控制的企业集聚效应较强，从而在其周围更容易形成集群，由此便出现了东部地区产业集群密度更高的现象。王珺和杨本建利用31个省（自治区、直辖市）的数据，并采用工具变量法进一步验证了他们的这一观点。这项研究为理解产业集群的形成增加了一个新的维度，并且在政策上也很具有启发性，也就是地区在推动本地产业集群发育的过程中，不仅要注意市场环境和制度的建设，还需要注意微观主体的培育，即大力发展民营经济。

在对集群形成机制进行分析之外，王珺还对集群的分类和动态演进给出了一个新的分析框架。在以往的研究中，集群的分类和动态演化是分离的，分类主要是进行静态的划分，比如著名产业集群理论学者马库森（Ann Markusen）将集群划分为马歇尔式产业集群、轮轴式产业集群、卫星平台式产业集群以及国家力量依赖型产业区，但他并没有研究这几种类型之间的转化过程。对于产业集群动态演进的已有研究但缺乏严格的集群分类的情况，王珺构建了一个产业集群分类与演进的统一分析框架，填补了这一研究空白。他从生产方式和社会资本两个维度将产业集群分为生产经营活动的内部化、地区内与跨地区的纵向一体化、生产经营活动的外部化、地区内与跨地区的分包网络四种集群与网络环境，企业在不同的环境中选择不同的战略，四种环境依据不同的条件发生一定的变化，根据社会资本存量的不断积累，企业面临的环境逐步从集群走向网络。[①]

由于产业集群的内在机制在于企业之间的结网和互动，而且集群中的创新活动相对活跃，以美国硅谷为代表的高科技产业集群创新的表现尤其突出。因此，人们对作为创新的主力军的集群寄予厚望，几乎所有的产业集群研究学者都非常关注集群的创新问题，国内产业集群研究的开创者之一的王缉慈教授在其主编的关于产业集群的一部重要的著作中将集群定义为"创新的空间"。但实际上，产业集群并不一定能带来创新活动，尤其是一些中小企业集群既缺乏内生的创新动机，也缺乏与外部跨国公司技术先进领先者的承包联系，因此这类集群走向创新型集群的难度更大，否则难以解释大量集群的衰退所产生的影响。王珺通过调查研究发现，对于不具备内生型与外生型创新能力条件的中小企业集群，可以通过设立各种技术扶持组织来提升其创新能力[②]，在王珺的建议下，广东省人民政府在大量的专业镇设立了技术创新服务平台。但是否设立了技术创新服务平台就能解决问题，具体如何更好地发挥这一平台的作用，这对理论又产生了极大需求。王珺和他的博士生岳芳敏通过对技术创新服务组织运行效果较好的佛山南海西樵纺织产业集群进行深入的考察和理论分析，揭示了集群中的技术扶持组织与企业创新行为互动成长的内在机理与作用过程，他们发现双重性的组织设计、专用性的进入路径与适应性的职能转换这

[①] 王珺：《社会资本与生产方式对集群演进的影响——一个关于集群的分类与演进框架的讨论与应用》，载《社会学研究》2004年第8期。

[②] 王珺：《企业簇群的创新过程研究》，载《管理世界》2002年第10期。

三个因素对于技术服务组织不断地将新产品、新设计适时导入中小企业起着至关重要的作用。① 这项研究的理论具有以下特点：第一，改变了人们的一般认识，即认为只要设立公共服务组织就能产生作用，实际上公共服务组织作用的充分发挥还需要一定的条件。第二，把承担设计的一定功能与费用看成准公共服务组织启动中小企业创新需求的起点，从而找到了扶持性技术组织的进入路径。同时，中小企业开始投资购买新设计的产品样板也是对 R&D 投资的开始。第三，通过扶持中小企业的创新，使得扶持性服务组织也得以生存与发展，与中小企业的创新能力共同成长。这种市场压力与生存动机使准公共性的服务组织既不同于纯粹的商业性技术服务组织，也不同于完全的公共性组织。这一研究成果也得到了学术同行的认可。在 2007 年 12 月中山大学举办的"中国制度变迁的案例研究（广东卷）"学术研讨会上，中国社会科学院经济所韩朝华研究员对南海西樵这一案例研究的评价是，扶持性组织与企业在创新行为上的互动机制研究是对当前地方政府与企业互动研究的一种推进与深化，在理论上，目前这个案例研究开创了这方面的先河，因而具有理论意义。

在产业集群领域，除了以上方面，王珺还在产业集群中的企业成长、产业集群中的企业网络、产业集群中地方政府的作用、社会资本结构与产业集群、集群中的合约问题等方面的研究有突出的贡献。从空间视角的经济发展来看，王珺在城市群的形成与发展、区域协调发展的机制与路径以及新型城镇化与产业结构转型升级等领域进行了深入研究，在经济学界产生了广泛的影响。

三、硕果累累　桃李芬芳

（一）硕果累累　屡获殊荣

王珺在科研、教学以及各项工作上取得的成绩得到了业界广泛的认可，也因此获得了许多的荣誉。1993 年，仅 35 岁的王珺便享受国务院政府特殊津贴；1999 年获得广东省第二届"青年科学家奖"；2001 年获得教育部第二届"高校青年教师奖"；2002 年被评为广东省高校"千百十工程"省级学术带头人，2002 年获得全国宝钢优秀教师奖；2003 年被评为中山大学优秀共产党员；2014 年被评为广东省宣传思想文化领军人才；2015 年被评为广东省第二届优秀社会科学家。

王珺的科研成果也受到国内社会科学界的广泛认可，并多次获得省部级的科研

---

① 王珺：《技术服务组织与集群企业技术创新能力的形成：以南海西樵纺织产业集群为例》，载《管理世界》2009 年第 6 期。

成果奖励。1994年，他的首部专著《外向经济论》获广东省第四届哲学社会科学优秀成果奖著作类一等奖；1998年，撰写的论文《国有企业的经济绩效分析》获教育部普通高校第二届人文社会科学研究优秀成果奖三等奖；1999年，撰写的论文《论转轨时期国有企业经理行为与治理途径》获广东省第六届哲学社会科学优秀成果一等奖；2003年，专著《政企关系演变的实证逻辑——经济转轨中的广东企业政策及调整》获广东省哲学社会科学"九五"规划优秀成果二等奖；2005年，专著《企业经理角色转换中的激励制度研究——兼论国有企业"官员型经理"向企业家型经理的转变》获广东省人民政府首届哲学社会科学优秀成果奖著作类一等奖；2006年，专著《企业经理角色转换中的激励制度研究——兼论国有企业"官员型经理"向企业家型经理的转变》获教育部中国高校人文社会科学研究优秀成果奖三等奖；2008年，撰写的论文《构建以企业为核心、三位一体的区域创新体系》获广东省理论宣传理论文章一等奖。

（二）广泛参与社会活动　积极为决策建言

在本职工作之外，王珺还参与了大量的社会活动。从20世纪90年代开始，王珺就兼任广东省人民政府社会经济研究中心特约研究员、广州市政府的咨询决策和经济顾问，之后，多次被聘为广东省人民政府决策咨询顾问专家委员、广州市政府决策咨询顾问，为政府部门的相关决策提供了大量有价值的意见和建议。他曾担任中山大学文科学术委员会副主任委员，中山大学岭南学院产业经济的学科带头人，也是中山大学管理学院国家重点学科"企业管理"的学科带头人，担任中山大学"985"二期工程"产业与区域经济发展"基地及中山大学"985"三期工程"广东社会科学研究"基地负责人。

2006—2010年，王珺担任教育部学风委员会委员。王珺担任过国家人事部专家顾问委员会委员、广东省企业家协会副会长、广东省青年科学家协会副会长等职。他还被兰州大学经济管理学院、山西财经大学、内蒙古财经大学、中共广东省委党校聘为兼职教授。2019年，王珺获聘广东省人民政府参事，成为广东省人民政府的重要决策智囊。

2005—2018年，王珺担任广东经济学会[①]会长，可谓广东经济学界的领军人物之一。在1992年第七届理事会，王珺参与广东经济学会的工作，任副秘书长，并深受广东经济学界的认可，于2000年担任常务副会长，2005年接任会长。他在担任常务副会长和会长期间，推出了在广东具有一定影响力的"岭南经济论坛"，为

---

① 广东经济学会成立于1958年12月，是广东省成立最早、会员众多、影响较大的社团之一。学会历届领导孙孺、卓炯、曾牧野、张元元、宋子和等提出的"社会主义商品经济"（20世纪60年代）、"社会主义市场经济"（20世纪80年代），获得国内经济理论界的赞赏和广泛好评，对推动改革开放和社会主义现代化建设做出了贡献。

广东经济学界搭建了重要的学术交流平台。经过王珺及学会主要领导的共同努力，学会在广东经济学界形成了强大合力，在学术研究和政策咨询方面都取得了重要的成绩。王珺还担任了《南方经济》杂志（广东经济学会会刊）主编，在他的领导下，《南方经济》被打造成岭南的重要学术成果展示平台。

（三）同行和前辈的肯定

王珺与国内学术同仁有着广泛的联系和交流，其中不得不提的两位著名学者，一位是我国著名经济学家、中国社会科学院经济研究所的张曙光教授，另一位是著名经济地理学家、北京大学地理与环境学院的王缉慈教授。张曙光教授与王珺交往多年，从20世纪90年代开始，两人就有着比较频繁的学术交流，曾一起主持过《中国制度变迁案例研究》（广东卷）的编撰工作，王珺经常把写好但未发表的论文发给张教授，与他进行讨论，因此张教授对王珺的研究课题也非常熟悉。在张曙光看来，在经济学教学和研究人员中，像王珺这样既有比较扎实的理论基础，又真正熟悉中国经济实际的人并不多，王珺的研究都是从长期观察和大量调查中国现实经济运行而提出问题，然后给予理论上的解释，再拿到实践中去检验，言之有物、言之成理、持之有据、有所创造。张曙光认为，在国内外有关产业集群的研究中，大多是一种描述式的案例研究，而王珺的多篇论文对产业集群的形成机制、创新类型和动态演化进行了深入的理论分析，对国内的产业集群研究贡献很大。

2016年，与林毅夫教授开展合作

北京大学的王缉慈教授从20世纪80年代就开始研究产业集聚，90年代中期又开始在产业集群领域进行深入探索，在国内产生了很大的影响，可以说是国内产业集聚和集群研究的开创者之一。在90年代末期王珺基于广东的产业集群发展开始在这个领域深耕，与王缉慈教授的研究领域出现交集。2002年，王缉慈、王珺以及其他一些产业集群领域的学者共同发起组织了第一届产业集群与区域发展国际学术会议，到2019年已经举办了18届。这是一个以产业集群为主题的学术交流平台，对于国内产业集群的研究起到了重要的推动作用。也就是从2002年开始，两人开始有密切的学术联系。王缉慈教授认为，王珺等学者率先提出的"专业镇"概念，以及设计的相关评估评价指标对于地方政府将促进产业集群发展作为重要战略具有重要的推动作用。

（四）教书育人　桃李芬芳

王珺在中山大学留校后就担任经济学教师。岭南学院成立后，他作为骨干教师与其他教师共同培育了大量的优秀学生。王珺授课很有特色且质量高，这些课程的内容都比较前沿，王珺将自己的研究与课程内容相结合，还将研究的每一个阶段的成果及发现拿到课堂上与学生分享。如20世纪90年代，在对转轨经济和经济发展进行深入研究的基础上，他开设了"转轨经济学"和"发展经济学"课程；2000年以后，他的研究主要集中于产业集群，便针对研究生开设了"集群经济学"课程，由于在MIT接触了组织理论的前沿动态，回国后便开设了"组织经济学"课程；2009年，又结合多年的研究与思考开设了"制度与发展"课程。王珺教授的课程基本上都采用他自编的教学大纲和讲义，他认为写讲义、编大纲也是对自己的训练，老师要有自己的观点和看法，把最先进的知识编进讲义里，才能给学生最前沿的知识。在讲课之外，王珺对于如何指导硕士和博士也有一套自己的方法和特点。

王珺主持过很多科研项目，如国家社会科学基金、国家自然科学基金、教育部社会科学基金以及其他省部级科学研究项目等，因而他的研究生都会比较早地参与课题项目。研究生一进校，一方面要进一步学习相关理论知识，另一方面就成为这些课题的团队成员。通过课题的参与，学生们逐步掌握了一整套的研究方法，也有更多接触现实的机会。在王珺的带领下，他的学生也都有了自己的专长，逐步地形成了研究实力不俗的团队。王珺很注重团队内部的讨论和切磋，每周三他都会召开以博士研究生为主的学术讨论会，为学生们尽力营造一个自由交流的学术氛围。每个学期初王珺都会确定报告名单和日程，如一年级的博士研究生以报告最新的前沿文献为主，二、三年级的博士研究生则要报告自己近期写作的论文或博士学位论文的内容及阶段性成果。在讨论过程中，大家各抒己见，指出研究存在的各种问题，有几次一些心理承受能力稍弱的女生还被"批"得掉眼泪，但也正是经过了这样的"洗礼"，才完成了一篇又一篇的高质量论文。通过学术讨论和学术批评，学生们更明确了如何提出问题、提出观点、论证观点以及找到证据支持自己的观点，研究能力潜移默化地得到了提升。每次学术讨论会王珺基本上是必到的，并且对每一位学生的报告都会给予充分的点评，在指出大家不足之处的同时，他更注重帮助每一位学生认识到自己所提问题和所做研究的意义及价值，以及进一步改进和提升的方向。如果自己有新的想法，王珺也会在学术讨论会上与学生们进行讨论，从中学生们也学到了做研究的路径和方法。王珺非常注重调研和数据，他常对他的学生说，要多多调研才有现实的感受，说出的话才能有底气，才更符合实际，通过调研有助于发现问题，可以让自己的观点得到检验。因此，一有机会他就会带着他的学生去各企业参观访谈，与一些政府部门座谈，或帮学生安排联系调研对象。王珺的两位博士研究生姚海琳和王峥分别以江门开平水口镇的水暖卫浴产业集群和中山小榄镇的锁具产业集群为主要案例来写作博士学位论文，他们分别在这两个镇持续调研了一个多月，走访了上百家企业，发放了大量问卷，与当地政府部门进行了深入的座谈，对集群内部的运行机制进行了细致的考察，最终写出了高水平的博士学位论文。

2009年，王珺担任国家生猪产业技术体系产业经济研究室主任，当时为了给国家生猪产业的发展提供决策支撑，王珺和他的学生走访了全国十多个省市对生猪产业进行调研。在和各地畜牧局和相关职能部门的座谈中，他们发现各省市都在投入资金，制定支持性政策以促进生猪的增产。从局部看，各地的支持政策没有问题，但从产业总体来看，中国的生猪极少出口，产品都是以国内消费为主。由于猪肉是生活必需品，因此需求也比较稳定。王珺认为，如果各省市都大力支持生猪产业，那么几年内中国的生猪产量增幅会超过30%，不利于供求的平衡和生猪产业的稳定发展，而且我国人均猪肉消费达到较高水平，已经告别了短缺时代，生猪总量上升的空间有限，未来更重要的是在区域结构、产品结构以及产业组织结构的优化和调整。王珺和学生的这份调查报告受到相关部门的高度重视，这也给学生们就如何在调研中发现问题并进行深入研究带来了很大启发。

王珺与学生的相处模式不全是严肃的学术讨论，他也时常会关心学生的生活、思想、工作和家庭。不少研究生年纪都不小了，都有着不同程度的经济压力，王珺为了让学生能专心投身学习和研究，经常从自己的经费中拿出一部分来给研究生发放补贴。在学习之余，王珺喜欢和学生们一起爬山，每年至少一两次，广州周边的山爬了不少，如白云山、龙眼洞公园、火炉山等；他也很喜欢散步，如外出调研或开会时他都会抽时间散步。这也是王珺与学生们谈心聊天的时间，他个子高、步子大，学生们想要跟上他的节奏还是有一定的挑战的。这种聊天当然不乏学术的探究和讨论，还包括很多生活、事业、个人发展等方面的话题，他经常以自己的经历或人生体会和感悟来帮助学生们树立信心，找准生活和追求的方向。他给学生们树立的观念就是要有追求、要志向远大、要有恒心，相信自己通过努力是可以达到目标的，同时他也告诉学生要敢于面对困难和挫折。他经常说，人一辈子不可能一帆风顺，往往不开心的时候十之八九，当遇到挫折和不开心时要能够坦然面对，不要深陷其中，尽快从低落的情绪中走出来，继续前行。责任心强是王珺的一个特点，他也经常向学生灌输这样的理念，即承诺的事情就一定要认认真真做好，无论遇到多大的困难，都不能打退堂鼓。王珺的宽容和豁达也让学生印象深刻，他从不因为学生的一些失误或错误就对其抱有成见，他对学生始终充满信心和信任。在学生们的眼中，王珺既是良师益友，又是做人的楷模。

王珺从1993年开始指导硕士研究生，从2001年开始指导博士研究生，截至2020年总共指导硕士研究生60多人，博士研究生40多人。他指导的学生毕业后大多成为高校、研究机构的教师和科研人员，有的学生在学校读书时便崭露头角，如岳芳敏、郑筱婷、杨本建和安苑等在他的指导下，在权威杂志《管理世界》上发表了高水平的论文。现在岳芳敏是中共广东省委党校的教授，在产业集群和公共财政领域研究成果丰硕，郑筱婷和杨本建在暨南大学经济学院担任副教授，安苑在广东外语外贸大学任副教授，他们都成为本单位的学术骨干。有的学生毕业后成为有影响力的专家学者，如李胜兰目前为中山大学岭南学院的经济学教授、博士生导师，兼任中山大学自贸区综合研究院副院长、中山大学决策科学研究院副院长。2002—2006年，李胜兰担任岭南学院经济系主任，从2007年开始，担任了近10年的岭南学院副院长，李胜兰教授把制度经济学分析引入分析中国改革开放的制度的演变对地区产业经济、区域经济和环境资源经济的影响研究，在国内经济学界产生较大反响。赵祥现为中共广东省委党校管理学部主任，教授、硕士生导师、岭南学者，广东经济学会常务副会长，广东县域经济研究与发展促进会会长，曾先后荣获南粤优秀教师和广东省哲学社会科学优秀成果奖，他长期从事产业与区域经济研究，成果丰硕，是广东省党校系统的骨干人才。杨子晖现在是中山大学岭南学院金融系主任、中山大学岭南学院金融系教授、博士生导师、第三批国家"万人计划"青年拔尖人才、2009年全国百篇优秀博士学位论文获得者、2016年广东省高等学校青年学者、2011年入选教育部"新世纪优秀人才支持计划"，在宏观经济和金融经济学方面有很深的造诣。还有一部分学生毕业后，发挥所长到政府部门和企业工作。如陈磊，曾经在广东省和广州市的对外经贸系统工作，还曾任清远连州市副市长，目前任韶关市副市长；刘棕会，曾经在广州市委政策研究室和广州增城区担任领导职务，目前任广州市供销合作总社主任（理事会主任）；在企业工作的有吴东，现为广州珠江数码集团股份有限公司总裁；王峥和林佩群都在广东省机场集团工作，王峥在战略发展部，林佩群任广东省机场集团下属的翼通商务航空服务有限公司董事长。王珺培养的学生学成之后虽然工作领域各异，但都在自己的工作岗位上取得了不俗的成绩，这也是受到王珺个人风范的感染，都具有扎扎实实、锐意进取的品质。

四、勤于耕耘　不断探索

与其他学者一样，王珺的治学道路也是一个勤于耕耘、日积月累、不断探索的过程。王珺的特点就是对问题的探究有一种内在的冲动。比如说，对一个持续关注的问题想不明白，那是痛苦的，又不舍得放弃，但如果经过了努力能在理论上对这个问题自圆其说，就会有一种内在的兴奋。没有持续经历想不明白的痛苦，也就不可能有想明白的乐趣。1993年王珺破格晋升为教授，当时有人问过王珺这样一个问题，这么年轻就当了大学教授，那还有什么动力持续做研究呢？他的回答是，在没有晋升教授之前，为晋升而研究的心态是存在的，一旦跨入教授门槛，关注研究的内涵发生了变化，更注重研究的质量，诸如力图在研究问题的广度与深度上下功夫，而不是追求每年发表的数量，更不是放弃研究。回顾自己几十年来的研究生涯，王珺有以下几点体会。

首先，要用比较优势的思维来收缩自己的研究领域。经济学是一个涉及范围与内容都十分广泛的学科体系，从宏观到微观，从理论到历史，从流量到存量，从国内到国际，从产业到文化，从制度到法律，从数据统计到方法工具，等等，作为一名学者，不可能在每个方面都了如指掌、十分精通。特别是20世纪80年代以来，我国进入改革开放的快速发展时期，对经济学理论产生了全面的实践需求。对于这个专业的学者来说，无论选择哪个方面都是有作为的。但是，每个人的精力有限，不可能涉猎过于广泛，这就需要收缩研究领域。对于每个人来说，收缩研究领域最好与其所在地区的地方特色研究结合起来。这并不是就事论事，而是从地方特色的视角讨论一般性问题，或从一般性问题切入关注地方特色问题。比如说，根据经济学的研究特点，王珺将其分成两个方面：一是流量性研究，诸如汇率、利率、税率以及货币政策和财政政策等主要涉及宏观经济层面的研究；二是存量性研究，诸如企业、产业以及城市和区域发展等主要以微观为主的研究。留校后王珺开设的第一门课程是国民经济管理学，这属于宏观经济理论方面的课程，其中涉及大量的流量性研究。在备课以及参加相关理论研讨会中，王珺逐步发现，与同行相比，他在获取宏观经济动态信息等方面并不具有优势，反而同行对他在同样的宏观政策与地方的不同反应等问题上更感兴趣。为什么会出现这种情况？王珺觉得，从我国的经济决策特点来看，离流量决策者较近的地区容易获得更多的信息，同时决策者对其理论与研究需求也较大，这些地区就会容易形成对流量的研究优势。当然，也有人会说，这也不尽然，比如在美国，宏观经济学家并不都集中在华盛顿，而诸如位于波士顿的哈佛大学和美国麻省理工学院等诸多经济学教授都对美国的宏观经济政策有影响力。王珺觉得，我国的经济信息是一个由上而下的扩散过程，这种信息的扩散方式决定了获得这些信息的先后顺序，这可能是与美国的不同之处。而存量的研究是具有异质性的，由于各地的资源禀赋、历史背景与地理区位不同，各地区的企业、产业以及城市化、国际化发展都会有差异。虽然一个地区对另一个地区的发展会有参考价值，但是，经验往往不能照搬，一个重要的原因就是这种差异性的内在机理。同时，由于存量结构的差异，同样的宏观政策可能在各地的影响与反应也会有所不同。这样，王珺渐渐地从关注流量信息问题转到了深耕存量的问题上，即转到基于地方特点的企业、产业与区域发展等方面的问题上。30多年来的理论研究大多数与此有关。因此，王珺也经常戏称自己为一个地方学者。

其次，要从具体问题入手，深耕与此相关的学术理论与学科领域，再逐步扩展。王珺记得，考大学时的一道看图作文题：一个人拿着一把铁锹，在一个地方挖几铲子，挖不出水后，再换一个地方，换了好几个地方也没有找到水源。在这张图上，如果他再深挖一下，就可以发现水源了，这道题给王珺留下了深刻的印象。在现实中，做研究也存在两种方式：一种是普遍开花，浅尝辄止，即什么专业的问题都涉猎，什么领域的理论都发声，研究面广，不容易深下去；另一种是持续关注与深耕专业领域中的几个相关问题。那么，哪一条路会越走越宽呢？用经济学的逻辑来理解这个问题，就会找到答案。比如，前者容易进入，也容易写出文章，文章数量也会多一些，但是，由于深入不下去，只能在浅层次进行开发，即"打一枪换一个地方"。当更专业的人员占据了每个领域后，这些人的空间就被缩小了，甚至有可能先被挤出学术圈子。因此，看起来，这类人容易进入，但是研究的路子可能越走越窄；相反，后者的路子会越走越宽。虽然他们进入这个专业领域时花费的成本更多，但是，这种专业性的积累为随后的研究打下了基础。如果你熟读或精读一些经典文献，并烂熟于心，那么，第二次进行文献梳理时，就不需要花费类似第一次那么多的时间与功夫了。同时，也对相关经典文献有所了解与把握。显然，这是一个先难后易的过程，也就是经济学讲的边际收益递增的逻辑。所以，把基础打牢固，接下来的研究路子会越走越顺畅。王珺也将这种理念贯彻到对学生的具体指导中——不要急于求成，也不要急于追求在一般性杂志上发表文章，不能只追求文章数量，而更应关注文章质量，厚积薄发。1991年获得诺贝尔经济学奖的美国芝加哥大学教授科斯（Ronald H. Coase）在他的一生中不过只写了30多篇论文。所以，在专业学者的圈子中，不在乎你写了多少篇论文，而在于你的论文影响力。当然，这仅仅是从作为研究者职业的视角来讨论两种途径的差异，换一种职业，可能就有另外一种评价标准。比如说，记者恰恰需要的是前者的思维与方式，而不是后者。

再次，要注重理论与实践的紧密结合。在硕士研究生学习的第二年暑假，王珺回到家乡对呼和浩特第四毛纺厂的工资分配与改革问题进行了一次为期一周的调研。当时工厂为王珺提供了关于工资改革的方案，在此基础上，王珺对一些工人及厂领导的具体想法与看法进行调查，并进行了一些理论分析，找出了改革方案中的问题，也提出了一些改进思路，王珺自以为写得还不错。回校后，老师对每一位研究生的暑期调研报告进行了评审，对王珺的这篇调研报告的意见是，要更注意理论与实践的内在联系。换句话说，方案中需要完善与改进的问题似乎并没有理论支撑，而理论分析的问题似乎与方案中的问题有些脱节。这次评审对王珺后来的研究产生了深刻的影响。那就是要更多地从实践中发现与寻找理论研究的问题，并针对实践提出的问题展开理论分析与研究。要做到这一点，首先要深入企业与乡村，调研他们发展中的问题，关注面对这些问题给出各种办法的智慧，记录他们抓住机会、克服困难的那些鲜活故事，了解他们在进一步发展中还存在哪些主要问题，探讨如何解决这些问题的思路与建议，等等。因为实践就是人们有意识的社会性活动，而理论不过是认识与分析这些活动的工具与方法。作为理论工作者，与决策者一样，都强调深入实践。但是，两者也有不同之处，决策者关注的是，实践中存在的主要问题、造成这些问题的原因以及解决的办法等。由于这些问题是综合的，形成的原因也是多方面的，可能不仅有经济方面的，也可能有社会的、法律的、文化的各方面等，因此，给出的对策也是多视角的，只要有利于解决问题，都会采用，而不会在意它们之间是否存在着内在联系。而理论工作者更多的是注重现实个案中的共性问题，或者说，在分散的、碎片化的个案中提炼出一般性问题。同时，这些一般性问题一方面可以在专业理论中找到对话点，另一方面现有的专业理论又没有现成的理论解释。在王珺看来，这就是理论研究的兴奋点所在，因为这容易形成自己不同于其他人的理论观点。事实上，他的许多理论认识与观点都是在实践调研中发现的，是通过提炼理论问题形成的。当然，许多案例也不是一下就能上升为一般性理论问题的。一些碎片化的案例之间如何联系起来也是一个不断积累与消化的思考过程。因此，王珺一直认为，调研是理论研究的重要一环，调研质量对理论研究成果有着至关重要的影响。此外，调研的另一个作用就是检验研究者对实践发展作出的理论判断是否合适。这也是王珺在学术生涯中逐步体会出来的。基于这一点，王珺非常欣赏费孝通先生撰写的《江村经济》。

最后，要注重大胆假设小心求证。虽然这句话常常用于自然科学的工作，但是，用于经济理论研究也是合适的。所谓大胆假设，就是提出一个具有挑战性的有理论意义的问题。当然，这不是没有依据地随便提出来的，底气与自信来自经过系统的实证与材料证明了的结果，因此，小心求证是必不可少的，否则，这个假设就变成了无源之水、无本之木。王珺以为，除了经济学研究强调实证方法、管理学突出案例分析，还有以下几个方面是值得重视的。

一是联系的方法。如当一个国家经济面临如何处理好结构转型与就业稳定关系时，我们首先会联想到处在这个发展阶段的其他国家和地区曾在处理这个关系上存在的正反两方面经验教训，可借鉴的做法是什么，等等。借用他山之石，少走弯路。当制度在什么样的条件下会促进或阻碍发展？翻开各国的历史与现状来求证促进或阻碍的事例。这也是王珺在哈佛大学听课时，那里的教授给他留下的感觉，当提出一个观点时，他们可以从世界各国的历史与现实中随手拈来几个史实与案例作为支撑。在分析与研判一个地区发展时,要形成三个层次的分析维度,即全球视野、国家战略与地方特色,不是就事论事,而是要从这三个层次的联系中发现机会与特色。

二是对比的方法。如在市场竞争中,为什么日本存在着大量的小型供应商,而美国和欧洲的供应商都具有较大规模?这显然与交易费用相关的这个组织方式生成的背后存在着不一样的社会联系。我国一些省市的经济发展水平是相同的,但是,企业与产业结构都存在着较大差异,面对同样的困难与问题,其他地区是如何应对的,等等。

三是动态的方法。具体来说,关注一个地区的经济增长,不仅要用横截面方法观察它在全国经济格局中的地位以及它与其他地区的增长率差异和动力结构区别,而且还要用时间序列的方法考察变化情况。在研究与教学中,一些学者也经常问王珺这样一个问题:大胆假设与小心求证是一种什么样的联系呢?从王珺的体会来看,一方面,在日常的工作与生活中,就要做一个有心人,对周围的经济活动与事件,善于观察与思考,把有兴趣的东西记录下来。虽然这些记录的东西是碎片化的,但是,当积累到一定阶段时,过去联系不起来的现象自然地就有了联系,把分散的知识变成了一种理论逻辑。最明显的例子就是在存量研究中关于企业、产业与地区发展的问题,割裂三个方面的联系而孤立观察任何一个方面都不容易把握住整体的趋势。另一方面,把握理论文献的前沿动态、政策变化也是不可缺少的。王珺记得,在硕士研究生阶段,他的导师就经常提醒他们,对于我国著名经济学家于光远、孙冶方、薛暮桥和马洪等人的论著与观点要仔细研读。现在回过头来看,如果对现有的理论进展与动态以及主要观点都不了解,怎么可能提出挑战现有观点的假说呢?总之,只有功夫用在平常,才能以证据为支撑,提出大胆假设;只有勇于提出假设,才有动力去寻找历史与现实中的正反两个方面的更多证据。

(郭惠武整理)

广东省第二届优秀社会科学家　毛蕴诗

广东省第二届优秀社会科学家

一、求学之路　别样际遇

（一）青衣江畔少年时

毛蕴诗1945年出生于四川省乐山市夹江县县城。县城坐落在青衣江畔的川西平原的边缘，离乐山市区32公里，离峨眉县城18公里。从县城北去几里便开始进入山区，若天气清朗，三峨、二峨、大峨（金顶）（山）清晰可见、绵延起伏、顺势而动，直上云天。青衣江古称平羌江，李白有诗"峨眉山月半轮秋，影入平羌江水流"。青衣江主源为宝兴河，发源于邛崃山脉巴朗山与夹金山之间的蜀西营（海拔4930米），流经宝兴（在飞仙关处与天全河、荥经河汇合后，始称"青衣江"），经雅安、洪雅、夹江于乐山草鞋渡处汇入大渡河。青衣江在距县城不远处从两座高山之间穿流而过，东边高山临江壁立，古人在石岩上锉刻出千尊大大小小佛像，属唐代遗存，称为千佛岩，现为夹江县著名风景名胜。然而奇怪的是许多佛像都缺了头部，毛蕴诗询问父亲后才知道是被洋人偷去了。青衣江汇入大渡河之后，再汇入岷江，三江合流直奔乐山大佛脚下，急流湍湍，景致壮观。乐山市青山绿水环绕，是钟灵毓秀之地。在乐山名胜乌尤大佛，刻有岑参刺吏之文，首句云："天下之山水在于蜀，蜀之山水在嘉州。"乐山凌云大佛旁边的山岩上刻有郭沫若题写的"苏东坡载酒游处，并建有载酒亭"。青衣江在流入县城几公里处便是夹江县，这里盛产竹子，是宣纸的故乡。明清时期，夹江竹纸已为钦定"贡纸"。据毛蕴诗的父亲说，中国国画大师张大千当年赴夹江时，也曾在毛蕴诗老家所在的金祥街（现为东大街）住过。有资料记载，抗日战争期间，张大千还专门到夹江马村与当地槽户（造纸人）一道改进造纸技术，"大千纸"也名噪一时。当时夹江的纸张市场和染纸作坊主要在的金祥街与北街，俨然是现在所说的专业集群。毛蕴诗的祖父以染纸（把当地土纸染为各种颜色的纸）为生，育有四儿一女，全家对年纪最小的女儿十分珍爱。毛蕴诗的姑姑从小聪明好学、志向远大，深受私塾老师喜爱，为其取名毛英才。后来毛蕴诗的姑姑考上了当时的成都华西大学哲学历史系。他的姑姑在华西大学读书时，接受了革命思想，阅读进步书籍，却在临近毕业离校时由于特务告密，不幸被国民党抓捕关押，还被逼着写悔过书，但是他姑姑宁死不屈。当时，他祖父曾设法营救他的姑姑，但是因为拿不出国民党官员索要的赎金而未能成功，于成都解放前夕被杀害于十二桥，史称"十二桥烈士"（现安葬于成都人民公园）。毛蕴诗的父亲在兄弟中年纪最小，与姑姑一起长大，感情很深，他父亲常常给他们讲姑姑的一些往事予以激励。

毛蕴诗的父亲也染过纸，因念过私塾识得字，成都解放后不久便在夹江县供销社工作。打从毛蕴诗记事起，家里生活很是艰难，两个妹妹也要上学，全家5口人主要靠父亲的工资生活，母亲曾读过初中，但未读完便辍学了。由于母亲心脏不好，一劳累便会心跳心慌得厉害，因此只能做一些针线活、织毛衣补贴家用。父亲记忆力很好，能背诵许多古诗文，常常给他讲古代故事，诵读一些古诗词、散文。因此毛蕴诗从小就喜欢读书。但当时书贵，根本买不起，整个县城也只有一间新华书店；毛蕴诗经常到书店里站着看，也读了不少古典小说。毛蕴诗幼时就认识不少字，于是4岁就被送去上小学。他学习成绩一直都不错，这方面父母倒不怎么操心。1956年，10岁的他就参加了小学升中学考试。那时的考试制度甚是刻板，如果当年考不上，就必须等到满13周岁才能再考。因为邻居家的小孩就是这样在家闲着，既不能工作，也不能上学。为此他母亲总是忧心忡忡，在他临考前整夜未眠，靠看天色掌控时间，既怕他睡得不够，更怕睡久了误时不能参加考试。毛蕴诗说自己倒是睡得很安稳，当得知他顺利考上初中时，他的母亲激动不已。毛蕴诗说母亲不仅给了他生命，还竭尽所能地为他把握人生中的关键点。毛蕴诗小时候也很贪玩，经常跟着两个堂兄到处"打野"。他也喜欢下象棋，在班上还颇为厉害，有一天毛蕴诗问父亲会不会下象棋，父亲说下下看，结果毛蕴诗很快输了三局。此事对他触动很大，以致后来他不再下棋。

1956年，毛蕴诗考上夹江县中学，被分在1956级4班，班上都是全年级年龄较小的学生，所以是男女混合班。在夹江县中学初中毕业后，1959年他升入高中。当时教育落后，1959年全县仅两个高中班，班里有不少农村同学，他们每周要走几十里路回家和上学,甚至还有邻县的同学,他们住得就更远了。

1958年,全国开展"大跃进"、"大炼钢"运动。那时师生倾校而出,都去捡铁矿石、炼钢、采集野生纤维。毛蕴诗所在班级被分派到山上砍树烧炭,用来炼钢铁。砍树自然是挑大树砍,对森林的毁坏相当严重。烧炭之前要筑炭窑,那时为了赶任务,大家点起火把连夜赶工。几个学生拿着木柱在窑顶上边走边夯,毛蕴诗当时年仅12岁,实在支撑不住,走着转着就打起了瞌睡并从窑顶上掉了下来,所幸毫发未伤,但这也成为他们班上的笑谈。"大跃进"之后,是连续三年自然灾害。当时提倡勤工俭学,大约每周有一天要安排劳动,如开荒种地、种菜放牛、担砖担柴等,每年还要参加春耕夏收、秋收秋种等支农活动。毛蕴诗印象最深刻的是,读高中时在学校住宿搭伙,经常要去山里挑柴。他当时年纪、个子都最小,常常落在后面,也常常有年纪大些的女同学把柴挑回学校后,又返回去帮他挑的。其实那时正是三年困难时期,她们也很艰苦,但她们毫不吝啬同学间的帮助,这样的友情,毛蕴诗一直铭记在心里。除了在学校学习和生活艰苦,由于母亲有心脏病,父亲工作经常加班,毛蕴诗在家中要承担许多家务劳动,假期他还会跟着堂兄去做些零活补贴家用。

毛蕴诗16岁参加高考,考场就设在夹江中学。那时的高考静悄悄的,与现在的万人送考、禁车封路有天壤之别。尽管少年时期的生活、学习、劳动的艰苦,但毛蕴诗认为那是对他的历练,使他从小就对国情、亲情、友情有了深层认识,懂得了自立自强。也的确如此,艰苦岁月是人生的馈赠,更是人生的巨大财富。

(二)16岁考入成都大学数学系

1962年,毛蕴诗考入成都大学(现在的西南财经大学)数学系,那年他16岁,仍然是全班年纪最小的。那时国家实行"调整、巩固、充实、提高"的方针,大大压缩了招生人数,当年全县考上大学的总共也就12个人。据国家统计局资料,1962年,全国招收大学生仅为10.7万人(包括大专),这可能是新中国成立后经济恢复以来招收人数最少的年份。毛蕴诗的数理化成绩很好,但是作文水平一般。他回想起那年的高考,仍然心有余悸。记得当时的高考作文题目:一个是《说不怕鬼》,另一个是《雨后》。对于《说不怕鬼》这一题目他无从下笔,于是只得写《雨后》,但是也十分艰难,幸得老师"开恩"得了60分,是所有科目最低的。如果当时作文的命题只有《说不怕鬼》,他真不知高考是何结果。在大学期间,生活非常艰苦,毛蕴诗一个月只向家里要2元零用钱。还有一些比他更困难的同学,缺衣少穿,有几个农村来的同学在冬天打着赤脚,还发生过图书馆管理人员认为不雅,而不让他们进馆之事。而且那时正是他长身体的时期,总觉得肚子吃不饱,母亲时不时在给他的信中夹带两斤全国粮票。他就拿着粮票到食堂加饭。直到1964年国民经济开始好转,大学生的伙食标准从9元提高到12元,助学金标准也相应提高,伙食一下子大为改善。通过在成都大学两年的学习,非常严格、健全的教学和考核制度使毛蕴诗受到严谨的逻辑思维和学习方法的训练。后来，他还认识到本科阶段的学习对于提升整体素质、训练思维能力和学习方法、培养学习能力，具有重要作用。

（三）1964年转入四川师范大学

1964年，教育部撤销成都大学，恢复为西南财经大学。毛蕴诗随原成都大学部分理科学生被并入四川师范大学学习，直到1968年分配工作才离开。在四川师范大学期间，毛蕴诗经历了两件大事：一是参加了近半年的农村"四清"运动；二是参加和经历了"文化大革命"。当时中央规定大学生要参加农村"四清"运动。于是1965年数学系1966级的学生作为工作组成员去四川省三台县三台区参加了一个学期的"四清"运动。"四清"运动的工作组纪律非常严格，每位成员都要和当地农民同吃、同住、同劳动，如有违反者会被工作组开除，那也就意味着被开除学籍。那时当地农民温饱问题远未解决，毛蕴诗先后所住的农户家几乎每餐都吃清汤似的玉米糊糊。工作组员白天要下地劳动，晚上大多会商量布置工作或者召开社员大会，开完会往往已是深夜，一个人在大山里打着手电筒摸着山路回到住处，其艰苦可想而知。

1966年，同学们一开始都以很大的热情投入运动之中。运动初期主要是学习毛主席的最高指示。两报一刊社论，搞一些大批判，总体上还是比较温和；学校还组织全校学生（红卫兵）到北京接受了毛主席检阅。之后不久就开始了全国"大串联"，毛蕴诗和几位同学先后到了长沙、韶山、株洲、广州、上海等地。后来中央叫停"大串联"，大家陆续返回学校。但是返回学校之后，派性斗争愈演愈烈，甚至发生武斗，这显然已经让许多人无所适从。于是毛蕴诗回到夹江县家中陪伴生病的母亲，由于母亲心脏病日益严重而无法得到很好的治疗，加之长期缺乏营养，身体越来越差。毛蕴诗在陪伴母亲之余还会阅读一些人文社会科学方面的书籍，但心里无时无刻不盼望"文化大革命"早日结束，这样就能分配工作，领到工资报答母亲于万一。然而最终留给毛蕴诗的却是一生的遗憾。

（四）贵州汽车制造厂工作，不忘读书学习

1967年毛蕴诗大学毕业，在四川师范大学等待分配工作直到1968年。当时全国所有学校处于停课状态，并强调"学工、学农、学军"，所以毛蕴诗被分配到贵阳市的贵州汽车制造厂工作。他先是担任全厂的统计工作，后来他主动要求担任调度工作。当时他发现生产计划科库房中丢弃有一些经济管理方面的书刊，如《经济研究》，中国社会科学院工业经济研究所、中国人民大学工业经济系老师编写的教材等。在工厂工作期间，毛蕴诗在空闲时也会看这些经济管理书刊。此外，他还广泛涉猎古代文学、诗词、鲁迅著作、哲学等人文社会科学书籍。在此后的时间里，

毛蕴诗一方面从事企业的管理工作，另一方面则不间断地读书学习。他并没有想到在后来恢复研究生考试后，那些库房里的书籍能作为参考书派上用场。那段一线生产和管理经历也是促成毛蕴诗后来从事经济管理研究的重要缘起。

（五）恢复高考，成为中国人民大学工业经济专业硕士研究生

1978年恢复高考，毛蕴诗在报纸上看到了中国人民大学工业经济专业招收硕士研究生的消息，当即决定报考。当时的招生简章十分简单，就是列出考试科目，并没有指定任何参考书目。而且当时他的居住条件很差，没有一个安静的房间供他复习。那一届中国人民大学招收了108名研究生，他被录取后又由学校推荐（唯一的）参加国内首次出国英语统考，并顺利通过。这样，毛蕴诗成为恢复高考后的首届研究生，他一面在中国人民大学学习，一面等待公派出国留学。学习课程安排分量最重的是资本论和英语。资本论的任课老师吴树青教授（后来任北京大学校长）、胡钧教授都是全国著名的资本论研究专家。能受教于他们实在是幸运且受益匪浅。教英语的是一位年纪很大的何老师，主要讲授阅读理解，特别注重难句的语法分析和翻译。何老师的授课为毛蕴诗后来的英文翻译打下了深厚的基础。毛蕴诗的硕士生导师是杨文士，杨老师新中国成立前毕业于上海圣约翰大学，英文功底深厚。学习期间，毛蕴诗有幸参与了哈罗德·孔茨（Harold Koontz）等的《管理学》中3个章节的翻译（贵州人民出版社，1982年）。杨老师在毛蕴诗所译的初稿上逐句校正修改，对他英文翻译水平的提高起到了关键作用。毛蕴诗回忆，中国人民大学的学术氛围活跃，常常聘请校外专家做讲座。记得工业经济系还邀请了时任中国社会科学院工业经济研究所的研究员朱镕基为研究生做过专题讲座。他还第一次有机会去哈尔滨参加了全国性的学术会议。在中国人民大学学习了两年后，毛蕴诗赴比利时留学。

（六）比利时天主教鲁汶大学攻读工商管理硕士（MBA），在《经济研究》上发表论文

1980年10月，毛蕴诗受比利时政府资助赴天主教鲁汶大学（Catholic University of Leuven）攻读工商管理硕士（MBA），是改革开放后第一批走出国门的公派留学生。鲁汶大学创建于1425年，历史悠久，是世界知名的高等学府。其MBA学员来自世界各国，课程讲授和教材都采用英文，学习考试、升级制度甚为严格，淘汰率高达1/3。鲁汶大学MBA课程设计很有特点：第一学年有10门必修课，22个学分，均须通过考试。第二学年提供9个方向的课程，每个方向包括3~11门学分课程，学生自己决定选课方案，总计修满22个学分，其中主修方向要达到8~10个学分，副修方向要达到6个学分，并要覆盖其他3个方向。学校MBA

委员会审查并可能建议改动选课方案。毛蕴诗的主修是"管理经济学",副修是"管理定量分析方法"。由于在国内缺乏英文听说能力训练,因此毛蕴诗的听说能力很差,加之处于荷兰语环境,学习十分辛苦,他只能勤以补拙、倍加努力,经常熬夜阅读课文、参考文献。毛蕴诗的 MBA 论文是有关中国汽车生产的预测。这一研究非常辛苦,特别是用英文写作,更是难上加难。为了保证质量,他专门请了同班的英国学生吉姆一起逐句商讨修改论文。

毛蕴诗在完成学业的同时,撰写了他的第一篇学术论文——《试论资源投入的最优组合》,发表在《经济研究》上(1982 年 5 月)。另外,他看到了在《管理学刊》(Academy of management)发表的著名管理学家孔茨的论文《再论管理理论的丛林》(孔茨因在 20 世纪 60 年代初发表《管理理论丛林》,对管理学派进行划分而成名),敏锐地认识到其重要的学术价值,并将其翻译后寄回国内投稿。中国人民大学期刊《外国经济管理》的主编因明白其具有重要价值,破例在 1981 年第 5、6 期上连载。改革开放之初,学术刊物甚为稀少,对于一个学生能在国内最高级别的刊物发表文章实属不易,这也显现出毛蕴诗对学科前沿领域的敏感度,选题的眼光以及对其价值的把握。

认识到管理实践的重要性,毛蕴诗还利用在比利时学习期间,访问了许多跨国公司。例如,通用汽车、福特汽车在欧洲的子公司,比利时的施特劳啤酒公司,英国的帕金斯发动机公司,荷兰 DHL 重型汽车公司等。西方现代企业的效率以及严格的管理规范给他留下了很深的印象。

(七)武汉大学——破格招收研究生,破格晋升副教授、教授,破格获得博士学位

从事教学与学术研究是毛蕴诗的志趣所向,1983 年获工商管理硕士学位(MBA)后,他选择在大学工作。尽管当时学成回国的留学人员极少,但要在省级以上城市解决家属的户口、住房和工作安排都是很大的难题。当时毛蕴诗向几所著名大学的管理学院投了求职信,都得到了学院的回复邀请,唯有时任武汉大学的校长刘道玉亲自写信,邀请他赴武汉大学实地了解情况,并安排他在学校做了一个讲座。刘校长当即承诺帮助他解决后顾之忧,并指派当时的经济管理系党总支书记专门陪同他回北京办理调动手续,前后几天时间,一气呵成,促使毛蕴诗到武汉大学任职。

1983 年毛蕴诗到武汉大学工作时,全国职称评定处于冻结状态,但是刘校长大力进行改革创新,不拘一格任用人才。当时连助教也不是的毛蕴诗于 1985 年获准破格招收硕士研究生。

虽然毛蕴诗刚到武汉大学工作不久,但是已经发表了多篇文章,还主持承担国家经济委员会委托项目,这在学院的教师中算是相当突出的。1986 年恢复职称评

定后，1987年毛蕴诗破格晋升为副教授。那次他一口气填写了助教、讲师、副教授三个职称申报表，这可能在国内绝无仅有，而只能发生在刘道玉担任校长的武汉大学。1989年毛蕴诗又因科研、教学工作突出被破格晋升为教授。当时学校对4位教师进行了破格晋升的公示，学校的这一举措在全校教师中产生了很大影响。

毛蕴诗虽获得鲁汶大学工商管理硕士学位，但攻读博士学位也一直是他心底的愿望。只是因在武大学工作后，教学、科研、行政工作繁重而无暇顾及。1992年年初，毛蕴诗有幸在学校遇见了世界经济学系的郭吴新老师。郭老师武汉大学毕业后留校任教，并在中国人民大学研究生班学习，1960年获苏联莫斯科国立经济学院经济学候补博士学位。历任武汉大学讲师、副教授、教授，经济系副主任，世界经济教研室主任，全国美国经济学会第三届会长。郭老师在世界经济理论、发达国家经济和世界经济史等方面造诣深厚、成果卓著。郭老师关心地询问了他的教学科研情况，并谈到教育部和学校正进行以论文直接申请博士学位的试点工作。郭老师说："你完全符合条件，学校也要找合适的人选，建议你申请。"郭老师还说，并不是谁都可以申请，必须具有较高的学术水平，并有突出的研究成果。毛蕴诗在1989年已被破格晋升为教授，并且获得多项省部级奖，所以郭老师认为毛蕴诗是可以申请成功的。经过资格考试之后，毛蕴诗在郭老师的指导下，撰写了题为"国际直接投资与跨国公司战略竞争"的学位论文。又顺利通过论文答辩，就这样，于1993年毛蕴诗破格成为武汉大学的第一个"论文博士"。获得博士学位后，他一直沿着这一方向继续研究，取得了丰硕的成果。

在武汉大学工作期间，毛蕴诗先后担任了教研室主任、系副主任、管理学院副院长。其间还主持过国民经济计划管理硕士点的申报，获得批准。除了课堂教学工作，他作为专业教师还指导了大量的学生，包括指导大学本科生的毕业论文，担任研究生指导教师。在武汉大学期间，毛蕴诗做出了一些成绩，学校不仅给予他荣誉，也更多地关注、造就了他的成长。1991年，毛蕴诗由学校公派作为福特基金高级访问学者，赴美国密歇根大学访问半年。毛蕴诗去过国内外众多大学，在他看来，武汉大学是全国最美的大学。他说，武汉大学有珞珈山、东湖，是真山真水。离开武汉大学（非主观原因）后，毛蕴诗常常怀念珞珈山那美丽而朝气蓬勃的校园；他怀念、感激像郭吴新那样默默关心学生、年轻人成长的老师。他还特别感受到刘道玉校长一心扑在教育上，言辞行动无不体现着对珞珈山的一草一木、对师生员工的深情与关爱，刘校长的言行品格赢得了珞珈山内外师生的高度评价与尊敬。

这样算来，毛蕴诗先后就读了国内外五所大学、四个专业，有半年参加农村"四清"运动的工作经历，其间有十年从事企业一线劳作与管理实践，还有两年半在欧洲著名大学的留学经历。毛蕴诗走过的路可谓独特，经历丰富，不过完全是历史的际遇使然。他的求学、工作、再求学、边工作边求学的经历是那个年代的缩影。如果不是恢复高考，如果没有改革开放，他也不会有这样的人生经历。这些经历使毛蕴诗后来在大学从事工商管理的教学与研究，具备了良好的知识结构与实践基础，特别是对我国国情、国内外经济社会环境有了较深刻的认识。

（八）婚姻与家庭、工作与生活

毛蕴诗在贵阳工作期间，认识了妻子文师平，1974年他们结婚。1976年他们的儿子出生，后来毕业于中山大学岭南学院；现在毛蕴诗的孙女在中山大学附属小学读书，孙子已满两岁。1978年毛蕴诗考上了中国人民大学的研究生，1980年又出国留学。毛蕴诗与妻子文师平离多聚少，家庭的重担都压在妻子的身上。直到1983年毛蕴诗从比利时留学回国到武汉大学工作后，他们才安定下来。到了武汉大学后，妻子在数学系计算机实验室工作。毛蕴诗早期的书稿、论文都是妻子用复写纸誊写的，后来有了个人电脑，也是妻子由打印的。毛蕴诗承担了国家经济委员会和国家物资部的两个项目时，妻子文师平也是项目组成员，她承担了全部数据处理、计算、文稿打印工作，保证了项目的按时完成。

自1983年在武汉大学工作以来，毛蕴诗和妻子就一直坚持锻炼。他们早上沿着珞珈山跑步，即使下雪天也不间断。他说能坚持锻炼要感谢妻子的带动和督促。1993年毛蕴诗到中山大学任教后，妻子仍然在计算机实验室工作。那时管理学院还没有用计算机处理文字，所以企业管理博士点的申报材料，以及1995年《中日管理比较研究国际会议》的文字处理、论文集出版的电子文稿都是他妻子完成的。在中山大学工作时他们两人仍然坚持早上跑步，2000年妻子内退，他们改为早上游泳，并一直坚持至今。2018年寒假，毛蕴诗72岁，和妻子一起去南极旅游探险，历时21天，途经有魔鬼海峡之称的德雷克海峡。2019年秋天，他们一起去川西若尔盖草原，没有吸氧而登上4860米的达古冰川。坚持体育锻炼和妻子的后勤保障使毛蕴诗有了强健的身体，能长期持续承担繁重的工作，并取得较为突出的教学科研成果和参政议政成绩。

二、立足本土　成果丰硕

毛蕴诗自1978年进入中国人民大学开始，就对学术研究产生了浓厚的兴趣。几十年下来，他一直保持勤奋、静心、专注、厚积薄发、行稳致远、积极向上的态势。特别是近20年来，他"立足本土企业实践、关注国内外管理前沿"，在科学研究与论文著作、教学科研融合、国内外学术交流、翻译与翻译研究、政策咨询建议等方面都取得了突出的成就。现在从以下几个方面加以介绍。

（一）科学研究——走在应用研究与中国管理研究的前沿

1．武汉大学期间——管理应用研究处于国内领先水平

1983 年毛蕴诗从比利时鲁汶大学毕业回国后在武汉大学任教，当时学院和国家计划委员会有较多合作，为此毛蕴诗研究方向主要侧重于定量分析方法在经济管理领域的应用。正如前面所提及，毛蕴诗在鲁汶大学学习期间就已开始进行科学研究，到武汉大学任教之后更是有了明确的目标和动力，也因为有了良好的学术氛围，他陆续发表了多篇文章。

当时国内非常重视管理定量方法的应用。毛蕴诗有幸于 1987 年、1989 年先后主持承担了国家经济委员会委托的研究项目"中国商品市场经济计量模型"和国家物资部"七五"国家重点科学技术研究项目"全国重要物资供需模型与预测系统"。项目研究十分艰难，毛蕴诗通过自学，建立了有几十个变量、20 多个方程的联立方程模型进行求解再预测。当时国内还没有这方面的文献，更没有有关求解模型的计算机软件，需要制定算法并编写程序。毛蕴诗完全通过自学掌握了有关的原理和方法。为了赶在年初发布预测信息，课题组在寒假日夜加班，甚至春节期间也在加班。项目完成后，经过两年的应用，获得了国家经委、国家物资部、国家经济信息中心等部门的认可和高度评价。据此毛蕴诗撰写的预测报告曾在新华社编辑的《内部参考》上发表，并被《内参选编》转载。研究项目通过鉴定后，所研究的模型由原国家经济委员会管理信息系统模型库移交到国家信息中心应用，并获得后续研究项目与经费支持。项目成果鉴定意见认为，"模型的研究与应用填补了这一领域的研究空白，处于国内领先水平"。

上述两个项目的研究成果分别于 1990 年、1992 年两次获国家教委科技进步奖二等奖。相关成果先后发表于《武汉大学学报》《中国工业经济》等刊物。在项目研究成果的支持下，毛蕴诗还首次申请并获得批准主持国家自然科学基金项目"中国消费品市场的供需结构分析"（1991—1993 年）和"全国重要物资市场供需结构分析"（1993—1995 年）。在教学方面，他主要讲授"现代经济计划方法"课程并出版了教材《现代经济计划与分析方法理论与实践》（湖北教育出版社，1988 年 12 月）、专著《中国宏观经济活动分析》（南开大学出版社，1990 年 6 月）。以上所述项目、获奖奖项、学术成果都应用于 1992 年申报中山大学企业管理博士学位点的材料之中。

2．中山大学——逐步聚焦中国企业成长与升级，走在管理研究前沿

（1）从跨国公司在华管理到聚焦中国企业成长。

1993 年毛蕴诗到中山大学任教。中山大学地处改革开放前沿的广东，其市场经济环境与企业的创新精神令他耳目一新。毛蕴诗迅速调整研究方向，从经济管理转变到工商管理。主要在博士论文《跨国公司战略竞争与国际直接投资》的基础上展开研究，形成并出版、发表了一系列论著，包括专著《跨国公司战略竞争与国际直接投资》（中山大学出版社1997年、2001年），《对外直接投资过程论》等多篇学术论文。1995年2月毛蕴诗主持召开了"中日管理比较研究"国际学术会议并作主题发言。这是中山大学管理学院主持召开的第一次国际学术会议。1995年毛蕴诗主持召开了"中欧企业关系研究"等国际学术会议。由于具有较好的研究基础，2003年毛蕴诗获得主持研究项目"跨国公司在华策略与中国企业的应对措施"，这是中山大学管理学院承担的第一个国家自然科学基金重点项目。毛蕴诗和他的团队围绕这一项目展开了大量的调研。作为该重点项目的成果，毛蕴诗主编出版了《跨国公司在华投资策略》《跨国公司在华经营策略》《跨国公司在华筹供策略》《跨国公司在华撤资——行为、过程、动因与案例》《中国优秀企业成长与能力演进——基于案例的研究》5本学术专著；项目组成员发表了一系列学术论文，向国家商务部等经济管理部门提供了咨询报告。在这些研究的基础上，毛蕴诗主持召开了"跨国公司在中国：竞争与合作"国际学术会议，在国内外产生了重大影响。随着该重点项目研究的开展，毛蕴诗培养了不少博士、硕士。他们围绕该项目选题撰写学位论文，并顺利完成学业。当时选择的一些研究，例如跨国公司在华撤资问题被毛蕴诗指定作为博士论文的选题，如《当代跨国公司撤资理论与其新发展》（《四川大学学报》，2002年第2期），《跨国公司在华投资、撤资、再投资行为分析——比较案例研究》（《学术研究》，2008年第8期）。这一问题的研究至今仍然具有重要的学术价值与现实意义。由于取得了多方面与突出的成果，该重点项目结题时被评为优秀。

2018年为本科生讲授公司经济学

21世纪前后,大量的实地调研让毛蕴诗开始意识到,正在高速成长的中国经济,其市场、企业都存在巨大的发展机遇,因而具有巨大的研究空间和重要的研究价值。这是中国学者应该加以关注的重大实践和理论前沿问题。那段时期他先后主持召开了"面向21世纪的中国企业"(2000年)、"成长中的中国企业"(2002年)两次全国性学术会议(并主编出版了论文集)。针对成长中的中国市场与中国企业,他选择了研究企业与市场关系,以及与之密切相关的现代企业理论为切入点展开研究。这与当时普遍针对政府与市场的关系进行研究的视角完全不同。他先后撰写了三篇论企业与市场的关系的文章,主要讨论资源的配置与经济体制问题。在第一篇文章《论企业与市场的关系》[《中山大学学报》(社会科学版),1999年第6期]中,他指出企业的运行机制与一般的经济学研究的角度和侧重点有所不同。在市场机制下,企业必须对市场趋势做出反应,企业及其经营活动由市场力量所支配。但是随着企业向大型化、集团化发展,企业对市场有着不同程度的支配作用。在许多情况下,企业通过创造出新的需求来改变整个市场活动的方向。而从管理学角度看,市场是企业的外部环境因素,企业是什么,企业要做什么,企业的决策、目标、战略都要受其内部要素及要素间机制关系制约。企业有其能动性一面,大企业具有再配置资源的作用。在市场存在缺陷或市场交易成本难以衡量的情况下,更可能产生企业改变经营的活动与企业家创造市场的行为。第二篇文章《硅谷机制与企业高速成长》,毛蕴诗论述了硅谷的要素特征和机制,分析硅谷企业高速成长背后的逻辑,提出硅谷机制是一个生态系统,是围绕知识聚集要素资源。其本质上是对要素的逐次定价,是解决市场不完全性的一种选择,体现了企业家型经济与现代公司经济的迅速融合,表明美国经济有很强的自组织能力,资源配置的天平似乎从大公司看得见的手偏向了市场这只看不见的手。上述观点是独特的思想表述,是其潜心研究所得。第三篇文章《强化股市促进企业重组的功能,推动资本市场建设》,已从理论分析进入中国企业成长与重组问题研究。一个鲜明的观点是中国股市充分甚至是过度地强调了融资功能,而失之于推动企业重组。这涉及股市的功能定位。为此,需要在股市功能、公司治理、监管,以及上市公司财务政策(如现金分红)等方面进行系统的思考和后天制度建设。由于贴近我国现实的经济管理问题,他的这些学术文章迅速转化为全国政协提案、发言,产生了明显的作用和广泛的社会影响。

1998年毛蕴诗获得德国研究联合会(Deutsche Forschungsgemeinschatt,DFG)的资助应邀前往纽伦堡大学讲授"跨国公司在中国"的专题并进行合作研究。他和德国教授合作发表了文章——*Global Strategic Management of German MNC's in China: Patterns and Determinants of Sustainabl Competitive Advantage in the Aftermath of the Asian crisis*(Palgrave Macmillan UK,2002)。三个月的访问讲学,其间他研读了大量文献,访问了多家跨国公司。他发现20世纪80年代中期以来,发达国家的企业一直在进行重大战略调整,对过度扩展、过度多元化进行反思和矫正。于是毛蕴诗将研究的侧重方向转向国际化背景下中国企业成长与重组。他主持承担了国家软科学研究计划项目"经济全球化环境下中国企业集团的重组动因、模式研究"等课题。围绕这一研究方向，毛蕴诗先后出版、发表了《企业集团——扩展动因、模式与案例》（该书获广东省哲学社会科学著作类一等奖）、《公司重构与竞争优势》《全球公司重构与中国企业战略重组》、《并购重组》等专著和系列论文。这方面成果主要集中在1999—2005年这个时段。那段时期，毛蕴诗的研究领域虽然是企业成长与重组，但是研究重点已经逐步由中外比较研究转向对中国企业成长研究。

2004年在国际研讨会上作主题演讲

（2）十年磨一剑——从中国企业升级到开启重构全球价值链的研究。

2005年秋天，毛蕴诗受聘为日本一桥大学访问教授，对该校创新发展研究所（Institute of Innovation Research）进行三个月的讲学访问，讲授"跨国公司在华投资与中国企业的战略反应"专题。访问期间，在东京大学的一次研讨会上，一位我国台湾地区的台联电在日本子公司的高管讲述了台联电于1999年收购日本新日铁半导体公司的案例。此案例引起他的注意，因为当时台联电是为新日铁半导体公司代工（OEM）的企业。他认为这是一个代工企业升级的典型案例，并意识到企业转型升级将是大陆企业面临的重大实践与理论问题。从那时（2005年）起，到金融危机发生之前，毛蕴诗和他的团队先后对大陆及台湾地区数十家企业、产业集群、产业园区、行业协会、经济管理部门进行实地调研及问卷调查。2006年、2008年、2011年、2013年，他四次应邀到台湾中山大学讲学访问；并带领多名研究生、博士后研究人员参访了台湾新竹科技园、台南科学园区、台湾工业技术研究院、台湾经济部、美浓农会、台湾中山大学育成中心、台湾阿托科技、宏碁电脑、华硕电脑、微细科技、光阳机车、台湾联米、捷安特自行车等机构及公司。2006年以来,毛蕴诗团队对广东企业、外省企业也进行了密集的调研,包括深圳佳士科技、深圳吉光电子、深圳大族激光、珠海德豪润达、顺德东菱凯琴、东莞龙昌玩具、东莞哈一代玩具、东莞台升家具、四川东方电气、四川绿然集团、浙江老板电器等数十家企业、产业集群。这些调研先后形成了一系列的成果。

全球金融危机之前的 2007 年,毛蕴诗对深圳企业转型升级的省政府参事建议已获得领导的批示并交由省科技厅采用。全球金融危机爆发,凸显中国企业转型升级的紧迫感和重要性。他又撰写了多份调研报告、全国政协发言稿和广东省政府参事建议等,多次为时任领导所肯定和经济部门参考采用。同时毛蕴诗和他的团队成员陆续发表论文、评论、咨询报告。由于有了上述调查、访谈和研究积累,因此当金融危机呼啸而来之际,毛蕴诗于 2009 年 3 月出版了《中国企业:转型升级》(中山大学出版社)。该书出版以来深受好评,并于 2010 年修订再版;先后获广东省哲学社会科学优秀成果奖著作类一等奖、第六届高等学校科学研究优秀成果奖二等奖,其第三版受国家社会科学基金中华外译项目资助,于 2018 年由 Springs(斯普林格出版社)出版英文版:*Transfomation and Upgrading of Chinese Enterprises*。2013 年,他们的英文论文 "Upgrading from OEM to OBM throuth Reverse Acquisition in China Emerging Economy"(《企业基于升级的反向收购研究》)在国际案例学术会议中被评为唯一的最佳会议论文,并发表于 *Frontier Business Research*,2015。这段时期,毛蕴诗还受教育部委托承担了"国际金融应对研究"应急课题重大项目"金融危机下的中国 OEM 企业升级研究"(2009—2011 年),国家自然科学基金项目"产品功能拓展的企业升级研究"(2012—2015 年),国家社会科学基金重点项目"我国传统产业向中高端转型升级的动因、路径与对策研究"(2015—2018 年),并承担了多项相关的省级项目。事实上,企业转型升级正是"中国管理研究的前沿领域"。他们在《学术研究》(2015 年)上发表文章专门论述了这一问题。这些研究成果表明,毛蕴诗和他的团队在这一领域研究处于国内外领先水平。

企业升级是一个持续进行的过程,而升级体现在技术含量和附加值的提升。而重构全球价值链本质上是随着中国崛起带来的世界经济再平衡问题。当前国际环境正发生巨大的变化,中国企业以什么方式融入世界经济是一个极其重要并影响未来全球经济格局的问题。毛蕴诗在耗时 10 年多的观察、思考与大规模调研的基础上,重新认识西方学者全球价值链的观点,提出"重构全球价值链"这一全新的概念,并采用演绎与归纳相结合的方法提出一系列命题,构建了一个比较严密的理论模型。

毛蕴诗感谢《中山大学学报》2016 年 3 月发表了其"重构全球价值链"具有原创性思想的学术论文——《论国际市场分工的不完全性与重构全球价值链》。该文一经发表,当即为《高等学校文科学术文摘》2016 年 3 期转摘。2016 年 5 月,上海社会科学院《社会科学文摘》致函毛蕴诗,"认为该文很有价值,值得作为优秀的学术论文来摘编进行二次传播和推广",并将文章主要观点于2016年第5期转摘;该文也由人大复印报刊资料《世界经济导刊》2016年第6期全文转载。同时,毛蕴诗应"清华管理评论"编辑部约稿,撰写了《重构全球价值链》刊载于2016年6期;2017年5月,应国家治理研究院邀请,就该研究成果的主要观点做了题为"加快企业创新步伐,提升'中国制造'重构全球价值链,改变世界竞争格局"的讲座,并形成决策报告刊载于中山大学国家治理研究院《决策参考》2017年第23期。事实上,毛蕴诗团队已于2015年在《学术研究》发表基于CSSCI与SSCI文献研究论述了"重构全球价值链——中国管理领域的前沿课题",《新华文摘》数字版2016年第4期采用了这篇文章。

2017年3月,毛蕴诗出版了专著《重构全球价值链:中国企业升级理论与实践》(清华大学出版社),系教育部哲学社会科学研究后期资助项目重大项目的成果。该书与2016年的论文首次提出了"重构全球价值链"的概念,即处于价值链低中端的新兴经济体制造性企业基于创新驱动,通过积累能力、寻求能力,打破由发达国家企业主导的国际分工,立足全球配置资源,向价值链中高端发展,促使全球竞争格局发生结构性变化的过程。毛蕴诗继而阐释该概念的内涵,并提出构成重构全球价值链理论的八个基本命题:①全球价值链是由发达国家企业所主导的国际分工的基本表现形式;②这种国际分工存在严重的市场失效;③这种国际分工损害了利害相关者的权益,使在全球价值链中所处位置低下的企业、东道国政府具有改变其所处地位的动机;④全球价值链高端巨大的利润空间为新兴经济体企业升级提供了机遇与空间;⑤新兴经济体迅速成长的经济与巨大市场也为其企业升级提供了机遇与空间;⑥处于全球价值链低中端的新兴经济体的优秀企业基于创新驱动,通过积累能力、寻求能力,实现升级,从而打破由发达国家企业主导的国际分工;⑦新兴经济体企业通过多种升级路径,重构全球价值链;⑧新兴经济体企业重构全球价值链导致全球竞争格局发生结构变化。这一研究初步为新兴经济体优秀企业从升级到重构全球价值链提供了理论解释与分析框架,并以典型案例进行模拟验证,具有理论价值。"重构全球价值链"本质上是世界经济再平衡问题。该理论模型从"背景—动因—行为—效果"的逻辑关系讨论了中国优秀企业从升级到重构全球价值链的过程;企业从嵌入、被俘获到成为全球价值链的主导者的角色演变过程;识别了新兴经济体企业重构全球价值链的主要内外部驱动因素,从而为重构全球价值链提供了理论解释。毛蕴诗通过研究发现;许多处于全球价值链低端的新兴经济体企业充分利用自己的优势,实现转型升级。它们参与全球竞争,在竞争中获取有话语权,成为在全球范围整合资源的主导企业。专著《重构全球价值链:中国企业升级理论与实践》出版后获得了教育部第八届高等学校科学研究优秀成果奖二等奖。围绕"重构全球价值链"的观点,毛蕴诗和他的团队申请了国家自然科学基金课题、国家社科基金课题;2019年他们还提交了论文"Shift from Embedding to Restructuring Global value Chains of Emerging – Market Enterprises"参加了欧亚国际学术会议。这些研究成果表明，毛蕴诗和他的团队关于中国企业转型升级的研究处于国内外领先水平。这些成果产生了广泛的社会影响力，体现了重要的学术价值与应用价值。

总体而言，毛蕴诗及其团队对于"中国企业转型升级"与"重构全球价值链"所做出的一系列成果，对新兴经济体，特别是对中国企业转型升级的背景、动因、路径、效果及关键影响因素等进行了系统、深入的研究。研究采用了多维度与跨时空的企业案例，大多数案例和问卷调研来自毛蕴诗带领的团队在中国大陆、台湾地区实地调研的第一手资料。该项研究对新兴经济体企业转型升级的宏观解读、案例分析、经验归纳、政策建议，扩展了企业转型升级的理论研究领域和实践选择空间。该项研究具有原创性。例如，"代工企业基于升级的反向收购""企业升级的多种路径""对偶微笑曲线"，特别是"重构全球价值链及其由一系列命题构成的模型"都是全新的概念、全新的观点，具有重要的学术价值与应用价值。可贵的是，其理论创新和学术价值已经得到了实践的充分检验。而且毛蕴诗研究团队已开始在国际学术交流中发出了中国声音。这样的研究成果是现有西方研究不可企及的。

广东作为改革开放的前沿，是最具活力的省份之一，是企业成长的热土。企业成长为毛蕴诗和他的团队的研究提供了许多案例和特有的素材。企业家的创业激情、实践和经验，成为提炼理论的"养分"，也不断激发他们去发现新问题。毛蕴诗的理论探索主要建立在长期而广泛调研的基础上。毛蕴诗和团队成员也做过一些问卷调查，但更多的是进行案例调研。案例调研要有典型性和代表性，选择企业就很重要。他们最近还受深圳宝安区政府的委托，对30多家企业的转型升级进行了调研，获取了许多宝贵的第一手资料。在调研过程中，毛蕴诗认为要严格遵从学术规范和严谨的治学态度。比如，《重构全球价值链：中国企业升级理论与实践》一书，就有13个典型案例和两个行业的深入研究，每项研究都交代了调研过程，包括第二手研究资料和数据的来源；第一手资料则注明了调研的时间、地点、对象、过程以及跟踪等，按照案例研究的规范要求以确保研究结论的可靠性。案例调研只是研究的开始阶段，在调研过程以及以后的思考中要特别注意案例的事实发现及其背后的理论意义。查阅毛蕴诗的主要著述目录，会发现绝大多数成果是在1993年来广东后取得的。毛蕴诗深感有幸置身于广东这片改革开放前沿的热土，深深受到广东及中山大学良好的学术环境与氛围的影响，为学者探讨工商管理领域的前沿问题、取得丰硕的研究成果提供了良好的支持。

（二）翻译也是一种创造性工作——700万字的译作与翻译研究

翻译也是一种创造性工作，毛蕴诗在这一领域也取得了突出成果。据统计，毛蕴诗作为主译，累计翻译出版了600万字以上的译作。如前所述，1979年他在中国人民大学就读期间，就有幸参与了哈罗德·孔茨等的《管理学》中3个章节的翻译，在比利时鲁汶大学留学期间，翻译的《再论管理理论丛林》，连载于《外国经济管理》（1981年第5、6期），在国内产生了重大影响。10多年来，毛蕴诗在翻译方面取得重要成果并有重大影响的是他对斯蒂芬·P. 罗宾斯（Stephen P. Robbins）《管理学原理》（Perison出版）的翻译。于2003年起毛蕴诗先后受邀主译了该书的第3版、第5版（东北财经大学出版社），第6版（中国人民大学出版社2008年），第7版、第8版、第9版、第10版（机械工业出版社2018年），第11版（清华大学出版社2021年）。罗宾斯的这本教材堪称精品，被全球上千所大学采用。而毛蕴诗的翻译精准严谨、洗炼流畅，在众多译本中脱颖而出，受到读者和市场的欢迎和好评，受到中外出版社的肯定和赞赏。此外，毛蕴诗还先后翻译出版了《组织行为学》（中国人民大学出版社2011年）、《管理经济学：理论与案例》（机械工业出版社2012年版）。

《管理学原理》（第五版），2005年由东北财经大学出版社出版

毛蕴诗不仅从事英文专业书籍的翻译，同时也注重教学与翻译研究。他从比利时回国后，先后在武汉大学、中山大学开设了"管理学原著英文选读""管理经济学原著英文选读"课程，并在教学的基础上出版了《管理学原著英文选读》（东北财经大学出版社2005年）。针对学术界存在的误译、错译，甚至是对一些关键词的误译、错译流传，以误传误，毛蕴诗专门检索了许多学术文章、教材中关于"Economies of scale"的误译（规模经济）与正译（规模经济性），专门写了一篇学术文章（包括提出《新帕尔格雷夫经济学大辞典》中对该词条的误译）发表在《学术研究》（2007年第12期），进行勘误。令人遗憾的是，对此既没有人赞同，也没有人反对，而且错误地使用并未减少。事实上，仍然有一些关键词的翻译存在问题。例如，企业理论中的"stakeholder"是翻译为"利害相关者"还是"利益相关者"？绝大部分都是采用"利益相关者"的翻译，这是明显的错误。

三、学科建设　人才培养

1983年毛蕴诗从比利时鲁汶大学MBA毕业后回国就职于武汉大学，属于最早的一批海归；1993年到中山大学任教。几十年的教师生涯中，他承担了大量教学任务，培养了一大批优秀学生，并主持承担多个国家科研项目。由于在武汉大学的教学科研卓有成效，他于 1991 年被国家教育委员会和人事部授予"有突出贡献的回国留学人员"称号；1992 年被湖北省授予"有突出贡献的中青年专家"称号，同年，成为享受国务院政府特殊津贴专家。他多次获得省部级教学成果奖、科研成果奖，于 2012 年被广东省授予"南粤优秀教师"称号，于 2015 年被授予"广东省优秀社会科学家"称号。毛蕴诗的社会影响除了学科建设、人才培养以外，还体现在担任全国政协委员、广东省政府参事的参政议政所做出的贡献上。

（一）学科建设——创建企业管理博士点，主持和推动 MBA 项目

毛蕴诗于 1992 年到中山大学工作，1993 年正式调入中山大学管理学院，并担任管理学院院长，主要负责学科建设和外事工作。他一到中山大学就根据学科发展的趋势提出了申报企业管理博士点的建议并随即作为学科带头人主持申报工作。1993 年，该博士点获得国务院学位委员会批准，中山大学也因此成为华南地区第一个企业管理博士点。在有了博士生毕业之后，毛蕴诗抓紧申报中山大学工商管理博士后科研流动站，于 1999 年 2 月获得批准并挂牌。博士点和博士后流动站的设立，不仅可以为国家、广东培养大批高端人才，也为中山大学管理学院青年教师的发展、为学院吸引人才提供了平台和通道。也正因企业管理博士点的设立在学界产生了重大影响，并在此基础上开展了重点学科建设。对此，广东省迅速做出反应，于 1994 年立项支持省级重点学科"国际企业管理"的建设；1996 年，毛蕴诗主持国家教育委员会 211 工程重点学科建设项目"现代企业管理与国际经济"，项目的顺利完成为之后的国家重点学科的申报打下了良好的基础。2001 年，学院启动申报国家重点学科"企业管理"，毛蕴诗与时任管理学院院长魏明海一起赴京汇报、答辩并获得批准。新一轮重点学科申报中，学院的"会计学"又获得批准成为全国重点学科；由于有两个二级学科成为国家重点学科，因此学院的工商管理学科就自动升级为全国重点一级学科。之后毛蕴诗仍然积极参与学科建设，为学院工商管理成为全国"双一流"大学 A + 学科做出了贡献。

毛蕴诗在武汉大学管理学院工作期间就曾积极推动 MBA 的申报工作，武汉大学是全国第二批有权招生、授予 MBA 学位的大学。1993 年毛蕴诗到中山大学管理学院任教并担任院长时，中山大学还没有开启 MBA 项目。而当时的华南理工大学、暨南大学都已经启动了 MBA 项目。作为出国留学并最早获得欧洲著名大学 MBA 学位之一的中国学者，毛蕴诗深知 MBA 对于工商管理学科、学院发展的重要性。为此，他到中山大学管理学院后立即启动申报 MBA 的各项工作，亲自参加或派企业管理系主任李善民老师参加全国 MBA 会议，积极组织申报材料，并于 1996 年获得批准，中山大学成为全国第三批有权招生、授予 MBA 学位的大学。自从 MBA 项目启动以来，毛蕴诗一直坚持为每一届学生上课，指导中外学生。尽管中山大学的 MBA 起步较晚，但是在全院的重视、努力之下，如今已成为中山大学管理学院的

一块闪光的金牌,在国内外的评估中居于领先地位。

这一系列学科建设工作在工商管理领域产生了重大影响,并为学院的持续发展做出了一定的贡献。由于学术研究和学科建设方面的突出成就和影响,毛蕴诗受聘为第四届国务院学位委员会工商管理学科评议组成员、广东省学位委员会委员,并先后两次担任国家自然科学基金工商管理学科评审委员。

(二) 培育优秀学生——培养出中山大学的第一个经济学博士、第一个管理学博士,以及一大批经济管理人才

在1993年中山大学成为华南地区第一个设立企业管理博士点的同时,毛蕴诗也经国务院学位委员会批准为博士生导师,并于1994年开始招生。1998年,毛蕴诗作为指导教师培养出中山大学的第一个经济学博士(1998年之前,企业管理专业属于经济学门类,之后有了管理学门类),1999年又培养出第一个管理学博士。

毛蕴诗自任教以来,一直担任本科生、硕士研究生、博士研究生、MBA研究生的教学工作,并担任这些学生的论文指导老师,担任博士后研究人员的合作导师。30多年来培育出许许多多优秀的毕业生、一批又一批管理人才,他们在各个领域都取得了突出成就,其中不少人成长为学术骨干、业务骨干。这些学生中,许多人从事教学科研工作,有不少人已成为博士生导师,有好几位已是文科二级教授和所在学科的领军人才。还有两位他培养的博士生分别于2015年、2018年被授予"广东省优秀社会科学家"称号。在业务领域,有不少他的学生在各级政府部门担任公职,其中有的成为党政部门重要岗位的领导;许多学生在企业从事管理工作并担任高管;也有若干学生投身创业,成长为优秀企业家。此外,还有不少学生到海外拼搏、发展,也取得了骄人的成绩。2006年毛蕴诗指导培养出第一个用英文写作论文的斯里兰卡博士。此后,他又指导培养出不少来自欧洲、东南亚地区的国际MBA学生。2009年,毛蕴诗先后受聘为法国(Grenber)商学院DBA(工商管理专业博士)指导教师,培养出9名DBA;2019年又受聘为法国ICD国际商学院DBA指导教师,并担任学术委员会主席。中山大学管理学院许多杰出校友都是毛蕴诗的学生。所以,许多人说毛老师的学生遍天下。毛蕴诗对学生的严格要求与关心,赢得了学生对他的敬爱,许多学生都选择毛蕴诗担任其论文导师。

(三) 参政议政,问题导向、建言建策、专业支撑

作为学者,毛蕴诗有着与绝大多数学者所不同的经历。1997—2002年他担任广东省政协常委,2003—2017年则担任第十至十二届全国政协委员,前后20年之久。在担任全国政协委员期间,在前两届他属于经济界,后一届属于总工会,同届

的委员几乎都是企业家、高管、经济管理部门负责人，这和毛蕴诗的专业倒很是对口。另外，他还被任命为两届广东省政府参事（2004—2014），前后10年之久。作为全国政协委员和省政府参事，毛蕴诗在做好教学科研本职工作的同时，结合自己的专业、研究特长，尽职尽责、积极建言建策，提出提案、建议，对经济管理、社会民生问题发表意见。全国政协对于提案、会议（书面）发言，并没有硬性规定，但毛蕴诗平均每年会有2～3篇提案与会议发言。而作为省政府参事，每年要求提交一份参事建议，毛蕴诗同样平均每年会提交2～3篇高质量的调研报告和建议。其提案、会议发言、参事建议受到有关方面的肯定和采用，发挥了积极的作用，取得了广泛的社会影响。

1．担任全国政协委员——立足本土、关注前沿

毛蕴诗深知担任政协委员不仅仅是荣誉，更多的是责任。多年来担任政协委员、省政府参事，他像做学问那样，在充分调研的基础上用严谨的态度来撰写提案、发言。

这些提案和发言是基于问题导向、实地调研，以经济管理专业理论支撑而形成的专题文章。这些专题文章面向国家战略所涉及的重大理论和实际问题，面向经济改革与对外开放的重大理论和现实问题。其具体可分为以下三个前沿领域：中国企业转型升级与提升企业国际竞争力，经济体制改革与对外开放，绿色发展、产业政策。每个领域包括若干专题文章。

事实上，要写出有价值的建议并不比写学术论文轻松。政协提案要求在1500字以内，政协发言则在3000字以内。所以必须短而精、要具有前瞻意识的问题导向、针对性强、有数据事实支持，以及有一定的可操作性等。往往一篇发言要经过多次修改。毛蕴诗历年的提案、发言可以概括为以下特点：选题注重问题导向，研究以专业为支撑，发表意见建立在调研的基础上。

首先，政协发言、提案的选题很重要，要有价值、前瞻性、针对性。例如，毛蕴诗在2007年有关"强化股市促进企业重组的功能推动资本市场建设"的发言，其中谈到，股市的定位和功能不仅仅是筹集资金，这是股市先天具有的功能；而更重要的功能是推动企业重组，因为这是需要通过后天的建设来实现的，所以各国的股市效率存在很大差异。2011年的政协会议，毛蕴诗提交了关于"提高上市公司对股东的现金分红回报，促进资本市场健康发展"的会议发言。他通过数据分析指出，中国股市是全球现金分红最低的国家之一，低分红助长了股市短期炒作之风，使得那些绩效低下的公司能够长期在股市生存；提出了强化上市公司现金分红的建议。其针对性、前瞻性强，其观点至今仍有重要价值。证监会在2017年指出："自2013年我会发布现金分红监管指引以来，沪深两市仍有部分公司在每股收益和累计未分配利润均为正的情况下，连续多年未进行现金分红。"事实上，有关股市的建议、观点是毛蕴诗自1998年以来对全球公司重构的研究积累，对我国股市的多年研究基础上提出的。它们可以见于：《强化股市促进企业重组的功能推动资本市场建设》《中国上市公司的亏损问题与重构研究》,以及《全球公司重构——案例研究与中国企业战略重组》(2005年)等论著。

其次,要直面经济、社会发展和关系国计民生的问题。毛蕴诗在担任全国政协委员期间,于2006年、2008年先后两次在时任国务院总理温家宝和主要部委领导参加的经济界与农业界联组大会作口头发言。2006年口头发言的题目为《加大政府干预力度,创新调控手段,纠正市场机制的缺陷》。该发言针对当时出现的收入差距不断扩大、生态环境问题日益严峻、跨国公司的垄断,建议采取多种手段,缩小贫富差距,加大管制、调控力度,解决企业破坏生态环境的外部效应问题,防止企业垄断的形成。2008年口头发言为《行业边界模糊与产业政策调整》,其针对现代信息技术的发展使行业之间边界越来越模糊,以及发达国家调整产业政策的趋势,分析我国目前行业管制状况及其造成的影响,包括:部门分割、业务分割和地域分割阻碍企业做大做强,新兴业态难以形成,不利于传统企业的改造、升级,不利于参与国际竞争;产业政策调整的建议是成立专门机构,对信息技术发展对传统产业的冲击进行评估、研究;清理不适合经济发展的法律法规,改革产业政策;改管制为监督,变分业经营为混业经营;加大知识产权保护力度和利用力度;扶持新兴产业;鼓励技术创新,加大建立中国技术标准的力度。毛蕴诗发言的主要内容发表于《南方日报》、《中国青年报》、搜狐财经等媒体,产生了很大影响。

再次,要围绕国家战略层面思考问题。但是题目也不能过大、过泛,否则不能把问题讲清楚,也不能提出有针对性的建议。为此,可以围绕某一重大问题撰写一系列提案、发言。例如,毛蕴诗一直关注绿色发展和环境保护两大领域。结合调查研究,近年来先后提交了《关于加快废弃手机回收处理立法建立绿色产业链的建议》《在全国规划绿道建设,推广绿道文化,提倡绿色出行》《节省就是创造价值:在传统制造业注入"绿色基因"》《关于应对绿色贸易壁垒,促进出口贸易的建议》等与绿色发展有关的多篇政协提案。从而,在这个领域形成了较大的影响。例如,2015年对于毛蕴诗提出的"关于建立企业—政府—社会联系动的环保常态机制的建议",原环保部回复表示,"你的提案内容十分全面,针对性很强,对解决当前环境污染和生态破坏问题具有十分重要的指导意义"。

在毛蕴诗的政协提案、发言中,关于企业转型升级占有很大比重。正如前面所言,他在全球金融危机之前的2006年就开始了对中国企业转型升级的研究,并持续进行了大量调研。这些研究和调研为他撰写具有前瞻性、高质量的政策建议提供了有力的支持。

毛蕴诗于2007—2016年先后提交了"实现从加工贸易到研发与自主品牌的升级与转型""推动企业升级,重构全球价值链"等有关企业转型升级的一系列建议。建议特别重视加快OEM企业转型升级,加快劳动密集型企业转型升级,提出了企业转型升级的多种路径,包括:通过技术积累、能力演进,实现产业整体升级;通过产业集群平台,带动集群产业整体创新升级;借助行业边界模糊与产业融合，创造新产品、新需求、新企业、新产业；多种方式和多个市场结合，选择适合的路径，实现 OEM 企业升级；通过与发达国家先进企业联盟合作，推动企业技术的跨越升级；跨越多重技术领域，实现产品功能、技术交叉，推动产品升级；立足全球，获取（如并购）战略性资产，实现企业跨越升级；大力发展节能降耗型企业，加快高耗能、高污染企业淘汰、改造与升级；通过加工区、科技园区升级促进和带动企业、产业蜕变升级等。这些建议的主要内容发表于《南方日报》、《中国产业》、《人民政协报》、人民网、政协办公厅网站等刊物、媒体、平台，并产生了重要影响。

围绕国家提出的"中国制造 2025"这一重大战略，毛蕴诗提出了加快中国制造转型升级——从工业大国向工业强国转变，集中力量突破关键技术，提升我国产业竞争力；持续创新，助力中小企业升级做专做精再做强；通过创新实现跨产业升级等提案、发言。针对我国中小企业的发展提出具体的建议包括：改变贪大求全的观念，树立做精做强的意识；提供政策扶持，鼓励研发投入；提升技术含量、拓广应用领域；提供贷款支持，引进先进技术与设备；培育一批核心企业，整合产业链上下游；引导环保技术开发，带动传统产业转型升级；鼓励中小企业积极申请专利，参与国际认证，实行精细化管理；注重品牌建设，促进特定产业与文化产业相结合，实现跨产业升级等。这些建议主要内容发表于《南方日报》，并被人民网、和讯财经新闻、网易新闻、求是网、环球网等重要媒体转载。

新兴经济体及其企业的转型升级，最终目的应该是实现在全球价值链中占有一席之地，拥有话语权，掌握附加值更高的环节，毛蕴诗认为这才是转型升级的价值。他们通过调研发现，许多案例企业在产品研发创新、绿色环保或国际化等方面都有非常出色的表现。这些企业在全球经济中占有越来越重要的地位。同时他们还发现，在全球价值链中存在一个从初期由发达国家跨国公司主导，到新兴经济体优秀企业逆袭主导的演变过程。结合珠三角、台湾等地的调研，他们提出推动企业升级并实现重构全球价值链的意见和建议是利用本土市场空间优势，通过市场培育转型升级所需要的品牌、技术、资金，实现国内外市场互动，优势互补。树立创新创业精神，建立自创品牌、维护品牌的意识，打破由发达国家企业主导的国际分工。加强创新研发投入，成立研发中心，掌控主导市场的核心技术。立足全球配置资源，在国际市场与跨国公司平等对话，替代发达国家跨国公司产品，促使全球竞争格局发生结构性变化。同时，建议政府对于高新技术的研发和初始设备投入，提供资金支持；对于海外实业的收购，提供金融服务和法务支持，为我国企业跻身国际舞台保驾护航。

有关企业转型升级，推动经济发展方式转变的一系列建议产生了很大影响。尤其是在每年"两会"前后，屡有记者向毛蕴诗邀约，采访其对当时热点问题的观点和看法。毛蕴诗有关企业并购与重组、企业转型与升级的重要观点和发言多次被刊登在《人民日报》、《经济日报》、《光明日报》、新华网等国家主要媒体上。

2009年，毛蕴诗撰写提交的《强化股市促进企业重组功能》全国政协提案得到了新浪网、中国证券网、《南方日报》等新闻媒体的广泛关注。《产业转型升级不会一蹴而就》于2010年7月2日刊登在《人民政协报》第449期，《从"中国制造"到"市场在中国"》于2010年5月21日刊登在《国际商报》，《找准企业转型升级的着力点》于2010年3月14日刊登在《南方时报》。"中国经济网"、《中国社会科学报》、《人民政协报》、《中国政府采购报》、《国际商报》、"人民政协网"、"财富周刊"、"凤凰财经网"、"财新网"等多家具有影响力的媒体，刊登了30多篇对他的采访。媒体报道让更多政府经济部门和企业了解到毛蕴诗的最新研究观点，将他在企业转型升级方面的学术成果更直接地转化为广泛的实践应用，帮助企业提高效益和效率，为政府经济部门提供政策参考，这是毛蕴诗最乐于见闻的。

除了在个人专精的经济社会发展、工商管理领域发声建言，毛蕴诗还结合国内外见闻和体会，深入挖掘，对关系国计民生的问题提出建议。他有不少提案、发言涉及教育、就业和环保等领域，比如欠发达地区优质教育人才流失的应对、加快废弃手机回收处理立法、建立家庭过期药品回收机制、推行工作分享制以增加就业、规划绿道建设提倡绿色出行、药品招标中要重视非价格因素等提案均产生了积极的影响，得到国家相关部门的高度重视。毛蕴诗说，自己来自群众，了解群众，反映群众的愿望和要求是真正的履职。

为让提案扎实严谨，不尚空谈，毛蕴诗认为要在收集好二手资料的前提下，尽可能进行实地调研。例如，有关企业转型升级、绿色环保的多份建议，是在他10多年来对珠三角、台湾几十家企业的实地调研的基础上形成的。又如2017年初，毛蕴诗先后四次到顺德企业、政府部门、行业协会调研，以便修改完善《积极参与国际认证，提升制造型企业国际竞争力的建议》等提案。

另外，即使在学术研究的过程中，甚至在境外做学术访时，毛蕴诗也会思考、关注为每年的提案搜集新鲜素材。2011年12月，他和学生到台湾地区调研企业转型升级。向一家跨国公司的总经理请教当地如何处理废旧手机电池。这位经理告诉他："台湾的便利店和大部分超市都可以回收废旧电池，并奖励一点小礼品，这样方便有效，已成为全社会的行动。"第二年全国"两会"期间，毛蕴诗提交了《关于加快废弃手机回收处理立法，建立绿色产业链的建议》提案，建议采用生产商—运营商模式和市政模式，进行废弃手机、废旧电池回收。这一提案得到了他所在的经济组全体委员的签名认同和媒体的广泛重视，有关部门也对提案加以肯定并做出了认真的回复。

由于在担任全国政协委员履职期间，毛蕴诗认真负责，发言、提案、建议既有深度又有高度，并且贴近我国现实经济管理问题，因此每年全国政协会议前后媒体都要对毛蕴诗进行密集采访。《南方日报》几乎在每年政协会议前后都要在理论专栏刊登他的提案或发言稿件。《广州日报》有位记者曾笑言，想做好每年的政协报道任务，"要干货就找毛蕴诗，他的提案绝无水分！"全国政协休会期间，《人民政协报》还专门为毛蕴诗开设了"南方风来"专栏，先后刊登了他的 9 篇短文。一方面，毛蕴诗的许多建议都形成了学术论文而被发表；另一方面，他的许多学术研究也通过与我国的现实问题相结合形成了政协提案、发言，两者相得益彰。为此，全国政协委员会在 2017 年届满之时邀请他收录、整理其担任三届全国政协委员以来的提案、发言，以及部分发表的参政议政的文章、媒体的采访报道，汇集成书，名为《立足本土 关注前沿》，由中国文史出版社（2018 年）出版。这本政协委员履职风采中的建议贴近我国现实经济管理问题，产生了积极的影响，并于 2021 年获评"广东省哲学社会科学优秀成果奖特等奖"。同时，中国文史出版社还在其"政协委员文库"中出版了他的著作《管理研究与实践》（2019 年），这是对其政协委员履职工作的肯定。毛蕴诗特别感谢中国文史出版社出版了《立足本土 关注前沿》一书，这使他有机会对多年的政协工作进行一次总结、回顾。这些提案、发言，通过媒体报道不仅留下了他参政议政的记录，也留下了深深的历史印记，同时也将接受时光的磨洗。

2. 高质量的参事建议——受到领导的重视，并转化为政策

如同撰写政协提案、会议发言一样，毛蕴诗的省政府参事建议（调研报告）也是建立在广泛深入的调研和专业支持的基础之上。他多次获得广东省政府优秀议政奖、积极贡献奖、优秀成果奖，获得广东省哲学社会科学优秀成果奖（调研咨询报告类）二等奖，高校哲学社会科学研究优秀咨询报告等表彰奖励。

在担任广东省政府参事的 10 年中，毛蕴诗平均每年都要提交 2~3 篇参事建议、调研报告、咨询报告、政协提案和参事建议。许多参事建议得到了有关领导、政府部门的肯定和高度重视，为政府制定相关政策提供了有益参考。例如，在全球金融危机前后，毛蕴诗围绕企业转型升级提交了多篇参事建议、调研报告，如《关于促进我省产业结构调整和升级的几点具体建议》《建立区域公共技术平台，推动企业升级与科技成果产业化——台湾工业技术研究院的调研报告》《关于促进我省产业结构调整和升级的几点具体建议》《加强对中小企业扶持、服务的范围和力度——台湾经济部推动中小企业创业成长、升级发展的重点项目的调研报告》等，多次得到时任中共中央政治局委员、广东省委书记汪洋，以及多位省领导的批示肯定，成为政府和企业决策的重要参考；有的调研报告还交由省科技厅、省经信委、地市参考，制定成了相关政策措施，或实施进一步调研。由于贴近现实问题、质量高，毛蕴诗的大多数参事建议分别在省政府参事建议文集、学术刊物、报刊媒体公开发表，产生了很好的社会效益。

2021年7月参加"世界陶瓷100强统计排行启动礼暨陶瓷企业领袖峰会"

四、教学科研　心得体会

几十年的教学科研，我也有一些思考和体会，在这里与大家分享。

1. 勤奋、静心、专注，把绝大部分精力放在学校的教学科研上

勤奋、投入、专注，这是治学的基本态度。2000年前后，学校对全校教职工近三年的工作绩效进行了考核（事先不知道），结果我是文科第一，拿到几万元奖金，当时的书记李延保、校长黄达人还开玩笑说我是中山大学首富。我说其实这恰好说明我把绝大部分精力放在学校的教学科研工作上，学校对于教学科研应当有正确的导向，而教师则要有正确的思考与自己的坚持。在相当一段时期，国内许多院校跟风国外，认为只有论文才是科研成果，教材、专著都算不上，在评定职称时不予考虑，在科研奖励和补贴上也是几近没有。但是我从不为所动，在撰写论文的同时，也注重教材建设、专著撰写，几十年来都是如此。近年来，我先后向所任教的中山大学、母校中国人民大学、武汉大学、四川师范大学图书馆捐赠了30多本作为独立作者和第一作者的著作、教材。而在教学方面，我承担了从本科生、硕士生、博士生以及MBA的大量课堂教学和论文指导工作。每年教学工作量已超出学校规定的标准。

2. 前沿引领，注重研究方向前后的内在联系，融入管理实践研究的理论探索

经济管理实践中会产生许许多多问题，经常会有一些热点问题。而这些热点问题不一定值得研究。所以要充分考虑研究问题的价值、前沿性，这样才能有所创新，研究也才可持续。一般来说，我会在一定时期选定一个明确的专题并展开密集的研究。对专题确立，主要是通过理论与实践的结合来把握，把中国企业实践问题放在世界经济的格局中来思考和提炼，也会通过系统的文献研究加以支持。如前所述，我在20世纪90年代主要研究跨国公司在中国的投资与管理，2000年以后重点研究中国企业的成长与重组，2006年以后则重点研究中国企业转型升级，并进一步深化为"重构全球价值链"。这几个研究方向都是围绕中国企业成长问题，中国企业成长离不开全球化环境，而"重构全球价值链"更是在全球竞争格局中研究中国企业成长问题。正是基于这些研究问题的内在联系与研究积累，才有可能使研究进一步深化，并在理论研究上有所创新。管理学是一门实践性很强的学科，企业管理的历史告诉我们，许多情况下往往是实践先于理论。例如，19世纪法国的法约尔是一家大型煤矿的经理，他在管理经验积累和思考的基础上，提出把管理分为一系列职能活动：计划、组织、指导、协调和控制，形成了现代管理理论的基础。我非常重视实践调研，从管理实践中探索理论，特别注重以开阔的国际视野立足中国大地，探索管理的前沿问题。而我们从新兴经济体优秀企业成长与创新，参与国际竞争的实践可以看出，它们通过资源积累、能力演进，沿着多种路径向全球价值链的高端移动，甚至实现了重构全球价值链。我们正是注意到这些优秀企业的实践与创新，总结、探索企业升级的实践，提炼出"重构全球价值链"的新概念与理论模型。说到学术研究，我深感有幸置身于广东这片改革开放前沿的热土。广东省的许多优秀企业勇于创新，主动参与全球竞争，甚至若干代工企业成长为世界级企业。它们的成功实践，打破了发达国家企业在所谓国际分工中的主导地位，改变了所在行业的竞争格局。它们的实践与创新也为我们学者研究新兴经济体企业成长与转型升级提供了宝贵而独特的素材，为理论创新提供了启发性思考。另外，自2003年以来，我先后担任多家上市公司、大型企业的独立董事及顾问，这为我深入了解企业实际运作提供了最为有利的条件，并为企业提供咨询意见提供了机会。我也深深有感于广东和我所在的中山大学的勇于创新、锐意进取的氛围，良好的学术环境为我们探讨专业领域的前沿问题、取得丰硕的研究成果提供了良好的支持。从我的"主要著述目录"可以看出，我的研究成果绝大多数是1993年来广东后取得的。

3. 创新性思考与独立见解，着眼于理论对现实的解释能力

学术创新要建立在创新性思考基础上。学者的独立见解是支持创新性成果的"骨架"。人云亦云的附和是走不出自己独特的学术探索之路的。即使是研究方法，也不存在某种"整齐划一"的模式，只有多元化才能促进创新。试问被全球视为经典的《孙子兵法》做过所谓的文献研究吗？学术成果可以通过多种方式来表现，对不同形式的成果我注意使它们之间形成内在联系，并相辅相成，这也是拓宽和深化研究的一种方法。例如，我应《清华管理评论》编辑部的邀请写了一篇评论《乔布斯——苹果命题——苹果是什么企业》（2012年第5期）。该文采用归纳与演绎相结合的方法直接提出9个命题，以表达自己的观点；而不是先做一大篇文献研究。我认为人的思想各异,自己的系列观点是独特的,就很难与他人雷同。而评论性文章是表现思想、观点的很好方式,该篇文章发表后广受好评。由于这篇评论许多观点涉及学科的前沿问题,因此被纳入教材作为导入案例,而且由于有了创新的观点,形成"学术论文"发表不过就是技术性的工作而已。反过来,也有若干学术论文,可以在其基础上形成评论文章、咨询报告或政策建议,更好地体现研究的价值。

理论创新,要有新的概念、理论模型,但是否有价值,关键在于其对现实的解释能力。中国作为新兴经济体的重要一员,企业的升级问题尤其突出。在企业升级的研究中,主要从升级方向、升级阶段、资源积累、政府作用、升级效果、企业家精神等多个维度,细分新兴经济体的企业转型升级经验,以提炼并还原出最基本的元素,为中国企业转型升级模式提供基本参照系。这解释了许多企业的升级过程、升级路径。而进一步提出的"重构全球价值链"概念和理论模型,则解释了许多优秀企业在参与全球竞争过程中,最初从产业价值链低端或从代工企业起步,在企业家精神引领下,逐步注入自主创新因素,持续升级成为世界级优秀企业。目前,我们已通过案例研究,对于诸如东莞的台升家具、台湾捷安特自行车、佛山的科达洁能等企业进行了初步模拟,验明了重构全球价值链模型的解释能力。下一步我们还将展开更深入、广泛的研究,甚至对发达国家的企业进行研究,以验明其学术价值和应用价值。

4. 教师要加强理论研究,学生要打好理论基础

加强理论研究,提高理论素养,要贯穿于教师整个职业生涯。这样有助于正确地选题,形成清晰的研究思路、研究框架,提升学术研究的水平。更重要的是,要在经验研究的基础上,从理论层面总结、提炼,要有所发现,并做出应有的研究贡献。广东作为改革开放的前沿,是最具活力的省份,是企业成长的热土。企业家的创业激情、实践和经验成为提炼理论的养分,不断激发我们去发现新问题。我的理论探索主要建立在长期而广泛调研的基础上。我们要以广东(也包括全国)为样本加以研究和总结,并向全国、全球发出中山大学的声音。

2012 年与毕业学生合影

在教学中，课程体系的设计、课程教学都要注重理论学习的重要性、注重能力培养。许多学生对理论学习不够重视，缺乏引导。不少管理学院的学生倾向于选择实操性强的专业、课程。在教学方面的课程设计、教学内容也存在对理论学习不够重视的问题。所以我在开课之初就向学生强调，来中山大学最重要的是打好理论基础、提升理论素养。2013年秋开学之际，我作为教师代表向全校新生致辞中说道："'欲穷千里目，更上一层楼。'我希望大家通过系统学习、深入思考，开阔眼界，打好理论基础，形成系统分析、解决问题的能力。打好了理论基础，你才可以做到就事论理，而不只是就事论事；你才可以洞察事物的本质，指导你的行为，预事而立。许多人觉得理论枯燥无味，其实不然，理之于心，其味无穷。"

5. 研究成果融入教学，培养学生能力

我一向认为教学与科研不能分开。教师必须以科研成果支持、强化其教学，开阔学生的视野。教师通过将所在领域的研究成果融入其教学之中，不仅能在教与学的互动中提高教学质量，同时也能将这些前沿课题的研究进一步明晰、深化。另外，将研究成果融入教学中，也能起到教学相长、培养学生的理论思考与实践能力的作用。特别是在武汉大学、中山大学这样的著名学府更是如此。

教和学是一个艰苦的过程。对于教师而言，重要的是课程体系、课程内容。教师不能照本宣科，要了解所在领域的研究动态、成果，将其融入教学之中，强化其教学效果，如果能够融入自己的研究成果那就更好了。讲授的内容应当有一些是学生通过课后复习、思考、做作业才能理解的东西。所以学也是一个艰苦的过程。对于研究生，特别是博士生的教学，应该有更多的研究成果融入，更多个性化的内容，更多教与学的互动。

我认为教师要尽可能主持或参与教材编写。参与教材编写有助于教师深入理解课程体系、思路逻辑、重点要点等。我重视教材编写可以追溯到从比利时鲁汶大学回国承担教学任务开始。当时开设的新课没有现成的教材，就编写油印教材，并不断修改完善。这样30多年坚持下来，先后出版了《现代经济计划与分析方法与实践》《管理学原著英文选读》《公司经济学》《管理经济学：理论与案例》《管理学原理》等多部教材。为了实现把研究成果融入教学的理念，提高研究生教育的质量，我结合研究成果出版了面向博士研究生的参考书籍《公司经济学前沿专题》（东北财经大学出版社，2007年），最近又加以补充、修改出版了面向硕士研究生的教辅材料《工商管理前沿专题》（清华大学出版社，2018年）。前沿专题中一些内容、观点不是一看就懂的，要能激发学生探讨理论的兴趣。例如，我讲授的硅谷机制与市场不完全性问题，大多数研究生需要时间来消化理解。前沿专题不仅要提出新思想、新观点，也要有学科中经典的内容。记得我讲课之后，有个博士生对我说，他们几个同学组成了一个小组，专门研讨我讲授的"论企业与市场关系"专题，甚至找来文章加以背诵。

学生参与科研是教学融入科研的一个重要途径。重要的是为学生创造参与研究项目的机会。我一直重视为学生创造参与科研课题研究,参加学术交流、学术会议的机会。例如,我曾先后四次带领学生前往台湾地区的大学访问交流及当地的公司进行调研,也多次资助学生或带领学生前往欧洲、美国及国内各地参加学术会议。学生通过参加科研活动,不仅提高了科研能力,而且也取得了科研成果。10多年来我所指导的研究生几乎都有科研论文发表,所以自从国家研究生奖学金设立以来,几乎每年都有我所指导的研究生获奖。

由于在教学工作中做出成绩,于1989年我获得了武汉大学优秀教学成果一等奖。2005年、2007年先后两次获得广东省优秀教学成果二等奖。2012年获全国MBA教育指导委员会"全国百篇优秀管理教学案例",被评为"南粤优秀教师"。

6. 严格要求、关爱学生

师生之间也会产生各种问题。特别是在博士生的培养、学位论文的指导方面会遇到许多困难和问题。我秉持宽严并济的学生培养理念,一方面严格要求学生,另一方面关爱学生,培养他们成长。

对学生的严格要求,首先是品德方面。我强调求真务实,要"内诚于心,外信于人",需要德智体美劳全面发展。老师不仅要传道授业,还要组织研究团队、专业梯队建设;不只是传授知识,还注重培养学生课程外的独立科研能力和团队分工合作科研精神。作为导师,不仅要为学生创造各种学习、实践、参与科研活动、学术交流的机会,还要客观地看到和评价学生在科研工作中的各种贡献,使学生身心愉快、健康成长,留下美好的记忆。比如对在职博士研究生的培养,当时的学生有的是担任了一定职务的领导,企业家,高校教师等,知识背景、实际情况差别很大。但是在他们一入学时我就会对他们说:"你们要做好学习、工作、生活的平衡,要保证学习的投入。你们是没有长假的,平时要工作,长假期间正好能集中学习、思考、写作。"同时对博士学位论文严把质量关,一篇论文往往要修改多次。在博士论文选题上更是强调要有前沿性、价值性。我否定对西方学者进行跟班式研究,一般会要求研究生围绕我主持的科研项目来选题,有时还命题作文。但同时,也鼓励学生创新,自行选题。实际上我也设立了负面清单。例如,做实证研究不能只用统计年鉴的数据,也不能只用上市公司的数据。我对学生说,写论文就是做专题研究,要有创新、有特色,那些数据库不是为你的研究设计的,很难有所创新。为了保证学位论文的质量,我很早就在所指导的研究生中实行了预答辩安排。另外,围绕科研课题也经常举行研讨会。这样有助于学生科研能力的提升。在多年的指导工作中,我否定过一些没有价值的选题或初稿。尽管有的学生意见很大,但绝大多数学生经过交流沟通,也逐渐理解我的良苦用心,也会真切感受到在这种经历所得到的锻炼与提高。从实际效果看,尽管早期没有硬性规定,但是我所指导的硕士研究生,在读期间都会参加科研课题的研究,并且都有论文公开发表。一些博士生、硕士生在读期间以及毕业后都在各自的领域表现优秀,取得了较突出的成就。也有一些学生先后成为教授、博士生导师。作为老师,最欣慰的就是看到学生不断进步成长。

7. 海内外学术交流与调研——关注前沿研究，发出中国学者的声音

20世纪90年代，我国高等学校与海外学术交流较为薄弱。我到中山大学后，积极推动海内外学术交流。管理学院于1995年2月与日本大学合作，主办召开"中日管理比较研究"国际会议并做主题发言；日本三洋电机的CEO井植敏专程从大阪飞赴广州做主题演讲，还赠送我校两台大屏幕彩色电视。同时会议还出版了论文集。由于这次会议是中山大学管理学院主办的第一次国际会议，因此在国内外产生了重大影响。接着为筹备主办"中欧企业关系"国际会议，为此我专门访问了法国商会、里欧商学院。会议于1997年10月成功召开，我在会议上做了主题发言，当时的法国总理、法国驻华大使等出席了开幕式。2004年7月，我依托国家自然科学基金重点项目，主持召开国际学术会议"跨国公司在中国——竞争与合作"，并做主题发言，会议上发布了该重点项目的研究成果：一套有关跨国公司在中国的研究丛书（5本）。同时我还先后主持召开了"面向21世纪的企业与市场"（并做主题发言2000年），"成长中的中国企业"（并做主题发言2002年）全国学术会议。这些国内外学术交流活动提升了中山大学管理学院的学术地位、学术水平，开启了活跃的国内外学术交流，并且为申报成功企业管理国家重点学科提供了支持。此外，我一直坚持参与海内外学术交流活动，每年都有涉外交流活动。我曾先后到美国密歇根大学、德国纽伦堡大学、英国克兰菲尔德大学、日本东京大学、日本神户大学、日本一桥大学、比利时鲁汶大学、澳洲纽卡斯大学，以及我国的台湾中山大学等讲学访问、合作研究。也经常到国内外参加学术会议，如1984年6月参加英国布莱顿参加世界质量会议，多次参加美国管理年会、国际企业管理年会、世界管理论坛、欧亚管理会议、中国走向世界等国际学术会议，在会议上宣读论文；也多次参加国内学术会议，并应邀做主题发言等。

我十分重视企业调研，常常利用讲学访问的机会，或者会专门安排对海外著名企业、跨国公司进行调研。早在比利时留学期间，我就先后访问了美国通用汽车公司比利时分公司、美国福特汽车公司比利时分公司、荷兰DHL重型汽车公司比利时分公司、比利时斯特劳啤酒公司、英国帕金斯发动机公司。1983年回国工作后至2020年，我又先后访问德国壳牌石油公司总部、西门子医疗器械分部、沃以特公司；还访问了日本神户造船厂、石川岛播磨重工业公司、日新制作所、三菱重工业株式会社广岛制作所、松下、三洋、日立、京瓷、鹿儿岛制茶等10多家公司；以及台湾"中国钢铁公司"、新竹高新技术科技园区、台湾工业技术研究院、台湾阿托科技公司、台南科学园区、台湾捷安特自行车公司等10多家公司。这些企业调研为了解全球动态、发展趋势提供了参考。

中国经济发展问题正引起世界越来越多的关注，有关研究也在国内外迅速升温，经济的发展也必然伴随着社会文化的变迁。可以说，我们正处于我国社会科学研究中的最重要的时代。但有关中国经济管理问题的研究，中国学者在国际社会上还缺乏话语权。以中文发表的有关中国问题研究的学术论文，必须引证英文文献；而以英文发表的文章，则可以不理会用中文发表的研究成果。为此，我在不同场合呼吁要加强中国社会科学研究"走出去"的力度，在国际学术交流中发出中国的声音，亮出中国学者的观点。近年来，除了多次参加国际会议，出版英文专著，我也陆续发表了有关中国企业转型升级、绿色发展方面的英文论文"Pains and Gains of Environmental Management System Certification for the Sustainable Development of Manufacturing Companies"（*Business Strategy and the Environment*，2020）；"Parent-firm Advantages and Management Control Effects on Subsidiary Performance in Emerging Economies: a Study of Foreign Direct Investment in Thailand"（*Asia Pacific Business Review*，2020）；"Is Green Manufacturing Expensive?"（*International Journal of Production Research*，2018）；"It Enabaled Organisational Agility"（*Journal of Organizational and End user Computing*，2015）。目前，我的第二本英文专著 *Restructuring the Global Value Chain* 也将于2021年出版。

国家社会科学基金推出了"中华外译项目"，取得了一定的成效，但是有关方面在支持的力度、广度方面还可以加强。例如，广东省作为中国经济体量最大的省份，创新发展模式与优秀企业的实践，为我国经济发展和全球经济做出了重要贡献。为此也受到国际社会的广泛关注。我国，广东的社会科学家有责任在参与我国经济改革的实践的同时，基于问题的发现与思考做出有学术价值的创新性成果，并推动我国社会科学研究走向世界。通过国际学术交流平台发出中国学者的声音，逐步占有较为重要的地位。

广东省第二届优秀社会科学家

冯达文

一、学术生涯 纯真岁月[①]

（一）纯真岁月

广东罗定（今罗定市）在明代虽已为直隶州，但天地宇宙把它圈为山区至今无法改变。冯达文就出生于这个山区县的一个小镇里。1941 年，抗日战争正进入最为艰苦的时期，罗定似乎并没有直接为日军所蹂躏，但是直至中年，他还经常梦到自己被家人带着逃往深山而迷路的险恶景象。1949 年底广东解放不久，父亲不幸病逝，母亲独自拉扯着三个孩子，生活之艰苦不难想象。

冯达文年幼时姐姐带着上蒙学。学校设在一个庙里，不知是古典乡村的遗风——庙宇承担着敬神与教化的双重功能，还是近代破除迷信的产物——把宗教场所改设为学校。大概蒙学读了一年，即遇时代变迁。不久冯达文转入公办学校，似乎一下子就上了三年级，再一跳就是五年级。因为学制的无序，数学考试常常得 0

---

① 本文前面一部分，原载于刘笑敢主编的《中国哲学与文化第九辑》，漓江出版社 2011 年版；后面一部分，参见拙作《回归生活世界的价值诉求——儒学变迁史略说》，载《深圳社会科学》2019 年第 5 期。

分，六年级读了三次，才得以入读罗定一中。及至初中，脑子开窍了，数学、物理经常考第一，因此初中毕业后他顺利地考上了罗定中学。在广州解放前，这所中学曾名为广东省立第八中学，小有名气。

那时候冯达文的年纪还小，有着一颗纯真、质朴的心灵，并未感受到大社会的风风雨雨，他只想着要努力地去学习，尽快地成长，将来尽可能为国家的繁荣富强做贡献。中学的生活很艰苦，初中时要从家里挑着米、菜走40里地到城里自己做饭吃；高中二、三年级一个月供应粮食22斤，一天只能吃两顿。然而，中学的生活却又是最无邪、最富于幻想与最具可塑性的。生性活泼的冯达文白天经常到大街上进行文艺宣传活动，晚上则到附近乡村教人读书识字；"大跃进"时热火朝天地投入土法炼钢运动，最后把钢铁炼成渣滓；曾尝试从厕所里收集沼气以作燃料的实验以及到山里学习造纸技术，试图为学校寻找半工半读的道路；……进入高三后，他就回到课桌上准备高考了。但是那个年代，高中毕业已算得上知识分子，考不上大学也会被安排工作，所以同学们并没有过分地焦虑。

苏格拉底说，不懂得反省的人生不值得过。冯达文自嘲大概是不太会反省的那一类人，虽然致力于哲学史，但始终无法成为哲学家。不过，过分的反省会使人变得郁闷与沉重，所以不做哲学家也罢！在往后的岁月里，不管遇到什么挫折，他心里总还是怀有一分激情，抱有一线希望，这大概还得感激中学时期那段人生经历的馈赠！

2018年夏，冯达文与妻子在未名湖畔

1960年夏，冯达文高中毕业，收到的录取通知书为"留苏预备生"。10月初，告别家乡，准备北上。首站来到广东省高等教育局，才知道苏联去不成了，让他在本省选一所学校及专业。于是他选择入读中山大学哲学系，从此与哲学再也无法分离。

20世纪50年代流行一句口号"学会数理化，走遍天下都不怕"。冯达文的数理化并不差，却何以不去选择热门的学科，而读了一个对于50年代的学生来说还很陌生的专业呢？那要感谢罗定中学的图书管理员。她看到冯达文是个好学的学生，就给了冯达文随意进入藏书库看书的特别优待。高二时，她特意介绍冯达文阅读艾思奇的《大众哲学》。这本著作后来被认作意识形态极浓的读物，但对于一个好奇的学生来说还是打开了新的视野：学科都只关涉具体领域，哲学则作为世界观捕捉自然与社会的总规则。这诚然能够诱发一个既有志于社会科学，又不愿放弃数理化的青年学子的喜好。

大学5年，对于冯达文而言，还是那个在理想的照耀下努力付出的年代。

冯达文回忆，当时很难说出哲学系的老师们所传授的知识对此后的治学有什么启示，但他们所处的那种政治环境必以意识形态为指引，对哲学、哲学史、哲学经典作判释。这在今天看来是不合时宜的。但是，前辈老师们传道授业的风采却依旧在心中留驻：杨荣国教授、李锦全教授随口征引历史文献显示的学养，刘嵘教授概括问题时显露的才气，罗克汀教授在讲台上走动的身影，丁宝兰教授在外观形象上的儒雅，陈玉森教授在剖析孔子思想时的细密……这些都表明，即便前辈传达的知识技能于今可能已经被超越，但是作为后辈永远不应该忘却先辈们支撑着让自己得以更上一层的有力臂膀。

冯达文在大学期间养成的是发现问题的能力与从事理论写作的能力。问题是通过理论与现实的比较、理论与理论的比较，以及理论评价的差异的比较而发现的。只有发现问题，才能有突破性的研究。写作能力的培养，则是通过反复阅读具有典范意义的论作而实现的。逻辑思考习惯奠定了冯达文日后严谨的写作方式。1965年大学毕业时，冯达文并没有想过要留校教书，"到农村去，到边疆去，到祖国最需要的地方去"，这段歌词所表达的就是当时大学生们的真实信念。但后来，他还是留校了。因为在学科上没有表现得特别专注，于是学校把他安排在哲学教研室，准备教授哲学原理。可惜，他还没有真正走上讲台，"文化大革命"就爆发了。

关于"文化大革命"，冯达文坦言："我们是理想主义者，我们是以宗教般的献身精神追逐理想的。从最高理想的层面看现实世界，现实世界中哪怕是有一丁点的污浊也是难以容忍的。"走过理想主义的狂迷与偏执，始得学会了此后的宽容与冷静。

（二）教学生涯

1. 转向

冯达文真正的教学生涯，是从1977年开始的，也是这一年，他才进入中国哲学的学科领域。

1965年7月冯达文留校，虽被分配到哲学原理教研室，但却为学校宣传部门征用。而后是"文革"，接着被下放到"五七干校"。当时接管学校的军宣队、工宣队告诉他们，所谓大学，就是大家都来学，只需要培养思想宣传员、文艺员；知识分子是"臭老九"，唯一出路是"上山下乡"接受改造。中山大学先是选择乐昌县的天堂山作为干校场地，后来因为山太陡峭，粮油难以为继，于1969年春改为英德虹桥茶场。这一"改造"就是4年。

即便如此，冯达文还是坚信"天生我材必有用"。闲暇时，他便去读范文澜的《中国通史》、郭沫若主编的《中国史稿》、杨宽的《战国史》，还有司马迁的《史记》。这算是与历史沾上边了。

1973年初，中山大学哲学系复办，冯达文被召回学校，转入西方哲学教研室。谁知，刚刚捧起周一良、吴于廑主编的《世界史》作哲学史的背景以图有所了解，却又爆发了"批儒评法"的运动。从1973—1976年，专攻中国哲学史的老师们都得在外面应付宣讲任务，系里的中国哲学史课无人承担，只有转交给西哲史教研室，于是冯达文被分派讲授汉唐哲学。读本科时，冯达文对中外哲学史虽都修习了两年，可是已经荒废了七八年，如何应付得来？想起这段经历，冯达文苦笑道，直到现在他也不知道那时到底讲了些什么。

1976年底，"四人帮"倒台了，大学回归正常教育。但冯达文的西方哲学史还没有起步，而且原先只学俄语，做西学难以有成，于是他做了选择，就此转入中国哲学。那一年冯达文已经36岁了。

2. 初阶

刚刚接触古典文献时，冯达文对其中的许多提法难以理解。如《大学》的"格物、致知、诚意、正心、修身、齐家、治国、平天下"八个条目，"格物致知"属于认知范畴，"诚意正心"属于修德（价值）范畴，二者是不同的，何以能够连贯起来呢？又且，"修身齐家"成为道德高尚的人，一定就可以做得了"治国平天下"的领导人吗？儒家学者却坚信八个条目是连贯的，那么，我们如何去理解，去说明它们的关联性呢？

又如《老子·三十九章》所说的"天得一以清，地得一以宁，……"这个"一"是什么？它不是万能的神却比神还万能？老子的这类话语显然不是胡言乱语，他的说法被古代人们普遍地接受，显然表明老子的思想有它自己的逻辑。

一门哲学史课，要讲得让学生理解、接受，自当寻绎每位哲学家、每个哲学派别以至哲学演变历程固有的内在逻辑。而这大概就是冯达文从事哲学史教学与研究的前十年所倾注的努力。

就中国哲学的源头而言，最具形上意义的无疑是"帝"的观念。冯达文曾经花半年的时间研读包括王国维、郭沫若、陈梦家等一批古文字学家的相关成果。从"帝"的观念的形成看，我们虽然没有足够的材料说明它是殷人祖先神升格的产物，但是，甲骨文的用语基本上可以概括为"帝令（弗令）某"这样一种语式予以表征。这一语式显示，"帝"对天地万物的管治是绝对的、无条件的。这很近似于《尚书·盘庚》篇所传达的，殷人对其他部族的绝对统领权。一个部族之获得或失去统领权，与是否修德有关。这就是说，统领权是有条件的。这已经是"帝（天）为某令（弗令）某"了。这个"为某"，就是指具条件性。有条件就意味着，"帝"或"天"是有选择的，"帝"与"天"被理性化了；"帝"或"天"的选择"条件"为"德"。"德"观念的提出显示："帝"或"天"对各部族是平等的。由是，"帝"或"天"得以脱去祖先神的印记，它与各部族的关系不再是血缘关系，它主持着部族间的公平与正义。就社会历史而言，实际上唯有淡化血缘讲求"正义"，才真正踏上文明的通途。而"德"是属于人，由人——主体自己去认定、去修习的。因而，"德"的确立，标识人——主体意识的开启。

思想史的发展踏入春秋时期，随着"德"观念的进一步提升，相应的便是"帝""天"地位的下降，出现了人之"德"与"天"之"命"的紧张。孔子说："道之将行也与，命也；道之将废也与，命也。"（《论语·宪问》）孔子的这一说法揭示了这种紧张性。孔子再也无法从"天""天命"那里寻找人道——"仁学"的依据。他与孟子把人道——"仁学"诉诸人的世间情感（不安之心、不忍人之心），似乎缺失了形而学的支撑，但另一方面却使人——主体的地位得以极大地确立。在主体的内涵进一步往认知方面拓展之后，便有荀子的"制天命而用之"的豪言壮语。至于"天""天命"，由于不再与价值意识、目的意识相连，则蜕变为一种客观盲目必然性。老子、庄子把它展开，构建起以"道"为本源的宇宙论。老子说："天地不仁，以万物为刍狗"，所指的，即天地宇宙的客观盲目性。进而说："圣人不仁，以百姓为刍狗"（《老子·五章》），所昭示的，则是面对世间功利争夺的无情与残酷而不得不讲求的"客观精神"。法家面对社会人生的残酷无情进而把"道"往下拽落，力主严刑峻法。它把人看作利欲个体，以赏罚之道为驾驭二柄。此道既不是具形上意义的天道，也不是凸显价值主体的人道。"道"蜕变为手段，手段是暂时的、随机的，无正当性可言。在法家为秦王朝赢得胜利又很快败亡之后，思想家又终于警醒，必须重新寻绎那具恒久意义的"天道""人道"及其"相与"关系。于是思想史入汉，翻开了新的一页……

以上所述，是冯达文从最初进入中国哲学史专业并向1977级、1978级等各年级同学讲授中国哲学史，通过审视各思想家的内在理路、思想流派之间的逻辑关联和哲学思想发展的逻辑进程，而形成的一种看法。在文献的支持上是否充分，在理论的解释与判释上是否得当，毫无疑问是可以有许多争论的。其后来也有不少的改变。作为审视的角度与方法，那时候他关切的是以下两点：第一，不再以四大块（本体论、发展论、认识论、社会历史观）作为框架去肢解思想家的思想体系，而以揭明思想家的问题意识作为逻辑起点。问题意识或源于上一代哲学家、哲学思潮在内在思路上的缺失，或源于社会历史变迁对上一代哲学家、哲学思潮的挑战。下一代哲学家、哲学思潮就从提出问题与解决问题展开其思想过程。第二，不侧重于材料简单罗列与归纳，而更有意于概念的内在构建与演绎。一个思想家在不同场景会有不同说法，材料的罗列也会肢解思想家的思想体系。唯有舍弃个别、偶然场景中的一些说法，才可以演绎出一个思想家符合其运思逻辑的体系来。也许，那些被舍弃的，被认为是个别、偶然的说法，恰恰可能是最有创意、最能构成问题意识的，但它也只是下一代哲学家的起点，还是得排除在这一代哲学家的体系之外。

这是冯达文入行最初10年围绕教学所做的研究工作和研究所得。这份所得，见之于1989年由中山大学出版社出版的《中国哲学的探索与困惑（殷周—魏晋）》一书中。该书于1998年经修订由广东人民出版社出版，易名为《早期中国哲学略论》。

3．拓展

书名既为《中国哲学的探索与困惑（殷周—魏晋）》，并只涉及殷周—魏晋，自当另有下文，可是一打开佛教的典籍，他才知道接下来的工作亦不是轻而易举的。由此他开始思索，想到像胡适那样有学问，何以他的《中国哲学史大纲》却只有"卷上"，既然冯友兰这么有卓见，何以他的《中国哲学史》（上、下册）涉及佛教，其论释却只有寥寥数语？佛学实在名相太多且各宗派说法非常不同，只有暂且打住，跳到宋明儒学去。

涉足宋明儒学，除了必须面对比先秦两汉多得多的古典文献，还得面对20世纪以来大量的且非常精到的研究成果。如果不能深入地研读别人的著述，很可能只是重复别人的工作，但要都能关涉别人的成果，在时间上又是不允许的。为此，冯达文的研究更多地以冯友兰、侯外庐、牟宗三等前辈及新锐陈来等诸家的相关著作为参照系，并从他们的著作中获益良多。

较之于前人有不同、自认为有创意的，是冯达文对宋明儒学的分系（派）。

20世纪下半叶以来内地学者比较认同的说法，是把宋明儒学区分为由张载到王夫之的"气学"、程颐到朱熹的"理学"、陆九渊到王阳明的"心学"三系（派）。冯达文通过研究发现，主"气学"—宇宙论者之间，便有许多不同。汉唐时期的宇宙论以董仲舒为代表，直接把价值赋予存在的意义，以便通过把价值存在化的方式确保价值的信实性的。如董子说："天两有阴阳之施，身亦两有贪仁之性。"（《春秋繁露·深察名号》）宋初周敦颐、张载诸子有别。他们并不强调天地宇宙对人的价值信念的给定性。他们确认宇宙世界是客观自然世界，人的价值信念只从人对天地宇宙的敬仰、敬畏与敬祈中成就。张载称："天地何意于仁？鼓万物而已。圣人则仁尔，此其为能弘道也。"（《横渠易说·系辞上》）清初王夫之，及稍后的戴震，其"气学"的建构不在于通过确认宇宙生化的终极本源使人的价值追求得以往上提升，而在于借宇宙生化的正当性往下说明人物有身形有欲求的正当性。张载是在对天地宇宙生生不息的敬仰、敬畏、敬祈中给出价值信念，便带有信仰性。从王夫之严格区分人、物、心、性而一以"心有所取正以为正"（《读四书大全说》卷一《大学》）的说法，和戴震"德性资于学问"（《孟子字义疏证》卷上）的论释中，我们可以看到他们已经以知识论为作为功夫论的基本导向。无疑，在所谓"气学"一系中，张载与王夫之、戴震也有区别。

海外学者牟宗三对宋明儒学亦做三系判分，不过判分内容和标准与内地学界流行的说法大殊。在他看来，第一系为五峰（胡宏）蕺山（刘宗周）系。这一系"客观地讲性体"，"主观地讲心体"，主"以心著性"以明心性为一，为最圆满的一系。第二系为象山（陆九渊）阳明（王守仁）系。这一系讲"一心之朗现，一心之申展，一心之遍润"，偏重于主体方面。第三系为伊川（程颐）朱子（朱熹）系。这一系讲心、性二分，主、客二分，以性体为"只存有而不活动"之理，心则为知识心，在儒学史上实属异出，可称"别子为宗"。①

牟宗三的这一判分，其精到显而易见。然令人不满之处在于，牟先生拒绝思想史的立场。从思想史及其变迁的角度看，伊川朱子系将价值客观规则化（理），以确保价值的普遍有效性，象山阳明系将价值收归本心用以凸显价值的主体认信性，各自其实都在把儒学向不同的向度方面做了展开，从而丰富了儒学的内涵，各自在儒学思想发展史上都有其独特的价值而不可轻易予以褒贬。及五峰蕺山系之蕺山刘宗周，已为晚明人物。晚明思想史的变迁以王艮之泰州及其后学为主导，由于在俗世化的道路上迈出了一步，从而得与社会历史的近代走向相衔接。因之，思想史的研究揭示这一思潮的特质与价值，较之留滞于内在心性的讨论上更有意义。可见，宋明儒学的派系与转易，亦还有再予讨论的余地。

冯达文通过研究试图将宋明儒学因应历史的变迁区分为五系。

第一系以周敦颐、张载为代表。他们力图借宇宙论来证成儒家的价值论（成德论）。儒家的价值论在其创始人孔子、孟子那里，是从世间日常情感中引申出来与提升起来的，情感即为人—主体。走向宇宙论就意味着力图使价值论获得存在论的支撑。存在论以宇宙论为框架，源自农业社会的生存处境与生命体验。

第二系以程颐、朱熹为代表。他们不依托于生命体验，而以认知为入路，借认知的抽象方式将儒学的价值信念赋予天地宇宙共相的意义，而使这种价值信念超越农业社会的特定时空以获得客观普遍必然性，自亦最具普遍有效性。

第三系以陆九渊、王阳明为代表。他们拒斥程朱的客观化路径而力图将价值意识收归为本心的认取。价值因被赋予信仰的意义而获得极大的提升，主体亦因在价值认取上的自主自决自证性而得以极大的凸显。

第四系以王艮的泰州学派及其后学为代表。他们不再把"心"界定为价值信念而仅认作天然—本然的活泼情感。孔孟原创儒学就立足于世间情感。在儒学往后的发展过程中，为了给予这种情感及其引申出来的价值信念合理性的说明，价值信念便有可能剥离情感而被理性化乃至知识化。理性化就意味着刻板划一，知识化更使价值信念失去生活实践意义。泰州学回归情感，似乎回到了原创儒学。然而，泰州

---

① 参阅牟宗三《心体与性体》（上），第一部《综论》第一章第四节，上海古籍出版社1999年版。

学人面对的生活世界,已带有市民社会的色彩,当情感下落为欲望,进而走入凡俗生活。泰州学开启了近世思想的先声。

第五系以黄宗羲、王夫之、戴震等人为代表。在回落凡俗世间—直面经验世界这一向度上,与上一思潮有相通之处。但上一思潮追求天然—本然,强调个体情感—情欲的释放与自由。这一思潮认允情欲与个体,但主张仍然需要讲求在个体与情欲之间寻求平衡与节制的公共之"理"。在这一思潮并未赋予这种"理"以形上先验意义而仅以形构经验看待之时,可称之为"经世致用"的思潮,又得与近世经验理性的走向相接相契。

这是冯达文个人对宋明儒学所做的"五系"判分。因为以这样的判分叙述这一时期的思想史,在逻辑上比较清晰,又与历史的演变有所关联,所以,在向研究生讲课的过程中逐渐整理成书,于1997年出版了《宋明新儒学略论》(广东人民出版社)。

4. 承担

1996年底,哲学系委派冯达文筹组宗教学硕士点,并随即开始招收研究生。诚然,宗教学作为一个学科,在中大哲学系中显得力量单薄,但中山大学老一辈学者,如已故的陈寅恪教授、蔡鸿生教授、姜伯勤教授,他们对佛教、道教的历史与文献的研究,都甚有成就。因此,当时哲学系面临的紧迫任务,其一是招揽人才,其二是开出课程。

在招揽人才方面,校内有陈立胜、李兰芬、冯焕珍、李桦和刘昭瑞等人加入,校外海外,则有刘小枫、张宪、张贤勇、龚隽等陆续到来,这个学科点创建五年便已具规模。冯达文提到,这当中还需衷心感谢香港道教学院、香港基督教文化学会、香港汉语基督教文化研究所、香港中国神学研究院、香港信义神学院,以及台湾中华佛学研究所、台湾中华儒道研究协会、台湾佛陀教育基金会等机构与团体的支持。在他们的支持下,学科点建立了自己的图书资料库,设立了专题讲座,还先后办有教授梵文、巴利文、希腊文、希伯来文、拉丁文等多种古典语言的学习班。2000年该学科点组建为中山大学比较宗教研究所。2004年又升格为博士点。学科点成立以来,已先后培养出数十名获得博士或硕士学位的青年学子。

2019年冬,摄于清远江心岛·一默书房

在课程开设方面,学科点建立的最初几年十分困难。为给第一届学生开课,冯达文不得不重新捡起当年舍弃的佛学,也兼及一点道教。后来,在佛学方面幸好有冯焕珍、龚隽二君接手,在道教方面有李大华、刘昭瑞、王承文、万毅诸君支持。

此前,冯达文讲授过几年佛教思想史,虽然难以成书,但也积累了若干感悟。

他的讨论是紧扣佛陀的"十二因缘说"开展的。冯达文把数年间断断续续修读佛学所得，收入《理性与觉性——佛学与儒学论丛》（巴蜀书社出版社2009年版）一书中。该书同时也收入了冯达文2002年以来数篇讨论儒学的论作。

二、学术探索与成果

冯达文关于教学与研究方面的理论思索，涉及较多的主要是如下问题。

1. 关于孔孟原创儒学的特质与价值

孔孟原创儒学的核心思想无疑是"仁学"。但"仁"从何开出，"仁学"如何确立？许多学者并未详究。牟宗三先生说得最明确："孔子从哪个地方指点仁呢？就从你的心安不安这个地方来指点仁。"① 唐君毅称："吾意孟子之心，要为一性情心或德性心。"② 此亦甚是。然而，牟先生不满足于从不安、不忍处指点为仁之道，而一定要在心外悬挂一个"天命实体"，使此仁道获得宗教的神秘性，以为唯如是才可以确保仁道的正当性，此却不然。

无疑，不安之心、不忍人之心，以至孟子所说"四端"，都属情感范畴。孔孟从世间日常情感所在所到处指点为仁之道，乃至为礼之则，这是孔孟儒学之特出处。这点古人已有明确提示。如司马迁《史记·礼书》录其父司马谈的一段话语即称："洋洋美德乎……观三代损益，乃知缘人情而制礼，依人性而作仪，其所由来尚矣。"诚然如此。冯达文的著作就直接指认孔孟原创儒学建基于"世间情"，并以为孔孟儒学从世间日常情感出发建立起来的救心救世的价值体系，恰恰显示出其为与古希腊的理性主义传统和古中东、古印度的宗教信仰传统甚为不同的另一独特的思想传统。

要知道，把价值信念安立于世间日常情感所在所到处，实即使价值信念立足于人类最具本源性的真实生活中。每个人，不管处于何种族群，拥有何种信仰，毫无疑问都为父母所生，都离不开父母与亲族的关爱。这是人的本源性与日常的生活状况。浸润于这种生活状况中，即会自然/天然地孕育一种"亲亲之情"。又，每个人，不管处于何种族群，拥有何种信仰，亦必离不开社会他人，他吃的、用的一切，都关联着他人的付出，渗透着他人的血汗。这同样是人的本源性与日常的生活状况。处于这种生活状况，在所吃所用的当下，亦自可以感受到社会他人对自己的意义，而自然/天然地培植起一种同类同情心与恻隐心。这种亲亲之情、恻隐之心，既然是最具本源性的，自当是绝对的；最具日常性的，自当是普遍的。比较而言，

---

① 牟宗三：《中国哲学十九讲》，台湾学生书局1983年版，第78页。
② 唐君毅：《中国哲学原论·导论篇》，台湾学生书局1986年版，第94页。

不同种族、不同宗教信仰及其相互之间的差异与间隔,乃是人们在后来由不同的际遇、不同的困迫造成的,因之,即便其价值信仰凭借全知全能的神的支撑得以赋予全人类的意义,仍不免带有"特殊性"色彩。孔子、孟子开创的儒学价值系统既回归于、立足于人类最具本源性与日常性的真实生活和由这种真实生活孕育的真实情感,是自然/天然的、平易/平实的,也就无须诉诸"天命实体"那种彼岸力量支撑,即可以赢得一种超越不同种族、不同宗教信仰的绝对性与普遍性。

孔孟原创儒学立足于人类最具本源性与日常性的真实生活与真实情感,不仅使其价值体系最具绝对性与普遍性,而且亦使这种价值体系的建立与确认,甚显独特。我们知道,知识理性的路子是通过抽去个别的"我"来求取客观普遍性的,它难以容摄价值取向,即便确立起某种价值规范,亦必是外在的;宗教信仰的路径强调"灵"与"肉"的分隔,同样以为必须舍弃"身我"才可以契接圣灵。孔孟原创儒学不然,它把价值信念诉诸日常情感。日常情感是由"感受"(不是认知也不是认信)来确认的。而"感受"是带着身体,以自己的身心(性命)去体认的,这意味着有"我"(身我),对我的身心(性命)正面地予以认肯。而当"我"带着身体(身我)"设身处地"去感受和"体贴"亲人、社会他人对自己的意义时,我又得以走出"自我",走向亲人与社会他人。如孔子所说"己欲立而立人,己欲达而达人""己所不欲,勿施于人",孟子所说"老吾老,以及人之老,幼吾幼,以及人之幼",这都是从情感感受、从身心"体贴"处指点如何从"自我"走向"他人"。这里,没有繁难的理论预设,没有神秘莫测的圣灵启示。孔孟原创儒学就以情感感受为进路,确认不离"身我"而走向"他人",不离"人性"而开示"神性",不离"凡俗"而进达"圣境",这无疑显示了一种独特的,而且甚具现代意义的生命智慧。孔孟原创儒学首先在这种独特性中才能得到更确切更充分的肯定。

顺着孔孟原创儒学这种独特的对生命智慧追寻,由孔孟儒学为主导铸造的中国人的国民性,亦才会得到更好的理解与肯定。

尽人皆知,20世纪初,学界、政界对国民性有许多讨论,而且,比较多的说法是都是以为国民性阻碍了中国的进步。典型的如李大钊所说:以中国为代表的东方文明与西方文明的差别,"一为自然的,一为人为的;一为安息的,一为战争的;一为消极的,一为积极的;一为依赖的,一为独立的;一为苟安的,一为突进的;一为因袭的,一为创造的;……一为自然支配人间的,一为人间征服自然的。"① 李大钊此间即历数中国人的国民性之"不是"。

但是,如果确认孔孟原创儒学是立足于世间日常情感来提取价值信念与生命智慧的话,那么我们一方面固可以说,孔孟原创儒学开出的救心救世的路子既不同于

---

① 李大钊:《东西文明根本之异点》,原载1918年《言治》季刊第三册,转引自张岱年、程宜山《中国文化与文化争论》,中国人民大学1990年版,第24页。

古希腊的理性主义的路子，也不同于古中东、古印度的宗教信仰的路子。另一方面也可以说，它既兼容了理性主义的路子，也兼容了宗教信仰的路子。

为什么这样说呢？

如上所论，孔孟原创儒学是立足于世间日常情感，在情感所在所到处指点为人之道。就孔孟回落到现实世间，从人间的生存状况寻找自救的力量、因素而言，这不就显得很理性吗？在现实世间中，孔孟认取情感为人类得以自救的力量、因素，而情感即是价值的，就情感不可用认知理性予以说明的意义上说，这不是亦具信仰性吗？可见，孔孟儒学的路子，实际上是在理性与信仰之间保持平衡与维系张力的。而在理性与信仰之间保持平衡，冯达文认为，孔孟建构起来的价值追求，作为信仰，是经过理性洗礼的，因而不会堕入过分的盲目与狂迷；作为理性，又有信仰为之支撑，因而不会落于过分的功利与计算。而在理性与信仰之间维系张力，则是指儒学在后来的演变中，有时会偏向于理性，如荀子、朱子所做的那样；有时会偏向于信仰，如董仲舒所做的那样。但是，他们的这种偏向，无非是把儒学在两个不同向度上予以充分的展开而已，他们始终没有把两者间平衡打破。荀子依然强调礼义教化的重要性，董子甚少征引神话传说而更多取用农业社会中的观察与经验。

此外，中国在历史上虽也出现过长期的动荡、分裂，但在分裂时期，那些即便是显得很弱小的诸侯国，最终都会走向统一，这又是为什么？这是因为中国人重"情"的融合，看重由情感培植起来的"亲亲而仁民，仁民而爱物"的价值信仰。① 显见，中国人的这种国民性，即显示为在理性与信仰上保持平衡、维系张力的一种特性。中国人的这种国民性，诚为由孔孟儒学所主导的价值意识所凝练。

有学者说，中国人的这种国民性，在理性方向上没有延伸出近代科学，在信仰上没有走向神教，实为两者都不足，何以称道？然而，我们不是也可以说，正因为中国人有理性的训习，所以在中国并没有发生过对科学的迫害，中国人很能接受科学的熏陶；又正因为中国人有信仰的基础，所以在中国尽管也出现过不同宗教之间的一些论争，然而不同宗教最终都会被容摄在一个大系统中，就像不同部族最终会融汇于大中华一样。从现代社会的走向看，讲求理性似乎已经不是什么问题。然而，在讲求理性的同时缺失信仰却是一大问题。缺失信仰，或把信仰与理性的任何一方推向极端，都会诱发社会严重危机。由是，不就可以说，以孔孟儒学为主导形成的在理性与信仰之间保持平衡和维系张力的中国人的文化精神，与由这种文化精

---

① 钱穆先生对东西文化做了一种类型上的区分。他写道："西方之一型，于破碎中为分立，为并存，故常务于'力'的斗争，而竟为四围之斗。东方之一型，于整块中为团聚，为相协，故常务于'情'的融合，而专为中心之翕……故西方史常表见为'力量'，而东方史则常表见为'情感'。西方史之顿挫，在其某种力量之解体；其发皇，则在某一种新力量之产生。中国史之隆污升降，则常在其维系国家社会内部的情感之麻木与觉醒……以治西史之眼光觉之，常觉我民族之啴缓无力者在此。然我民族国家精神命脉所系，固不在一种力之向外冲击，而在一种情之内在融和也。盖西方制为列国争存之局，东方常抱天下一统之想。"（《国史大纲》修订本上册，商务印书馆1996年版，第23-25页。）钱穆此论甚有见地，仅录以供参考。

神塑造而成的温情、平和、包容的心理性格,更合乎现代社会的要求吗?

以上是冯达文重新思考与反省以往对孔孟儒学研究之一。关于这一论域的更深入的探索,可见冯达文教授发表的《孔子思想的哲学解读——以〈论语〉为文本》[《中山大学学报》(社会科学版)2018年第2期]与《与命与仁:孔子所创儒学的观念架构——兼谈先秦社会由贵族为主体向平民为主体下落期间思想的变迁》(《深圳社会科学》2018年第1期)等文章,这里不再赘述。

2. 关于老庄原创道家的中心话题与核心价值

关于老庄原创道家讨论的中心话题及其提供的价值是什么,近代以降也是众说纷纭。

20世纪五六十年代,老一辈学者受意识形态的影响,大多把老庄思想定性为唯心主义,其提供的社会历史价值是消极的,有人甚至认为庄子思想倡导的是混世主义、滑头主义。这样一类评论,现在大体已不再有人提起。

诚然,海外一批学者和20世纪80年代成长起来的新锐学人,在研究老庄学上有许多突破,乃至在与西学的比较中有许多提升。但是,冯达文教授认为,这其中仍不免有若干偏颇与不足。首先,在产生老庄思想的社会历史背景的问题上,如牟宗三以为老庄哲学是针对周文疲弊而发的,也即是针对周朝的礼乐之制已剩下为一空壳,为一虚文,成为自由、自在、自适其性的要求者之障碍、之桎梏而建立起来的。① 这是说,老庄学源于对治特殊情境的特殊问题。这无疑把老庄思想的意义收窄了。其次,在老庄道家本体论建构的特质上,牟先生目为"境界形态的形而上学",即纯为主观性的追求,不可能获得存有论的意义。② 这显然把道家的追求更虚幻化了。再次,在老庄道家的社会历史价值问题上,不少论者又谓道家的用意并不在于否弃儒家的仁义思想,而只是批评虚伪的仁义说教,道教恰恰是主张性善、仁爱、忠孝、信义的。③ 这似乎是说,道家只有被还原为儒家,与儒家挂搭起来才可以获得正面的认肯。最后,在老庄道家的认知价值问题上,抑或有称这一学派以丰富的辩证法思想影响国人,可是这些辩证思想终难免流为术数与智巧。④ 诸如此类。

显见,对老庄思想的这些判释与评价,似乎都未触及老庄的中心话题与核心价值,读刘笑敢教授新作《老子古今:五种对勘与析评引话》,其以"人文自然"之新概念,把捉老子思想,确认老子"人文自然的最高目标是人类整体状态的自然和

---

① 牟宗三先生的说法,请参阅牟宗三《才性与玄理》(修订版)第十章《自然与名教:自由与道德》,台湾学生书局1989年版。
② 参阅牟宗三《中国哲学十九讲》第五讲《道家玄理之性格》。
③ 参阅郭齐勇《中国哲学史》第一篇第三章《老子》,高等教育出版社2006年版。
④ 关于老子思想的特质与价值的种种争论,刘笑敢先生有详尽的介绍与评论,请参阅刘笑敢《老子古今:五种对勘与析评引论》一书之《导论二》,中国社会科学出版社2006年版。

谐,是人类与宇宙的总体关系的和谐"①。此说才可以称得上对老学十分到位与十分贴切的评价。

但是,对老庄道家的思想,仍可以有更进一步的讨论。冯达文教授的一个看法:是老庄的思想,是集中于对整个的人类"文明与进步"的反省这一极有挑战性的问题展开的。也只有从这一视角(不是对特定历史时期、特定现实状况)去透显老庄,才能真正揭示老庄哲学的意义。

为什么这样说呢?

那是因为,正是老庄哲学对整个人类文明进步的深刻反省与批判,揭示了人类的悲剧性运命,而这种运命是我们现在才开始逐渐意识到的。人类的悲剧性运命就在于:人如果不离开自然,不进入社会与被"文"化,人就不能成为独立的一"类"。但是,人一旦离开自然而独立,这意味着与自然处于一种对峙状态。人类在后来的"进步"中,越是追求自己的独立,乃至追求获得"大自然的主宰者"的地位,人与大自然的对峙状态便越严重,就像我们今天所看到的那样。

然而,人果真能够脱离自然、摆脱大自然的控制吗?人毕竟是大自然长期发展与衍化的产物,人的构件及其巧妙组合都出自大自然的精心制作;人的生活处境与生活资源也都有赖于大自然的恩典。大自然是人类的创造者,人类的母亲。人类如果背离自然创造者,背弃自己的母亲,就会从根本上失去自己生存的依据与本源,更毋言人类得以显耀自己与别的物类不同的那种所谓的主宰性了。《庄子·大宗师》中"大冶铸金"的故事所寓意的正是这一点:大自然营造宇宙万物并无任何意向与目的,如果万物中的某一类一定要大自然把它雕塑为"人耳人耳",赋予这一类以独特性使之反过来主宰自然本身,大自然一定会视为不祥,予以废弃。庄子这里揭示的无疑即是人类命运的悲剧性:人类离开自然而追求自己的独立性、主宰性,亦即追求所谓"文明与进步"却最终又不得不被自然所弃去!值得注意的是,在古典思想世界里,老子、庄子对人类的"文明与进步"有这样一种警示与反省,有这样一种悲怆感受;古中东神话以人类祖先偷吃智慧树上的禁果即为对上帝的背叛而为上帝所惩罚;古印度把人之所以会在三世轮回中受苦受难,归因于人的"分别智",所寓含的都是对"文明与进步"所带来的"恶果"的共同警觉。现代,当我们看到人类文明走过的许多地方留下一片荒漠、一堆废墟时,才得以感受到古代圣贤对"文明与进步"批判与反省的深刻意义。

人与自然拉开距离成为人类,是从人学会制作工具开始,以知识技艺的开发为标识的。而工具的制作、知识技艺的开发,则是为了改变人的生存处境,因而从一开始就寓含功利的目的。随着工具的不断创新,知识技艺的不断提升和财富的不断增长,人的功利意识亦在不断加强,人的纯白洁净的心性便日渐丧失,为功利争夺而爆发的种种冲突便只会越发加剧。由此我们得以看到,庄子何以会编织出"子贡

---

① 刘笑敢:《老子古今:五种对勘与析评引论》,中国社会科学出版社2006年版,第56—57页。

南游"与"混沌开窍"等故事。"子贡南游"劝种菜的老人家学习使用"机械",老人家称"有机械者必有机事,有机事者必有机心"(《庄子·天地》),而坚决予以拒斥;"混沌开窍"直以为人的知识、心的开启,实意味着人之走向死灭(《庄子·应帝王》)。庄子的批判何其严厉!人们发明一种"国家机器"——权力机构以使人之间的利益得以协调。随着权力机构的不断调整,似乎使每个人在利益上有更多的"平等机会",而"平等机会"被认为是一种"进步"。但是,权力机构,既然源于利益的争夺,则它的调整也无非是利益的重新分配而已。依此,我们便可以很好地理解老子的如下说法:"天下多忌讳,而民弥贫;民多利器,国家滋昏;人多技巧,奇物滋起;法令滋彰,盗贼多有。"(《老子·五十七章》)"天下多忌讳""法令滋彰",亦可以说,这显示了国家在管治施设上的"公开""公平"与"细密"。然而,纷争的利益个体利用管治上的空隙采取的手段(利器、技巧)也越狡诈、越狠毒,由此带来的后果是普通老百姓越来越贫困,国家的管治越来越混乱。人类社会在"进步与文明"的道路上已越走越远,然而我们从当代争夺在规模上的世界性和手段上的残酷性(以最先进的科学技艺为依托)所感受到的,这难道不仍然是老庄当年忧心不已的!

显然,只有从老庄对人类的文明与进步的这种深刻反省的角度认识与理解老庄的思想,才可以说明,老庄的思想不是负面的、消极的,而是正面的、积极的;它的正面的、积极的价值,不需要与儒家的仁义礼智相挂搭,更不需要与知识技艺相关联,才可以得到肯定。它的正面的、积极的价值,就出自它对人类悲剧性命运的彻底反省。在现代尤其如此。

必须指出的是,老庄对人类文明与进步的反省与批判,绝不是如牟宗三先生所说的,仅仅属于一种主观上的价值诉求。他们是有存在论与"知识论"作支撑的。其中,老子以宇宙论作为存在论的一种理论形态,与老子对文明与进步的反省的价值诉求,同样地影响着中国长久的精神文化变迁史;而庄子以对知识论的反省为其对文明与进步的反省提供支撑,则在中国精英阶层的心灵建构中留下很深的印记。

老子以宇宙论作为存在论的一种理论形态,再明显不过的见于他以下说法:"道生一,一生二,二生三,三生万物。万物负阴而抱阳,冲气以为和"(《老子·四十二章》);"有物混成,先天地生,寂兮寥兮,独立而不改。周行而不殆,可以为天下母。吾不知其名,字之曰道,强为之名曰大。"(《老子·二十五章》)老子的这些说法,显然不是纯粹的理论预设,而是出自对农业社会中万物生殖繁衍状态的观察,并且从观察中老子意识到,宇宙万物经历着由单一到多样、由简朴到繁杂的过程。老子可以说是中国古典宇宙论系统表述的第一人,由于儒家学者面对的同样是农业社会的生存处境,因此孔子、孟子的门徒们后来也都认同并引入了宇宙论。

只是,儒家引入宇宙论,是把宇宙由单一到多样的变迁过程视为一种升进的过程,人类则在"赞天地之化育"的过程中建立起价值信念并使这种价值信念获得正当性。儒家非常重视"成人节"。从由"成人节"确认人由自然向社会生成值得祝福的礼仪中可以看到，儒家的宇宙论以"文明与进步"为价值取向。

老子视宇宙由单一到多样、由简朴到繁杂的变迁过程不是升进，而是坠落。因为，处在"道"或"一"的状态中，那是浑然不分的，纯粹的；"一生二"，便开始有分别，有矛盾，有对立，被对待关系限制了；及"二生三""三生万物"，则落入的对待关系越多，所受的限制越多，也就越失却自由、自在与自我了。老子所说的"失道而后德"（《老子·三十八章》）、"朴散则为器"（《老子·二十八章》）等话语，都表述了以宇宙由单一到多样的变迁为坠落的价值信念。老子又主"复归于婴儿"（《老子·二十八章》），盛称"婴儿之未孩"（《老子·二十章》）。乃因处于婴孩时期，那是单一、纯真的时期，及至长大进入社会，便要面对种种矛盾，扮演种种角色，接受种种折磨，不得不被变形、被扭曲，不得不失真。老子这里显示的，是由单一到多样、由自然到社会的演变过程，为坠落过程。老子的宇宙论，源自农业社会对农作物繁衍的观察与经验。他以宇宙论作为他对"文明与进步"的反省的形上依据，实即把"文明与进步"问题放置在宇宙变迁的大格局中予以审视。正是在这个意义上说，他的宇宙论，他的"道"，不是预设的，而是实存的。

从视宇宙由单一到多样的变迁为坠落的价值信念开显的社会理想，无疑是回归单一，回归简朴，即回归自然。老子反复宣讲要"道法自然"（《老子·二十五章》），"道之尊，德之贵，夫莫之命而常自然"（《老子·十七章》），都在守护自然。老子以"小国寡民"为理想社会形态，实即以乡村式的"自然社会形态"（社会学家所谓"礼俗社会"）为向往的社会形态。这种社会形态与"人工社会形态"（社会学家所谓"法理社会"）的不同在于，后者是以"利益"为中心，以人为地编造的契约与法律为纽带建构起来的，人与人之间是疏离的、陌生的乃至对立的，人在其中找不到安全感。而前者——"自然社会形态"是以"情感"为中心，以习俗为纽带联结起来的，人与人之间是亲近的、关爱的、信任的，它才是人们的"家"。显然，老子守护自然，也就是守护着人类的"家"。只有从人类如何安顿自身的根源性角度理解老子，才不会把老子权术化、巧智化。

庄子从对知识反省的角度反省人类"文明与进步"的追求，对精英阶层的心灵建构有极深的影响，这也是十分值得重视的。习惯上人们都会把心智的开启、知识的建构看作人类走向文明与进步的重要标志。然而，在庄子看来，认知可靠吗？认知果然可以把捉事物的本真吗？庄子以为不然。

首先，从客体方面看，我们面对的事物都是在矛盾对待中才得以显示、被分判的，这意味着，它本来并不确定；而且，矛盾对待是会不断地被改变的，这意味着，它其实也不稳定。认知对象本来就不确定、不稳定，又何以有认知上的确定性与稳定呢？庄子所谓"夫知有所待而后当，其所待者特未定也。"（《庄子·大宗师》）

其次，从认知主体方面看，即使面对同一事物，由于观察的人不同，或个人观察的角度不同，也会有认知判释上的完全不同。我们又当以哪一个人、哪一个观察角度给出的判释为本真性的判释呢？《庄子·秋水》所谓"以道观之，物无贵贱；以物观之，自贵而相贱；以俗观之，贵贱不在己；……"

最后，从认知必求助于语言、词谓的角度看，语言、词谓都是仅就对象的某一特性、某一功用给出的。不同的人根据不同需要选取不同特性不同功用就会使用不同的语言、词谓。此表明，语言词谓的使用具有主观随意性，又岂能给出事物的本来面目呢？《庄子·齐物论》所谓"道行之而成，物谓之而然。有自也而可，有自也而不可。有自也而然，有自也而不然。恶乎然？然于然；恶乎不然？不然于不然。恶乎可？可于可；恶乎不可？不可于不可"。庄子回应公孙龙子"白马非马"论更说："以指喻指之非指，不若以非指喻指之非指也；以马喻马之非马，不若以非马喻马之非马也。天地一指也，万物一马也。"（《庄子·齐物论》）这是说，公孙龙用"指"（白马）来说"指"（白马）不是"指"（马），还不如以不是所指的（事物）来说明"指"（概念）不是所指的（事物），即如以"马"（概念）来说明"马"（概念）不是所指的"马"（事物），还不如以不是所指的"马"（事物）来说明"马"（概念）不是所指认的"马"（事物）。因为对"事物"的称谓，是人的认知选取事物的某一特性、某一功用主观地添加上去、编派出来的。既然如此，那么把"天地"归为"一指"，把"万物"称作"一马"，又有何妨呢？

庄子就是这样检视认知及语言运用的局限性而对人类的知识建构做出反省的。事实上，人类的逻辑认知所确定的许多规则都具有人为的主观性。从这里我们感受到了庄子作为古圣贤是何等睿智！

庄子深刻地揭露了认识的不可靠。然而，人类又只能靠认知的指引生活与活动，这不能不使庄子感到悲哀。庄子有很强烈的绝望感。只是，庄子以一种"荒诞意识"的艺术精神把绝望感作了化解。

冯达文认为，庄子的"荒诞意识"指的是"不真当真"。认知和语言给出的，不具真的意义，是谓"不真"。但人被抛落到这个世间，又只能凭借认知和语言指引生活与活动，人没有别的选择，只能"当真"。把"不真当真"，自可以放下与入世。这种生活态度，过去曾被斥为"滑头主义""混世主义"。其实，"滑头主义""混世主义"背后有功利的计算。而庄子却是以"入世"求"出世"，他的追求仍然是超越的。特别是降及现代，知识的形式化（所谓"价值中立"）追求成为时尚，知识因排斥价值更脱落为"有用工具"；国家建制取机械多数（民主化与平均化）为确认方式，则又使社会的公共交往堕落为"游戏规则"；传播媒介为商业利益操控而不断编织新闻，更使生活世界失真而只具嬉戏性；……面对这些被认为标识人类"文明与进步"的变迁，庄子以"荒诞意识"应酬之，固带有个人自我解嘲的色彩，但决不可以错认为批判精神的忘却。

冯达文关于老庄道家思想的系统论释及其向黄老思潮、魏晋玄学和道教的转折与开展，可参照其撰写并出版的《道家哲学略述——回归自然的理论建构与价值追求》（巴蜀书社2015年版）一书。

3. 关于汉唐儒学的宇宙论

孔孟原创儒学发展至汉代，是由宇宙论支撑且带有浓厚的神学色彩的。对汉唐儒学及其宇宙论如何评价，也是学术界的一大难题。20世纪50年代至70年代，内地学者因为汉儒的代表人物董仲舒和代表性著作《白虎通义》等，多把天地宇宙神秘化，并以为神秘化的目的是为封建君权提供依据，而极力予以贬斥。而海外学者不取意识形态为评价标准，或过多地讲求理性，或过多地推崇主体性，亦未能给予恰当的判释。如牟宗三就以为：董仲舒是宇宙论中心，他把道德基于宇宙论，要先建立宇宙论，然后才能讲道德，这是不行的，这在儒家是不赞成的。① 徐复观则称董仲舒以及两汉思想家所说的天人关系，都是通过想象建立起来的，他们都具备了哲学系统的形式。所以不仅是董仲舒，汉人的这类的哲学系统，不能受合理主义的考验。② 劳思光更称：两汉至唐代为中国哲学的"衰乱期"。秦汉之际，南方道家之形上旨趣、燕齐五行迂怪之说，甚至苗蛮神话、原始信仰等，皆渗入儒学，以至两汉期间，支配儒生思想的，并非孔孟心性之义，而为混合各种玄虚荒诞因素之宇宙论……③显然，海外这些名家对汉唐儒学，实亦持贬斥态度。依上所引，牟氏、劳氏的判释依据，显然是道德主体能否得以凸显，徐氏的判释标准，则是有没有知识理性做支撑。

一方面，人们都承认，汉唐之际开创了中国古典社会的两个繁荣期；而另一方面，学界又大多指谪，汉唐思想特别汉唐以宇宙论支撑的儒学甚是荒唐，甚无价值。这是一个巨大的落差。面对这种落差，冯达文的反省便是，知识理性、主体性，这些近代以来备受推崇的观念，是否是评论学术思想的唯一标准呢？展开来说，这当中涉及四个大的问题：一是怎样理解思想文化的宗教走向，怎样看待宗教信仰的社会功能；二是宇宙论作为一种独特的存在论形态，在知识论上能不能够成立；三是由宇宙论支撑的成德论，有没有合理性，是不是可取的；四是借宇宙论确立的社会—国家运作系统与运作秩序，有没有独特的价值。

由于篇幅关系，下面我们从第二个问题谈起：宇宙论作为一种独特的存在论形态，从知识论的角度看能不能成立，或在什么意义上可以成立。

宇宙论为一独特的存在论形态，它不是仅仅在与心—主体相对应的情况下确认宇宙万物为"存在"，而是进一步地给出了万物的来源、万物的演变及其基本方式。如先秦时期虽已发端但降及汉唐才广为流行的说法：天地宇宙来源于气，气分为阴阳，阴阳起伏而有四时，四时轮替又与方向、方位等相关，是有五行；"元

---

① 参阅牟宗三《中国哲学十九讲》，台湾学生书局1983年版，第76页。
② 参阅徐复观《两汉思想史》第二卷，华东师范大学出版社2001年版，第241页。
③ 参阅劳思光《新编中国哲学史》第二卷《导言》，广西师范大学出版社2005年版。

气""阴阳",所把握的是宇宙的本始生命力;本始生命力经历着不同的时间(四时二十四节气)与空间(五行)变化,化生出千差万别的事物;千差万别的事物,又都依因于生命力及其在时间空间上的联系与差别而获得一种在类上的同一性与差别性;诸如此类,就是宇宙论对"存在世界"生成过程的具体描述。从这种描述中我们实际上已经看到,宇宙论是想象的产物,它与农业社会农业生产状况下对大自然的观察与经验密切相关。

那么,我们怎样看待宇宙论对存在世界的见解在认知上的特点与提供的价值呢?

很感谢海外著名汉学家李约瑟的研究。他在所著的《中国古代科学思想史》一书中有取葛兰言的说法把中国古典宇宙论所体现出来的认知方式称为"关联思维"。李约瑟认为,如果说西方近代的因果思维为机械性的,那么中国古典宇宙论的思维无疑是有机性的。① 后来,英国另一汉学家葛瑞汉在其所著的《论道者——中国古代哲学论辩》一书中也以"关联思维"指称中国古典思维并有更深入的讨论。但是,葛氏认为"关联思维"是在信息不足的情况下形成的,这似乎是说,它更多的还是靠想象编织起宇宙的关联图景。②

冯达文在1989年出版的《中国哲学的探索与困惑》(1998年修订,易名为《早期中国哲学略论》)一书中,曾经把宇宙论表显的认知方式称为"类归法"或"类归方式"。这种认知方式,总是习惯于把单个事物归入"类"中,进而把"小类"归入"大类"中,通过归入去对事物予以介说与把捉。如把五声、五味、五色、五脏等归入"五行",把"五行"关联"四时",把"五行""四时"归入"阴阳",都为类归,通过类的归入,来考察一个或一种事物的特质与功能。

要注意的是,这种"类归方式"与通过逻辑抽象形成的"类"的概念不同。逻辑抽象所形成的"类",是凭借舍弃个别殊相获得的,"类"涵摄的物事越多(外延越大),其内涵越少。宇宙论的类归法不同,越往大类归入,其内涵不仅没有减少,反而是丰富了、增多了。为什么呢?因为把一个事物归入"类"中,意味着它与同"类"事物就有了更多的联结,更多的面向,更多的承接与转换关系,这不是就更丰富了吗?譬如,以"人是什么"这个问题来说,依近代以来的分解—分析思维,大概会说"人是有智慧的两足动物"。这是以"属加种差"的方式做出的回答,着眼点是差别。在把差别做得越来越精细的时候,便可以量化,可以操作化,由此成就了近代的技术科学。而中国古典的"类归法"的思维方式,也许会回答说:"人是动物。"这是把人这一"小类"归入动物那一"大类",着眼点在关联。在做这种归入后,我们思考"人"的问题,就不仅只顾及"人"自己的特性

---

① 参阅 [英] 李约瑟《中国古代科学思想史》,陈立夫等译,江西人民出版社1990年版,第275—407页。
② 参阅 [英] 葛瑞汉《论道者——中国古代哲学论辩》,张海晏译,中国社会科学出版社2003年版,第359—424页。

与功能,还要顾及猪、牛、马等各种"同类"与"人"的关联、对人的影响。这样一来,虽然"人"这一小类的特殊性被模糊了,但是,对"人"的思考空间却更宽广了。这不是更能够容纳想象力与创造性吗?

尤其耐人寻味的是,分解—分析的认知方法,把单个事物从众多复杂关联中抽取出来加以确认,其实是以"假设"为前提的。类归法认为宇宙万物都处于息息相关的生存状态中,这倒是立足于真实存在。就宇宙论及其所取的类归法而言,这种真实存在就表现在以下几方面。

首先,"类归法"捕捉的,其实是在相同或不同生态圈下诸种事物的关联性。譬如说,生存于光照比较充足状况下的事物,不可避免地会有一种关联性;而生存于比较阴暗状态下的事物,自会有一种与生存于光照充足情况下的事物不同的关联性。宇宙论以阴阳为"类归"的最高层级,所揭明的,不就是这种生态圈所造成的关联性吗?及宇宙论的"四时""五行"归类,把捉的则是宇宙在时间空间上所表现出的节律对生命个体与物类的影响乃至决定。我们知道,地球上所有生命个体与物类,都是适应大自然时空变迁的节律才得以存续与繁衍的,如果无法适应,便只会被淘汰;大自然变迁的节律,实已内化为生命个体与物类的内在结构与功能,因之,宇宙论所使用的"类"的概念,不是以事物的形态或结构为依据,而是以在同一生态圈同一时空节律下事物所获得的特定功能与信息为依据,这就是非常客观的。及中国传统医学依搭自然变迁节律论生理、病理、治理、药理,也就不乏科学认知的意义了。

其次,"类归性"的认知方式,也是一种"回溯性"的寻问方式。这种"回溯"寻问体认着物种的演化史:许多在形态上殊别的物类,其实都可以追溯到单一的共同的本源;正是单一的共同的本源,才隐含多种发展的可能性;共同本源在演化过程中经过变异与选择,原先所有的多种可能性或能力隐退了,但并没有消失;它实际上作为记忆被储存着,还可以被激活,诱发出新的发展的可能性,转换出新的物类。类归法,从追溯物类的本源来探索物类交换、转化功能与信息的可能性,在这里,不也隐含着一种物种进化史的"客观"依据吗?①

正是在这种意义上说,宇宙论有其独特的认识价值,不应该轻易地以"想象"乃至"怪诞"否弃之。关于"类归性"认知方式的"客观"依据,冯达文在2015年出版的《道家哲学略述——回归自然的理论建构与价值追求》一书中有所表述:

"类归性"的认知方式,这里的关键在"类"字。"类"是如何确定的?这种确定的正当性在哪?前面说过,宇宙论是通过把捉、还原大自然生化的过程与节律而建构起来的。它的主要概念,如阴阳,所把捉的是大自然正向与反向的两种生命力变换的节律;四时,所把捉的是原始生命力在时间上的变迁节律;五行,所把捉

---

① 上述看法,参阅冯达文《理性与觉性——佛学与儒学论丛》之《重评汉唐时期的文化精神》一文。

的是原始生命力在空间（方位、方向）上的变迁节律。而天地宇宙间的各个生命个体、各种生命物类，就都是在适应大自然在时空的交换与变迁的节律才成其为如此的；那些无法适应的生命个体、生命物类，都会被自然变迁节律所淘汰。这意味着，生命个体、有生命的各种物类，在长期适应大自然变迁节律的过程中，其实已经把这种节律，内化为自己的结构、功能。《黄帝内经》所谓"天覆地载，万物悉备，莫贵于人，人以天地之气生，四时之法成"；所谓"阴阳有时，与脉为期。……微妙在脉，不可不察，察之有纪，从阴阳始，始之有经，从五行生，生之有度，四时为宜，补写勿失，与天地如一，得一之情，以知生死"。这里所说的"人以天地之气生，四时之法成"，"阴阳有时，与脉为期"，实即指大自然变迁节律之被内在化；所说之"纪""经""度"，即天人相应之节律，亦即是"类"。可见，以"五行""四时""阴阳"的观念对生命体作生理、病理、药理的"类"的区分，便毫无疑问地具足客观性与科学性。

《黄帝内经》为中医经典。中医在近世曾经被指斥为不科学，理由是同一种病不同中医用药多不相同。然而，中医用药之不同，其实顾及男女老少的差异，春夏秋冬的不一，东南西北之各别。这可以说就是宇宙论及其"类"观念的具体运用吧！……就中医和丹道理论所取的宇宙论的形成而言，无疑与农业文明密切相关。也可以说是立足于农业文明基础上建构起来的知识类型。这种知识类型也许夹带着许多的联想，带有十分浓重的神秘色彩，但它所取的大方向——对生命的充分认肯，力图通过把捉大自然变迁的节律守护生命的价值，这样一种认知路向与价值取向，越从未来的角度审视必将会觉得越无可非议。现代科学奔忙于去改变大自然变迁的节律，热衷于打破天地宇宙的时空结构，却不知道人类在几百万年前在适应大自然——天地宇宙原来的变迁节律而形成的稳定的形体构造与生命魔咒其实无法接受。人类的生存已经越来越受到威胁，人类还能够存续下去吗？……（详见第274—276页，巴蜀书社出版。）

最后，由宇宙论支撑的成德论，有没有合理性？是不是可取的？

我们知道，孔孟原创儒学，是通过回归心性建立起来的。冯达文的看法更加确认，孔孟所讲的心性，也就是人的"世间情"，孔孟是指"情"为"仁"为"善"，孟子更以"仁善"为性，借尽心知性建构起道德理想。孔孟不太涉及天、天道、天命，有时还把"仁"与"命"对峙起来，以凸显"仁"的人格价值。但是，人的"世间情"，本来就具本源性，就出于自然/天然。也就是说，它本来就是超越的、先验而绝对的，因之，《中庸》称"天命之谓性"，赋予"性"以"天命"意义，使"性"与"天命"贯通，从而为人的"仁道"与"善性"寻找一最高的价值源头，这也是极为顺当的。《中庸》对孔孟原创儒学的这一推进，一方面仍然确保价值的主体性（以心性为基础）；另一方面也通过"逆觉体证"以使主体价值追求有一实体的支撑而获得客观意义，故为牟宗三诸先生特别看好。

但是，牟氏这里关切的，其实还是近代以来，人们热衷的"主体"问题。然而，作为"客体"的"天命"是什么？如果"天命实体"完全是由主体开出去，它并不涉及天地宇宙，真的具有"客观"的意义吗？

事实上，古人不会太多地强调人的主体性。孔孟思想所表现的"主体性"，是在与社会的恶的变迁的抗争中凸显的。古代即便是圣贤也都明白自己生存于天地宇宙中。孔子说要"畏天命"（《论语·季氏》），称"获罪于天，无所祷也"（《论语·八佾》），此都表明他对"天命"、对天地宇宙仍然深怀敬畏之情。《易传》《礼记》《吕氏春秋》把天命/天地宇宙的变迁，展示为一气化生、阴阳消息、四时轮替和五行生克的宇宙论，并直接从对宇宙生化的敬仰、敬畏与敬祈中引申出道德信念时，我们不仅不能指谪它减杀了心性主体性，反倒以为它使人的价值信念走出主体情感、走向天地宇宙，凭借着"存在论"的支撑而更有助于获得信实性与普遍有效性。如《易传·说卦》所说："一阴一阳之谓道，继之者善也，成之者性也。"这就是不只以"心之情"为"善之性"立论，而且把"善之性"放置在阴阳大化之道付出努力，从赞天地之化育中成就，此即很贴合农业社会人们的生存处境所形成的价值信念。又如董仲舒所说："春主生，生者仁也。"这是把"仁之道"安立于宇宙生生之德，无疑尤使孔孟儒家的成德追求更具崇高性。这些，实都可以盛称为儒学的新拓展。牟宗三极力区分《易传》与董仲舒之不同。实际上两家的不同只在于董子强调人的德性直接源于阴阳大化的给定，因而忽略了主体的涵养；而《易传》更强调从对宇宙大化的敬仰中证立道德，有似确认人的主动性。尽管两家有这样一些不同，无疑都依托于天地宇宙的生化，但是都可以归结为生存论。而且正是在生存论的意义上，而不是在价值主体论（道德意志）或知识论（从认知中建立道德）的意义上建立起它的正当性。降及现代，在主体性与个体性过分张扬，人对天地宇宙缺失敬畏与感恩之情的状况下，其正当性尤为凸显。冯达文在一次演讲中曾经发表过以下看法：

这种宇宙论确认，天地宇宙为一无限的生命场，它在生生不息的演化过程中造就了每一生命个体，每一生命个体的聚合与消散都体现着宇宙大生命的活力与创造。

就每个生命个体而言，它即是宇宙大生命长期演变的创造物，宇宙大生命经历了长期的发展，包含了以往历史上一代又一代的努力（所谓"赞天地之化育"），才造就了我和我这一代。在这种意义上，宇宙大生命的发展与变迁是"为我的"。而宇宙大生命的流行并没有到我和我这一代为止，我和我这一代的付出必将会成为下一代的新的起点，将会溶入往后的宇宙大生命的发展中去。在这一意义上，我和我这一代又是"为他的"。

既然我和我这一代是宇宙大生命长期变迁的产物，是以往历史上一代又一代努力的创造物，我们自当要敬孝天地与祖先，珍惜我们现时的生命与生活；既然我和我这一代也需要付出，才可以溶入宇宙大生命无限发展的长流中去，我们也应当建立起责任意识与担当意识，使我们现时的生命与生活更有意义。这就是儒家用宇宙论支撑起来的价值信念。

我们看植物世界。植物开花的时候多么灿烂，多么漂亮。但其实是为了雌雄花粉的传授，也就是为了繁殖后代。一旦传授完毕，它就凋谢了，枯萎了。

我们再看动物世界。动物在性功能未成熟的时候，雌雄难辨。待性功能成熟了，雄的长得特漂亮，叫得特响亮。但其实是为了吸引雌性进行交配。它的漂亮的表现同样是为了繁衍后代。

显然，天地宇宙在它的创造性活动中，让不同物类、不同个体都具有不同的特色，而且，每个个体所获得的特色又都具有一种自足性。每个自足个体只要把天地宇宙赋予它的特性与功能最充分地、最灿烂地展现出来，它就实现了"自我"。而"自我"的这种实现恰恰又是为了下一代，为了宇宙以后的无限发展的，由是它又得以走出"自我"，走向天地宇宙。"自我"与"他人"，"人"与"自然"，在宇宙论的框架下得到了美妙的统一。①

无疑，把宇宙论支撑的成德论置入于生存论—生存处境及其感受中去，才会更好地挖掘它的积极意义。

第四个问题是，借宇宙论确立的社会—国家运作系统与运作施设，有没有独特的价值？

近代以来的学者们大多依据董仲舒"王道之三纲可求于天"、"仁义制度之数尽取之天"（《春秋繁露·基义》），"唯天子受命于天，天下受命于天子"（《春秋繁露·为人者天》）等说法，判认董子的政治哲学具有浓厚的神学色彩，而且是以"君权神授"之主张为中央集权的专制统治立论的。②

毫无疑问，董子的政治哲学有为中央集权立论的意向与效果。但是对他的"天"的观念还需予以辨识。从《礼记》《吕氏春秋》到董子的《春秋繁露》，它们所讲的"天""天道"就是宇宙论。宇宙论大体上是借农业生产中的观察与经验，在农业社会条件下的生存体验建立起来的。它以阴阳消息、四时轮替、五行生克来把捉宇宙生化的规则，就表现了这种特质。即便在最终的趋归上显示出神学色彩，但与从价值反省出发、依托神话架构起来的基督教神学与佛教信仰仍有很大的差别。中国人具有宗教色彩的种种祭祀活动，大多与天地宇宙的时空变迁节律和依因这种节律为后代带来巨大福祉的圣贤人物有关，此即表明这种宗教信仰实际上即源于对宇宙生化的敬畏与感恩，其功能也在强化这样一种敬畏与感恩。显然，我们

---

① 参阅冯达文《理性与觉性——佛学与儒学论丛》，第338-339页。
② 参阅任继愈主编《中国哲学发展史（秦汉）》《董仲舒的天人感应神学体系》章，人民出版社1985年版；徐复观《两汉思想史》第二卷《先秦儒家思想的转折及天的哲学的完成——董仲舒〈春秋繁露〉的研究》之第一节和第十节，九州出版社2014年版。

必须关联着宇宙论展现的宇宙生化规则——阴阳消息、四时轮替、五行生克，以及这些规则在实际生活中的运作，才能更好地了解中国人的宗教信仰的特质与价值。

至于古代圣贤如何运用宇宙生化规范社会—国家的政治运作，《礼记·月令》篇有详细的展开。《月令》篇规范取于《吕氏春秋》"十二纪"之"纪首"，董子《春秋繁露》所说大体与《月令》相近而更为仁义道德张目。它们强调的基本理念是，国家所有的政策法令，从国君到臣民的政治施设与生活秩序，都要以一年四季十二个月的变化规则为依据。如春季正月为万物生长的月份，国君与大臣要斋戒迎春，并对万民布德施惠；要严禁杀伐，严禁覆灭鸟巢，严禁捕杀雌性动物，还要保护幼弱物类，以利于动植物的生育与繁衍，等等。总之，治国的举措要坚持"毋变天之道，毋绝地之理，毋乱人之纪"（《礼记·月令》）。

很显然，古人无疑是从"生态"论"政治"，把政治的正当性立足于天地宇宙的生化规则，这完全可以称为"生态政治哲学"。

冯达文在这里特别把由宇宙论引申而成的生态政治哲学提取出来加以考量，缘于以下这样一个话语背景：

> 我们知道，近代以来，以自由主义思潮为主导的政治哲学，在构建的方法论上，实际上是近代自然哲学所取的机械观的横移。这种方法所热衷的做法，就是把每个人从社会复杂关联中抽离出来，成为单独个体。原来，在社会复杂关联中，不可避免有身份、地位、权力、财富、教养、学识上的种种差别；抽离出来的单独个体，把差别去掉，剩下来具有"共相"意义的，便只能是趋利避害、趋乐避苦这样一种属于功利性的东西。每个单独个体，就凭这一点，得以被单一化与同一化；由单一化与同一化，每个个人被确认具有同等的权利；公共权力机构，就从每个个人的同等权利上建立起来，又是为着保障同等权利而运作的。
>
> 无疑，近代以来人们崇尚的民主与法治，都从这里开出。人们也都从民主与法治中感受到了自己作为平等自由个体的独立价值。
>
> 然而，近代以来的社会历史变迁表明，由此建立起来的政权机构与运作体系，至少会碰到以下两个尖锐问题。
>
> 其一是，既然每个人被拽落下来，被单一化、同一化（平均化）而成为利益个体，公共设置只为平衡与调整利益关系而建立，评价公共设置的标准亦只以经济是否增长、经济利益是否提升为指标，那么，人的教养、人超出利益的精神追求，即会被边缘化与私人化，整个社会亦只会被平面化。所有人都被挤压在物质利益的一个层面上，一条通道里，人与人、国家与国家狭道相逢，便不得不有生死的搏斗。我们现在物质生活资料无疑是极大地丰富了，可是人们所处的生存处境却仍然是如此紧迫、如此残酷，不就是这种政治哲学带来的恶果吗？
>
> 其二是，这种政治哲学所认定的每个人的平等权利（一人一票权），又只是关涉"在场"的。过去、未来不在场，没有投票权。而唯有顾及过去、未来，才有

超越。只关涉"在场"的，也就是只为了当前的。政治导向如此，经济理论的导向亦如此，一切为了当前！

由此，就有20世纪80年代社群主义的反省。社群主义认为，从方法论上看，根本就不存在所谓"单独个人"：人一生下来就落在特定社群中，从生到死，人一辈子离不开社群生活。这才是人的真实状况、真实处境。设想单独个人如何，那是没有意义的。而且，社群总是具体的、历史的，因之，人的欲望、人的权利正当与否，也是在具体历史中才能被确定的，设想单独个人应该有什么超时空的权利，那是虚假的。

我们顺随着社群主义在方法论上的反省，进而提出的问题：人何止必定生活与活动在社群中，人其实也生活与活动在自然世界—天地宇宙中。人不仅不可能从社群中抽离，也不可能从自然世界—天地宇宙中抽离。这也是人的真实状况，真实处境。

这里我们可以看到，在方法论上，自由主义的政治哲学，实际上立足于假设；社群主义、生态主义政治哲学，立足于真实。

在价值观上，自由主义的政治哲学，关切的显然是个人权利；社群主义关切的是人对社群的责任；生态政治哲学关切的，则是人与宇宙世界的和谐。

关切个人权利，往往会把社群与他人外在化与工具化；关切社群，得以融入社会，对社会与他人有了一份尊重与担当；而关切宇宙世界，则便得以回归自然，对生我养我的天地自然多一分敬畏与感恩！现代人最缺少的，就是这种敬畏与感恩！

冯达文说，他如此来为古典儒学的宇宙论辩护的用意绝不是反对民主，更不是为中央集权的君主政体立论。在理论上说，他的上述研究其实是出于对牟宗三的说法的困惑：他一方面是全力守护儒家的价值信念的；另一方面却认为现代的民主政制是最好的。① 而如上所说，儒家与近代民主政治在方法论与价值观上，都是不同的。从社会历史的走向上说，他的这种研究则是为了暴露人类走向文明与进步无法逃避的一种"宿命"：人类进步的追求自不可以不走向民主，就像人类文明的走向尤不可以不抛离自然一样。来到当今，人们已经获得了充分的民主与对自然的强大制宰力，然而，那又怎样呢？人们无非是要面对更多的、更赤裸裸的、更残酷的利益争夺，以及更多更无情的与更灾难性的自然处境。人类是何等的无奈！

---

① 牟宗三称："所以政治形态从古代贵族政治开始，从贵族政治进一步是君主专制，君主专制维持了两千多年，现在是民主政治。依我看，民主政治是最后的形态。政治形态是没有很多的变化的，就是这三个。那两个已经过去了，民主政治才有永久性、有普遍性。"《中国哲学十九讲》，台湾学生书局1983年版，第68页。

2020年秋，在清远江心岛为市民普及传统文化

4. 关于明代儒学的"情本论"

这是冯达文对宋明儒学派系的独特划分，主要用以介说泰州学派及其理论影响。

我们知道，以建基于情感来昭示儒学的特质，古已有之。钱穆说中国儒学思想更着重于此心的情感部分①；李泽厚直称孔孟儒学为"情本论"②；蒙培元以为中国哲学特别是儒家哲学以情感为其全部学说的立足点，属于一种情感型的哲学③；等等，这些对儒学的情感特质都予强调。

冯达文教授在1989年出版的论作《中国哲学的探索与困惑（殷周—魏晋）》中，也以为孔孟的仁学体系，是紧紧地诉诸现存世俗社会的普遍情感的。④ 1997年冯达文编撰的《宋明新儒学略论》重申了这一看法。虽然他以为孔孟原创儒学立足于"世间情感"，却并未以"情本论"指称之。冯达文以为，儒学发展到明代中叶，在江门白沙特别是阳明后学——泰州学那里，得与道家思想掺和，才形成"情本论"。

为什么这样说呢？

因为如果把"情"看作"本体"的，那就意味着"情"具有绝对至上的地位，在行事风格上亦会讲"率性（情）而为"。但是孔子孟子并不以为人应该"率性（情）"行事。孔孟立足于"情"，以"情"为根据，并且赋予"情"以自然—天

---

① 参阅钱穆《孔子与论语》，台北联经出版事业公司1974年版。
② 参阅李泽厚《论语今读》，生活·读书·新知三联书店2004年版。
③ 参阅蒙培元《我的中国哲学研究之路》，载刘笑敢主编《中国哲学与文化·第2辑：注释，诠释，还是创构？》，广西大学出版社2007年版。
④ 参阅冯达文《中国哲学的探索与困惑（殷周—魏晋）》第二章第二节，中山大学出版社1989年版。

然的品格,却以为只有把"情"向外推出,以及于亲人、社会他人,才可以成为"仁者",才堪称"仁之道"。显然,在孔孟那里,"仁""仁道"才具终极意义。"仁""仁道"虽然被浸润于"情"中,但由"情"到"仁"还是有一段距离,还需要一段"功夫"。孔孟之后,《中庸》把"情"看作是"已发",称"性"为"未发",将"情"与"性"做了区分;朱子更以"四心"(恻隐之心、羞恶之心、辞让之心、是非之心)为"情",以仁、义、礼、智"四德"为"理",将"情"与"理"做了识别。这些做法不是无缘无故的,这无疑源自孔孟对"情"与"仁""情"与"性"的某种区别。

明代中晚期之儒学不然。

江门白沙子(陈献章)称:"率吾情盎然出之,不以赞毁欤;发乎天和,不求合于世欤;明三纲,达五常,征仁义,辨得失,不为河汾子所痛者,殆希矣。"① 无疑,白沙子这种"不以赞毁与""不求合于世与""率吾情盎然出之"的行事风格,才可以被视为"纯情"。

深受泰州学熏习的汤显祖称:"世总为情。情生于诗歌,而行于神。天下之声音笑貌,大小生死,不出乎是。"② 诚然,汤显祖这种为"情"所"困",乃至于发愿"生生死死为情多,奈情何"的精神心态,才可以称得上"至情"。

另一个亦受泰州学影响的文学家冯梦龙更撰《情史》,其《序》称:"天地若无情,不生一切物。一切物无情,不能环相生。生生而不灭,由情不灭故。四大皆幻没,惟情不虚假。有情疏者亲,无情亲者疏。无情与有情,相去不可量。我欲立情教,教诲诸众生。子有情于父,臣有情于君。推之种种相,俱作如是观。万物如散钱,一情为线索。散钱就索穿,天涯成眷属。"显然,冯梦龙以"情"为天地万物的本源与根基,立志以"情"为"教",那真真确确属"情本论"。

以上所及,多属以文艺创作为主的思想家。他们在文艺创作中主"情本论"。然而他们的理论根底即是泰州学。泰州学的理论取向,冯达文又称之为"事本论"。

何以见得泰州学为"事本论"呢?王艮说:"即事是学,即事是道。"③ 这种直指任一"事"之当下状态即是"道"的说法,不就是"事本论"吗?

"事"及其当下状态又是指的什么呢?王艮说"圣人之道,无异于百姓日用"④;李贽说:"穿衣吃饭,即是人伦物理。除却穿衣吃饭,无伦物矣。"⑤ 这些说法,无疑都把"事"明确指向人们日常的活泼的生活与行为。指"事"为"道",

---

① 《认真子诗集序》,《陈献章集》卷一,第5页。
② 《耳伯麻姑游诗序》,《汤显祖诗文集》卷三十一。
③ 《明儒王心斋先生遗集》卷一《语录》,见〔明〕王艮撰《王心斋全集》,江苏教育出版社2001年版,第72页。
④ 见〔明〕王艮撰《王心斋全集》,第10页。
⑤ 李贽:《明灯道古录》,《李氏文集》卷一九。

无疑把日常的生活世界作了本体论的提升。日常生活世界恰恰是由情感与信仰来维系的。故"事"即"情","事"的本体论即"情"的本体论。

冯达文的研究何以会把明代中晚期的这一思潮单列出来加以阐述呢?他认为有三方面的原因:第一,从思想史上看,这一思潮着意于消解形上与形下、体与用、静与动、性与心、理与事(情)、未发与已发的分隔,回落到混然未分的活动的事用的层面中来,自有其独到的问题意识。第二,从社会历史上看,当"情"被指向"欲","事"被指向"俗"时,"情本论""事本论"即便使俗世那些杂乱的、不太道德的甚至充满情欲的生活趣味获得了正当性。可是,这不正好开启了近世以降社会历史的"进步走向"吗?第三,从精神追求上看,这一思潮体现了那个年代知识人的某种抗争。这一点尤为冯达文所推重。

看汤显祖所说:"世有有情之天下,有有法之天下。唐人受陈、隋风流,君臣游幸,率以才情自胜,则可以共浴华清,从阶升,始广寒。令白也生今之世,滔荡零落,尚不能得一中县而治。彼诚遇有情之天下也。今天下大致灭才情而尊吏法,故季宣低眉而在此。假生白时,其才气凌厉一世,倒骑驴,就巾拭面,岂足道哉。"汤显祖以为世间"有有情之天下""有有法之天下"。"有情"的天下可使人相亲,"有法"的天下却把人分离。我们今天面对的,不正是后一种天下吗?

看袁宏道所说:"《华严经》以事事无碍为极,则往日所谈,皆理也。一行作守,头头是事,那得些了道理。看来世间毕竟没有理,只有事。一件事是一个活阎罗,若事事无碍,便十方大地,处处无阎罗矣,又有何法可修,何悟可顿耶?然眼前与人作障,不是事,却是理。良恶从生,贞淫猥列,有甚么碍?自学者有惩刁止慝之说,而百姓始为碍矣。一块竹皮,两片夹棒,有甚么碍?自学者有措刑止辟之说,而刑罚始为碍矣。黄者是金,白者是银,有甚么碍?自学者有廉贪之辨、义利之别、激扬之卞,而财货始为碍矣。诸如此类,不可殚述。沉沦百劫,浮荡苦海,皆始于此。"袁宏道以为世间本来只有一件件的"事",后来才有人硬要在"事"上立起种种之"理";一件件"事"在其本然意义上是自在与自足的,经过"理"(理性)的分判(别以为正邪、善恶、好坏)之后,却变得互为"他在"、互为"壁垒"(障);一件件"事"在其自足的情况下均可"自是",在"他在"的情况下却相与"为非"了。我们今天面对的世间,不正是互为"他在"、互为"壁垒"、相与"为非"的世间吗?

值得注意的是,"情本论"或"事本论",其直接意义,似乎是在为社会的俗世化变迁打开了门缝,但是,如果细细品味袁宏道的那段话,其实可以看到,它深深地揭示了思想史变迁的一大悖论:人们都把司空见惯、习以为常的东西(如竹皮夹棒代表刑法,黄金白银引为财富)执认为真的,但其实是凭借所谓知识乃至权力编织出来加给人们的。这些东西作为知识与权力的编织物,自带荒诞性;但人们却无法逃离,甚至乐于把玩,这就不得不使人类陷入悲剧性的运命。思想史的这种演变,如下图所示:

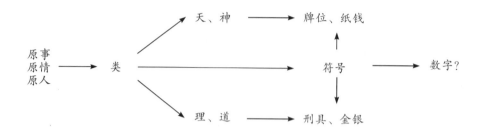

这一图示所呈现的，实为思想变迁的抽象化过程（不是发生学的）。

其一，原事、原情与原人，指的是个人及其"情事"没有被分解，个人与他人也没有被当作我、你、他去识别的原本状态，这亦可说是孔子守护的人的理想形态。其二，进入分解，经过抽象，"类"概念出现，乃至形上建构发生了。汉唐人立足于宇宙论，"类"的终极依持为"天"或"神"；宋明人借助本体论，"类"被认作形上之"理"。"类"、"天"（神）、"理"使人离开自己，受制于异在世界。其三，"类""天""理"逐渐又都可以用替代物标识。如"天"（神）可以用各种牌位去标识，可以制作各种纸钱、纸车、纸房子去哄骗，即是；"理"做进一步的细分，"法理"便得如袁宏道所说以"一片竹皮，两片竹牌"做标识，"财理"则可取"黄的是金，白的是银"以显示。这就走向了符号化。"符号"与"类"的区别在于："类"作为同类事物共同特征的抽象，还保留有同类事物的若干经验内容；而"符号"却是没有同类事物的任何经验内容的。它正是由于没有同类事物的任何经验内容，才得以更好地涵盖同类事物的方方面面。"符号"因为不再具有同类事物的任何经验内容，便来得更抽象了。其四，"符号"虽已不再涵有同类事物的任何经验内容，但仍不免于"有物"。唯"数字"才最"无物"。抽象能力的发展，或当只剩下"数字"？而于1997年、2008年，人们只在计算器上通过数字的操控即使许多国家长期地一蹶不振，就可以感受到数字在当今特别是未来的操控力。

从"原事""原情""原人"起始，进到"类"（天与理），人已经被异化，不复"原本"了；及从"类"（天与理）转为"符号"，"人"这一"类"进而被"物化"与被"替代"了；及再从"符号"变为"数字"，连"物"亦被空去了。难道这就是我们所追求的？

按，孔子守护的"原人"，当然可以说是理想主义的。在现实的层面上，人难免会被利益追求所驱赶，为利益争夺所拖累。面对杂乱与残酷的现实，哲学家们通过把个人编派到各种类属关系中去，编织起各种道理使之获得统制，乃至创设各种形上世界以为其价值提升提供帮助，这毫无疑问是必要的。卡西尔所撰的《人论》

称：人与动物最大的不同是人能创造符号。① 语言人文、宗教、艺术,当然也包括形而上学,都体现着人们的符号创造。

但是,随着人类的符号创造力越来越张狂,人离真实的生活也越来越遥远,越来越陷入虚拟世界中。人的自我认同、族群认同,都会变得极其困难。我们需要把我们自己和我们面对的世界弄成这个样子吗?

2018 年春,与陈春声书记等赴埃及考察

泰州学的意义就在于:我们还是应该回到"原事""原情""原人"中来,回到我们日常生活的真实世界中来。在日常真实生活中,有喜怒哀乐,有生老病死,那都是我们应该经历、应该坦然面对的。而且,正是因为这样一种经历,特别是感情上的痛楚经历,我们才能更深深地感受到自己活生生地"在"。这样的经历,伴随着我,成就了我。我们何为要厌弃自己,把自己弄成毫无情趣的机器呢?

又且,正是在日常真实生活中,我们才得以与他人"在一起"(曾经、正在或未来)。我吃的用的每一样东西,都关联着他人;他人与我的每一次相遇,每一分

---

① 恩斯特·卡西尔认为:"人不再生活在一个单纯的物理宇宙之中,而是生活在一个符号宇宙之中。语言、神话、艺术和宗教则是这个符号宇宙的各部分,它们是织成符号之网的不同丝线,是人类经验的交织之网。人类在思想和经验之中取得的一切进步都使这符号之网更为精巧和牢固。人不再能直接面对实在,他不可能仿佛是面对面地直观实在了。""因此,我们应当把人定义为符号的动物(animal symbolicum)来取代把人定义为理性的动物。"(见[德]恩斯特·卡西尔《人论》,甘阳译,上海译文出版社 1985 年版,第 33 - 34 页)无疑,卡西尔当然是诚赞人的符号创造力的。但他没有注意到,人创造的符号之网越多越绵密,越会被符号之网勒死。

恬念，以至每一次吵闹，都会使我感受到我在这个世界上并不是单独的。我们其实盼望"在一起"，而且没有办法不"在一起"。因为我们是"在一起"的，所以，我们才会因为我们每天艰辛的劳作成果，可以和他人"在一起"分享而感受到我"在"大家之中成就着意义与获得了快乐。① 我们无须编织各种彼岸性的神灵世界或远离生活本真的形上本体，去抚慰自己的心灵；更不冀求变成各种数字，去把自己虚化。当今时兴的数字化，似乎分担了我们许多疲惫，但却使我、你、他变得"无事可干"② 了，我们从何处还能证得自身的存在价值？人与人的关系不过是一组数字关系，只受数字变换的规则支配，我、你、他在何时何地还能以真情性相聚"在一起"？人以自己的绝顶聪明无休止地去进行思想创造，最终却不得不被自己的创造物所役使，所抛弃。人果真需要这样一种宿命吗？③

三、社会影响

冯达文出生于广东省罗定县（今罗定市）。系中山大学哲学系教授，博士生导师。曾任中山大学学术委员会委员，中山大学中国哲学研究所、中山大学比较宗教研究所两所的首任所长，中国哲学史学会副会长，广东禅文化研究会会长。1997年与武汉大学郭齐勇教授合作共同主编教育部下达的统编教材《新编中国哲学史》（上、下册）（人民出版社 2004 年版）；2007 年经中宣部、教育部遴选为"马克思主义理论研究与建设工程·中国哲学史教材编写组"首席专家，参与主编新编教材《中国哲学史》（上、下册）（人民出版社 2012 年版），该教材编写工作同时被列为2007 年国家社会科学研究重大项目；1994 年起享受国务院颁发的政府特殊津贴；2009 年获评广东省岭南优秀教师；2015 年获评广东省第二届优秀社会科学家。自1993 年以来，冯达文先后主持了中山大学中国哲学和宗教学两个博士点的教学与

---

① 本文这里使用的"在一起"的提法，与马丁·布伯所撰的《我与你》一书中"关系"的观念有相近之处。但布伯以上帝为"永恒之你"不为儒家文化所认同，自亦不为本文所认取。关于这一点本文无法展开。读者有兴趣请参阅马丁·布伯该著作，中文本为陈维纲译，商务印书馆 2016 年版。

② 尤瓦尔·赫拉利认为，以"无用阶级"为小标题写道："19 世纪，工业革命创造出庞大的都市无产阶级，这个新的工作阶级带来前所未见的需求、希望及恐惧，没有其他信仰能够有效响应，社会主义因而扩张。到头来，自由主义是靠着吸收了社会主义的精华，才打败了苏联和东欧社会主义。到了 21 世纪，我们可能看到的是一个全新而庞大的阶级：这一群人没任何经济、政治或艺术价值，对社会的繁荣、力量和荣耀也没有任何贡献。"（［以色列］尤瓦尔·赫拉利：《未来简史——从智人到神人》，林俊宏译，中信出版社 2017 年版，第 293 页）赫拉利所说似乎并不是骇人听闻。

③ 数字是由人工智能操控的。斯蒂芬·霍金曾经预警："人工智能的完全发展会导致人类的终结。一旦经过人类的开发，人工智能将会自行发展，以加速度重新设计自己。由于受到缓慢的生物演化的限制，人类不能与之竞争，最终会被取代。"（霍金：《人工智能会导致人类灭亡》，腾讯科技，见 http://tech.qq.com/a/20141204/000954.htm）霍金的预警也不是匪夷所思。

研究工作,作为导师培养了博士研究生39名、硕士研究生26名。任中山大学禅宗与中国文化研究院院长,继续从事教学、研究和向社会传播国学的工作。

四、治学感言

至20世纪90年代,中山大学哲学系从事中国哲学教学与研究的老一辈学者陆续退休,我是以中国哲学博士、硕士学科点负责人的身份兼顾宗教学学科点的。1999年中国哲学学科点组建为中山大学中国哲学研究所,2000年宗教学学科点组建为中山大学比较宗教研究所。由于同时肩负两个学科点、两个研究所,不免繁忙。加之性情近于道家,喜欢清静与闲适,繁忙变成"烦忙"。幸好,2002年中国哲学研究所与学科点由陈少明教授接力,比较宗教研究所由刘小枫教授担纲,公共事务才得以减少。而且按学校规定,60岁以上的教师不再计算工作量,不需要为在什么级别的刊物上发表多少文章、承担多少课程而折腾。由之开始有"放下"与"解放"的自由感。

2020年冬,在清远江心岛·一默书房

我自知入行太迟,缺少对文献考辨的训练与对资料的系统耙疏,便希望有所补救。至于也缺乏西学的训练,则是再也无法挽回了。但是,文献补课的心愿还是没有办法实现。

武汉大学中国哲学学科与中山大学中国哲学学科的老师共同承担由教育部下达的重新编写中国哲学史教材的任务,我和郭齐勇教授分别负责上下册。2002年至2003年,为教材上册的通稿花了近两年时间。此教材由我和郭齐勇教授为主编,以《新编中国哲学史》(上、下册)之名由人民出版社于2004年出版。《新编中国哲学史》(上、下册)吸收了20世纪八九十年代的研究成果,已经有了新的视觉与新的讨论。因之,得为海内外多所高校用作教材或教学参考书。然而,教材近60万字,分量较大,且由多人编撰,观点也不完全一致。这引发了我产生了一个新的想法:自己单独来编写一册简明读本,为有志了解中国哲学、中国文化精神的读者们提供一个参照。

2007年至2008年,这一想法得以实现。广东人民出版社于2009年为我出版了《中国古典哲学略述》一书。本书集合了个人从事中国哲学研究30多年的心得。由于"简明",许多想法无法充分展开;却又因为"简明",可以为想要了解中国哲学的忙碌的现代人节省许多时间。2012年,该书已出版有英文本、越南文本,2018年,又出版有韩文本。1997年撰写的《宋明新儒学略论》,目前也正被翻译为韩文。广东人民出版社向外推荐所做的努力,使人难忘!

到21世纪,我已进入"耳顺"年,本想把公共事务放下,但还是无法如愿。

教学与学术研究仍在继续。2007年获中宣部和教育部聘请,担任《马克思主义理论研究与建设工程·中国哲学史教材编写组》的首席专家,与郭齐勇诸同事共同努力,历经5年再度编撰出版了新本《中国哲学史》(上、下册)(人民出版社2012年版);2015年,个人的另一本专著《道家哲学略述——回归自然的理论建构与价值追求》也得以撰成并由巴蜀书社出版;同年,在陈鼓应教授的催促下,中华书局还出版了个人的另一本论文集:《寻找心灵的故乡——儒道佛三家学术旨趣论释》。2019年获河北教育出版社王书华副总编支持,正在编辑个人文集八卷。实际上,个人的学识已无多少长进,文集的出版或只为了带回到历史的记忆中去。

公共事务也没有完全放下。这可得"责怪"刘小枫教授,他上调中国人民大学之后,中山大学比较宗教所又得由我领回。2015年中山大学成立中山大学禅宗与中国文化研究院,还得以院长的名义操持。不过由此得以与师生们面向社会阐释中华文化精神,也迎来了另一种幸福与快乐。研究院的工作得到政协云浮市委员会黄达辉主席、香港旭日集团有限公司杨钊董事长、广东岭南教育集团贺惠山董事长,以及他们所率团队的全力支持,我和我的同事们都怀有一份特别感谢之情!在面向社会的各项服务工作中,又得以结识广东省新州六祖文化研究会和清远一默书房的许多年轻朋友,竟使我忘年!

一位前辈曾经提到,他偶然间翻阅20世纪50年代至70年代的学报,发现竟没有几篇文章有保留价值的。以至于20世纪八九十年代后,我们不得不重新回到20年代至40年代的冯友兰、熊十力、金岳霖的学术佳作上。这是20世纪学界的悲怆！此后不然——最低限度对于60岁以上的人来说是如此，此后由于不再被赶着走，便可以慢慢地"磨"出一点耐看的作品。尽管底蕴不足，然心仪所在，即已其乐无穷。

人生诚如"白驹之过隙"（庄子语），许多事情还没有开始，一去不返的时光车轮已经把年龄带到80，不免有点惆怅，却也赢得了自由，得与失其实是同一的。

回想几十年前，作为一个乡村的穷孩子，不去选择一些脚踏实地的行当，而好高骛远地以在当时少有闻及，即便闻及也被认作"故弄玄虚"的哲学为终身事业，现在想来也不禁唏嘘！

终究是岁月不饶人，从1965年8月到现在，不觉从教已有55年。难得一届又一届的年轻学子用他们的青春陪伴我变老。现在，终于得以居家赋闲，但我心依旧，我和年轻同伴们那份真挚的爱无法分开！

（冯达文自述、林洪浩整理）

广东第二届优秀社会科学家

胡经之

一、学术志趣应时进

　　胡经之，苏州人，1933 年生于无锡。1952 年，胡经之考入北京大学中文系，其身份逐渐地由本科生转变为副博士研究生、助教、副教授、教授。师从杨晦攻文艺学，又随朱光潜、宗白华、蔡仪等学习美学，致力于熔文艺学和美学为一炉，倡导文艺美学。1984 年，应深圳大学之邀，胡经之和汤一介、乐黛云共同参与人文学科建设，先后任中文系、国际文化系主任、特区文化研究所所长，为深圳大学创校后经国务院学位委员会通过的首位博士生导师。1992 年胡经之获国务院颁发的"高等教育突出贡献"证书，2004 年获中国文艺理论杰出贡献奖，2015 年成为深圳市第一位被授予"广东省优秀社会科学家"称号的人文学者。2018 年深圳授予其"文艺名家"称号，2019 年被深圳大学授予"荣誉资深教授"称号。胡经之多年担任深圳大学学术委员会副主任、人文社会科学委员会主任，多种著作获得国家教育委员会所颁的优秀教材奖、国家新闻出版总署颁发的优秀文学图书奖。胡经之先后被推举为深圳市作家协会主席、深圳市文艺评论家协会主席、广东省美学学会会长、广东省比较文学研究会会长，中国文艺理论学会及中外文艺理论学会的顾问、中华美学学会常务理事等。至今胡经之仍潜心研究美学，笔耕未辍，任深圳大学美学与文艺批评研究院顾问、中国文艺理论学会《文艺理论研究》顾问等。

在胡经之 85 岁时,深圳市为他举办了"胡经之先生成果展"。在答谢会上,他为自己的人生之路做了以下自述:

> 江南岸边草,苍茫一书生。
> 乐读万卷书,好作万里行。
> 心向真善美,敬重天地人。
> 和合知情意,关爱你我它。
> 复归大自然,犹怀世间情。

这是胡经之简明扼要的自我概括,我们不妨沿着他的自述思路,来回溯和展现他的人生之路。

1933 年农历润五月,胡经之出生在江南水乡的一个小康之家。在那个年代,小康之家是幸运的。胡经之从小不必为满足温饱而发愁,得以接受正在兴起的新式教育,因此他不太关心柴米油盐,渐对琴棋乐舞戏书画产生兴趣,在江南水乡吴文化的熏陶中慢慢长大。少时蛰居古镇梅村,使他萌生了梦想,陶渊明笔下的桃花源深深地吸引着他少年时的心。读了冰心写给小读者的那些美文,胡经之羡慕她能漂洋过海,见识海外大世面。

受父辈师长的影响,胡经之逐渐对读书和教书产生了兴趣。胡经之的父亲是一名教师,受蔡元培、梁启超的启蒙,颇信"教育救国"之说。受父亲熏陶,在初中毕业时,胡经之选择了无锡师范学校。

正当胡经之做着读书梦的时候,国内的形势发生了激变,这促使他投身学生运动。1948 年秋冬之际,他参加了中国新民主主义青年团,选择为新民主主义而奋斗的道路。在 1949 年前后近三年的时光,胡经之从教室走向社会,积极投身社会活动,他革命热情高涨,激情澎湃,成为无锡学生运动的领袖,并被选为无锡学联主席及苏南首届人民代表。

新的时代又唤起了胡经之的读书梦。1952 年,正值全国高校院系调整之际,他以社会青年同等学力的资格考入了北京大学中文系。从此,他可以专心致志地读他感兴趣的书了,也由此通向了学术之路。

胡经之的学术志趣最早开始于美学。最初的美学思索是为了自我解惑,解开他自少时就有的一个困惑:自然没有美吗?少时,读朱光潜的《谈美》和《文艺心理学》,其中谈及只有艺术才有美,而

1953 年春,入北大半年后,学友周海婴(周树人之子)为胡经之拍摄的第一张相片

自然本身谈不上美，只有经人的心灵美化才美，这使胡经之困惑不解。那时朱光潜、蔡仪都在北大，但都不开美学课程，于是他就去登门求教。朱先生固执己见，未能解开他的困惑；而蔡仪倒是自然美的肯定者，但用典型说来解释自然美，也未能令他信服。于是，胡经之就自己去图书馆寻找美学书籍来看，以求自我解惑。1953年，整整一年，他的集中精力阅读在辛亥革命前后出版的中国现代美学著作。胡经之从蔡元培、梁启超、王国维开始，陆续读了吕澂、范寿康、张竞生、陈望道、丰子恺、徐庆誉、李安宅、俞公亮等人的美学，当然也读了朱光潜、宗白华、蔡仪、梁宗岱等人的美学。由新文化运动推动而发展起来的中国现代美学，对美的阐释也是众说纷纭，莫衷一是，因此，这些也并没有解开他的惑。但是，胡经之发现那个时代的美学，并不只是关注文学艺术，而是关注人生实践和人格塑造。就是以美学来阐释文学艺术的功能，不是只为满足当下美的享受，而且也能提高人的审辨美丑的能力，进而培养人的创造能力。蔡元培倡导美育，更把审美教育提高到培养崇高境界和优美人格的地位。梁启超发起文学革命，想以此来推动社会革命。在那个时代的美学理论中，移情论影响甚广，但人生论、价值论的影响也不小，为他以后开拓了美学视野。

在20世纪前50年中，中国现代美学初起，虽仍重在移植西方美学，但却已开启了一条新路，从西方美学的中国化逐渐走向与中国人自己的审美经验相结合的道路。胡经之读过这些美学论著之后，曾想对这半个世纪的美学研究做个梳理，然后在毕业时，以"美学初起半世纪"为题，撰写论文。如果沿着这个思路发展，胡经之的学术志趣可能就会趋向于专攻中国现代美学。但他这第一个学术梦还未得以实现，就因时势的变化而转移了他的学术视野。

正当他沉湎于中国现代美学之际，北京大学学习苏联的高潮正向前推进。1954年春，校长马寅初和副校长江隆基邀请了苏联专家毕达可夫，为文科生开设了文艺学引论；还在中文系成立了文艺理论教研室，开办文艺理论研究和进修班，为国内培养文艺研究生和进修教师。当时胡经之还是大三的学生，但得到了系主任杨晦的特批，允许他听了一年多的"文艺学引论"课程。按苏联专家的规定，胡经之也必须在钱学熙教授的指导下，撰写结业论文。于是，1955年秋，他写了《论文学的人民性——兼论现实主义和浪漫主义》一文，记录了他初学苏联式文艺学的心得，这是他第一次学写学术论文。在那个时代，中国向苏联"一边倒"，这是当时的时代背景。这也为他打开了一扇汲取域外先进文化之门，从此，胡经之一直关注苏联的文艺学和美学。特别在斯大林时代之后，苏联美学界、文艺界重新阐释马克思主义经典，使他受益匪浅。

胡经之一直关注苏联文化学派、审美学派的学术动向，但他不想以此作为他的研究方向。他的学术方向，仍在摸索的路上。1956年，系主任杨晦开始招收文艺学副博士研究生，研究方向已转向中国文艺思想史，胡经之投在他门下，开始钻研中国古典。在两年多的时光里，他真的是"两耳不闻窗外事，一心只读圣贤书"。

从庄子、孔子起，一心一意、专心致志地攻读古典文论，做了摘录卡片，记了读书笔记。他深感中国的"文学"范围实在太广，因此，他的思考逐渐转向对"纯文学"和"杂文学"的联系和区别上面，想结合中国文学史做些历史的考察，从理论上予以阐明。读了两年多古书，还没有来得及动手写副博士研究生论文，胡经之的学术之路又有了一次转折，最后他终于确定了今后发展的学术大方向。

就在1958年秋，周扬带着邵荃麟、何其芳、张光年、林默涵等人，在北京大学开设了"建设中国马克思主义文艺理论"讲座，竭力倡导"厚今薄古"，面向现实，要北大为建设中国自己的马克思主义美学做出贡献。胡经之受命，担任周扬的助教，协助周扬等人与北大学生沟通。在那个意气风发的年代，周扬的第一讲就开门见山地提出要"建

1957年，在燕东园37号，与导师杨晦①合影

设中国马克思主义美学"这个宏伟目标，令人备受鼓舞，一下就吸引了胡经之。胡经之终于明确了自己今后发展的大方向：愿为建设中国自己的马克思主义美学而奋斗。这样想着，心里也就踏实起来。胡经之也从此明白了，以前涉猎过的中国现代美学、古典文论以及苏联的文艺学、美学，正是可以作为建设中国马克思主义美学的珍贵资料和思想营养。

学术大方向定下来后，胡经之就更多地关心起当下现实情况，以弥补以前的不足。胡经之先是参加了《文艺报》发起的革命现实主义和革命浪漫主义相结合的讨论会，发表了他的见解。后又应《文学评论》之约，写了《理想和现实在文学中的辩证结合》一文。当时思想幼稚，对艺术创造的丰富性和复杂性尚无清楚的认识，他虽然首肯创作方法可以多种多样，但他还是紧跟当时的主流意识形态，断定革命现实主义和革命浪漫主义相结合是历史上最好的创作方法。为了推进文艺评论，《文艺报》的张光年、侯金镜在社外聘了李希凡、李泽厚、严家炎、王世德以及胡经之为特约评论员，他也积极参与了当时的文艺评论，尝试以历史观点和美学观点来评论一些作品。胡经之为李英儒的《野火春风斗古城》写过一本评论小册，对王愿坚的短篇小说也做过一些分析，但这都是粗浅的尝试，胡经之只向文坛跨进了半步，后来就没有继续向文艺评论的方向发展，很快又重返美学之路。

胡经之在1960年完成了副博士研究生毕业论文《为何古典作品至今还有艺术魅力》。他之所以最后选定这个课题，就是想接续马克思之问，古希腊艺术和史诗

---

① 杨晦，中文系主任，五四老人。1956年开始招文艺学副博士研究生，胡经之在其门下读了四年，于1960年年底毕业。

为什么会有永久的艺术魅力，但他想解决的是如何看待中国古典作品的问题。他尝试从今天的欣赏主体和古典的作品客体这两方面关系的结合来分析艺术魅力。欣赏主体的今人需有一定的文化素养和审美能力，方能欣赏古典作品。但古典作品本身亦需具备一定的品性，真、善、美就是文艺的优越品性，所以才具有永恒价值。文学艺术的最高境界应是真、善、美的结合和统一。但具体作品要具体分析，一些作品，或重在真，或重在善，或重在美，重心会有所不同，因而具有不同的艺术魅力。古典作品之所以有不朽的魅力，正在于表现了真、善、美。胡经之从自己的审美经验出发，对大自然之美情有独钟，赞叹有加，引用了不少山水诗文作证。当时已从北京大学文学研究所转到中国社会科学院的蔡仪，乃导师杨晦的好友，参与了论文评审，给他留下了良好印象。

1961年春，蔡仪受命主编全国高校文科教材《文学概论》，系主任杨晦推荐胡经之去参加，蔡仪欣然接纳，要他编撰第一章"文学是反映社会生活的特殊的意识形态"。为领会和贯彻主编的意图，胡经之重读了马克思主义经典，重温了马克思主义关于社会意识反映社会存在的基本原理，以此作为此章的指导。马克思、恩格斯说得好："意识在任何时候都只能是被意识到了的存在，而人们的存在就是他们的现实生活过程。"而现实生活，就"包括了一个广阔范围的多样性活动和世界的实际关系"。文学要反映现实生活，作家、艺术家就必须深入实际生活，不仅要"对现实关系具有深刻理解"，而且还要能"真实地评述人类关系"。因此，文学对生活的反映，就包含着对生活的理解和评价，是对生活诗意的裁判，一种特殊的意识形态。

编书的两年多，正是胡经之在学术上得以提升的大好时期，那是一个谈笑有鸿儒、相互探学问的时代。多年之后，王朝闻和胡经之还不时谈起那段岁月，以后再也没有这样沉下心学习的日子了。那时，王朝闻的《美学概论》组，唐弢的《中国现代文学史》组和蔡仪的《文学概论》组，全体编写人都住在中央高级党校的一个庭院里，一起用餐，天天见面、散步、交流学问，大家都乐在其中。

三十而立，胡经之从中共中央高级党校回到北大教书，系主任杨晦让他先开设"文学概论"课程，同时准备开设"美学"课程，并重新确立了向美学发展的方向。正是因为有了对真、善、美的向往，所以后来他虽历经动荡，但在那最艰苦的岁月里，仍能自我消解所受的精神创伤，从中获得一丝精神慰藉。

"文化大革命"时，胡经之也差一点倒在鲤鱼洲上，美学梦自然不能再做了。所幸马列主义经典还能读，《红楼梦》也还可以评。于是，在那动荡的岁月里，他做了两件事：一是他钻研了《资本论》。但他并非要研究经济学说，而是想窥探价值学说，弄清审美价值和交换价值、使用价值等价值是什么关系。马克思的价值论，科学地阐明了使用价值和交换价值的严格区别，而审美价值不具有实用价值但属于使用价值。胡经之觉得，中国的美学应沿着马克思的这个思路，从使用价值入手，探索审美价值的奥秘。二是他埋头读了几遍《红楼梦》，追随毛泽东的思路，从宽广的社会、历史视角来评说这部小说。为了证实《红楼梦》是我国历史上最好的一部小说，他在北京大学图书馆查阅了晚清时期全部线装小说，并且全浏览了一遍，以获得直接的验证。他也觉得，把《红楼梦》看作封建家族兴衰史，确比"自传说""爱情说""叛逆说"等前进了一步。但当时的学者对这部艺术作品忽视了美学的分析。改革开放后，他受王朝闻的启发写了《美学与红学》等文，倡导对《红楼梦》做美学的研究。后来胡经之把这些从美学上评《红楼梦》的论文收入了《胡经之文集》第二卷《中国古典文艺学》卷中。

改革开放，给予胡经之的生命第二次解放，使他精神振奋、学术热情空前高涨。改革开放之初，学术界的精神生产力获得解放，美学热的兴起，预示着对未来充满了憧憬和希望，美学在新启蒙运动中，起了首席小提琴手的作用。从他当时的教学需要出发，他的美学视野先是集中在文艺美学的建构，尝试融美学和文艺学为一炉。

1971年，在燕东园27号与燕园近邻朱光潜合影

1984年初春，中华全国美学学会在昆明成立，朱光潜（西语系）、杨辛（哲学系）和胡经之（中文系）三人受邀代表北京大学与会。主持大会的李泽厚邀请胡经之在大会上谈中国美学史的问题，他遵嘱在大会上宣读了《中国美学史方法论略论》一文，后该文发表在《北京大学学报》（1980年）上，希望中国美学史不要写成抽象概念史，也不要变成文学艺术史，而要关注"形而中"，找到"形而上"和"形而下"之间的中轴线。但在高校美学分会成立大会上，胡经之就敞开心扉自由谈，全力倡导在高校的中文学科和艺术院系开设一门区别于哲学美学的文艺美学课。胡经之当时在开设"文学概论"之外，还在准备为中文、西语、东语、俄语等系的高年级学生开设这门新课。他的这一倡议，先后得到了朱光潜、宗白华、王朝闻、伍蠡甫、洪毅然等老一辈美学家的支持，更得到了艺术院校一些教师的热烈响应。

1980年，与李泽厚（中）、杨辛（左）登高挥汗峨眉山

1980年下半年，胡经之在北大开设了"文艺美学"一课。那时，他已接受了价值学说，尝试用价值论解释美丑，认为美是正价值，丑是负价值，这些观点有些新意，因此引起了一些学生的兴趣。1981年，他继承杨晦之后开始招收文艺学硕

士研究生。在杨晦的支持下，他说服了北大研究生部，在文艺学专业之下，新辟了文艺美学方向，这是为了和文艺理论分开。胡经之招进的第一届文艺美学研究生有三位：王一川、陈伟和丁涛。以后又陆续招进了王岳川、张首映、王坤、谢欣、荣伟、柳杰等人。北京师范大学童庆炳也选派了青年教师齐大卫到他这里进修。随后，文艺美学这一专业方向终于得到了国务院学位委员会的承认。也就在1982年，成立不久的北京大学出版社邀请胡经之和叶朗、江溶等人组编出版"北京大学文艺美学丛书"。1982年，胡经之初在他的《美学向导》一书中发表了《文艺美学及其他》一文，阐释了他对文艺美学的学科定位和研究对象。此文后来被收入由钟敬文、启功主编的《二十世纪全球文学经典珍藏》（2004年），主持《中国文论经典》卷编选的童庆炳教授称此文"从学科上对'文艺美学'进行了清晰定位，奠定了20世纪八九十年代文艺美学的学科基础"。

20世纪80年代，我国既处在一个文艺复兴时代，又处在一个新启蒙时代。美学的兴起，对文艺复兴和新启蒙发挥了积极推动作用，激励着人们向着更美好的未来奋进。胡经之这一代，虽在新中国成长，但也丢失了十多年从事学术研究的最好时光，因此就想争分夺秒，多做一些补偿。那时，高校尚无课题申请之规，学术研究全由教师自定。胡经之在讲课之外，一边忙着撰写讲稿，一边还要发表论文。自改革开放之始的那几年，胡经之每年都要撰写数篇万字以上的论文，如《艺术掌握世界的方式》《艺术美略论》《论审美活动》等。近3万字的《论艺术形象》一文，是在1980年所写，最早发表在上海文艺出版社的《文艺论丛》（1981年），后被中国社会科学院文学研究所收入《中国新文艺大系·理论卷》（1988年）。20世纪90年代，美国美学家布洛克和中国美学家朱立元教授合作编译了一本推荐中国当代美学的文选，介绍给西方国家，胡经之的这篇《论艺术形象》也被收进去了。他在这些论文和讲稿的基础上，写成了《文艺美学》一书，初版在1989年由北京大学出版社出版。10年之后的1998年，适逢北大百年校庆，北京大学出版社从原来的"文艺美学丛书"（有30多种）中挑选了10种，作为"北京大学文艺美学精选丛书"，予以再版。让胡经之感到些许欣慰的是，《文艺美学》一书不仅被一些高校列为文艺学研究生的参考用书，而且，其中一节还被选入高中必读语文课文。2001年，人民教育出版社将《文艺美学》中的《中国古典诗词虚实相生的取境美》这节编入了高中语文读本第五册，让它走进了高中课堂。如今，胡经之把《文艺美学》一书以及文艺美学的一些散论收集在一起，成为《胡经之文集》的第一卷。

在北大30多年，胡经之基本上是围绕着"书"这个轴心在运转：读书—教书—评书—编书—写书。其间，胡经之评别人的书不多，编的书却最多。为了发展文艺美学、推进学科建设，他广泛搜集资料，在中国古典美学、现代美学以及西方文艺学上都有所涉猎，然后编成教学参考资料，以满足教学之需，也为他撰写《文艺美学》准备了思想资料。1985年，胡经之在王一川、陈伟、丁涛的协助下，先是出版了《中国古典美学丛编》（三卷）。又在王一川、陈伟的参与下，出版了《中国现代美学丛编》。后来，又有李健的积极参与，出版了三卷《中国古典文艺学丛编》。国门开放之初，高校教育急需开设西方文艺理论的课程，却无一本介绍西方文艺理论的教材，国家教育委员会教材办公室敦促胡经之投身这一教材建设。1985年，胡经之和伍蠡甫主编了一套《西方文艺理论名著选编》（三卷），作为教学参考资料。次年，胡经之主编了《西方文艺理论名著教程》，成为高校的教科书。21世纪到来之际，他请王岳川、李衍柱两位担任副主编，又请钱中文为顾问，对已获得高等教育优秀教材奖的《西方文艺理论名著教程》做了较大修改和增补，出版了第二版。2016年，又对其进行修订，出版了第三版，至今仍在全国高校的文科教学中使用。在国家教育委员会的一再关切下，胡经之又和张首映合撰了《西方二十世纪文论史》，同时编选了《西方二十世纪文论选》（四卷）一起出版，受到国家新闻出版署的奖励。受教育部博士科研点之邀，他和王岳川共同主编了《美学文艺学方法论》一书，张法、王一川、张首映、尹鸿等均撰有专稿。回想那几年，胡经之为当时的学科建设，真的是全力以赴，不遗余力，想把以前丢失的时光抢回来。已出版的由胡经之主编的教科书和教学参考资料，近800万字。

正当胡经之紧张而愉快地围着"教书—编书—写书"而连轴转的时候，他的人生第三次发生了转折，这也是最大的一次转折。1984年在邓小平第一次前往南方视察的前夕，深圳的一声"呼唤"，胡经之来到了正处在改革前沿的这方热土。

深圳在成为经济特区之后经济还很困难，在此情况下，市长梁湘下决心要在深圳创办一所新型大学。当时清华大学副校长张维院士受聘为深圳大学首任校长，北京大学的副教务长李赋宁任深大外文系主任。1984年初，张维院士在清华园寓所约见了汤一介和胡经之两人，他开门见山地说深大要创办中文系，想发展新兴学科，经钱逊（钱穆之子）竭力推荐，邀请汤一介去创办国学研究所，邀请乐黛云和胡经之去创办中文系。

当时，汤一介和胡经之都已在北大招了研究生，忙得不可开交，怎么去得了深圳？张维院士早就考察过海外多处，见多识广，所以胸有成竹，他告诉他俩，这不用发愁，他们三个人（汤、胡、乐）不用调离北大，照常在北大教书，研究学问，去深圳可以采用轮换的办法。一年中，半年在北大，半年则在深圳，等深圳中文系的教学秩序、学科方向建立起来，就可以来去自由了。张维院士还郑重许诺，他们可以从北大选挑一些年轻教师和研究生去深圳参与创业，优先调进北大人。这让他们有了较大的自由。在这之前，北大的张卫东、刘丽川、钱学列就调入深大了。他们去后，又陆续调入了郁龙余、刘小枫、章必功、景海峰等北大学子，为深大做出了不小的贡献。

1984年,出游(张家界)相随王朝闻

  1984年暑假一过李赋宁、汤一介、乐黛云和胡经之,就跟着校长张维院士来到了深圳大学,从此和深圳结下了不解之缘。那年,他刚过"知天命"之年,乐黛云比他大两岁,汤一介比他大五岁,都是他的学长。

  来到这块改革开放的前沿阵地,胡经之的学术视野迅速扩大,从文学艺术到社会文化,从精英文化到大众文化,从中国文化到国际文化,都涌入了他的学术视野。更进一步地,他就不再满足于"读万卷书",而是走出书斋,想要"行万里路"了。"读万卷书,行万里路"的人生理想,胡经之到了深圳后才得以全面实现。

  最初,胡经之等人前往深圳,一开始是不被北大人理解的。听说他要到深圳,有好心人就劝他,到那边陲小镇去干什么?在北大这最高学府安心当教授,教教书,安度晚年算了,别去那里折腾了。但他们到深大,却得到了时任北大副校长季羡林的支持。季羡林鼓励他们不妨在深圳一试,说不定会闯出一条促进国际文化交流的新路。季羡林在多年前就已痛感北京大学有封闭自守之弊,早在1981年1月就带头筹建了北京大学比较文学研究会,英语系的杨周翰、李赋宁、张隆溪,西语系的孙凤城,俄语系的岳凤麟,中文系的吴组缃、乐黛云和胡经之,都积极响应,热心参与筹建,从而在北大开始了中外文化交流。胡经之也为此在《光明日报》陆续发表了《比较文艺学漫说》《艺术的民族特色》等文,以期推进。在此后两年间,胡经之和季羡林、杨周翰、张隆溪等曾先后接待了叶维廉、刘若愚、李达三、叶嘉莹、袁鹤翔等海外学者的来访。当时,北大要推进国际文化交流也是困难重重。北大人想出国,难上加难;就是海外学者来访,也都要先从海外飞抵香港,再从香港转到深圳、广州,才能到达北京。那时,乐黛云已去美国专攻比较文学,季羡林听他说要到深圳,几次叮嘱,要乘此大好时机去深圳大学建立一个国际学术交流的平台,与北大的比较文学研究中心南北呼应,相互促进。

初去深圳,胡经之也深受一些美学同行的鼓舞。1984年5月1日,他在厦门参加中华美学会议之后,就到汕头、深圳察看。在深圳大学的铁皮房食堂里巧遇李泽厚、蒋孔阳、刘纲纪。他们为他分析,深圳和香港只一河之隔,来往方便,香港乃国际化大都市,深圳可借此地理优势,探索一下国际学术交流的新路,不妨来此一试。当时胡经之正在为国内高校主编《西方文艺理论名著教程》,很想多读些新近材料。蒋孔阳就告诉他,香港大学和中文大学图书资料极丰富,在深圳就可以就近去查阅。听了他们一番话,胡经之也颇为动心。

汤一介、乐黛云和胡经之三人都记着季羡林的嘱咐,来深大后不久,就着手准备打造国际学术交流平台。他们在创建中文系的同时,成立了国学研究所,由汤一介任所长。又成立了比较文学研究所,并开始准备在此召开国际研讨会,开启国际学术交流。在乐黛云的积极奔走下,一年后即1985年,他们就举办了中国首届比较文学国际研讨会,在蛇口的"海上世界"宣告了中国比较文学学会的成立。季羡林、杨周翰都来了,他们一致推举季羡林任名誉会长,杨周翰为会长。国际比较文学学会会长佛克马,以及英、法、美、日等国的比较文学会会长都来到了深圳。这是深圳历史上从来没有过的。汤一介的国学研究所也在这一年召开了一次"东西方文化比较研究"的协调会议,想借此沟通海内外的国学研究,推进国际交流。上海的王元化、张锡昌、朱维铮,武汉的冯天瑜,广州的张磊、袁伟时,海外汉学家杜维明、魏斐德等都来到了深圳,在学界引人注目。紧接着,1986年,胡经之和徐葆耕在深圳大学又举办了一次更为盛大的"港澳台暨海外华文文学"国际研讨会,在港、澳、台作家之外,第一次有美国、澳洲、加拿大及东南亚的华人作家与会,盛况空前。当时,市长梁湘和副市长邹尔康也被吸引来了。作为普通与会者,他们静坐在讲台下,潜心听海外作家发表意见,这成为海内外学者文人的美谈。由此开始,他们三人真的在深圳大学打造出一个人文学科国际学术交流的平台。此后,他们又陆续在此举办了西方文艺理论研讨会、国际美学研讨会,积极推进了国际学术文化交流。

胡经之都没有想到,在深圳只两三年工夫,国际学术文化交流的局面就被打开了,这在北京很难想象。邓小平总结了新中国成立后的历史,我国最大的教训就是,自反右斗争以后,犯了错误而不自觉:"对外封闭,对内以阶级斗争为纲。"如今改革开放了,胡经之也要尝试放开眼光,以新眼看世界。胡经之被深圳这块正在开发的"处女地"深深吸引,重新又焕发出林庚一再所称道的"少年精神",正是这种"少年精神"激发他积极投入改革开放。

千里之行,始于足下。胡经之开始跨过罗湖桥、深圳河,先和香港学术界有了交往。在深圳大学中文系成立大会上,就迎来了香港大学的著名学者饶宗颐、香港中文大学的著名学者罗忼烈、东亚大学(澳门大学前身)的程祥徽,他们专程前来祝贺。从此，胡经之开始了和香港学界的学术交往，建立了频繁的学术联系。那时，从内地到香港，出境手续复杂，极为麻烦，都必须到北京，找港澳办办理专业的通行证，比办理出国护照还困难。特区成立后，市政府可以办理一种只许深圳人赴港的特区通行证，不必再去北京转一大圈。为方便他去香港，在邹尔康的特别关照下，市政府特别优待，给他发了一个可以常年自由出入香港的通行证。从此，香港有什么重要的学术交流活动，只要香港大学、香港中文大学的朋友打一个电话，他就可以随时赴港参加聚会。那时能赴港的人还不多，跨过罗湖桥，登上轻轨火车，一个小时就可直达维多利亚港。到香港中文大学就更近了，感觉比从北大乘车到王府井参加文联的活动还要方便。香港中文大学邀胡经之去访学，他在新亚书院山顶的会友楼住了一阵，做了"中国当代美学的嬗变"的演讲，饶宗颐、李达三、袁鹤翔、黄继持、黄德伟等都来了，还认识了即将上任香港中文大学副校长的金耀基，中国文化研究所所长陈方正等学者。为搜集西方文艺理论的最新资料，胡经之多次前往港大、港中大，朋友们都热情相帮，为他找资料。

  香港不愧为国际大都会，当时的传媒已很发达。胡经之在深圳的最初数年，是通过香港的传媒，才得以逐渐了解国际文化的。那时深圳的电视台初建，主要播放新闻，祝希娟也刚从上海调来不久，在准备文艺节目的传播。但香港当时已有了四个电视台，两个台用粤语播放，两个台用英语播放。那两个英语台，每晚都会播英语电影，但配有中文字幕。那时他住后海湾的海涛楼，楼前是红树林，对面是香港，海阔天空，电视影像特别清晰。这样，他每天晚上都能看到一两部国外影片，很多都是得了奥斯卡金像奖的，在北京闻所未闻，更不要说观影了。来深圳后，胡经之大致了解了近二三十年来国际上电影文化发生了什么变化。胡经之和国际比较文学学会会长佛克马相识后，多有交往。佛克马回国后就托香港学者袁鹤翔送来了他和夫人易布思合著的《二十世纪文学理论》。他真心希望多做学术交流，很想了解中国的文艺理论，并与西方做些比较研究。1991年，美国美学家布洛克夫妇来深大访问，也谈到了想多了解一些中国美学，对于中西美学的比较研究颇感兴趣。

  也就在此时，胡经之敏感地觉察到，国际学术文化交流开展起来之后，新问题开始凸显出来，那就是不同文化系统之间的学术交流，怎样才能达到相互理解。国门开放了，中国人想要了解国外的文化，外国人也对中国文化产生了兴趣，国际文化必然要走向相互交流，这是历史的必然趋势。但怎样才能交流？如果是各说各的、各不相干，则达不到真正的交流。要进入真正的交流，还是要知己知彼、相互对话，进而从事比较研究，方能知晓各国的短长，从而取长补短，共同发展。汤一介就看得更远，依他之见，就是将来中国走上现代化了，也不能没有中国自己的文化，甚至要更加重视中国传统文化，使之发扬光大。所以，汤一介在深圳大学创办国学研究所后，回到北京大学，又在那年冬天创办了中国文化书院，以推进中国传统文化研究。汤一介任首任院长，聘请了梁漱溟、冯友兰、张岱年、周一良、杜维明等著名学者为导师。为促进中外文化交流，中国文化书院还举办了一个规模宏大的以"中外文化比较研究"为主题的研究班。负责教学安排的北大哲学系李中华教授找到胡经之,并鼓动他去讲"比较美学"的课。当时他不知天高地厚,单凭高涨的热情,竟答允了下来,由此而投入了中外美学和中外文艺理论的比较研究,并在1987写出了《比较诗学和比较美学》的讲授纲要。这个讲授纲要有一个很长的绪论,然后分成三章,对中西的诗学和美学展开了比较。胡经之在绪论中阐释了进行比较研究的意义和价值,分析了比较文学、比较诗学、比较美学的区别和联系。通过比较研究,让学生了解中西诗学和美学的短与长,自觉地吸取西方诗学、美学之长,提升他们自己对诗学、美学鉴赏的水平,促成中国诗学、美学走向世界。第一章是中西诗学和美学的发展道路;第二章是中西诗学和美学的思想体系;第三章是中西诗学与美学的基本范畴。胡经之对表现与再现、典型与意境、直觉与妙悟、真善和善美、叙述与比兴等范畴做了一些分析。但涉及发展道路和思想体系,胡经之也觉得大而无当,学术难度太大,尚未登堂入室,一时还说不明白,只好知难而止,未能再继续下去。广东省成立比较文学研究会,胡经之被推举为会长,要他提供论文,于是他把《比较诗学和美学》的绪论拿出来,后被收入暨南大学出版社出版的《比较文学和比较美学》(1990年)一书中。如今,胡经之把他写过的有关比较研究的论文以及有关西方文艺理论的论文收集在一起,连同《西方二十世纪文论史》(张首映合著),编成《比较文艺学》一卷,成为《胡经之文集》的第三卷,作为对那段历史的回忆和纪念。

胡经之对比较诗学、比较美学的研究虽然未能继续下去,但他因阅读了前辈学者宗白华、朱光潜、钱钟书、邓以蛰、王光祈等人的中西比较研究著作,从而拓展了学术视野,深受启发。宗白华对中西艺术的比较最为深入,触及了中西艺术之中的文化精神之魂,对中华美学精神有精到之见。王光祈对中外音乐的比较,扩展到中国、希腊和波斯阿拉伯三大音乐体系,对东西方的乐制又做了深入研究,使他感到中外文化和美学的比较研究前景广阔,大有发展的余地。在当今时代,更应大力倡导,以促进中华文化走向世界。

多年之后,胡经之欣喜地看到,年轻一代学者逐渐对比较文艺学和比较美学有了更为深入的探索,并取得了不少优秀成果。张法对中外文化艺术的比较研究,提升到美学高度,给了他很大启发。陈伟的比较研究重在横向历史比较,考察了历史上的中华文化艺术如何影响西方,并走向世界。王列生把文学艺术放置在整个人类的不同文化系统中进行考察,呈现出不同的民族特色。王岳川通过中西文化艺术的比较,更把重心放在探讨当今时代的美学上,以及怎样才能促进中华文化走向世界。这些文艺学和美学的比较研究,与时俱进,为美学和文艺学的研究做了新的拓展。他热切期待,为适应当今时代新的需求,应有更多的年轻学者来投身于比较文艺学、比较文化学、比较美学的学术研究。

汤一介、乐黛云和胡经之来往于北京和深圳之间,忙碌了三年,终于将中文系建立起来了,教学也开始走上正常轨道,国学研究所和比较文学研究所也在逐步运转。1987年，北大校方开始敦促他们全部回去。

张维院士对胡经之去深圳之前是有过许诺的：来去自由，由他自己决定。但在1987年元旦，张维与胡经之进行了一次长谈，衷心劝他留在深圳大学。中文系、外语系虽然建立起来了，但深圳大学新建不久，人文学科薄弱，他希望胡经之留下来，为深大的人文学科建设多做贡献。此时，胡经之必须作出决断，去，还是留？

自从胡经之决定留在深圳后，市里曾动员他担任文联主席，但他婉言谢绝了。他留深圳大学后，为了更好适应深圳向国际化城市发展的需要，经过一年的调查研究，他实施的最大举措，就是在1988年将中文系扩建成国际文化系，同时新设了一个特区文化研究所。胡经之任系主任、研究所长，因此，胡经之的学术研究的方向，也由文艺美学向文化美学拓展。

之所以把中文系扩建为国际文化系，这不是他一时的心血来潮，而是历经了三年的摸索，几经考虑，他才和副系主任章必功、郁龙余、景海峰、张卫东等商定后方付诸实践。因为深圳要向国际化城市发展，急需培养适用人才，所以目光要远大，要有国际视野；但当时深圳才刚起步，还是要脚踏实地，从实际出发，先培养些"中西通"，然后再逐步提高。深圳在市年收入还只有亿元的窘境下，市长梁湘仍然决定贷款创办深圳大学，这所新型大学，一开始就突出"自主创新"，明确了学生毕业不包分配，自谋出路，直面社会。深圳急需什么样的适用人才？此时的深圳，海外企业大量涌入，公共事业也正兴起，急需知识面宽又富于开拓精神的实践型通才。于是，胡经之等人就在深大尝试创办了国际文化系。

胡经之的设计是，把国际文化系的教育目标定为：培养中西兼通、善于应用的文化通才。课程的设置，既要传播中国优秀文化，又要通晓西方文化精神，而且还要重视比较文化。国际文化系陆续开出了不少新的课程，包括中国文化、海外华文文学、对外汉语、大众传播、旅游文化等，这在当时国内还是很少见的。随着对外文化交流的拓展，国际文化系很早就开设了海外华文文学和港澳台文学的课程，尤其是徐葆煜讲授的课程广受欢迎。在国际文化系中，郁龙余主持新开设了重在探索国际文化旅游方向的课程。章必功随即响应，开设别出心裁的"中国旅游史"课程。师从蔡仪的美学博士吴予敏，到国际文化系后，新辟了传播文化这一专业方向，深入探讨中西文化如何由传播扩大交流。经他精心经营，传播文化专业后来发展成了一所独立的学院。随着对外汉语教学的发展，郁龙余又开拓了国际文化交流学院。

当时标举"国际文化"而能独立成系，这在国内尚属首创。北京大学设有国际政治系，但没有国际文化系。成立国际文化系，《深圳特区报》的副总编许兆焕还为此写了一篇报道，《光明日报》特在第一版上予以刊载，向全国进行传播。随着改革开放的逐步深入，国际文化交流越显重要，深圳大学在21世纪到来之时，更把对外汉语专业独立出来，发展成为近千人的国际文化交流学院。跨入21世纪后，国际交流学院如雨后春笋般，在全国各地的不少高校应运而生，令人惊叹。

随着中文系扩建为国际文化系，胡经之的学术视野也从文艺美学拓展到文化美学，但这个拓展是逐步行进的。

胡经之在北大招的研究生，都是攻读文艺美学。但他到深圳后招收的研究生，就开始关注起大众文化来。比如，跟他来深圳的荣伟，就开始关注台湾、香港地区的文化和美学，后来更扩展到欧美文化。20世纪90年代初期，胡经之与暨南大学副校长饶芃子教授合作，联合向国务院学位委员会申报在暨南大学设立文艺学博士点，申请成功。当时，国内还只设立了五个文艺学博士点：以蔡仪为首的文研所点，黄药眠为首的北京师范大学点，蒋孔阳为首的复旦大学点，周来祥为首的山东大学点和徐中玉、王元化、钱谷融为首的华东师范大学点。只有经国务院学位委员会批准的博士点才有权招博士生。胡经之招的虽然还是文艺美学的博士生，但他已开始鼓励他们关注更广的文化领域。他的第一个博士生王列生的学术思考，就超越了文学艺术，开始探索民族文化如何和世界文化互动。大众文化的兴起，使文学艺术的格局也发生了变化，面对越来越复杂的文化现象，胡经之也不能闭目塞听，就开始关心起来。

胡经之关心大众文化还是从香港的文化开始的。他在深圳的最初10年里频繁前往香港。起初只是常去香港大学、香港中文大学，并与饶宗颐、袁鹤翔、李达三、黄继持、杨勇、王建元等时有交往，胡经之感受到的还只是高等学府里的精英文化，不知道象牙塔之外还有什么样的文化。后来，他兼任了深圳市作家协会主席，就和香港的文学艺术界有了频繁交往，曾敏之、犁青、张诗剑、陈娟、王一桃、梅子等都成了常见面交流的文友。由此，他陆续读了香港作家亦舒、梁凤仪、陈娟等人的畅销小说，发现了另一个文学世界。那时，港台地区的大众文化才刚兴起，还未成大气候，深圳受到影响，发展为一种歌舞厅文化，并给人一种新鲜感。大陆（内地）的文化艺术，富有精神教育的色彩，意识形态的味道浓；正在兴起的大众文化，作为一种补充，使之健康发展，应属开明之举。但是，当时在胡经之的意识中，大众文化不应该也不可能像在香港一样，成为主流文化。还应该有精英文化，吸收西方先进文化，配合中华传统文化之精华，发展为高雅文化，数量不一定多，但要少而精。同时，也要有大众文化。但在高雅文化和大众文化之外，还应发展一种雅俗共赏的主流文化，那就是吸取了高雅文化和大众文化之长的主旋律，高扬时代精神的和民族精神。此时，胡经之的学术视野渐渐从文学艺术扩展到大众文化。但他已习惯于从美学视界看文化，在他看来，无论是大众文化，还是高雅文化以及主流文化，都应该追求美。

胡经之办国际文化系的宗旨是促进中外文化的交流，把西方先进文化引进来，将中国优秀文化送出去，中介环节就是要发展大众传播文化和国际旅游文化。在马志民的指点和支持下，借助于香港的地理优势，胡经之每年都从香港出发去海外考察教育和文化。他由近及远，先到新加坡、泰国、马来西亚、印度尼西亚、菲律宾，走遍东南亚后，又陆续去美、德、比、荷、俄、法等西方国家，先后走了30

个国家和地区，重点考察各地的教育和社会文化。文化研究兴起之后，美学究竟还有没有用？经过反思，胡经之坚信美学仍然有用。不过，过去的美学太多"形而上学"，不解决现实中的问题；而文化研究重在实证，又成"形而下学"。胡经之想走的还是"形而中学"之路，从美学视界来对文化现象做分析研究，从面对人们的"象"来探索美的规律。美学要发展，当然得借助于哲学，高瞻远瞩，但还要面向现实，在文化研究的基础上提升，走向文化美学。

于是，在21世纪到来的前夕，胡经之发表了《走向文化美学》（《学术研究》2001年第1期），此文被汝信、曾繁仁主编的《中国美学年鉴·2001卷》（河南人民出版社2003年版）收录。他和时任深圳大学文学院院长郁龙余共同主编了一套"文化美学丛书"，由中国社会科学出版社在2002年出版了6种，胡经之为丛书写了总序，进一步发挥了《走向文化美学》的思路。在毛泽东延安文艺座谈会上讲话发表60年之际，刘纲纪、王杰主编的《马克思主义美学研究》约胡经之写纪念文章。胡经之却针对当下文化艺术的现实，写了一篇《焕发新审美精神》长文，呼吁他们的文化，要促进高雅文化、主流文化、大众文化之间的良性互动，相互补充而又相互提升，呼唤他们的文化艺术要焕发新时代的新审美精神，要有时代感、人性化和超越性，不能只有娱乐性、世俗性。没有想到，他的一些想法引起了社会舆论的关注，此文在《文艺美学研究》（山东大学）转载后，《辽宁日报》把主要篇章也予以刊登。对于低俗文化的大肆泛滥，胡经之表达了他的担心。他期盼，我们的主流文化还应是高扬主旋律，继承和发扬"五四"以来的新文化传统，倡导真善美，鞭挞假恶丑。

2003年，适逢深圳大学建校20周年，也是胡经之学术生涯50年，深圳大学召开"文化美学"学术研讨会，胡经之在会上呼吁，要充分发挥先进文化的价值导向作用。文化美学的使命，就是要对当下的文化现象作价值评估，引导文化向真善美方向发展。文化美学要有国际视野，但要解决中国自己的问题。日常生活审美化问题提出后，胡经之为《文艺报》写了《生活审美化，艺术应何为》（2005年），提出日常生活日益走向上审美化之后，文学艺术不会走向消亡，但应有更高的追求，自我提升更上一层楼，不要求量，而更重求质，以适应时代的新的审美需求。

胡经之从文艺美学走向文化美学的学术历程，集中反映在《胡经之文集》的第四卷《文化美学》中。

胡经之把他写的文化艺术评论和对深圳文化立市的一些想法都收入"人文论丛"一栏，放在《胡经之文集》第四卷《文化美学》中。这些文化艺术评论和对构筑共同家园的想法大多是到深圳后写的，少量乃在北京所写，有感而发，应时而作。

胡经之到深圳后，当时的心态，可用四句话概括："漂泊京都数十年，半生尽染书生气；到此放眼看世界，方知尚有新天地。"

胡经之到深圳后不久，《深圳特区报》就不时向他约稿撰文。不过，最初所写的并非对时下文化的评论，当时急需的是要说服自己，为什么要从最高学府跑到这边陲小镇来。当时，孔雀东南飞初起，"东南西北中，发财到广东"。胡经之和汤一介、乐黛云夫妇到深圳，引起了社会舆论的关注，《羊城晚报》《南方日报》都有记者来采访，一位自由撰稿人还写了篇特写，说他们的到来，标志着高校知识分子也可以自由流动了，开风气之先河。后来，在许兆焕的极力推动下，《深圳特区报》开辟了"文艺评论"专刊，《深圳商报》创刊以后，还设立了"文化广场"专刊，胡经之就转向写文化艺术评论了。

胡经之在把中文系扩建成国际文化系后，与林祖基的交往就多了起来。这位主管教育和文化的副市长与前任副市长邹尔康一样平易近人，而且他还是个性情中人，常在报纸上发表杂文，胡经之为他的杂文集写过评论。在交往中，林祖基不时提醒他，在深大不能只注视国际文化动向，还要时常关注特区本土的文化如何发展，要把深圳的文化放在国际视野中来审视，研究特区文化如何向国际化城市的方向发展。胡经之觉得他说得很有道理，既然已下了决心要在这块正在开发的处女地上扎根，那就得关心这里的现实和未来，构筑起深圳人的精神家园。胡经之当机立断，在国际文化系内很快成立了特区文化研究所，请热心特区文化建设的吴俊忠和他一起开展特区文化研究。在林祖基的支持下，自1988年始，国际文化系办起了特区文化研究生班，连续招收了数十人，以应特区文化建设的急需。也正是从此时开始，胡经之才走出校园，和文化艺术界发生了密切关系，真正介入了特区的文化建设。胡经之在北京30多年，交往的大多还是教授、学者，接触过的作家也就只是端木蕻良、浩然、许广平等少数几个。到深圳后，圈子一下子就扩大了。在他担任作家协会主席时，香港有数十位作家也同时参加了深圳作家协会，常在深港两地举办交流活动。所以，胡经之和香港文艺家多有交往，与刘以鬯、曾敏之、张诗剑等常有来往。

胡经之初到深圳时，在东门老街转了一转，不消半天，就可走遍全城。这里虽不能说是文化沙漠，因为粤文化在这里也源远流长，但现代文化却甚是落后——只有一处文化宫，一所戏院和影院，一家新华书店。梁湘来后，方要兴建文化八大设施，此时正在起步。特区成立的最初10年，被深圳人看作是第一次创业时期，筚路蓝缕，从无到有，特别艰苦。1990年初，胡经之和郁龙余从深大校园乘中巴去园岭看望章必功、张卫东等人，中巴在红岭路口的大剧院那里就把他俩丢下了。他俩环视深南大道和红岭路，空荡荡的，竟无一人，这使他感叹万分。直到1992年邓小平南方视察，重访深圳，再次肯定了深圳的方向，特区还要办下去，深圳才又重新勃发生机。胡经之亲历了这番波折，自感与深圳生死与共，血肉相连，与这城市有了更深的感情，精神也就更加振奋，以更大的热情投入第二次创业。

胡经之被推举为深圳作家协会主席，并和祝希娟、王子武一同被推举为文联副主席。但他这都是业余兼职，既不占编制，又不拿津贴，只为自我奉献，所以，他们被称为特区文化的"开荒牛"。他所能做的，就是写些文艺评论，如果深圳作家、艺术家有什么作品出来,他都能先睹为快。郁秀的《花季·雨季》,林祖基的《微言集》一出来,他就写评论,包括彭名燕、张俊彪、吴启泰的小说,柯蓝的散文诗,钟永华的抒情诗,杨黎光的散文,王子武、周凯、陈士修的画作,祝希娟参演的影视,等等,胡经之都曾写过评论。

那时的深圳,文艺评论和文艺创作紧密配合,良性互动。文艺评论也还没有学院派、传媒派之说,关注的只是作品本身,重在分析作品。胡经之开始从理论上探索特区文化艺术的发展之路。在深圳文艺发展10年、20年、30年之际,他都写过理论性文章,纵论深圳文艺发展道路。在深圳文艺发展第20年时,胡经之写了一篇《深圳艺术之路》,在《文艺报》上第一版发表,让国内文艺界对深圳的文学艺术有所了解。

胡经之当了10年作家协会主席和名誉主席,深圳市文艺评论家协会成立后,他又当了10年文艺评论家协会主席,仍是写文艺评论。在文艺评论家协会成立十周年之际,他和当时的文联主席董小明主持了"深圳文艺理论批评丛书"的编撰,深圳的文艺理论批评成果丰硕,一下就有十卷入选,由海天出版社正式出版。他为丛书写了一篇总序《文艺评论求创新》,突出了文艺评论和文艺创作的相互促进作用,并认为,文艺评论要将历史批评和美学批评结合起来,更好地发挥价值导向作用。

但胡经之在深圳写的文化评论,并非只是文艺评论。因为他除了关注文艺之外,还对其他文化现象颇感兴趣,就会随感而发,作出评论。但这在北京是没有过的,他在北京只写文艺评论,从不关注文艺以外的人文现象。20世纪90年代初期,深圳成立了全市的专家联谊会,由第一个来深圳的中国科学院院士邓锡铭担任会长,胡经之被推为副会长,从此接触社会面更广了,他不时有感而发,直抒己见。为发展深圳的文化事业,深圳在国内率先建立了宣传文化基金会,市主管领导白天聘请胡经之担任首届专家评审委员会主席,这就促使他必须关注全市的文化现象,从基层社区文化一直到高端的艺术精品生产。自2000年开始,深圳每年举办读书月,胡经之和牛憨苯院士一起参加了读书指导委员会,每年都要向广大市民推荐好书。他连续十年参加"评好书"的终评,这也使他读书的范围更广了。胡经之读书参评常有感而发,也写些文化评论,竭力倡导"好读书、读好书、读书好",意在深圳营造读好书的风气。

更有一类文化评论,是胡经之在倡导人文精神的同时,高扬科学精神,呼吁特区的发展要符合科学精神,以人为本,科学发展。

胡经之早已深深爱上了深圳这块沃土——蓝天白云、青山绿水。他到深圳3年,就已走遍了东部海岸沿线,欣赏了深圳最优美的自然风光,这个引路人就是马志民。马志民因曾主持开发深圳华侨城而被誉为"中国现代主题公园之父",他在深圳先后创建"锦绣中华""中国民俗文化村""世界之窗",成为中国旅游业主题公园建设的倡导者和实践者,他的梦想是把深圳打造成蜚声海内外的国际旅游城市。在马志民的鼓舞下，胡经之和郁龙余从北京大学请来了地理环境专家陈传康教授，不仅在国际文化系讲授旅游地理，而且遍访东部海岸做实地考察，要为深圳向国际旅游城市发展提出远景规划。陈传康是北京大学教务长、著名地理学家侯仁之的高足，潮汕人，对粤东海岸地带的地理很熟悉。他俩在北大时就是老朋友，彼此真诚相待。胡经之跟他走了许多地方，因此，对深圳的地貌有了较多的了解。深圳的东南是大海，西南是珠江入海口，南部一条深圳河，对岸就是香港新界。深圳的北部都是丘陵山脉，梧桐山、笔架山、莲花山、塘朗山等连绵不断，横亘北侧。陆地面积近2000平方公里，处在山海之间的狭长地带。海岸线近300公里，海域广阔，达1000多平方公里，美景都在沿海的山丘上，真是得天独厚，是世上难得的好地方。陈传康以为，深圳的四大海湾——大亚湾、大鹏湾、后海湾和深圳湾都具有独特的魅力，属稀有的旅游资源，在尚无能力开发之前，千万要全力保护，绝不能再发展工业。对此，胡经之深有同感。在他和林祖基（当时已由副市长改任政协主席）的交谈中，有次谈到深圳的生态环境，他就把陈传康的意见转达给林祖基，供决策层参考。林祖基对此也很赞同，但也坦率地告诉胡经之，市政府也有苦衷，有些事也由不得自己作主，只能逐步采取立法的手段来限制开发。为了保住市中心两大板块绿地，人大花了很大力气，立了法，才立项建立了福田中心公园和香蜜湖绿地，不让再建高楼大厦。

从文艺美学走向文化美学的历程中，胡经之个人也基本上实现了"读万卷书，行万里路"的人生梦想。在对"美国梦"和"欧洲梦"有所了解之后，胡经之的学术志趣也就专注于关心"中国梦"，进而思索中华文化如何走向世界。

当西方各色各样的文化艺术理论铺天盖地蜂拥而来的时候，那局面已经远远超出了他以前的预想。他也开始担忧起来，这样下去，岂不是要走向全盘西化？反思之下，晚年他又把目光转回中华传统文化。

不过，依胡经之看来，自"五四"和新文化运动以来，中国实际上已存在三个层次的文化传统：古典传统、现代传统和马克思主义中国化的传统。如何将这三种传统融会贯通，汇成一体，建设好中国特色的马克思主义美学、文艺学，这仍旧是有待解决的中国问题。

在跨入古稀之年后，胡经之又重拾古典，和李健博士合撰了《中国古典文艺学》，对中国古典文艺学中的基本范畴做了些梳理，重在阐明中国古典文艺学的现代意义和当代价值，促进古典向现代的转换，为中国当代文艺学的建构提供些古典思想资料。这部《中国古典文艺学》单列为第二卷，收入《胡经之文集》，了却了他当年随杨晦攻读副博士研究生时的一大心愿。

比起古典传统来，胡经之受影响更多的还是"五四"以来的现代传统，特别是马克思主义传统。由蔡元培、梁启超、王国维所开启的由古典向现代转折的现代美学传统，在大学时代就吸引着他。西方现代美学和中国古典传统的融合之道，在那个时代就已开始探路。50年过去，当初他曾想做而未能动手的《美学初起半世纪》，早已落后于时代，聂振斌等学者早已写出了研究中国现代美学时的专著。和他一起参加《中国现代美学丛编》选编的陈伟博士，在20世纪80年代就已出版了《中国现代美学思想史纲》，中国现代美学的发展脉络已经理清。他所能做的，只是说些他读过那些美学先导之作后的个人体会。21世纪以来，胡经之陆续发表了《蔡元培的美育精神》《梁启超的美学贡献》等文，重提发扬中国现代美学传统，意在唤起更多人的关注。此类文章，全都归入《文化美学》卷中。

时代呼唤生态文明的到来，胡经之对自然之美有了一种特殊的关怀。为了更进一步探索自然美的奥秘，他重温了马克思主义创始人的自然学说。重读经典，他深受启发。依胡经之看来，生态美学，其实就是生态文明时代的崭新的哲学美学，或者说是研究人类存在状态的美学。

从胡经之的学术志趣出发，其实他最感兴趣的还是研究自然美。改革开放之初，胡经之首次招收文艺美学硕士生，入学不久，他就带着王一川、陈伟、丁涛去爬黄山，观长江，进行实地考察。只是后来他专志于文艺美学和文化美学，未能更多留意自然美学。直到我国生态破坏、环境污染问题到触目惊心之时，胡经之才又关注起来。海天出版社拟出版"人与自然丛书"，邀他主编，胡经之欣然答允，为丛书写了总序《珍重自然》。受曾繁仁之邀，胡经之参加了在青岛召开的生态美学国际研讨会，发表了《生态之美究何在》一文。胡经之以为，自然美只存在于人和自然的关系中，没有人，自然无所谓美不美，美是对人而言的一种价值。人和自然处在和谐的关系之中，这种关系就是美，所以说，美在和谐。那么，在这和谐关系中的对象大自然美不美呢？依他看来，这和谐关系中的大自然，当然也能称之为美。

胡经之从自己的切身体验出发，也深感自然美具有不同于人文美、艺术美不同的独特魅力。胡经之自小就生活在江南水乡，受到了自然审美的熏陶，见山是山，见水是水，不知不觉就和这江南水乡建立了审美关系。后来，他背井离乡，埋身书斋，关门读书，就和大自然有了间隔，形形色色的学说又把自然符号化，再加上"迷情拥蔽，翳障心源"，遮蔽了自然真面目，见山不是山，见水不是水。待到改革开放年代，胡经之来到这片正待开垦的处女地后，这里的蓝天白云、青山碧海一下就吸引了他，见山又是山，见水又是水，他很快就融入了这片新天地，并与之建立起了密切的审美关系。

在《胡经之文集》最后一卷《美的追寻》中，胡经之对自己的人生做了回顾和反思。他的一生虽有波折，但未弃精神追求，在对真善美的永恒追求中，他尤重美的追寻；而在对美的追寻中，他更为自然美的无穷魅力所倾倒。胡经之对美学，起先是把它当作一门高深的学问来对待，但越到后来，美学就越来越渗透到他的整个人生实践之中。美学伴他悟人生，它使他逐渐领悟到，人生到这世上，适者生存，善者优存，美者乐存。对于倾心审美的人来说，天地人心融为一体，在他们面前展现出世界的美好，乐此而不疲。胡经之常云："人生苦短波折多，不如意事常八九；尚幸留得平常心，犹持真善美追求。"

胡经之的人生梦想，当然是期盼能在这世界上得以诗意地生存。诗意的人生，不仅只是在这世上能诗意地流动（实践活动），而且面对万事万物能做出诗意的裁判（精神活动）。但当晚年来临，活动日减之时，胡经之自然而然地要想寻求诗意地栖居（实践和精神的融合）。他此时的心态，又复归到年少时的赤子之心，以童心看世界。

人生难得几回搏，在这片热土上忙碌了20年之后，终于在古稀之年，得以有个机缘，找到了一块可以诗意地栖居的地方，安下了胡经之的精神家园。这里靠近后海湾和深圳河、新洲河的交界之处，从高处俯视，可以远眺后海湾对面香港的落马洲、流浮山，横跨新界、蛇口的跨海大桥亦在眼前。胡经之把其中最大的一间作为书房，叫望海书斋，看书累时，随时可从书中的符号世界抽身而出，直面真山真水进行自然审美。胡经之站在阳台上，此时，人处在天与地之间，天、地、人连结为一体，真正进入了天地境界。他的体验，自然审美和艺术审美不同，自有一番乐趣。胡经之不相信万物有灵，自然本身并无精神，但人有灵明，受自然之美的激发，经由联想、通感和想象等，可以思接千载，视通万里，念天地之悠悠，也会引思故之幽情。遥望对岸青山绿水，港深百年沧桑，一时浮上心头，更觉改革开放新时代之可贵。夕阳西下，那红艳艳、金灿灿的阳光照射在后海湾上，光彩夺目，一股热流从心底奔腾而出，不由得从内心发出由衷的赞叹：美哉大自然！胡经之每天都游泳，冬泳归来，更觉欢畅，忍不住写下了以下诗句：

冬泳归来仍从容，遥看香江多青峰；
落日余晖染港湾，最美海上夕阳红。

二、中西贯通为今用

胡经之自1953年开始钻研美学（时年20岁），至今著作近400万字，收于《胡经之文集》中，大多为美学、文艺学。除了著作，他还为高校文科生主编有教科书、教学参考书，以及《中国古典美学丛编》《中国现代美学丛编》等共800万字，其中教材如1986年开始启用的《西方文艺理论名著教程》（第3版）以及和伍蠡甫共同主编的《西方文艺理论著选编》，已重印过十余次，至今仍在全国高校使用。

胡经之的学术著作集中于文艺美学、文化美学、中国古典文艺学和比较文艺学，收录于以下数种书籍中。

（1）《胡经之文集》，2015年由海天出版社出版，共五卷，第一卷为"文艺美学"，第二卷为"中国古典文艺学"，第三卷为"比较文艺学"，第四卷为"文化美学"，第五卷为"美的追寻"（实乃自传，写一生对真善美的追求）。

（2）《文艺美学及文化美学》，2016年由复旦大学出版社出版，列入朱立元、曾繁仁主编的"当代中国文艺学研究文库"。

（3）《胡经之自选集》，2017年由中山大学出版社出版，列入慎海雄主编的"广东省优秀社会科学家丛书"。

（4）《体验人生价值美——胡经之美学文选》，2020年由山东文艺出版社出版，列入由汝信、曾繁仁等主编的"中国现代美学大家文库"。

（5）《文艺美学论》，2000年由华中师范大学出版社出版，列入钱中文、童庆炳主编的"新时期文艺学建设丛书"。

跨入21世纪（2000年）以来，国内陆续出现了研究胡经之的著作。

（1）《胡经之学术生涯》，2003年北京大学出版社出版，由深圳大学文学院编，其中收有国内50多位文艺学、美学的学者对胡经之学术成就的评价，钱中文、曾繁仁、童庆炳、陆贵山、杜书瀛、王元骧、冯宪光、王一川、王岳川、王列生、王坤、姚文放、凌继尧、陶水平、肖鹰等均有专文。

（2）《胡经之美学生涯》，2007年海天出版社出版，陈吉庆著，专论胡经之的美学研究，列入深圳市文艺评论家协会的"深圳文艺理论批评丛书"。

（3）《胡经之评传》，2016年黄山出版社出版，李健著，列入王岳川主编的"中国当代美学家文论家评传丛书"，同时入选的还有蔡元培、朱光潜、宗白光、蔡仪、蒋孔阳等。

2018年，迎接改革开放40年，深圳市举办胡经之先生学术成果展。张江（前左一）、张首映（前右一）、王列生（后左）、李春青（后右）

对胡经之学术成就多有奖励,主要有:

(1)1992年,国务院为之颁发"高等教育突出贡献"证书。

(2)2004年,全国中文文艺理论学会授予"中国文艺理论杰出贡献"奖。

(3)2015年,中共广东省委宣传部,广东省社会科学联合会授予"广东省优秀社会科学家"称号,胡经之成为深圳市首位获此殊荣的人文学者。

(4)2018年深圳市委宣传推出"深圳文艺名家宣传推广计划",胡经之先生是2018年首批推出的三位深圳文艺名家之一。2018年11月3日,"深圳文艺名家——胡经之先生成果展"在深圳图书馆举行。展览立体呈现了胡经之先生数十年来笔耕不辍取得的丰硕学术成果,以及他对深圳城市文化发展做出的重要贡献。

(5)2018年,中共深圳市委宣传部将胡经之、祝希娟、王子武等列为深圳的德艺双馨的"文艺名家",广为宣传,2019年为每人拍摄专题片,举办"今年星空灿烂:致敬文艺名家"大型晚会,在深圳卫视向全国播放。2020年,深圳正在编撰"深圳文艺名家画传",《胡经之画传》已在凤凰出版社出版。

(6)2019年,深圳大学开始评聘"资深教授",胡经之被评为首位"荣誉资深教授"。深圳大学举行隆重仪式,校长李清泉为胡经之颁发"荣誉资深教授"证书。

胡经之虽在2004年71岁时退休,但笔耕未辍,至今仍担任深圳大学美学与文艺批评研究院顾问,中国文艺理论学会《文艺理论研究》顾问等。

2019年12月30日上午,深圳大学举行首批"人文社会科学资深教授"聘任仪式。刘洪一教授(左)、胡经之(中)、李清泉校长(右)

三、雅俗共赏启后人

（一）倡建"文艺美学"新学科

1980年初春，中华美学学会在昆明成立，并首次召开美学的学术研讨会。胡经之在会上建议，国内的文学系科和艺术院校应开设"文艺美学"，发展新学科，以区别于哲学系开设的"哲学美学"。胡经之的建议受到老一辈美学家朱光潜、王朝闻、伍蠡甫、蒋孔阳等的支持，艺术院校的美学教师积极响应。

1980年夏，胡经之在北京大学首次开设"文艺美学"选修课，受中文系、西语系、俄语系、东语系的学生欢迎。

1981年夏，胡经之在北京大学新辟"文艺美学"专业方向，招收硕士研究生，以区别于"文艺理论"专业方向，全国98人报考，最后录取三人为国内首届"文艺美学"研究生。1982年，山东大学、四川大学等校亦陆续设立"文艺美学"专业方向，培养研究生。

1997年，国务院学位委员会颁布《授予博士、硕士学位和培养研究生的学科目录》，正式把"文艺美学"列为一个学科。

2000年，教育部在山东大学成立"文艺美学研究中心"作为国家人文社会科学的重点研究基地。

2018年，在深圳举办的"胡经之文艺理论"研讨会上，北京大学王岳川献书法。从左至右：王列生、王坤、王岳川、胡经之、张首映、李健。

(二)"文艺美学"走向社会

胡经之在1980年开设"文艺美学"一课之后,开始撰写《文艺美学》论稿,并在北京大学出版社发起编组《北京大学文艺美学丛书》。1982年初,丛书首先出版了《美学向导》,当代著名美学家朱光潜、宗白华、王朝闻、蔡仪、李泽厚均有专文发表,胡经之发表专文《文艺美学及其他》,首次论述了"文艺美学"这一学科的性质。《美学向导》首次发印12万册,一售而空,影响甚广。21世纪初,启功、钟敬文主编"二十世纪全球文学经典珍藏",将《文艺美学及其他》收入文学卷中。

1989年,胡经之的《文艺美学》一书在北京大学出版社出版,被国内高校列为文艺美学研究生的必读书籍。1999年,此书增订再版,列入《北京大学文艺美学精选丛书》,向北京大学百年校庆献礼。

20世纪90年代,胡经之《文艺美学》中的一章《论艺术形象》,由美国著名美学家布洛克和复旦大学教授朱立元收入《中国当代美学》一书,译介到美国,向国外传播。

2000年,《文艺美学》中的一节《虚实相生取境美》,被选入人民教育出版社的新教材《高中语文必读课本》第五册,"文艺美学"走进中学课堂。

2016年,《文艺美学》中的一节《动静交错意趣生》,被中华书局《文史知识》编辑部收入《名家讲古诗词鉴赏》开卷第一篇,广为流传。

2009年,江苏常州一位素不相识的工程师汪一之在读了《文艺美学》一书后,特写信致谢云:"拜读《文艺美学》,就如从山阴道上行,山川自相映发,使人应接不暇。沏一杯清茶,书卷在手,时有问道解惑,豁然开朗的好心情。常见时下皇皇巨著,正襟危坐,高山仰止,总感有些惶惶然,不知所云。读您的著作,则顿觉心清神爽,获益匪浅。近日重品,遥想您若轻的风采,虽不能至,心向往之。"

(三)"文艺美学"载入史册

自1980年胡经之在中华全国美学学会上倡建"文艺美学"学科以来,40年间出现了近百部文艺美学的书籍。不少学术期刊设有"文艺美学"一栏,发表"文艺美学"的文章已超千篇。学界已编出了《文艺美学辞典》,学术研究正在向文学艺术的各门部类发展,出现了电影美学、文学美学、戏剧美学、音乐美学、雕塑美学等更深入的探索。

进入21世纪以来,出现了不少探讨文艺美学在我国发展的学术史,其中主要有:

(1)《中国文艺美学学术史》,曾繁仁主编,长春出版社2010年版。
(2)《中国文艺美学教学发展史》,魏饴等著,中国社会科学文献出版社2014

年版。

（3）《中国当代美学口述史》，李世涛等著，中国社会科学文献出版社2014年版。

（4）《中国现当代美学史》，祁志祥著，商务印书馆2018年版。

（5）《全球化文化语境中的中西文艺美学比较研究》，冯宪光著，巴蜀书社2010年版。

这些学术史中，均有专设章、节、篇论述胡经之在创建"文艺美学"这一学科中的重要贡献，胡经之被誉为"文艺美学的创始人""文艺美学教父"。

胡经之自1981年始，先后在北京大学、暨南大学、中山大学、深圳大学培养"文艺美学"方向的研究生，至2004年停招，先后培养博士、硕士三十余人。其中有王一川、张首映、王岳川、王列生、王坤、陈伟、丁涛、荣伟、谢欣、柳杰（以上为在北京招的学生）；李健、邵宏、黄汉华、张竹梅、田春、黄玉蓉、祁燕、钱永利、李正寿（以上为在广州招的学生）；宫瑞华、倪鹤琴、黎珍宇、张木荣、于卉、姚雪玲（以上为在深圳招的学生）等人。此外，尚有韩国、中国香港地区的学生数人。

胡经之先生部分书籍成果展

四、美学助我创人生

我的学术兴趣较为广泛，好作理论思辨，从苏联解体悲剧的缘由，到宇宙究竟有多重，一直到暗物质和明物质如何相依互生。好奇而已，自求解惑。我的学术研究涉及中国现代美学、古典文艺学。也涉猎过西方文艺学、美学，进而叩问过比较文艺学。但多变中有不变，那就是我最喜从美学的视界来看人和世界的关系，所以我的学术志趣的焦点还是在美学。

我从1953年20岁开始关注美学，得以在北大直接向朱光潜、宗白华、蔡仪、马采等人登门求教，后又陆续受教于王朝闻、伍蠡甫、蒋孔阳等人，转益多师，博采众长，渐对美学的研习有了些许自己的体会。正是美学引导我体验人生的价值，从而热爱人生，进而开创新的人生的。这里，我稍做归纳，略说三点，谈论一下研习美学要有三个融通。

1. 体验和深思相融通

我研习美学是从文艺美学开始的，那时在北大。但到了深圳以后，我又从文艺美学走向文化美学，最后又钟情于自然美学。若仅从治学路径来说，我走的是德国哲学家文德尔班（1848—1915年）所说的第二条道路。这位以研究人生价值著称的哲学家在《哲学导论》（1914年）中说：

"我们将自然中的美和艺术中的美区分开来，后者是人所创造的。因此，美学沿着两条不同的道路发展。它要么从自然之美出发，然后去理解艺术之美；要么从对艺术之美的分析中获得定义，然后转向自然之美。第一条道路处理的是对美的享受；第二条道路处理的则是对美的生产和制作。"

在中华文明史上，开天辟地第一次把"美育"列入国家教育方针（1912年）的蔡元培，在北京大学率先开设了美学课程，对文德尔班的人生价值论大为赞赏，并从中国审美实践出发，更加突出了自然美在美育中的作用。

我的学术探索虽然走的是从文艺美学到文化美学再到自然美学之路，但在此之前，我对人生已有了一些体验；而且，我的审美体验乃是从对自然之美的欣赏开始，逐渐又对风俗人情之类有所体验，然后又对艺术之美发生兴趣。这种人生体验并非我一个人独有，无锡老乡杨绛在回忆人生时也说，她少年时也是最爱自然之美，后来才进入文学之境。正是由于我对自然之美的亲身体验出发，要对我自己的审美体验做出美学分析，因此才对美学产生了兴趣。我年少时读朱光潜的《谈美》，后又读了《文艺心理学》，对他所说艺术之美的重心在意象之美，我很信服。但他又说自然无所谓美不美，自然要经心灵情趣化，审美意象才美，这使我大惑不解，此说不符合我的审美经验。为了自我解惑，我就想求解于美学。所以，在我的美学探索中，就融入了我自己的审美体验，美学也就成了我人生中的亲密伴侣，伴我更深入的感悟人生。2009年《美与时代》约我写了《美学伴我悟人生》一文，我就阐明了，我的美学是人生的美学，审美体验是对人生价值的体验。

对此，我的同辈老乡钱中文较早看到了我对美学的研究的确融入了生命体验。2003年他写的《汇入了生命体验的美学探索》（收录在《胡经之文集》第五卷中）一文中云："他从小就受到水乡风物，园林雅致的熏陶：那里湖光山色，风帆点点，稻香鱼肥，渔舟唱晚"；渐长，"后又不断投向文学艺术的海洋。以后在名师的指点下，将生命的审美体验汇入他学问的追求之中"。

中文兄是我的老朋友，我们两人从小深受江南水乡风光的感染和吴文化的滋润，如果说我俩人生的审美体验与童年时代的生活环境有关联，肯定有道理。我

80岁的时候，友人吴俊忠为我出了一本影集《经之掠影》，我在扉页有一题诗："人过八十暮年迟，沧桑三度渐远逝。留得些许影像在，犹可追忆往昔时。"我祖籍苏州，出生在无锡古镇梅村，和钱穆老家相近。从小跟着父亲在太湖流域辗转求学，上过私塾，跟着塾师读《三字经》、《百家姓》、《千字文》、唐诗宋词，也学唱"三月三，清明到，去游山"的吴语乡音。在苏州城里上过几年美国的教会学校，参加过唱诗班、做礼拜，赞美诗给我留下优美的印象。在无锡城里，我亲见过盲人阿炳拉着二胡，沿街蹒跚，那凄美的乐曲深深打动了我。当我后来听到柴可夫斯基的那首被托尔斯泰称为俄罗斯苦难心声的弦乐曲时，我马上联想到阿炳的《二泉映月》，这是中华民族的苦难心声。我为太湖的风光和苏州园林所陶醉，也特别喜爱钱松嵒的山水画、范成大写石湖的抒情诗篇。我觉得，锡剧、越剧和评弹，还有江南丝竹乐和江南民歌，它们的音乐特别优美，直到今天，一听到那些优美的曲牌音乐，我仍然为之销魂。正因为我年少时曾受过美育的熏陶，这加深了我对家乡的亲身体验。蔡元培在北大十年，美育在校园里扎了根。随后的十年，他南下在江南以苏杭沪为试点把美育推向中小学和社会，我的父辈和师辈深受其惠。我在学校和家里受到了老师和父亲的美育熏陶，逐渐培育了我的审美情趣。所以说江南水乡和吴文化给了我个人审美体验的底色，我认同，确实如此，言之有理。但作为一个从事美学研究的学者，不能仅仅陶醉在纯粹自我的艺术体验之中，而应向科学理性提升。正是我童年、少年时代的审美体验积淀于斯，激发我在青少年时期想上大学以求从理论上来阐释我亲历过的审美体验，因而对美学发生了兴趣。审美体验并不就是美学，但美学研究应以审美体验为基础，对审美体验进行反思，从分析审美体验着手，由具体上升为抽象，最后又要从抽象回归具体。不以审美体验作基础，美学就会异化为从抽象到抽象的概念游戏，尽作空泛之论，既不接触更不解决美学中精微而复杂的问题。美学助我去体验和领悟人生的价值和意义，从而推动我去创建更加美好的人生。存在并非都是美的，无论是自然的存在，社会的存在，还是精神的存在，都有可能美，也可能丑。人生也是这样，有美好的人生，也有丑陋的人生，更多的是平庸的人生。美学就应该探讨什么样的人生是美的。所以，我的美学，首先是人生美学，其次是价值美学，然后是体验美学。所谓审美活动，既区别于认识活动，又不同于意向活动，而是一种体验活动，确切地说，乃是对人生价值的体验。美学乃是对审美活动进行反思，作出价值判断。

人生、价值、体验这三个关键词，乃是我美学思索的最重要维度。无疑，审美活动作为人的生活方式之一，当首先纳入美学的视野，审美心理学对审美活动的研究成果，值得重视。朱光潜的美学研究的重心就在于艺术创作的心理分析，所以称之为"文艺心理学"。我的《文艺美学》也由此入手，第一章就是专谈审美活动。但美学不能只研究审美活动，由此出发，还应进而研究创美活动和育美活动。精神力量通过实践可以转化为物质力量，脑海中的"意象经营"，经由生产实践可以创造出新物品，经由教育实践可以培育人的新品质。但是，劳动实践既可以创造出美，却也能制造出丑，这就决定于是否如马克思所说，能不能按美的规律来建构。我们的美学争论，长期停留在抽象哲学层面，追问美在自然，还是在社会、精神，美在生命还是在艺术、实践，美在意象，还是在本象、符象等。我常常反思，自然、社会、精神、生命、艺术、实践、意象、本象、符象等都美吗？这种种现象既可能是美的，又可能是丑的。美学不正应该进入价值这一层次，探索怎么会有美丑之别。当今的美学应该更关切对"美的规律"的探索，不论是物质生产，精神生产，还是人自身的生产，都应该而且能够按美的规律来创造。如今，我们已跨入追求美好生活的新时代，美学大有可为。其实，人的一生，生活丰富多彩，存在于三重世界中：物的世界、人的世界、心的世界。人生在世，既要和自然打交道，又要和社会打交道，还要和精神打交道。作为社会的人，自我和世界的关系错综复杂。自然界有自然规律，社会也有社会规律，马克思在1868年给库格曼的信中就说，他的《资本论》是探究社会规律的，但绝不能替代自然规律："自然规律是根本不能取消的，在不同历史条件下能够发生的，只是这些规律借以实现的形式。"在自然规律和社会规律之外，还存在一大类规律，那就是人文规律。恩格斯在《反杜林论》一书中，就区分了两类规律：一是"外部自然界的规律"；二是"人身的肉体存在和精神存在的规律"。我看，这第二类规律，可称之为人文规律。美的规律应属人文规律，是联结自然规律和社会规律的中介，使自然规律和社会规律为人类创造美好生活而服务。

马克思把艺术看作掌握世界的一种方式，很有道理。人生活在这个世界上，必须既在实践上又在精神上去掌握这个世界，艺术是在精神上去掌握世界的方式。人生在世，要和周围世界融为一体，方能生存、发展和完善，艺术就是在精神上把人和周围世界融为一体，从而促进人类从实践上去改造世界，建立和谐世界。什么是本体？我心目中的本体，就是人的整个生活世界，是人和周围世界结为一体的共同存在，亦即是人生。人生是本体，但人生有美好的，也有丑陋的，更多的是平庸的，所以人生也有区别，什么是美好人生，什么是丑陋人生，什么是平庸人生，这就要做价值区分，因而，美学也要从人生论进入价值论。但人生的价值要由人来体验，方能领悟得到，所以美学还要从人生论、价值论进入体验论。我国古人早就已体会到，对人生要有自己的切身体验，"以身体之，以心验之"，但对"体验"本身还未做深入剖析。我在1961年参编蔡仪主持的《文学概论》时，集中力量读了西方学者如狄尔泰等论体验的著作，逐渐了解到，体验是不同于认识活动和意向活动的一种独特的精神活动。我请留苏的老同学孙美玲从莫斯科买了一本鲁宾斯坦所作的《心理学的原则和发展道路》（1959年俄文版），其中有专论"体验"的一节，深得我心："人的意识不只包含知识，而且也包含由于人的需要、利益等的关系，而对世界上对他有意义的东西的体验。由此在心理中就产生了动力的倾向和力量；……意识就不单是消极的反映，而且也是关系，不只是认识，而且也是评价、肯定或否定、企求或排斥。"从此，我就一直关注着体验论。在我看来，审美体验应属于马克思所说的"精神感觉",不同于"实践感觉",也不同于"感官感觉"。审美体验是"实践感觉"和"感官感觉"的提高和升华。

体验是人类从精神上掌握世界的一种独特方式,有别于认知活动和意向活动,而是带着感情来看世界,以情观物,从而在体验中获得审美愉悦。但体验并不只是停留在自身,根本目的还在掌握世界。世界浩荡,有自然世界、人文世界、精神世界等。美学中最难说清楚的还是:这世上什么现象是美的。这需要从哲学的高度来深思。

当代著名的美国心灵哲学家塞尔在他的《心灵的再发现》一书中就这样写道:"哲学上最难——也是最重要的任务之一,是明确世界的两类特征,即那些独立于任何观察者而存在的内在特征和那些相对于观察者或使用者而存在的特征。"随后,塞尔又在《意识的奥秘》中进而论述了世上的这两类特征,并且指明:"自然科学专门来处理自然界那些固有的或独立于观察者的特征";而"社会科学经常处理那些依赖于观察者的特征"。这第二类特征,他举出了金钱、财产、婚姻等为例。这类特征,乃是人为的,是人赋予了意义,以区别于自然固有的特征,具有社会性。受此启发,我曾思考过,美是否也属于这第二类特征?我觉得不是,但又不属第一类,应另辟一类为第三类。像金银之美,不能归结为自然特征,但也不是人为所赋,而是自然之物进入了人类生活之中,对人生具有肯定的、正面的、积极的价值,向人而生的新质,应是第三性质:价值属性。我在《艺术的审美价值》一文中曾试做探索,但我当时的关注重心在文学艺术,未能进一步做哲学思索。又如,红、黄、橙、绿、青、蓝、紫这些颜色,确是自在之物的自然特征,但如若进入人类生活,对人生具有了价值,在自然特征之上累加了新质,也就可能成为美的,空中的五彩缤纷的彩虹,不正是这样!这第三类特征正应由人文科学来研究。我把天然物之美,看作是物的使用价值的一种特殊类型,不是实用价值(物质价值),而是虚用价值(精神价值)。天地自然中的天物,有丑也有美,但人类并不满足于此,还要通过人工来创造美,"用思理以美化天物"。鲁迅在《美术略论》的演讲中,就论述了美术如何用思理来美化天物的道理,令人深思。我正是受此启发而进入文艺美学的探索之路。依鲁迅之见,美术之目的,乃在"发扬真美,以娱人情""起国人之美感"。这是美术的精神价值。但美术还有间接的功用,那就是"表见文化""辅翼道德"和"救援经济"。

2. 审美和创新相融通

我从自己的审美经验出发,我的美学研究也是先从探索审美活动这一精神现象着手的。但美学是否只是"审美学"呢?

美学要研究些什么问题?朱光潜在《文艺心理学》一开头,就开宗明义:"近代美学所侧重的问题是'在美感经验中我们的心理活动是什么样的',至于一般人喜欢问的'什么样的事物才能算得上美'这个问题还在其次。第二个问题并非不重要,不过要解决它必先解决第一个问题;因为事物能引起美感经验才能算得上美,我们必先知道怎样的经验是美感的,然后才能决定怎样的事物所引起的经验是美感的。"他把审美的心理活动放在美学研究的首位,美学探讨的第一问题。他的《文艺心理学》就以美感为中心,对美感的心理因素如通感、联想、移情等做了探索。受当时西方盛行的审美心理学的影响,朱光潜把审美的心理过程视为美学最根本的问题。审美心理和常态心理不同,乃是一种变态心理,所以要在心理学中分出,单独研究与常态心理不同的审美心理。朱光潜的美学成了心理学,移情说成为20世纪30年代最流行的审美学说。对此,国内早就出现了不同的声音。

蔡元培在1934年为他的同学金公亮所写的《美学原理》作序,其中说了这样一番话:"通常研究美学的,其对象不外于'艺术''美感'与'美'三种。以艺术为研究对象的,大多重在'何者为美'的问题;以美感为研究对象的,大多致力于'何以感美'的问题;以美为研究对象的,却就'美是什么'这问题来加以探讨。我以为'何者为美''何以感美'这种问题虽然重要,但不是根本问题;根本问题还在'美是什么'。单就艺术或美感方面来讨论,自亦很好;但根本问题的解决,我以为尤其重要。"蔡元培的美学,关注重心在美的存在,即"美是什么"。美学若要探索美的存在,就不能只停留在心理学的场域了。

我最初接触的美学,不是苏联美学,而是朱光潜的美学,之后陆续接触的也是西方传过来的正在缓慢地中国化的现代美学。直到新中国成立之初,才读到周扬所编的《马克思主义与文艺》一书,方知世上还有马克思主义的美学和文艺学。美学,作为一门学科,最初乃在西方兴起,然后才传入中国。20世纪初期的中国现代美学,虽然大多还是在转述西方美学思想,但已开始引入中国的实例作为举证,然后又逐渐关注中国自己的精神传统,走向中西融合之路。蔡元培、梁启超、王国维、朱光潜、宗白华等都是中西兼通,为西方美学的中国化、中国美学的现代化分别做出了贡献。我们若要建设马克思主义美学,这个现代传统不能丢,当然,还有中华美学传统。我们既要继承古典传统,又要继承现代传统。1958年,周扬到北大呼吁大家"建设中国马克思主义"时,就已提出我国存在这两个传统,不能只继承一个传统。我在那时已意识到这两个传统的重要。所以,当我在20世纪80年代初期开始招收文艺美学研究生时,就立即带了王一川、陈伟、丁涛编选出版了《中国古典美学丛编》(中华书局),接着又编选了《中国现代美学丛编》(北京大学出版社),就是想鼓励后人要接续和发扬中华美学的古典传统和现代传统。

中国初始50年的现代美学给我留下了深刻印象,最重要的有三:一是美学乃为人生,我把这称为人生美学;二是美是一种价值,我把这称为价值美学;三是自然因移情而美,移情美学在那个时代影响甚广。那个时代的美学,都重视文学艺术的美学研究,追求艺术美,时常把文学艺术总称为美术,连鲁迅也不例外。但那时的美学就已开始关注整个人生,尝试探求人生的价值。清末已在皇家翰林院当了四年编修的蔡元培,眼看清王朝已经病入膏肓,不可救药,1907年他在已将40岁之时,毅然去了德国,钻研哲学、美学、艺术学。1911年辛亥革命成功,成立了中华民国临时政府，大总统孙中山立即任命蔡元培为教育总长。正是他，在中国历史上第一次把美育列入国家教育方略之中。也正是他，在1917年当上北京大学校长之后，在中国历史上第一次把美学推上大学讲堂，他亲自在北大开设了美学课程。蔡元培研究了康德、黑格尔的美学，但他的哲学、美学受到他同时代的德国哲学家文德尔班的人生哲学、价值哲学的影响最大。他在1915年出版的《哲学大纲》中就专设了价值论，旗帜鲜明地道出："价值论者，举世间一切价值而评其最后之总关系者也。"他把真善美列入了价值论中，展开了论述，后又写过专文《真善美》，阐明人生在世，最终还是要"以真善美为目的"。中国现代美学中最吸引我的，还是蔡元培的美学。蔡元培的美学不像梁启超的美学那样，慷慨激昂，催人奋起，去激励人们立即投身社会变革；也不像王国维美学那样研究精深，引导人们潜入古典诗词的艺术意境，而是综合吸收了两家之长，平和全面而又自成特色。他把自己的美学建立在人生论和价值论基石之上，他的美学既是人生美学，又是价值美学，这两点特别吸引我，让我深受影响。还有第三点，蔡元培对"移情说"的评价，也令我信服。当时西方美学中的"移情说"对中国影响很大，朱光潜、吕澂、范寿康的美学均持"移情说"。蔡元培在那时就清醒地觉察到："感情移入的理论，在美的享受上，有一部分可以用，但不能说明全部。"依他之见，大自然还是有自己独特的美，不能由其他的美来替代。蔡元培区分了自然美和人工美的不同，艺术美只是人工美的一种。他批评黑格尔轻视自然美，认为自然美"有一种超过艺术的美"，而艺术亦有一种不同于自然之美。他甚至认为，"人造美随处可作"，而自然美却甚"难得"。中国的传统艺术特别重视自然美，美术作品的取材，"大半取诸自然"。依他之见，"若花鸟，若虫草，若山水，率以自然美为蓝本，而山水尤盛"。他的见解，和我的审美体验颇为相符，觉得很有道理。我之所以进入美学堂奥，开始乃是为了自我解惑，要对我自己的审美体验作出阐释。美学对我而言，乃为己之学。后来接触了蔡元培、梁启超等的美学，方知美学还是为人之学，人人需要。所以我就觉得，美学研究也更有意义了。

  我是在研习中国现代美学之后接触苏联美学，然后再来研习西方美学，可以说是本末倒置。美学乃西方文化之开创，当初德国鲍姆加登之所以倡建美学本就是要探索对"感性认识"之完善，并未关注"感性活动"。康德的美学进而探索"审美判断"，融合了感性和理性，但仍然局限在精神领域。黑格尔的美学，重心转向艺术创造活动，但其关注的重心在艺术创造中的精神活动，是一种精神生产。到了马克思这里，则不仅关注精神生产，而且关注物质生产和人自身的生产这三类人类实践活动，倡导探索按"美的规律"来创造。物的生产，心的生产，人我生产，这三大实践以人我生产为根本，所以要以人为本。美学不仅要研究人类如何从精神上去掌握世界（体验、感悟），而且应探索如何按"美的规律"来改造世界（外在的，内在的），所以美学不只是为己之学，而且还应是为人之学。

  美学要创新发展，只能面向当下现实，把握时代脉搏，回答从实践中涌现出来的问题。当今现实，错综复杂，正如马克思所说："包括了一个广阔范围的多样性活动和世界的实际关系。"而美学理当密切关注现实生活中的审美现象，德国美学家德索，早在《美学与艺术理论》中提醒世人："审美需要强烈得几乎遍及一切人类活动。"美学应跟踪追寻，加以考察。

人来到这世上，就和这世界产生了千丝万缕的联系，进行着物质、能量和信息的交换，人的需要和对象密不可分。为了满足人的需要，就需要面向对象展开活动，通过活动又和世界建立了多种多样的关系，实践的关系、认识的关系、审美的关系等。马克思说得好：人，"积极地活动，通过活动来取得一定的外界物，从而满足内心的需要。（因而，他们是从生产开始的。）由于这一过程的重复，这些物能使人们'满足需要'这一属性，就铭记在他们的头脑中了"。人通过活动满足了自己的需要，也由此而认识和体验到了这个世界，进而，"也就学会'从理论上'把能满足他们需要的外界物同一切其他的外界物区别开来"（参见《马克思恩格斯全集》第19卷，人民出版社1963年版，第405页）。美学也正是依据外界对象物能否满足人类的审美需要而区别美、丑，这是一种价值属性。

人类为了追求美而展开了多种多样的活动，可称之为求美活动，以区别于求真活动和求善活动。在求美活动中，当然首先包括了审美活动。面对大千世界、错综复杂的现象，人不仅要学会分辨真假、善恶，而且也要学会审辨美丑，美能引发人的审美快感，丑则使人产生审美反感。但审美活动只是一种精神活动，只对人的心灵发生精神作用；只具精神力量，使人获得审美享受。审美活动要提升为教育实践，培育人的品性，改变人的精神结构，使人具有美的人格。审美教育要以审美活动为基础，但教育已是人对人相互作用的交往实践，审美教育内含着审美这一精神活动，但已经上升为精神实践，按照"美的规律"来提升人的品位，可称为育美活动。人类为了求美，不仅需要进行审美活动和育美活动，还需要开展创美活动。育美活动是改造主观世界的精神实践活动，创美活动则是改造客观世界的精神实践活动。随着人类实践的拓展，审美领域在不断扩展，精神审美、人文审美、自然审美都在发展，但人类不满足于现实的审美，进一步要按美的规律去改造客观世界，创造新美，更要按"美的规律"去改造主观世界和客观世界的关系，走向和谐世界。

依我看来，美学当然包含了审美学，但不仅仅只是审美学，还应有育美学和创美学。因此，我所理解的美学，应是研究人类求美活动的规律之学。人类的求美活动，包括审美、创美和育美。美学的中心议题，应是探索美的规律。初起时的美学，还只停留在精神学、心理学层次，称之为审美学未尝不可。但美学的发展却日益超越了精神层面。马克思在1844年谈到物质生产时，已经提出，物质生产也应该按"美的规律"来创造，这就把美学推进到物质生产这一领域了。艺术生产乃精神实践活动，物质生产则是物质实践活动，显然，物质生产也要按"美的规律"来创造了。物质生产是人和物的互动，精神生产重在人和心的互动，而作为人的生产的教育实践，更多重在人与人的互动，但都需遵循"美的规律"。美学不能只研究艺术，也应研究如何按"美的规律"来改造主观世界和客观世界，更应探索主观世界和客观世界之间建立和谐关系之路。因此，美学研究不仅要有对象意识，还要有自我意识，更要有关系意识，探索主体和客体之间的审美关系。这就应运用间性思维，关注处于一定境遇下的主体和客体间的关系状态。

　　于我而言，美学首先是为己之学，是我的人生的创意设计之学。美学使我体悟人生，在我一生中，美学助我体验人生，领悟人生的价值和意义。由自己切身的审美体验出发，我自己的美学研究也重在对人生价值的体验做些探索。因此，我追求的美学是人生美学、价值美学、体验美学的三位一体。美学伴我悟人生，进一步，美学引我爱人生，更进一步，美学领我创人生，使人生不时更新，创造更美好的人生。蔡元培倡导以美育代宗教，我衷心为之叫好。我不信上帝不信佛，心向往之真善美。对我来说，美学就是我的宗教。学长汤一介和我有过多次交谈，他以为，中国古典哲学史，就是追求真善美的思想史。要写中国哲学史，就应围绕真善美这三大范畴来展开。我深以为然。我虽崇美却不唯美。和合真善美才是我人生的最高理想。

　　人生之美，乃是美学探索中应有之题。人生，乃是人的整个的生命活动，一生的生活，具有宽广的、丰富的、多层次的内容。马克思说："物质生活的生产方式，制约着整个社会生活、政治生活和精神生活的过程。"这里已提出了物质生活、社会生活、精神生活的多个层面，甚至，生产活动本身，也构成生产生活。马克思就把"劳动这种生命活动"称作"生产生活"。所以，马克思所说的生活，是一个包括了生产在内的宽广的概念。在德国文德尔班的价值哲学里，生活不仅包括了社会生活、政治生活，而且还有"道德生活、宗教生活、科学生活和艺术生活"。这广义的生活，也正是我所理解的整个人生。审美，渗透在整个人生的不同层面的生活中，只是，大量存在的是依存美，但追求自由美的也不乏其人。所以，美学不能只注视艺术美，还应关注人文创造之美和天地自然之美，进入天地境界。对于一个善于审美的人来说，从日常生活的审美到非常生活、超常生活的审美，都可能获得审美的乐趣。广义的生活美学，也就是人生美学，亦正是以人为本的人本生态美学。

　　按照马克思的看法，人类作为世间一个特殊的族类，其类特性应是自觉与自由。"有意识的生命活动把人同动物的生命活动直接区分开来。正是由于这一点，人才是类存在物。或者说，正因为人是类存在物，他才是有意识的存在物，也就是说，他自己的生活对他是对象。仅仅由于这一点，他的活动才是自由的活动。"人正是有了意识，或如王阳明所说的一点"灵明"，才能从精神上去掌握世界，在意识形态中，"为天地立心，为生命立命，为往圣继绝学，为万世开太平"（宋·张载）。但意识形态不能只停留在脑海中，精神力量需依靠实践来转化为物质力量，才能去改造世界。那么，意识的功能何在？

　　当代美国心灵哲学家塞尔在《心灵的再发现》中说得好："意识的功能是组织有机体与它的环境、它自身状态之间的一系列关系"，"组织的形式可以称为表象。

例如通过感觉形态，有机体获得关于世界状态的意识信息。它听到附近的声音；它看到视阈中的对象和事态；它闻到不同环境的特殊气味；等等。"这些，都还只是意识的感知功能，却还不是意识的主要功能，这位心灵哲学家随后立即指出："这些意识形式主要不是为了获取世界的信息，而是意识使得有机体作用于世界，在世上产生效果。"最后的结论是："在意识感知中，有机体获得世上事态的表象；在意向行动中，有机体通过意识表象导致世界上的事态。"

人比其他动物的高明之处，是在实践活动之前就已将活动的结果先在脑海中浮现了。马克思以物质生产为例，阐明了："劳动过程结束时得到的结果，在这个过程开始时就已经在劳动的表象中存在着，即已经观念地存在着。"但这个在脑海中观念地存在着的表象仍需物化，方能生产出人所需要的物质产品。如今，这一环节已在逐渐从生产过程中独立出来，成为创意设计美学，专门探索在创意设计这一环节中如何遵循美的规律。但物质生产所创造的只是依存美，只是使物品增值，累加而增生审美价值。人生的美学当然也要关注"物"，但要应于物而不是累于物，更应关注"人"，为人生做创意设计，如何按照美的规律来安排人生。

审美的意识有其独特性，需和实践性意识相区别。审美的直接作用是使人得到精神享受，激起对丑恶的审美反感，对美善的审美快感。审美，如席勒所说，可以使人振奋，也可以使人松弛，从而在内心获得精神平衡。审美的直接作用是精神效应，但间接作用却不限于精神，而是通过实践，可以改变世上的事态。审美通过教育实践，可以提升人的审辨美丑的能力，塑造美的人格，改造人的内在世界。美育通过社会实践，可以改造周围环境，使世界更美好。对于美术，常被人看作无用，但鲁迅说有"不用之用"，王国维说它有"无用之用"，郭沫若则称它"无用之中有大用"。我的想法是，审美，其直接作用是小用，而间接作用有大用，而这必须通过实践才能起大作用。

人来到这世上，因有意识的自觉，所以在人生舞台上既是剧中人，又是剧作者，也可成观剧人，入乎其内而又可出乎其外。作为社会的人，面对现实对象，"知之者不如好之者，好之者不如乐之者"。国学大师钱穆曾做过如此解读："孔子所说的'知'属真理，'好'成道德，'乐'则艺术。"所见甚是，最后可归结为，这就是对真善美的追求。所以，我常说，人生在世，一要生存，二要发展，三要完善。人不仅要活得了，还要活得好，进而活得美。适者生存，善者优存，美者乐存，活得美滋滋乐陶陶。人生的终极目标应如马克思所说，乃是为了"人类的幸福和我们自身的完美"。这要付之人生实践，就像在乐队中一样，既要各尽所能，又要增益群体。英国著名文艺学家伊格尔顿在《人生的意义》一书中认为，理想的人生就像在爵士乐队中演奏，每个演奏人都可以在演奏中自由发挥，把自己的特长表现出来，而且可以相互激发灵感，做即兴表演；但又没有脱离整体的和谐，相得益彰，踵事增华。按我们的说法这就是从心所欲而不逾距。我也喜欢爵士乐的演奏特色，生动活泼，灵动机动。但这只是优美音乐的一种类型，自成风格；此外也应承认，交响乐、协奏曲等也有自己的独特风格，仍然能体现出个体与群体的和谐之美。

推而广之，世界也是个大舞台。人类共同生活在一个地球上，在一片天底下同呼吸共命运，应结成人类命运共同体，人与自然也要结成生命共同体。我们应创建一个和谐世界，共享天地之大美。当然，这需要循序渐进，如我同乡前辈费孝通所说，从"各美其美"，通过国际交流，进入"美人之美"，也能欣赏别人的美了，两全其美，然后才能迈向"美美与共"的境界。费老说得好，我尤觉意犹未尽，所以在2010年太湖国际文化论坛的首届年会上，我在他四句后又补了四句："世界之美，同中有异，异中有同，和而不同。""和"包含了"同"和"异"，统一了"世界性"和"民族性"，具有更大包容性。在这已进入新常态的新时代（生态文明时代），我们的美学大有作为，应为建设五个文明、人类命运共同体和生命共同体做出应有的贡献。

习近平总书记说得好："人类经历了原始文明、农业文明、工业文明，生态文明是工业文明发展到一定阶段的产物，是实现人与自然和谐发展的新需求。"2019年初，他在雄安新区考察时说："蓝天、碧水、绿树，蓝绿交织，将来生活的最高标准就是生态好。"不到半年，他出席圣彼得堡的国际论坛时更是提倡："我们要坚持绿色发展，致力构建人与自然和谐共处的美丽家园。"最后，他特别提到俄罗斯著名作家陀思妥耶夫斯基有句名言："美能拯救世界。"我们的美学不正应探索美如何能拯救世界吗？

3. "形上"与"形下"相融通

美是什么？众说纷纭，莫衷一是，有的哲学家干脆声称，美乃子虚乌有，所谓山川之美、古今共谈，都是痴人说梦、庸人自扰。我则认为，美，乃是人类生活中所显现出来的一种人生存在状态，作为社会中的人，自我和周围世界达到动态平衡的最佳临界点，美乃存在的显现。

席勒说得好："美对我们来说固然是对象，因为有反思作条件我们才对美有一种感觉；但同时美又是我们主体的一种状态，因为有感情作条件，我们对美才有一种意象。因此，美固然是形式，因为我们观赏它；但它同时又是生活，因为我感觉它。总之，一句话，美既是我们的状态又是我们的行为。"

美生成于社会的人和对象世界的互动关系之中，在自我和对象的相互作用中显现出美，美就在行动之中。但美既可在对象中呈现为美态或美象；又可在自我心中，呈现为意象，引发美感，又可显现为行为状态，美的行为。但不管美在关系，还是美在对象或心灵，美都需具象化。对象态、心灵态、关系态、行为态等，均需在"象"中显现，方能为我们所体验、所感悟。这就像电影《小城故事》里的插曲所唱："小城故事多，充满喜和乐""看似一幅画，听像一首歌，人生境界真善美，这里已包括"，真善美要通过"象"才能具体显现出来。

美确具形上性质，哲学、美学就着力于探究美的形上性质，如康德美学。但康德的美学是一种抽象的形而上学，谈论依存美还较易理解，但涉及自由美或纯粹美就显得抽象。后来的美学不满足于这种抽象的形而上学,逐渐走向具体的形而上学。如今,中国的哲学家如杨国荣也在倡导构建具体形而上学。从抽象形而上学走向具体形而上学,更能适应时代发展的需要。我希望当今的美学,不仅应从抽象形而上学走向具体形而上学,更需要把美学建构成不同于形而上学的形而中学,才能更适应人民大众审美的需要。这形而中学不妨称之为"显象学"或"呈象学"。

早在我12岁时,我生平第一次听说"真、善、美"三字,却茫然不知"真、善、美"为何物。那是在1945年"抗战"刚胜利不久,一曲由周璇演唱的《真善美》流行江南,我亦为之深深吸引。这是当时新拍摄的电影《鸾凤和鸣》中的一首插曲,由周璇扮演的女主角是一位歌女,历尽艰辛,却不为世人所理解,深深感叹:"真善美,真善美,他们的欣赏究有谁?爱好的还有谁?需要的又有谁?"我为剧中的歌女命运和这歌声所感动,但我并不理解"真善美"是什么。到了1953年,我集中精力研习中国现代美学时,才对"真善美"有所追问和思索,逐渐体会到美在"象"中,应在"象"中探索美的规律,而"象"既非形而上,又非形而下,应为形而中。

《易·系辞》中云:"形而上者谓之道,形而下者谓之器。"台湾学者徐复观认为在形而上和形而下之间,尚应有形而中。依他之见:"形而中者谓之心。"我觉得把形而中只归于"心",太狭窄了,应该扩展为:"形而中者谓之象。"这"象"当然包括"心象"或"意象",但不限于此,还应包括本象和符象。这是三个不同层次的"象",本象是第一层次,天象、气象、物象、体象、景象、事象、境象等均是。心象、意象、情象等属第二层次。而符象乃是为表达心象、意象、情象等而生成,应为第三层次。而这三个层次的"象",一气贯通,但又不能混同。

美学研究不能只停留在"形而下",确要通过"形而下"去探究"形而上"。但"道"是存在于"器"之中的,"道"不离器。不过,在"道"和"器"之间,还存在着中介"象",这中介,我称之为"形而中"。我以为,美学不能只一味追求"形而上",也不能只停留在"形而下",而应更加重视"形而中"。正是"形而中"连接着"形而上"和"形而下",更为丰富和具体。经历了半个多世纪的周折,我深切感受到,若要对文艺学、美学做新的建构,不仅需要对过去的理论资料做全面概括,而且必须掌握实践材料,对实践中出现的错综复杂的艺术现象,分析归纳,从而做新的综合。马克思为研究资本的运动规律,当然研究了前人无数理论资料,但他牢牢抓住资本在社会中的实际运动,从具体到抽象,又返回具体,从而揭示出整体。马克思曾说过,即使是抽象的理论思维,脑海中贮存的表象也要时常涌现。对此,我极为折服。抛开了生动活泼的实际,从抽象到抽象再到抽象,只能使文艺学、美学如天马行空,不着边际,虚无缥缈,不知所云,也就失却了生命力。目前,我们的文艺学、美学的最大缺憾,不是缺乏理论资料,而是不面对实际,忽视实践材料,不从具体中抽出问题,只是概念的空转,最后又不回到具体。所以,我常对王一川、王岳川、李健等人说,你们讲美学、文艺学,每当谈论一种理论，一定要能举出实例来说明，要不就是空论。常有人问我，我们应该怎样才能把握住文学艺术的奥秘？按我的经验，首先就是要直接接触文学艺术的实践，读文学艺术作品本身，有真切的体验，方可进行研究。对文学艺术的研究，既做内部研究，又做外部研究，把探索的自律和他律结合起来，才能弄明白文学艺术的生产是如何按照美的规律来进行创造的。艺术生产和科学研究不同，各有所长。科学研究是要透过现象找本质，重心在找本质及规律（本质的联系）。而艺术生产是揭示现象中的意义，此象对人生究竟有什么意义，亦即价值；而这意义、价值就在"象"中，我们只有通过"象"才能感悟到人生的意义、价值。

艺术创造是一种生产活动，其中就包含了符号的生产，语言符号或者是非语言的符号都在内，都是符号实践。符号，无论是语言符号还是非语言符号，都是一种物质，但这是一种特殊的物，是人类创造出来用以表征精神世界的，所以，符号生产不能归入物质生产之列，而是另成一类。符号生产也要按照美的规律来创造，按美的规律创造出来的符号如格律、音韵、图像等构成了艺术的符象，即形式美，亦即鲁迅所说的形美、声美等，但艺术之美不能只归结为形式美，更重要的是内容美，即鲁迅所说的意美。艺术生产不仅是生产符号，更重要的是要生产"意义"，所以称之为精神生产。艺术生产作为精神生产，就是要作家、艺术家把自己脑海中的各种印象、思想、感情、幻想、愿望等心理要素"编织"起来，建构成一个相对独立的精神世界；而如何"编织"，却应该而且可以按照美的规律来进行创造。美的规律不仅体现在艺术生产中，而且也体现在其他实践活动和精神生产中，按马克思之见，物质生产也应按美的规律来进行创造。而在我们的生活世界中，生活实践中体现出来的美的规律，就更加屡见不鲜了。

美的规律属于"道"，但又寓于"器"中，我们通过"器"和"道"的中介"象"而领悟到了美的规律。我和徐复观有所不同，他称"形而中者谓之心"，而我则说"形而中者谓之象"。"象"和"心"，虽只有一字之差，但内涵差别甚大。我说的"象"，既包括"意象"，又包括"符象"，更包括"本象"，并不限于人心营构之象，天地自然之象亦在内。"道"不可见，"象"中则可见到"道"。中国文化传统中，特别看重"象思维"，言一象一意相互贯通。苏轼在《易传》中说道："圣人知'道'之难言也，故借阴阳以言之。"然而，阴阳之说还是太抽象，"阴阳果何物哉？虽有娄旷之聪明，未有得见其仿佛者也。阴阳交然后生物，物生然后有象，象立而阴阳隐矣。凡可见者，皆物也，非阴阳也"。正是物有"象"，所以人才能感受到物。清代文史家章学诚在《文史通义》中说得好："万事万物，当其自静而动，行迹未彰，而象见矣。故道不可见，人求道而恍若有见者，皆其象也。"他还把"象"区分为两大类，一是天地自然之象，二是人心营构之象。我在这两大类"象"之外，还加上了一类，那就是人文创造之象，以区别于天地自然之象。天地自然之象并非人造，而是自然天成，属实在。人文创造之象是人的文化创造，但也是实在。所以，我把这两类象都称作实象或本象（谢林称之为"初象"）。人心营构之象就不是实象或本象,而是在脑海中营构出来的意象,我把这称作虚象,是派生出来的象(谢林称之为"映象")。艺术生产作为精神生产的一种,在艺术构思时,就要在内心开展意象运动,我把这称为意象经营,不同于理论思维所展开的概念运动。意象运动的结果是产生新的意象和意境,这都不是实象而是虚象,即人心营构之象。这人心营构之象经由符号实践(语言的和非语言的都在内)而加以符号化,就建构成了艺象。我把这人心营构之象的符号实践称之为意匠经营,以区别于意象经营。意匠更加突出了技艺,需有把符号建构成美的形式的功夫。人心营构之象来源于天地自然之象和人文创造之象,意象源于本象,艺术源于生活,艺术创造"外师造化,中得心源",意象经营和意匠经营的交织、融合,创造出艺象。我在1979年写了一篇《论艺术形象》做了专门的论证。1984年我又写了一篇《人生体验笔底流》,专门论述郑板桥如何将人生体验转化为艺术形象。

意象并非都美,意象也可以是丑的,需做价值区分。本象,可以是丑的,也可能是美的,自然并不全美,人文创造之象并不因为是人的实践的产物而必美,人类也创造了假、丑、恶。所以,美不仅在意象,也可以在本象,亦可以在符象。朱光潜所说的只有意象才美,把美窄化了,忽视了现实之美。他后期发展了,承认劳动创造美。但是,劳动创造出来的也不必定美,依马克思之见,只有按美的规律创造出来的才美。人的劳动生产,必须符合三个尺度——真的尺度、善的尺度、美的尺度,艺术生产就更是如此了。美是在人类生活中形成的,但人类生活中生成的种种现象并非都是美的,只有对人具有肯定的、积极的正面价值的现象才可能美。万事万物,踵事增华,完形呈象,向人生成,融洽适度,恰到好处,方显出美。人的内心世界和外在世界要处在动态平衡状态才生成美,美是动态平衡最佳状态的显现。

人来到这世界上,和世上的万事万物发生着千丝万缕的联系,结成一体。人生在世,这自我和世上的万事万物是处在和谐关系中,还是失衡关系中,这本身就是人的存在状态,亦即是生活本身的状况。自我和世界的关系性存在乃是第一性的本源性的存在,审美乃是对这种存在、生活的精神反映,其中既包括了对象的状态,又包括了自我的状态,更主要的是反映了自我和对象的关系状态。马克思、恩格斯在《德意志意识形态》中说得好:"人们的观念和思想是关于自己和人们的各种关系观念和思想,……人们是什么,人们的关系是什么,这种情况反映在意识中就是关于人自身、关于人的生存方式或关于人的最切近的逻辑规定的观念。"人类原初的意识是把自我和外界的关系作为一体来反映的,是人的生存方式的反映,正如马克思、恩格斯所说:"不是意识决定生活,而是生活决定意识。"这里所说的生活,正是自我和对象互动所构成的关系存在,生活既有日常生活,又有超常生活,共同构成人的生活世界。美学应深入生活世界,深切体验生活之美,在现实生活中追寻真善美。

在我的审美生活中,我对天地自然之象情有独钟。自然之美乃大自然的本象美,自然向人而生的价值特性,客观存在于人和自然的价值关系之中,但只有通过我自己的审美体验才能捕捉得到。由审美体验而在脑海中形成的审美意象，是艺术创作的基因，但审美意象来自作家、艺术家对人生价值的审美体验。人生在世，对现实生活的深切体验，才是创作的源泉。自然审美乃人生中的一个重要维度。冯友兰所说的"天地境界"，亦正是我心目中的最高境界。表现在艺术的创造中，就营构出意境。

大自然中，泰山的雄伟、黄山的奇特、华山的险峻、庐山的秀丽，都是本象美，并非意象美，各以其独特之美打动我的心。我这一生，一共去了五次黄山，给我留下深刻印象的有三次，如今，尽管我已年迈，不能再亲身体验登黄山，但我在脑海里已存下了审美意象，黄山的意象不时在回忆中被重新唤起。我第一次登黄山已是50岁。1983年，我带着我的首届文艺美学研究生王一川、陈伟、丁涛三人，以"艺术美与自然美"之比较研究为题，去江南水乡做实地考察，亲身体验自然之美，重点就在黄山。那年秋天，我们先到了南京，住在南京大学，拜访了教美学的杨咏祁和凌继尧，体察了玄武湖、燕子矶、中山陵的景色。然后，我们去了芜湖，住在安徽师范大学，和我的老同学刘学锴、孙文光见面。第二天一早，我们就从黄山的北麓入口，一步步登山，经由最高处天都峰向南，从南出口下山，在山上转悠了一天。那天，天高气爽，风和日丽，我的兴致甚高，想起古人谢灵运穿着木屐爬富春山的雅事，脚上穿的竟是一双夹趾的塑胶拖鞋。一川他们还为我担心，脚趾会不会受伤。可我穿了这拖鞋走了一天，竟安然无损，轻松自如，连我自己也觉得奇怪。当时的自然风光，本象之美，景色宜人，真能激发人的精神。第二次印象深刻的黄山之行是在我即将迎来60岁的时候。那是1992年的秋天，我应陆梅林、侯敏泽之邀赴庐山参加马克思主义美学建设的研讨会，散会之前，我灵机一动，从九江乘江轮去了安徽，直奔黄山。这次我是从南麓入口登黄山，没有再穿拖鞋，却穿了一双皮鞋，虽觉步伐沉重，但整个人还是精神焕发，登完山下山到旅店，还跳进泳池游了一个小时。那天也是天高气爽，风和日丽。和第一次登黄山一样，明媚和煦的阳光照耀着群山，黄山的本象美尽显眼前，兴尽而归。尽管当时未曾摄像留影，但由审美体验得到的审美意象却长久留在脑海中。但我最后一次到黄山却就完全不一样了，我体验到的竟是恐怖。那是在1999年的初春，我去南京师范大学参加中外文艺理论学会举办的一次国际学术研讨会，会后，我和钱中文、陆贵山、程正民、黎湘萍一起登上了黄山。这次，我们是从南麓入口，乘了缆车直上山顶，此时已是细雨蒙蒙，但阳光还不时透过云端照射下来，黄山显露出了另一番景色，别有一番风味。但当我们爬到最高峰时，风云突变，狂风暴雨，倾盆而来，同时，雷电交加，犹如天崩地裂，我等身陷其中，几乎寸步难行，身体摇摇欲坠，若要倒下，底下就是万丈深渊，粉身碎骨。最难过去的就是要穿过那百步云梯一线天山崖，我已无法直着腰走过去，只能用双手辅助着爬阶梯，直到上了崖顶，才能转身下了山。那天，我穿的是一双橡胶布鞋，经水泡摩擦，我的脚趾肿了起来，需立即就医。我当机立断，当晚即乘飞机回到深圳。次日去医院，医生立即把我的两个脚指甲拔掉了，若不拔，整个脚将烂掉。这是我最后一次黄山之行，留下的是一片惊恐的印象。黄山还是那个黄山，但笼罩着的是狂风暴雨、雷电交加，已遮蔽了黄山的真面目，直接呈现的是一片恐怖的景象，甚至差点把我置于死地。此时的黄山，本象美已遮蔽，直面的是险恶之象。这引发了我对审美的进一步思索，深感审美不能忘了"境遇"这一维度。审美场的形成、审美之发生不能只有主体和客体这两个维度，而且还要有"境遇"这个维度。美在一定的"境遇"下才呈现。审美场涉及了多重关系，自我和"境遇"的关系，对象和"境遇"的关系，等等。所以，一些复杂的美，应是关系质或系统质。这些，我在《文艺美学》一书中有所表述，但这最后一次上黄山，体悟更深。

艺术美是意象美和符象美的统一，但那意象美则源于本象美。在审美活动中获得的审美体验是对象意识和自我意识的交融，熔主客体为一炉，它是艺术创造的灵魂。作家、艺术家如果对审美对象没有真切的体验，只有清晰的认识或正确的评价，写出来的文章只是科学文章或道德文章，虽自有其科学价值或道德价值，但不是艺术作品，缺乏审美价值。只有对生活有了真切的体验，作家、艺术家才有可能进行艺术创造。因此，作家、艺术家如何由生活体验提升为审美体验，进而提炼出艺术体验，将审美意象、艺术意境符号化，创造出艺术形象（艺象）和艺术意境，这是文艺美学要研究的重要课题。

本象美、意象美、符象美各有其美，不能相互替代，但又一气贯通，体现了美的多样性。对此，郑板桥就早已说过，"胸中之竹，并非眼中之竹""手中之竹又不是胸中之竹"，各有其妙。2001年，我去扬州参加了一次学术研讨会，在高建平、姚文放的特别安排下，我和钱中文、童庆炳等去兴化拜访了郑板桥、刘熙载的故居，还去淮阴造访了周恩来的祖居。在郑板桥故居的小小庭院里，我徘徊良久，亲身体验了园中之竹的美。这园中之竹，是郑板桥画竹的灵感来源。"眼中之竹"是他直面园竹，察觉到园竹之美；"胸中之竹"则是经过他心灵而转化成的意象之美；"手中之竹"则更是要把这心中的意象美用笔来固定在纸上，予以物化，变成符象。艺术之美在哪里？艺术之美既在意象之美，又在符象之美，更在符象和意象的融洽关系之中，即艺象美。但园中之竹美不美？依我的体验，不仅园中之竹可能美，就是山野之竹，未经人工培植的野竹也可能美，郑板桥的诗画中就不仅常出现园中之竹，而且山崖上的野生之竹也常露于笔端。山崖野竹是未经人化之物，园中之竹已是经人手植（人化）之物，但都是生活世界中的存在，不是意象之美，也不是符象之美。不同层次的美，具有不同的魅力，这是美的多样性。其实，古人早已觉察到美的多样性，张潮在《幽梦影》中就这样说道："有地上之山水，有画中之山水，有梦中之山水，有胸中之山水。地上者，妙在丘壑深邃；画上者，妙在笔墨淋漓；梦中者，妙在景象变幻；胸中者，妙在位置自如。"地上之山水为真山真水之美，是本象美，胸中山水乃意象美，梦中山水为幻象美，画中山水则是艺象美。

最后，我还想归纳一下，美学在我人生中所起的作用。对我而言，美学已成为我人生中的有机组成部分，必不可少，文艺美学是其中的一个环节。我的美学是人生美学，不仅把人生作为美学研究的对象，而且将美的规律付诸人生实践，力求自己的人生实践也能按照美的规律来发展和完善。美学伴我悟人生，美学领我爱人生，美学助我创人生，创建更加美好的人生。美学之用，功莫大焉！美哉，美学！

（此文乃应编委会之约而新作，为《胡经之文集》所未收。胡燕菘整理）

2020 年 4 月 10 日初稿，2021 年 5 月 15 日定稿　深圳湾　望海书斋

广东省第二届优秀社会科学家

徐真华[①]

徐真华，生于1950年，江苏无锡人。二级教授、博士生导师。曾任广东外语外贸大学党委书记、校长，历任中国翻译协会副会长、广东省第九届政协委员、第十届政协常委兼港澳台委副主任委员、广东省社科联副主席、广州市科协副主席、广州市人民政府决策咨询顾问、中共广东省委政策研究室特约研究员、教育部外语专业教指委委员兼法语专业教指委副主任。现任广东外语外贸大学资深教授、中国法国文学研究会副会长、广东省人民政府文史研究馆馆员，兼任浙江越秀外国语学院校长。

1975年，徐真华毕业于广州外国语学院法语专业，曾先后赴摩洛哥王国、法

---

① 本文作者高云坚，男，1964年4月生，现任广东外语外贸大学社会与公共管理学院党委书记、副教授、硕士生导师。2016年起兼任广东省社会组织研究中心研究员、广东省南方扶贫开发研究院研究员，是广东省社会组织评估专家及广东社会组织管理学院专家库成员。担任专著《高校学生党建工作实务》主编、专著《广东高校统战工作的实践与探索》副主编，主持省厅级课题《加强行会协会商会等社会组织党建工作研究》，参与省厅级课题《广东高校党的基层组织建设主要成绩和基本经验》和《广东大学文化软实力建设研究》等课题，发表的论文有《用社会主义核心价值体系指导高校校园文化建设》《美国高考录取模式对我国高考改革的启示》《徐真华的大学教育思想及其办学实践》《改革开放再出发的历史背景基本动能及时代价值》《新中国70年农村土地管理模式及经验》等。曾荣获广东省教育系统"优秀党务工作者"、广东省高校学生工作"红棉奖"等荣誉称号。主要研究方向：高校管理、高校党建、思政教育、社会组织党建、社会组织文化等。

国、加拿大进修访学,主要研究方向为法国现当代文学和高等教育管理。先后发表论文数十篇,主持并完成教育部高等学校外语专业面向21世纪课程体系和教育改革课题、广东省高等学校"211工程"第三期重点学科建设项目。研究成果曾先后获评广东省哲学社会科学成果奖、广东省及国家级教学成果奖。1975年徐真华留校任教后,由于教书育人成绩斐然,曾多次获得广东省人民政府嘉奖,省政府先后两次授予他立功证书。2003年徐真华获评广东省高等学校十大师德标兵,享受国务院政府特殊津贴专家,获法国政府"金棕榈教育骑士勋章",并获英国朴次茅斯大学、英国中央兰开夏大学荣誉博士学位。2008年徐真华担任北京奥运会火炬手。2015年徐真华获评广东省第二届优秀社会科学家。

一、清苦求学,传承治学做人之道

(一)清贫的成长之路

徐真华出生于江苏省无锡市一个手工业劳动者家庭,父亲是裁缝,擅制戏服,母亲是缫丝厂童工出身,当了一辈子工人。或许是受江南文化熏陶的缘故吧,只读过三年初小的父亲始终没有放弃学习传统文化的强烈欲望。他记得,幼时常听母亲抱怨说,父亲染上了"白相人"的坏习惯,每周总会花两三个下午或晚上的时间到"书场"听书,后来才明白,所谓"听书",其实就是到旧时茶馆或街区小剧场听苏州评弹。父亲的博闻强记得益于坊间评弹艺人的说唱,父亲对中国传统文化中"忠、孝、仁、义、礼、智、信"的坚定信念,对子女产生了不可磨灭的影响。

母亲虽不识字,但她的善良与宽容、忍耐与坚韧,为了家、为了孩子甘愿吃尽苦中苦的生活态度深深融入了徐真华的血脉。那时候,除了大哥在上海工作,每月接济家用外,徐家的其余4个孩子都还在上学,家里经济拮据。母亲虽然在无锡中国饭店下属的一家商场打工,但薪水微薄。为了增加收入,每年夏天,她都会向商场申领一个牌照,到户外卖棒冰。记得那是1964年的夏天,学校刚放暑假,徐真华执意要陪母亲一起走街串巷卖棒冰。母亲不忍心让沉重的棒冰箱压在他瘦弱的肩膀上,总要等箱子空了一半后才让他背。有一天午后,母子俩穿过光复路,拐进太平巷,迎面碰到徐真华的班主任、数学老师顾棣芬先生。徐真华拘谨地叫了一声"顾老师",嗫嚅道:"暑假里我想帮姆妈卖棒冰。"母亲未曾见过顾先生,站在一边,不知说什么好。顾先生似乎感觉到了母亲略显局促不安的神态,转向母亲,说:"徐师母,徐真华在学堂里表现好棒,现在长大了,懂事了,暑假里能帮家里做点事情,蛮好。"母亲如释重负,急忙连声道谢。当年9月开学不久,学校总务科的一位老师通知徐真华去领助学金，说："学校批准给你一等助学金，每月4元。"放学后，徐真华把钱交给母亲。母亲默默地看着他，过了好一会，说："这是顾老师的安排，你要争气呀。"

对徐真华学习与工作影响至深的另一个人是他的大哥景华，大哥年长他16岁，徐真华在徐家的5个孩子中排行最小。

大哥于1951年到上海华德电器厂当学徒，20世纪60年代曾任上海无线电七厂党委副书记，"文革"中被打成"走资本主义道路的当权派"。待70年代初复出后，下放上海在安徽黄山所属诸县筹建的"三线"工厂，先后担任"东方红材料厂"和"井冈山机械厂"的厂长、党委书记。大哥在上海无线电七厂期间，虽然"挨批斗""靠边站"成为常态。但大哥身处逆境却一直没闲着，他把"赋闲"的时间全部投入对文史哲的学习与研究中，竟有大家之风范，八秩之后仍能背诵上百首唐诗，对历朝历代名人轶事掌故更能娓娓道来，如数家珍。1966—1968年，徐真华常常被母亲"打发"到上海长住，几乎天天都在聆听大哥对隐藏在历史帷幕中的文学精华的解读。其时，老三届初高中生都已无书可读，大哥"私塾"式的讲学竟似无心插柳，在徐真华尚稚嫩的心灵里播下了一颗文学的种子。

1963年，徐真华考入了无锡市东新路初级中学就读。当时的东新初中名不见经传，却汇聚了一大批新中国成立前后毕业于中央大学、复旦大学、东吴大学等名校的高才生，这些人虽然有深厚的学养，却因历次政治运动的冲击悄无声息地隐于市野。1968年秋，徐真华与一大批同学奔赴盐城射阳县的盘湾公社插队，接受贫下中农再教育。1968—1972年，无论是忙春耕、战四夏、保三秋，还是冬天水利工程大会战，他都未曾缺席过，倒真是应了孟夫子的那一席话："故天将降大任于是人也，必先苦其心志，劳其筋骨，饿其体肤，空乏其身，行拂乱其所为，所以动心忍性，曾益其所不能。"1970年，苏州下放干部邱先生一家落户相邻的生产队，邱先生早年毕业于德国军事院校，攻炮科，通晓德文、英文，1949年在国民党江阴要塞炮兵大队长任上，随部队起义，下放前任职苏州市政协。闲暇时，徐真华常去邱先生家串门，一来二往终于相熟。

一日，邱先生将一本红色塑料封面的小册子赠予徐真华，说他的英文底子尚可，劳动之余可诵之、背之，既能学习主席的思想，又可练习英文。他接过一看，是一本英文版的毛主席语录，于是用英文背诵毛主席语录便成为徐真华知青生活中的一门功课。无论是"文革"时期，还是在生活艰辛的苏北农村，先生们骨子里都有着对知识与学问不离不弃的追求，虽身处逆境，但对晚辈学子却毫不吝啬的指点，以及盘湾公社新沃大队乡亲们勤俭乐天的生活态度、宽厚包容的人格精神在徐真华的心中发酵，内化成一种力量，促使他下定决心，要把知青岁月铺垫成通向一个更广阔的外部世界的桥梁。

（二）苦乐的求学之旅

和大多数同龄知识分子一样，徐真华也是从工农兵学员成为一名大学生的。上大学的时候，他已经22岁了。那个年代选大学生，不像今天的高考。当时，考察的重点是能否和当地的农民劳动、生活在一起，有没有和贫下中农打成一片，这是能否顺利进入大学的重要指标。"我在苏北下乡的四年，每天都和他们'泡'在一起。过了这关，再经过大队、公社推荐到县里，上百名知青一起参加考试。"徐真华说，"当年广外（当时的广州外国语学院）在江苏招了18个人，其中17个是当地知青，只有我一个是从城市到苏北去插队的。"徐真华把顺利进入大学学习，归功于幸运，以及自己那篇写得还不错的考试作文。

皇天不负苦心人。1972年6月，徐真华经盘湾人民公社推荐，被广州外国语学院录取为该校首届工农兵学员。说起学习经历，徐真华最初的感受是，上了大学，生活开始变得安稳，而最重要的感受就是能吃饱饭了；再就是觉得自己很幸运，有了上大学的宝贵机会。"我当时就非常明确地告诫自己，一定要把书读好。"他说。

1972年9月至1975年6月，徐真华在广州外国语学院（以下简称"广外"）二系法语专业学习法语。他很喜欢广外的"原生态的乡村之美"，"可能是有学英语的底子吧，我学法语的时候，没有遇到太大的困难。"他回忆说，"那个时候，学生最怕听写了，譬如一篇两三百字的听写，大家普遍都会有二十几处拼写错误，但我一般很少会出错。"在徐真华的记忆中，他学法语最大的感受就是轻松和快乐，并不觉得学习是一种负担，这也成为他能够一直在法语这条路上走下去的重要原因。

其时，法语系师资力量雄厚，除以梁宗岱先生为代表的一批老一辈外国语言文学大家外，还有陆振轩、吴绪、毛凤仔、孙传才、马炳华、余耀南、李良裕、黄建华、程依荣、龚毓秀、梁启炎、杨元良等学养深厚的法国语言文学教学与研究的名家，以及余秀梅、赖其良、邓康生、林木悌、郎维忠、李万钧、邓翚、陈学吟、麦梅娟、金义端、李逢森、陈淑英、朱匡侯、夏家珍、谭菁华、黄庆昇、伍承典、王年远、陈齐欢、何德理、彭云清等爱岗敬业的优秀教师。强大的师资力量，加上英语基础比较好，徐真华的法语成绩在系里一直名列前茅。学习期间，徐真华先后担任了校团委学习部部长、校学生会宣传部部长等职，这也让他的组织能力和管理能力得到了一定的提升。正因如此，大学毕业前他就被提前选拔为出国留学的培养对象，待学成归国后再留校任教。1975年9月，他和北京外国语学院、上海外国语学院的几名同学一起，受国家教委委派，前往摩洛哥王国穆罕默德五世大学修读法语语言文学。"也就是那次留学为我们打下了比较好的法语基础（听、说、读、写），包括后来我回国当老师，都得益于这至关重要的两年。"徐真华说。

在国外留学的日子里，徐真华最大的感受是不同文化造就的不同的生活方式。作为曾是"法国保护国"的摩洛哥，既具有浓厚的阿拉伯风情，又兼备法国文化的气质。对于中国留学生来讲，除了中国的根文化和法国文化外，他在这里体会到第三种文化，即阿拉伯文化。"这段经历培养了我包容、宽厚的处事态度和多元的文化视角。"徐真华回忆到，"那个时候中国还比较封闭和贫困，人们的思想单一，穿着只有一种款式。摩洛哥尽管是伊斯兰教国家，但首都拉巴特已经比较开放。在我看来，那里人民的生活已经达到了小康状态，虽然贫富差距仍很明显，乡下的生活也比较苦，但城市居民已经过上了不错的日子。"

在国内学习时，徐真华的主要研究内容是18、19世纪比较传统的批判现实主义的法国文学作品，而到了国外，更多地接触到了20世纪一些作家的作品，他的兴趣也随之转向了现当代法国文学，因为这类作品更关注人存在的多种可能性，更具现代气息。"比如马尔罗，"他举例说，"我对他就很感兴趣，包括莫里亚克也是，所以10年后，当我再次前往法国留学时，马尔罗就成了我学位论文的研究对象。"

经过10年的教学和班主任生涯的实践，徐真华认识到自己在外语教学理论与法国语言文学理论研究方面的不足与局限，打算寻找一条适合自己成长与发展之路，于是决定二次出国，向法国驻华使馆申请赴法留学奖学金。1989—1990年，经学校批准，徐真华前往法国入读巴黎第三大学（新索邦大学）法语拉丁语语言文学系，攻读大学第三阶段文凭（DEA），其学位论文《论安德烈·马尔罗关于艺术形式的理论》以17分（总分20分）的成绩获得导师克里斯蒂娜·莫阿蒂教授的高度评价。

1994—1995年，徐真华获得加拿大政府奖学金，以高访学者的身份进入蒙特利尔大学魁北克研究中心工作一年。进修学习—教研实践—再进修学习—再教研实践的学习与工作路径让他受益匪浅。

1975—1995年间，三次出国留学的经历助他博学，催他多思。无论在北非、西欧还是北美，呈现在他视野中的是一种多元共存的文化形态。在摩洛哥王国，伊斯兰教的道德哲学与现代社会的文明相映成趣。一方面人们极力保护自己的宗教与文化传统，努力排斥世俗的纷扰，另一方面又积极分享着世俗文明的进步，在现代都市繁华的面纱下极力维系着穆斯林的主体性。在法国和加拿大，他领略了另一种多元、奔放的文化，那是一种崇尚变革、追求新奇、认同多元、接受异己，甚至包容颓废主义、嬉皮士运动等非主流意识的文化生态。然而，徐真华也认识到，当资本、商品和信息全球化流通成为现实的时候，不同族群之间的交流与碰撞有时会变得很无奈。那些为了生活而远走巴黎或蒙特利尔的北非移民、西非移民、亚洲移民，赚钱成为这个群体赖以立足生根的价值标准。种族意识、宗教信仰、根文化保护在融入与生存面前都无法充当价值取向的最终指导力量，分歧被遮蔽了，矛盾被掩盖了，作为一个社会人理应拥有的创造美好生活的平等机会或多或少被剥夺了，于是存在即合理，跨文化对话与理解受阻，承受不公平成为真实人生的必然命运。

摩洛哥、法国与加拿大的三次游学拓宽了徐真华的视野，使他对他者文化的关注，也从工具主义层面的兴趣转变成文化哲学层面的反思。

（三）严谨的师门传承

20世纪70年代，广外法语系有40多位法语教师，他们对学生就像对待家人一样，严谨治学、认真负责的态度，对徐真华的影响是潜移默化的，徐真华的博士生导师黄建华先生就是其中的代表，黄建华先生对徐真华做人与做学问的影响非常大。

黄建华先生待人诚恳、为人谦恭、博而后约、治学严谨、独树一帜、追求卓越的风格无不在徐真华身上留下深深的烙印。大学毕业后的40年，徐真华每工作七八年就会出国进修两年，从20世纪70年代到90年代，他被派往摩洛哥王国穆罕默德五世大学、巴黎新索邦大学、加拿大蒙特利尔大学进修，回国后跟随黄建华教授攻读博士学位，博士论文《新词与社会互动关系研究》2001年在法国出版。

1977—1988年，徐真华当了10年的班主任，在一、二年级的讲坛上舌耕不辍。天道酬勤，其间，广东省人民政府分别于1985年和1988年两次授予徐真华立功证书，肯定了徐真华在教书育人方面做出的贡献。这10年埋首书斋的另一项成果是，在教学实践中收集了低年级法语常见的口笔语错误表达1000余条，并逐一分类整理，对中国学生学习法语的特点、弱点与困难进行了认真、细致的研究，从词法、句法、修辞、语用、拼写、语音等不同角度分析错误的原因，并从中精选出200余条典型的错误例句编辑成书，后由台湾志一出版社出版。

导师无论在治学还是在治校方面对徐真华的影响都是深远的。从2000年开始，徐真华就从导师黄建华手中接过治校担子，开始担任广外校长。当时徐真华就表态："我的第一专业是治理好广外，第二专业才是法国语言文学。平时上班我以第一专业为主，寒暑假做第二专业。"他还曾对老师说："在广外，只要不违法，你在这里工作一定很愉快，我的责任就是为师生创造优良的工作、学习、生活环境和条件。"徐真华不仅说到，而且做到了，他以实际行动证明，无论是治学还是治校，都交出了满意的答卷。

（四）清雅的业余爱好

人或多或少都有自己的业余爱好，徐真华也不例外，他的业余爱好是非常广泛的，他的生活是充满情趣的。

徐真华对奇石、原木、竹子情有独钟。"花能解语还多事，石不能言最可人。"并不是每个人都能读懂石头，而徐真华对石头的解读却是入木三分的。他认为，人与自然休戚与共,自然的和谐状态就是最美的,因此,一个地方有山、有水、有树木、有竹子、有石头,本身就是一幅画、一首歌。正是由于他的这种独到的审美,使广外的校园更臻于完美而情趣盎然。记得在广外40周年校庆来临之际,学校决定修建文化广场,对于文化广场需要哪些元素,除了代表校训精神的中外名人雕像、代表中西文化交融的中式亭西式亭建筑、代表珍惜时光的日晷、代表对外贸易对外交往的航船之外,没有人能提出更完善的意见,而徐真华眼光独到,他认为,作为大学殿堂的文化广场,似乎还缺少了一些自然的元素。在他的建议下,设计部门完善了设计方案,终于在恰当的位置增加了"奇石""翠竹"的元素,这样,既增添了人与自然相映成趣的意境,又丰富了高等学府"坚毅""虚怀若谷"的深刻寓意。特别是那"翠竹",似乎在昭示学子:在人心不古、物欲横流的社会,能保持竹子的节气,不失为一种超然、脱俗。在师生经常漫步的文化广场种上两片竹林,真不失为一个奇特的创意和非凡的点睛之笔。

在广外大学城校区落成后,迎宾厅摆放什么物件成了一个难题的时候,徐真华建议可以考虑几案奇石。在后勤等部门的努力下,终于挑选了两件品味上乘的英石摆件,使迎宾厅充满雅趣。记得2010年徐真华离任后的秋季,他受邀前往广东英德出席"2010·中国英德·英石文化节"开幕式,笔者有幸陪同他前往。开幕式后,徐真华听说当地有一个专门从事英石开采的"英石村",并表示希望能实地去看看。就这样,我们一同深入村子,挨家挨户地观赏着这些最原生态的英石,他执着、投入的神态是那样的自然,一时间,他仿佛感悟到了"咫尺之内而瞻万里之遥,方寸之中乃辨千寻之峻"的绝妙意境,眼里看到的何止是小小的石头,更是多彩的自然、广袤的世界!临走的时候,徐真华选购了一块自命名为"江山多娇"的群山峻岭式的英石,很是喜欢。

徐真华喜欢大自然,更喜欢大自然原生态的样子,在他的家里看不到皮质类的家具,都是简朴的木制家具。他认为,简约的、原生态的,就是惬意的;一切过度的人为修饰都是多余的,没必要的。

徐真华业余时间还喜欢打乒乓球。据他的同事说,在整栋办公楼里难逢对手。夫妻的共同爱好则是欣赏音乐,徐真华透露,自己念念不忘的是江南丝竹、家乡的紫竹调——那种在喜庆节日时江南水乡普遍传唱的民乐。听听音乐、看看书,那种宁静致远的生活,是徐真华的挚爱。

2008年北京奥运会火炬手

二、执着探索，笃行教育家之使命

（一）作为法国文学研究专家，始终追求"对人性的关怀、对生命的热爱、对人之初心的悉心呵护"的至美境界

徐真华的人生实际上是一种让生命变得更美好的勇气、让学问深入骨髓的艺术。他生于无锡，历史悠久的江南文化赋予他笃实的人文土壤，而自学自强的家学底蕴则润泽了他儒雅祥和的气质，这些为他以后蜚声外语学界奠定了扎实的基础。

徐真华早期从事法语教学及语言学研究，兼及翻译，后来转向法国文学研究。虽然历经转换，但他在每个领域都做出了卓有成效的贡献。

在多年的教学实践中，徐真华积累了厚实的法语教学经验及心得体会，并细致整理分类，形成著作或论文，如专著《理论·模式·方法——外国语高教研究》《中国学生易犯的法文错误分析》，论文《用词造句要注意逻辑——法语病句分析举例》《对外国语言教学与研究中几个问题的思考》《外语基础教学三题》《试论文学教材与外语学习的关系》《法语精读课教材的注释原则》《教材练习问题随想》等。这些著述为国内的法语教学提供了鲜活的实践案例，具有重要的教学参考价值。

在教学的同时，徐真华致力于应用语言学及社会语言学研究，尤其关注法语和汉语新词产生的社会现象研究。他用法文撰写的专著《新词与社会互动关系研究》在法国由L'Harmattan出版。此外，他还陆续用法语或中文撰写了《言语行为中的新词》《广州地区的多语混用与社会语言学》《从广州年轻人的语言态度看语言与社会的互动关系》《法语汉化现象浅析》《语言与文化——从诗与歌看法国的俚语俗语》等大量具有重要学术价值的论文，并相继发表于《现代外语》《外语教学与研究》《法国研究》等国内语言类权威期刊或文学文化类期刊上，在语言学界反响强烈，并数次获得广东省社会科学优秀成果奖。他提倡交际过程中关注本土语言与外来语言的"语码转换、形式混合、语言变体、普通话、方言和外来语夹杂等现象"，而不同语言的交互使用必然产生基于多种语言合体的新词。

徐真华关注语言背后的文化现象对语言流变产生的影响。他对广州地区年轻大学生的语言使用进行实地调查，得出结论，认为"处于同一文化背景的各种区域语言及其相应的语言变体，与具有不同文化特点的不同语言体系一样，它们在相互接触时面临的不只是一个理解言语行为的问题，它们还要面对如何做出言语行为的问题"。他还以法语诗歌为例，通过对诗歌韵律的研究，从而考量得出结论："事实

上语言学研究的终极目的就是应用,就是通过揭示语言发展的历史规律、社会规律、心理规律和应用规律,教会人们怎样更合理、更有效、更得体地使用各种文化背景中的各种层次上的语言,在逐渐被信息高速公路连成一体的现代文明社会里,协力建造和平、发展、繁荣的通天塔。"

徐真华语言研究的著述及观点引起法语学界人士的关注,其观点也常常被学者引用。语言是文学、文化的载体,也正是对语言及其研究的开放态度,使得他在日后的文学及文学批评研究中,能透过文字细致挖掘创作者的心灵本质,把握他们的创作温度,更显得心应手。徐真华在语言研究的间歇还进行法汉或汉法翻译,早年所译法国知名作家的短篇如《泡泡》《西格弗里德情话》等在国内重要学术期刊《外国文学》上发表。因其笃厚的中国传统文学底蕴和扎实过硬的外语功夫,徐真华的译作文字优美、表达典雅,不啻对原作者的体贴和致敬。

以外语教学和应用语言学为研究起点,徐真华在探究语言领域的同时,也探究语言所承载的上层建筑——文学和文化问题,亦即作为语言的精神家园的文学的生命本质问题。徐真华在几十年的法语语言文学教学中,发现"一本书只有当它对人类和世界提出疑问时,或者说,只有当它能把心灵世界、现实世界和形式世界结合起来时,才具有生命力"。因此,他从语言的樊篱中走出来,对文学、文学史及文学批评进行了追踪溯源式的描述、探寻和阐释。文学作为一种"已存在经验",可以囊括人类思想的基本元素。具体到研究对象,徐真华以法国文学为切入点,条分缕析地解读了作者与文本之想说与已说,综合分析作者生平经历和社会文化带给他们的创作影响,从字里行间解读文本中隐逸的人生思考,系统总结特定历史时期作家及其文学作品背后所隐藏的哲学脉络。他的研究让文学的光华在岁月的流沙中慢慢展现,让哲学的品格于优美的文字之间细细流淌,显得纯粹而有力度。

徐真华的文学研究及批评大致经历了三个阶段:早期的文本阐释,中期文学批评中哲学品格的形成,后期文学研究中"意识"的透视。早期文学批评著述如:《评帕尼奥尔的〈窦巴兹〉》《试论安德烈·布鲁希的文学批评观》《雨果、缪塞、乔治·桑——浪漫主义文学大师的感情世界》《深情的土地——试评〈陈尸台〉的艺术特色》《自由解放的悲壮颂歌——〈愤怒的囚徒〉简评》等。这些文学批评透过细致剖析文本所再现的历史画面,搭建了读者与作品之间融通的桥梁,让读者能轻而易举地走进创作者的内心世界,感受作者们对过往的情结、对旧日光阴的恋恋不舍,也让读者轻易感知到某个时代所传递的灵魂,从历史中得到生活的启示。就像徐真华所言:"读完这本小说,你也许会掩卷而思,从人类历史的往昔想到人类历史的今天乃至未来,你会感到小说记叙的一切尽管已经成为历史的陈迹,但它依然同我们息息相关,我们依然可以从中得到教益,吸取力量。"在审慎评析的时候,徐真华也深知文本必然有它的局限,而且作者已经述说的必然大于他想说的,所以他善于从作者写作的局限性中走出来,透视文本之外的言说意义,捕捉社会背景、人物境遇及文化承载所赋予的价值内涵,而给予读者某种情节之外的想象灵感。

是的，看起来这一切都很平常，然而，对于文学批评者来说，这是一个历险而艰辛的过程，并不亚于对作品的二次创作。文本作者的心思是复杂的，文字背后的隐喻更是真真假假，稍有不慎就会被作者时不时设下的迷局所蒙蔽。这就需要评论家们细致地阅读、清晰地梳理、智慧地取舍、巧妙地对接，甚至要能从繁芜的话语逻辑中剥离冗余信息，呈现那些关键思想，能做到这些的确难能可贵，但对于徐真华，这是再正常不过的学术功夫。

正是这样扎实的学术功底，使他能轻易将研究从早期对文本的细读阐释迅速跃升至构建文学的哲学品格的高度，这是徐真华文学批评的第二个时期，也是形成他独特的文学宗旨的重要时期。从《文学的嬗变——20世纪法国文学辩证》《文学批评与文学创新》等著述到《独立鲜活的文学品格》《米兰·昆德拉：小说是关于存在的诗性之思》等一系列发表于《外国文学研究》《学术研究》一类权威期刊或其他集子中的论文，更是确立了他对于文学批评的基本理念。其专著《20世纪法国文学回顾：文学与哲学的双重品格》（与黄建华先生合作），是徐真华在该时期文学思想的主要集成。此著作传递给读者这样的信息：文学的存在不仅仅是文艺的一个门类，也是一种哲学精神，是作者通过文字在精神世界对所存在的世界与读者达成的共鸣或者给予读者的启示。这种共鸣或启示不但引发读者对世界、对命运、对生死、对爱恨、对价值观的新认识，它们也寄予了对现存文学的精神状态进行哲学改造的期望。

正是通过这样理性而磊落的哲学思考，徐真华将文学从作者、文本到读者这一单纯的批评阐释过程中抽检出来，用多元化的学术视角保留了文学面对世界的全貌，并凸现了哲学对于文学的价值。尤其是处于中西方文化交流的关键时期，提炼并呈现中西方文学的哲学碰撞是文学批评者必备的功课，在这一点上，徐真华有他独到的见解。他在"外国语言文学系列丛书"出版序言中写道："要了解古希腊、古埃及、古印度、古巴比伦文明的历史，要感受罗马帝国的辉煌和文艺复兴的灿烂，要领略工业革命和西方哲学的魅力，要把握当前国际社会发展的律动和人类进步的脉搏，外国语言文学仍然是一种十分重要且必不可少的工具、载体和媒介。"的确，一本书也好，一种思想也好，它们都或多或少反映那个时代的脉搏，从某种意义上说，文学与哲学的灵魂是同步的。文学不计代价，为着那一季人世间的精神风貌而倾其所有地绽放，哲学则将它们的华丽影像抽检出来升华为永恒。人，终究会老去，但，思想之花永不凋零。徐真华对文学的追问，孜孜不倦，孜孜以求，当他抽丝剥茧地提炼文学的哲学思考时，发现文学阐释体现在哲学的最高境界就是人道主义。

因此，对于"人"的存在、人性意识的重构，成为徐真华文学批评第三个时期的重要内容。徐真华认为哲学的终极目的是"对生命的尊重，对存在的诘问，对爱情的向往，对自由的憧憬"。每个思想火花的本质都是将人性置于至高无上的位置,《论马尔罗的艺术形式理论》《让-保罗·萨特：存在文学与自由追寻》《跨越时空的人性光芒——莫里亚克对现代女性意识的重构》《传统精神与现代视野》《叩问杜拉斯：孤独美学的另一种绝唱》等论文相继问世，尤其是发表于台湾辅仁大学《哲学与文化》期刊上的《跨越时空的人性光芒——莫里亚克对现代女性意识的重构》，在流畅清丽的文字背后是对人性的关怀、对生命本质的热爱、对人之初心的悉心呵护。这让我们看到的不仅仅是一位学者，更是一位使者，以一颗虔诚之心和坚韧的勇气，铺出一条现代理性与传统理性完美结合的文学"人本"之路。是的，文学精神的终极目标是关怀人性，是人之为人的本性。然而，从人类学角度看，人的本性与大自然的天性是和谐统一的还是存在二律背反的可能？徐真华告诉我们："人生活在这个由类主体组成的世界上，他不应该是孤立的，而应该与客体在一起，与其他主体在一起。这种主体间性的相互作用构成个体自由的大背景。"

在此，徐真华为我们树立了榜样，人性与自然要达成和解。在人性面前，自然是敦厚的孩子；而在自然面前，人性只要历经苦难，依存自然，创造个性，坚守初心，那么"伟大的生命，纯朴的关怀"就从来不会缺席。记得徐真华曾经说过"立足平凡，追求卓越"，虽然这是他对现代大学生的谆谆教诲，但又何尝不是他警醒自己的座右铭？现代社会，各色文学，粉墨登场，红尘滚滚，犹如痴客，都对这人间悲欢异常"脉脉情深"。然而，谁又知"风过红尘"后哪些文字更值得我们挽留？所幸，还有徐真华这样纯粹的学者在默默耕耘，精挑细选，只为浪里淘沙，让经典再现。

20世纪90年代是徐真华学术研究的第一个产出期，在导师黄建华先生的鼓励与帮助下，他先后完成了《理性与非理性——20世纪法国文学主流》《法汉新词与社会互动关系研究》《理论·模式·方法——外国语高教研究》等一批学术著作。他的论文《马尔罗研究》也于1999年被中共广东省委宣传部评为广东省第六次社会科学成果三等奖。《理性与非理性——20世纪法国文学主流》被国务院学位办遴选为研究生教学推荐用书。由于法语教学的体量较英语教学小得多，20世纪八九十年代成长起来的青年学者，大都文学、语言学兼修。徐真华的法国文学研究重视小说家在哲学层面上对人的存在和文学创作的审美思考，关注文学流派与文学文本对生命的有限与无限，对非理性与潜意识，对荒诞与孤独，对形式创造，对人性善恶的挖掘与批评，追求富有玄理深度的诗性表述，于是学界也有论者把他归入"文化哲学"类批评者之列。他的法语语言学研究始于1995年，其时比较语言学在中国外语学界复兴不久。作为黄建华先生的入门弟子，攻读广外国家级重点学科"外国语言学及应用语言学研究中心"的应用语言学博士学位，比较语言学的视野与研究方法拓宽了他的研究领域。毋庸置疑，一个国家或民族的语言，在封闭、保守的环境里只能停滞不前，而经济全球化的大趋势，信息与不同文化的交流与互动使得汉语和法语都得以蓬勃发展。事实上，吸收其他民族丰富多彩的语言与文化已成为发达国家语言政策中的一种常态。这促使徐真华把研究的重点放在现时鲜活的语言上面。

研究中国社会改革开放以来新词的结构、形态、功能及其与社会、文化、经济、科技进步的互动因素,并对中法两国语言变化发展的状况开展共时性交叉研究,徐真华的博士学位论文《法汉新词与社会互动关系研究》正是这一学术考量的结果,尔后法语版经由巴黎新索邦大学著名社会学家 Desjeux 教授的推荐,由法国 L'Harmattan 在巴黎出版。

1995 年,广州外国语学院与广州对外贸易学院合并组建成广东外语外贸大学,两校先前已分别从教育部和国家外经贸部下放至由广东省人民政府管理。同年 6 月,徐真华受命担任新大学首任教务处处长。1997 年,他把从教 20 余年来就外语教学撰写的论文结集出版,书名为《理论·模式·方法——外国语高教研究》。关于外语教学的理论与实践,前人已有不少著述,但以宏观研究为多,而徐真华结合自己的教学实践,主要以微观的角度对法语教学实践中的若干基本问题做了探索性的理论梳理与思考,这在全国的法语教育界产生了积极影响。

徐真华自忖资质平常,故笃信"笨鸟先飞早入林"的祖述。一次友人来访,闲谈中友人问他的儿子明涛:"你小时候对你爸印象最深的是什么?"明涛答道:"暑假里,我爸总光着膀子,坐在书桌前不是看书就是写字,那时家里还没有空调,我看着汗水从爸的脊背上淌下来,沾湿了整个裤腰。"友人叹曰:家风如斯,竖子可教。徐真华认为,知识的海洋茫无边际,学术研究更无捷径,勤奋是学者的必修课,也是学者必须坚守的底线。繁忙的行政工作之余,他始终不忘初心,始终把自己的身份定位于"承担着重大领导责任的教师",对学问的追求成为他毕生坚持的学术志向,早已融入他的血脉,不需要记起,也决不会忘记。21 世纪以来,他主持(含联合主持)了教育部高等学校外语专业面向 21 世纪课程体系和课程内容改革项目"法国文学导读——从中世纪到 21 世纪",广东省普通高校人文社会科学研究重点项目"20 世纪法国小说的'存在'观照",广东省"211 工程"三期重点学科建设项目"全球化背景下的外国语言文学研究"等三个比较重要的课题。第一项研究成果于 2006 年由上海外语教育出版社出版,后经严格评审,先后入选教育部普通高等教育"十一五""十二五"国家级规划教材,被国内 30 余所大学采用为本科生高年级法国文学教学用书。第二项研究成果于 2011 年由暨南大学出版社出版,翌年即获得广东省哲学社会科学优秀成果著作类三等奖。第三项研究成果,课题结项获评优秀,从 2011 年开始陆续由上海外语教育出版社出版由徐真华本人主编的系列专著 25 本。

(二)作为教育家——始终以不断探索"现代大学的本真"为己任

1. 在国内率先提出高等教育的使命是"培养全球化高素质公民"

1998 年,联合国召开世界第一届高等教育大会,对高等教育的培养目标提出了两个很重要的概念：一是大学要培养高素质的学生；二是大学要培养负责任的公民。这两句话中最重要的核心是公民，两个形容词确定了公民的品格与特色，这就是高素质、负责任。一定的培养目标产生于一定的使命追求，产生于一定的培养理念，产生于一定的价值判断。

21世纪的教育，包括高等教育，不是一种目的，也不再是社会上一小部分精英人士享有的特权，而是每一个人生命历程中一个必需的阶段和经历。作为学生的导师，作为高等学校的管理者，我们的职责是向学生指引一条道路，一条通向具有意义和创造力的道路，而这条道路的入口，唯有学生通过自己的思考和努力才能找到。

世界著名高校乃至一些发达国家社区学院的使命追求、价值判断及治校理念，代表了当今全球化背景下高等教育的发展主流，是欧美高等教育的共同特征。在人才培养层面上，他们强调普遍的公民意识、公民品质和领导素养，这样培养出来的学生想象力丰富，富有质疑精神，充满自信、勇于创新，能适应不同人文环境和条件的工作要求。

从这一意义上看，广外追求的办学目标和基本价值与发达国家大学的教育理念是非常接近的。徐真华认为，现代高等教育，人才培养的核心理念是塑造学生将知识、能力和素质三者统一，即不仅要使学生有知识、有能力、会做事，更重要的是会做人，要把学生培养成有社会责任感、有历史担当的高素质公民。因此，早在2003年，广外就提出高等教育的目标是培养高素质公民，高素质的主要内涵：有理想、有道德、有文化、有纪律。高素质公民能够进行内省并不断自我修正、提高，使自身内在性格、气质、意志、心理、欲望等达到和谐统一。2007年底，广外又提出了"培养全球化高素质公民"的目标。徐真华认为，全球化背景下，大学要告别功利、浮躁和轻慢，致力于培养全球化高素质公民。

徐真华强调，全球化高素质公民的内涵可以用"中国灵魂、世界胸怀、现代意识"十二个字来表述，它包含了人与自我、人与国家、人与世界三个命题。首先，大学生要追求自我完善，务求"格物、致知、诚意、正心"，修身自持，赋予个体生命的实际意义。其次，大学生要理性爱国，正确理解与认同传统文化，自觉参与现代中国社会——文化转型进程。最后，大学生要用全人类的眼光而非仅仅用单一国家民族的眼光关注诸如气候变化、核扩散等世界性难题，不断提高跨文化交际能力，具有独立的品格和开放的心态。这样的大学毕业生，具有正确的价值取向，富有爱心，有社会责任感，遵守公共准则，富有理性批判精神，善于处理人与人之间的关系，他们的生命是多维度的，他们的视野是超越的，他们的发展具有多种可能性。

徐真华认为，即使是我国的高水平大学，比如"985""211"大学，其中有一部分对大学使命的认识过于狭窄，对人才培养目标的设定带有浓厚的技术化、工具理性主义的倾向，对高等教育的价值追求没有摆脱功利主义的羁绊，当然也就缺少了"形而上"的思考与超越。他认为,高等教育的本质,不像我们国内教育界的"泰山北斗"们所主张的那样,是培养能改变世界的大师,是培养能获得诺贝尔奖的天才,或者是培养能引领经济社会发展的领袖,不是的,至少,不纯粹如此。国外一流大学很少把这样层次的技术指标定为自己的办学目标。如哈佛大学的办学理念:与柏拉图为友,与亚里士多德为友,与真理为友。耶鲁大学的治学理想:真理和光明。斯坦福大学的学术追求:让学术自由之风劲吹。日本早稻田大学的价值判断:学问独立,培养模范国民。他们大多数的校长更认可下面这些观念:让每块金子都闪光;让每个学生都懂得做人的尊严;让学生成为对这个社会负责任的高素质公民。徐真华认为,教育的发展,学术的进步,文明的演变,历来不是由那些很高的"目标"引领的,教育的本质是什么?是把每一个学生都培养成高素质、负责任的公民。为此,教育的领导者、管理者要做的第一件事情,就是培育帮助学生成长成才、成人的健康的土壤,而这其中的制度规范、组织文化、教师团队、人文与科学素养会起到决定性的导向作用。

当时,有的同志对"全球化高素质公民"这一提法心存疑虑,主张把"全球化"改为"国际视野"。也有的同志担心"公民"的培养目标与《中国高等教育法》中"培养社会主义事业的建设者和接班人"的提法相悖。徐真华认为,有这些不同的想法很正常,说明这些同志是动了脑筋的,他们想完善我们的理念和提法,减少政策层面上的障碍。他认为,"国际视野"这个提法固然很不错,但是作为大学承担的使命,这个提法太过于具体,过于狭窄,反而不好操作。大凡纲领性、指导性的思想口号,宜粗不宜细,粗一点、宽泛一点,解释的空间也大一点。比如对"全球化"的诠释,从教育的层面上来讲,广外要求学生做"全球化高素质公民",主要是指培养学生具有一定的跨文化沟通能力和宽阔的视野,培养他们具有一定的领导素养和协调组织能力,引导他们熟悉国际相关领域的规则与惯例,熟悉国际礼仪,熟悉不同国家和种族的社会习俗,这样解释就容易被接受。学生有了富有弹性的思维能力,有了瞄向国际的视野,有了较强的跨文化沟通能力,就不会仅限于只知道"广东菜好吃",还会知道"世界上还有很多各具特色的名菜珍肴",那也是人家的国粹。学生不能只知道有马克思主义,有中国特色社会主义,还得知道黑格尔、萨特、海德格尔、德里达等现代哲学大师。学生不能只知道唯物主义和辩证法,也得了解唯心主义和形而上学。这时候学生会发现,迄今为止的世界文明史、人类文明成果中有相当一部分还是唯心主义大师和形而上学的理论家们创造或贡献的!

这个提法与《中国高等教育法》的提法不完全相悖,广外这个提法是服务、服从于这个总的目标的,学生有了适应全球化需要的基本的知识、能力和素养,才能更好地肩负起"建设者"和"接班人"的重任。中国人不能仅居于960万平方公里的土地上,得"走出去",得以"全球化高素质公民"的身份"走出去",为中国特色社会主义事业贡献自己的力量,若学生胸怀"全球化高素质公民"的志向,就能做得更好。

徐真华认为，公民教育是一种先进的教育理念，当前社会上普遍缺乏公民意识。公民教育要从国情出发，要自上而下，国家要有相关法律规定，教育目标就是要培养能为国家、为人类贡献智慧和才能的高素质公民。围绕这个目标要有实施细则，慢慢就可以改善。公民教育的作用是潜移默化的，是在不知不觉中体现出来的。

徐真华介绍，为了培养学生的公民意识和民主管理意识，广外建立了学生跟校长喝咖啡、喝下午茶的对话机制。学校宣传部门出公告，要"招投标"，学生首先要搜集整理校园生活、学习等方面的问题，形成书面文字提交给相关部门，经过筛选，学校会选出有思想、有见地的学生作为代表，跟校级领导进行面对面交流。很多学生成为代表后，还有一个民主召集人的身份，除了自己提意见以外，还要搜集班级、年级同学的意见。这种活动每学期举办一次，已经形成制度化的东西。通过校级最高领导和学生直通的交流渠道，实现了信息无损耗的沟通，解决了很多问题。

此外，广外还建立了学生勤工俭学的实践基地，把"云山咖啡屋""云山健身房""云山书屋"等20多个小微经营实体交给学生自己来做，培养他们的独立能力和创业意识。

2．在高等教育浮躁的背景下坚持集中力量优先办好本科教育这个根本不动摇

徐真华认为，国内外重点大学尤其是世界一流大学，之所以闻名于世，大都有一流的本科教育。北大、清华就有全国最优秀的本科生源和最高水准的本科教育。扩招后，广外本科生规模大幅扩增，目前基本保持两万人规模。因此，学校强调本科教育的基础地位不能动摇，只能巩固；不能弱化，只能强化；要集中力量优先办好本科教育，建设优秀本科大学。当然，这并不是说增加学科、专业，申报博士、硕士点不重要。只有夯实了本科教育基础，才谈得上有高水平的科学研究、学科建设和研究生教育。

在不少大学都投入最多的资源增加博士、硕士点的热潮中，徐真华屹立于潮头，头脑如此清醒，力排众议提出加倍努力办好本科教育，这是他的远见卓识，也体现了他对国家负责任的胸怀。

2001年，广外提出办学以教师为本，即以教师的发展为本；教学以学生为本，即以学生的成长为本的思想。在这一思想的指导下，全校展开了"广外发展，路在何方"的大讨论。年底，学校召开了发展战略研讨会，徐真华与学校班子认真研究了广外的教学、科研以及管理工作现状，一方面力推"五项改革"，另一方面提出了"优先建设广外优秀本科教育，打造优秀本科大学大学"的主张，并相继出台了一系列关于加快引进与培养人才，强化学科、专业建设的文件。但是，这个口号一经提出，便遭到部分教授的反对，有人认为，广外早已是教学研究型大学，现在提"打造优秀本科大学"是否有"自降校格之嫌"。

徐真华认为,学校班子审时度势,提出"打造优秀本科大学"的目标,不但不会降校格,反而是提振校格、提升教学质量、改善广外品牌与形象的一个非常重要且十分必要的举措。这一想法与举措,得到当时一道在省教育厅开会的中山大学校长黄达人先生的充分肯定。黄达人先生"点评"道:"徐校长今天的发言是我最感兴趣的一个发言,办好本科,创办优秀的本科是教育的根本,是大学教育的使命所在。我听惯了不少校长妄自尊大、盲目自我拔高、不切实际的一些口号,今天徐校长'降低'身段,从基础抓起,给广外一个实事求是的定位,我非常赞赏。"

经过全校师生的努力,2003年秋,广外在教育部本科教育工作水平评估中取得了"优秀"等级。广外"专业教学与外语教学融合,培养国际通用型高素质人才"的培养特色也得到了教育部评估专家组的高度评价。

3. 率先倡导并实践"大学首先要培养学生的思维方式与思维能力"

谈到高校办学,徐真华说:"我个人比较推崇规范治校、差异化发展的办学理念。"什么是规范治校?最高的规范就是按世界高等教育的普遍规律办教育,因此办学的主导者必须更具国际视野,更重国际标准。

什么是差异化发展?徐真华认为,差异化就是特色,特色就是质量。差异化首先要突破统一教学模式、统一评价模式、统一管理模式的桎梏,根据不同的大学类别、不同的专业特点,设计差异化的人才培养计划。大学毕竟不是职业培训机构,大学的要旨首先是培养人的思维方式与思维能力,对学生来讲,大学生活首先是一种精神历练。

徐真华说:"我有一些担忧,中国社会发展到今天,政策支持技能型大学的发展是无可厚非的,但在培养应用型人才的同时,尤其不能忽视人文素质教育。高等教育的任务是培养人,技能和应用是第二位的,关键是培养人的思维方式和思维能力,如何看待社会和自己,拥有怎样的世界观和价值观,这比技能更重要。现代社会在发展,高校培养的人才应该既脚踏实地又仰望星空。人不能变成工具,人是有思想、有精神追求的,从这个意义上讲,人文教育也许比掌握某项技能更重要。"

4. 大力倡导大学的生存之道在于它鲜明的办学特色

徐真华认为,大学必须有自己的特色,这在某种意义上也是一所大学存在的理由。广外的特色就是注重跨文化交际的研究和实践能力的培养,注重打造专业教学、外语教学与信息技术教学融合互补的优势。广外培养的学生,在专业方面不一定比名牌大学的强,但在跨文化沟通方面、在自主学习的能力方面或许应该比他们更胜一筹。这样,广外的"产品"就有了独特的市场,学校就有了自己的生存空间,也就有了自己存在的价值。从这种意义上说,办学特色就是办学质量,是高校生存、发展的生命线。

2006年8月,在广外发展战略研讨会上,徐真华首次系统阐述广外为什么要走自己独特的办学路子。他说:"广外不可能按照北外、上外的路子来走,他们的规模仅是我们的三分之一甚至四分之一,他们的专业结构也相对单一,他们基本上还处在精英教育的轨道上。广外也不可能走中大、华南师范的发展路子，根据办学传统和专业结构，广外走大而全的综合化路子不可取。广外跟它们都不一样，它应该是唯一的，应该是不可替代的。要做到唯一，要做到不可替代，它就必须有自己的办学特色，有自己别具一格的形象和风格，这个特色就是作为一所人文社科类大学所强化的'专业教学与外语教育融合，培养双高（思想素质高、专业水平高）、两强（外语实践能力强、信息技术运用能力强），具有国际视野和创新意识、能直接参与国际合作和竞争的国际通用型人才'的办学特色。这个形象就是'应用型、国际化'，就是'立足平凡，追求卓越'的高素质公民，就是'明德尚行，学贯中西'的广外品牌。"由于广外是省属重点大学，生源以广东省内为主，在生源质量上既比不上北外、上外，也比不上同在广州的中山大学等部属院校。但徐真华坚信：广外可以"用标准面粉蒸出精面馒头"，这条捷径就是"应用型、国际化"。徐真华强调，经济全球化是一种趋势，必须主动去适应，作为高校则必须主动参与到国际高等教育标准框架和游戏规则的构建之中去，而不是回避，更不是拒绝。同时我们又必须认真对待高等教育国际化过程中出现的问题，坚持平等竞争、双赢互利、以我为主的原则。对一所大学来说，国际化首先是把握更多的国际合作机遇，通过交流与合作来壮大自己。

广外不仅生源质量高，毕业生就业率也高，一直保持在99%左右，即便是2008年和2009年受国际金融危机的冲击，就业率仍然分别保持在98.52%和97.78%，居全省高校前列，呈现就业率高、就业层次高、就业满意度高等"三高"特点。在广州历届的广交会上，广外培养的"学生翻译"占广交会学生翻译的半壁江山，成了广交会最抢手的品牌。

广外以其办学特色和口碑被《南方日报》《羊城晚报》等广东省主流媒体誉为"省内四大名校"之一。这恰恰印证了徐真华倡导的"用标准面粉蒸出精面馒头"论断的正确，彰显了"应用型、国际化"广外鲜明办学特色的强大生命力。

5. 对建设"双一流"大学必须呈现不一样的高水平的独特见解

建设"双一流"大学的顶层设计往往起着具有决定意义的导向作用。"双一流"的标准是什么？徐真华认为，至少它不应该再是高水平大学的领导们追捧的"科研GDP"，以"项目、论文、获奖"为"高标准"的标志。

"双一流"必须呈现不一样的高水平：

在学生的层面上，应该推行"培养公民，造就精英"的人才培养目标。

在教师的层面上，应该缔造一大批各个不同学科在国际学术领域有影响力的领军人物。

在教育管理层面上，应该建设良好的学术生态，力促制度创新、体制机制创新，在数字化时代、智能创造时代参与对全球高等教育规律、规则的讨论与决策，争取高等教育全球治理的话语权。由于高等教育的科学规律也一定有其阶段性的局限，因此校长、教授们对于当下高等教育有哪些新的发展规律也需要再研究、再发现。

在理论创新层面上，应该重视对具有普遍价值或独创意义的框架性理论的培育，在自然科学、人文科学和社会科学的不同领域发出中国声音。

（三）作为教育改革家，一路唱响"高等教育改革"主旋律

从 20 世纪 90 年代至今，是中国高等教育大变革和跨越式发展的时期，全国经历了大规模的高等学校的调整与合并，经历了随之而来的以增加校园面积和学生规模为主要内容的"扩招"。从此，高等教育以规模、质量、效益兼顾的姿态从精英教育时代逐渐步入大众化教育时代。正是在这样一种大变革的氛围下，中国涌现出一大批教育改革家和思想家，徐真华就是其中之一。

从广外发展史看，进入 21 世纪以后广外获得了快速健康发展，这主要得益于徐真华执掌校政以来（2000—2010 年）打下的坚实基础。出任广外校长之初，徐真华面临着学校发展的重重困难和诸多挑战，主要包括来自高校间竞争的压力、学科建设上水平的压力、扩招后师资与硬件的压力、内部管理体制掣肘的压力和建立现代大学制度的压力等。改革难，不改革更难，只有改革才能走出困境。徐真华以一位教育改革家的胆识和勇气，带领学校领导团队，勇敢地担负起广外改革发展的担子，从而形成了"广外现象""广外模式"。

2002 年 6 月 14 日，《人民日报》第六版以《高就业率的背后——记广东外语外贸大学》为题对广外由于深化改革所取得的成绩进行了深入报道；2008 年 6 月 13 日，《光明日报》以《一位大学校长的改革观》为题对徐真华的改革观点和改革实践进行了长篇报道。广外之所以为社会广泛认可，并形成"广外现象"和"广外模式"，其原因固然是多方面的，但最根本最直接的原因是作为一校之长的徐真华有一套明晰的、被广大教师所接受的发展思路，有被实践检验而公认为适合当今高等教育发展需求的教育思想和与之相配套的一系列改革实践。归结起来，徐真华的教育改革实践突出地表现在以下六大方面。

1. 高等教育要有世界眼光，要在改革中寻找出路

徐真华本质上首先是一位教育改革家。2003 年 1 月，在广东佛冈召开的广外发展战略研讨会上，他在回顾总结过去办学经验的基础上，首次提出高等教育必须做到"三坚持，两适应"，即"坚持党的领导，坚持社会主义的办学方向，坚持求真务实的思想作风和工作作风；主动适应高等教育发展的自身规律，把学科建设放在学校各项工作的首位，主动适应当下中国经济社会快速转型的发展规律，培养复合型、国际化的人才"。2007 年 1 月，在广东花都召开的广外发展战略研讨会上他再次强调这一观点，并进一步阐述，要达到建设高水平教学研究型大学的办学目标，"我们的每一位干部必须树立这样一种意识：要站在中国高等教育发展的大背景中乃至站在世界高等教育的大背景中来谋划广外的学科建设和发展思路，也就是我常说的要跳出广外去看广外"。正是在这样一种思想的指导下，广外推行了两次

深入而持续的改革。

第一次是2001年学校大刀阔斧地实施了教学科研架构调整、非学历教育管理体制改革、校内分配制度改革、校内人事制度改革、后勤社会化改革五项内部管理体制改革。改革的驱动力是探索怎样在规模扩张的背景下，建设优秀的本科大学？于是在人事、分配、专业建设、行政管理领域革除积弊、摒弃沉疴便成了众望所归。这场改革使广外在三个方面从根本上得到扭转：一是从根本上扭转了教师心向办班、心向创收的局面，使教师真正回归书斋，回归教书育人和科学研究的本位；二是从根本上破除了各自为政、搞创收的"山头主义"现象，使大学真正回归到"全校一盘棋"的集体主义格局；三是从根本上改变了热衷于各自创收的"诸侯经济"所造成的财务混乱局面，从源头上遏制了有可能出现的体制外运行小金库的现象，避免了经济上可能出现的差错和失误。这场改革取得了积极的成果，主要表现在："专业教学和外语教学融合，培养国际通用型高素质人才"的办学特色初步形成；广外作为优质教育资源首批进驻广州大学城；本科教学质量逆势上扬。

在改革取得阶段性成果的时候，徐真华又审时度势，于2005年春适时提出了"新五项改革"，即深化教学科研管理体制改革，深化人事制度改革，深化教学管理与人才培养模式改革，深化分配制度改革，深化后勤社会化改革，并将中层行政领导干部届中调整贯穿其中。这是广外进行的第二次校内管理体制改革，改革的重点是理顺校院两级管理体制。这次改革，实现了两个转变：一是从规模扩张到内涵发展的转变；二是从行政话语导向到学术话语导向的转变。特别是在人事体制改革方面，启动了广外有史以来的第一次干部届中调整，校内外公开招聘院长。"此次公开招聘，二级学院正副职领导调整面达58.1%，其中招聘校外人员担任二级学院院长3人；调整后，学校二级学院领导的年龄结构和学历结构得到了进一步优化。"更重要的是，通过这次公开招聘，建立了一种能上能下的用人新机制，给愿意为学校发展贡献力量的教师提供了新的平台。此外，从徐真华反复强调的"我们必须改革，不改革，我们就没有出路，我们没有其他的选择""我们等待不起，我们没有时间等待"等，均清晰地勾画出他执掌广外"帅印"十年迫切推进改革与发展的这一主线。

徐真华既是教育改革的思想者、策划者，更是教育改革的推行者、实践者，他一步一个脚印，引领广外通过改革创新之举，攀登学校建设的新高度。

2. 理清学校定位和发展思路是高等教育改革的首要选项

关于高等学校的建设是步别人的后尘还是应该有自身的明确定位和发展思路，一直是个争论不休的问题。徐真华主张，高等教育应当遵循高等教育发展的自身规律，应该遵循当下中国经济社会快速转型的发展规律，并在此框架下审视和明确自身的办学定位和发展思路。如前所述，广外是一所合并院校，最初的学科门类较为单一，只有文学和经济学两大类，起初大家对建设一所怎么样的广外，在认识上是不够清晰的，直到2001年7月学校第一次党代会的召开，才正式提出了"建设全国一流涉外型大学"的目标。2003年1月,徐真华系统地就合并办学,近年来逐步形成的,能体现广外当前办学理念、思路、模式、方法、优势、特色的思想和观点进行全面梳理,从而明确了广外的办学理念,即大学作为人类社会中知识生产与传播的主要基地,作为先进文化的重要源泉,作为培养学生健康人格及创新思维的熔炉,应该崇尚自由的学术思想、理性的批判意识;应该追求兼收并蓄的学术胸怀、独立自主的治学态度;应该确立科学精神和人文精神的主导地位。学校定位:外语优势突出,专业特色鲜明,综合实力和整体水平在同类大学中具有国内一流水平,部分学科在国际上有一定影响的人文社科类重点大学。发展思路:内抓管理,外谋发展。2007年1月,徐真华再次就学校的定位、理念、战略、思路、目标、模式和办学特色等事关学校旗帜性的事项进行了归纳和升华,至此,一幅立体的广外发展蓝图基本绘就。

学校定位确定了,那么,靠谁来保证高质量的本科教学,靠谁来提升规模扩张后的教学质量和科研水平?在徐真华看来,答案只有一个:靠强大的师资队伍。从规模扩张到内涵建设,提升师资队伍的数量与质量始终是保证人才培养质量最重要、最关键的条件保障。面对当时扩招后师资队伍不适应形势变化的局面,徐真华大刀阔斧地加强这方面的建设。特别是2003年后,他和他的团队大张旗鼓地引进高层次人才,实施培养与引进相并举的措施,大大地改善了师资队伍建设原来相对落后和被动的状况。徐真华担任校长的十年间,编制内专任教师由原来的579人增加到1161人。其中,教授由原来的31人增加到189人,副教授由原来的171人增加到321人,拥有博士学位教师由原来的26人增加到278人。科研成果也显著增加,省部级以上科研立项由原来的5项/年上升到94项/年,教师公开发表的专著由原来的53部/年上升到179部/年,教师公开发表的论文总计由原来的364篇/年上升到1368篇/年。广外由20世纪60年代初期的一个学科门类(七个外语语种)发展成为拥有七大学科门类55个本科专业的多科性人文社科大学。

3. 改革传统的教育模式

高等学校是知识创新、传播和应用的主要基地,也是培养创新精神和创新人才的重要摇篮。高等教育在培育民族创新精神和培养创造性人才方面肩负着重要而特殊的使命。

徐真华审时度势,带领广外适时转变传统人才培养观念,勇于探索创新人才的培养模式。经过多年的办学实践,广外创立了"通识教育、专业教育、实践教育'三位一体'的复合式教育",体现出了广外办学理念、办学思路、办学特色、办学优势的人才教育模式。

根据徐真华的解释,所谓通识教育,就是倡导人文教育与科学教育的融合,坚持人文素养与科学素养、专业技能的协调发展,强调以理性的批判精神明是非、识大体,以实践精神重探索、做实事,重点培养健全人格、创新思维与实践能力。这一观点,符合中国高等教育大众化的客观要求,也符合当今世界经济全球化的客观要求，譬如，徐真华考察过的美国乔治城大学、马里兰大学等高校，普遍都遵循这一教育原则。

那么，广外的专业教育又有何特点呢？徐真华认为，必须在贯彻"德、智、体、美、劳"全面发展教育方针的前提下，坚持"厚基础、宽口径、多方向、强能力、高素质"的培养方针，既重视专业理论与实践能力的培养，又大力促进专业素质与跨文化交际能力、信息技术应用能力的相互交叉、渗透和融合，逐步形成颇具自身特色的专业教学、外语教学和计算机教学"融为一体"的复合型人才培养模式，核心是专业教学与外语教学的融合。

而实践教育，就是把社会作为学生专业实习、社会实践的一个大舞台，使学生能够结合所学的专业知识，应用于社会、服务于社会、贡献于社会，并通过社会的检验不断使学生的知识结构得以丰富、完善，使学生的综合素质和能力得以提高。这一环节主要通过设置学分和不断开辟专业实习及社会实践基地的形式来完成。

徐真华倡导的这一教育模式，与夏中义先生所倡导的"精神成人"的理念，有异曲同工之妙，它极大满足了当代大学生接受通识教育和专业教育的双重渴望，对于铸造"精神成人"意义重大。

4．推行学院目标管理责任制，率先创新二级学院管理体制

在我国高等教育进入"大众化"快车道的新形势下，必然要求对原有的教育理念和管理模式进行重新审视，并进行相应的调整和改革。实行学院目标管理责任制改革的核心是学校管理重心下移。徐真华说："学院目标管理是学校继2001年推行'五项'内部管理体制改革后，提出的新一轮深化五项改革的主要内容，是这一轮改革的重点难点，是改革成败的风向标……是事业发展本身带来的挑战，我们只有跳出广外看广外，只有跳出自己的学科局限去考量广外的发展，谋划广外的未来，才能找到新的制高点，汲取改革与发展的新动力……这就是全球化对大学的挑战，这种局面对大学的执政能力提出了更高的要求，广外的竞争不应该再局限于全国外语类高校，广外参与的竞争应该是与全国人文社科类高水平大学的竞争，应该是与全国高水平大学的竞争，我们应该有这样的豪迈气概，应该树立起这样一种雄心大志。"学校在研究了近几年专业设置变化、学科门类增多、办学规模扩大、南北两翼校区并行运转的现实状况的基础上，决定扩大二级学院的办学和管理自主权，大学实行宏观管理，学院实行以目标管理为主、目标管理和过程管理相结合的管理模式。在学院领导体制上，实行院长负责制，即实行"院长负责，集体领导，学术治院，民主管理"的领导模式。副院长对院长负责，院长对校长、书记负责。学院党委（党总支部）是学院的政治核心，在二级学院的建设中发挥支持、参与、保证和监督作用，支持院长在其职责范围内独立开展工作。学院教学、科研、行政管理等工作中的重要事项由学院党政联席会集体议讨论决定。

这种模式，一来缩小了管理跨度，实现了管理重心下移，使学院切实体现治事与用人的有机结合，责、权、利的有机统一，逐步实现大学的管理方式由原来的目标管理向宏观调控转变,实施战略管理,促进学校向教学研究型大学转型。二来强化了二级学院的学术话语导向,加强了管理的自主性与时效性,通过目标的导向作用,调动各学院在办学过程中的创造性和积极性,增强办学活力。从此,二级学院由"院长负责制"取代了"书记院长礼让式"管理,这一探索在全省乃至全国都具有先行性和开创性,引起了广泛关注。2005年5月23日,南方网以"明确院长负责制后 震惊全国的广外人事改革结束"为题做了专题报道。至此,广外告别了仅靠经验和直觉的管理模式,逐渐发展成为规范有序的科学管理模式,并逐步向现代大学的管理体制迈进。

5. 依法治校,培育现代大学文化

徐真华十分注重大学文化建设,他对大学文化以及它的作用和意义有过独特的论述。在他看来,大学文化在本质上是"形而上"的东西,因为它凝聚着一个大学的精神,营造着一种特殊的氛围,因为它决定着这所大学老师们工作的姿态、研究的姿态、教书育人的姿态,以及学生们学习的态度。大学文化是基础教育之上的东西,也是课程、考试与一切硬件之外的东西,它看不见摸不着,但是又实实在在地渗透在干部、教师、学生每天的工作与学习中。人们分分钟可以感觉到它的存在,它与学生求职就业无关,但却每时每刻都熏陶着学生的智商与情商。它总是浮动着、弥漫着的,并且一旦浮动、弥漫起来,就一定会反哺学校,稳固学校的根基,完备学校的机制,滋润每一位大学人的人格。这就是大学文化,这就是大学文化的意义与作用,它的养成与生长需要学校的老师在教学、科研领域成为润物无声的好榜样,需要管理层面全心全意的服务与付出,需要校园文化各种载体的支撑。

十年间,对于作为大学文化重要组成部分的制度文化的建设,徐真华尤其费了些功夫,因为在他看来,"决定一所大学发展状况的最重要的因素,首先不是行政级别,不是物质条件,也不是利益配置,而是与人力资源潜力发挥相关的制度文化。它是能够产生思想、理念、质量、效益,它是物质财富、精神财富的'孵化器'。所以,每位领导,不管你现在在什么位置、在什么岗位,也不管你的发展前景具有多少种可能性,但是有一样东西你不能忽略,那就是制度文化的构建"。徐真华在任十年,广外共修订或制定了约300个规章制度,他执着地把教育管理和办学活动纳入制度轨道,包括在2001年在广东高校率先出台了《广东外语外贸大学学校章程(试行)》,使广外成为广东省第一所颁布学校章程的普通高校。徐真华对制度文化建设的倡导与推动,使广外的各项工作基本能够在制度层面运行,规避了许多随意性和人为因素的干扰。譬如,作为学校党政共担的一把手,他始终对权力心怀敬畏之情,主动分权,主动构筑行政"防火墙"。他不管基建,但中间有个基建领导小组在帮他把关;他不管财务,但在中间有个财经领导小组在帮他把关。这种设置,尽最大可能地规避了财务和基建这些重要敏感部门出差错的风险,也因此保护了干部。而在这种制度文化下,广外逐步形成了独特的校园风格和氛围,大家普遍觉得,广外这个地方没有"官气",是个风清气正做学问的好地方,从而赢

得了良好的社会口碑。2005年12月，广外被教育部评为"依法治校示范校"。

6. 确立校训，做大学精神的忠实践行者

广外的校训"明德尚行，学贯中西"是在徐真华的倡导主持下于2003年7月确定的。训词昭示着为学与为人、现代学术理念与人文精神实践的有机结合。彰显广外崇尚学术、追求真理、弘扬美德、注重实践的优良传统，体现广外培养具有家国情怀与传统美德、具有国际视野与创新意识、能直接参与国际合作与竞争的涉外型通用人才的办学理念。"明德尚行"意即"追求美德与至善，推崇行动与实践"。"学贯中西"指的是在学习、教学、学术等方面要具备跨文化工作能力和通才意识。

徐真华作为学校主要领导，不仅大力倡导校训，而且身体力行地践行校训。他深谙法国文学与法国文化，对世界高等教育的发展规律认识颇深。在他任学校主要领导的十年间，"求真务实"在广外逐渐由一种工作要求，逐渐演变成弥漫整个校园的一种风气、一种独特的校园风格、一种广外人的显著特征。这种求真务实的精神，正是校训"明德尚行"所昭示的。十年光景，广外能够一跃成为世人瞩目的"岭南名校"，跟以徐真华为代表的广外人低调处世、不尚空谈、真抓实干、敢于创新是分不开的。正如香港《文汇报》记者采访徐真华时，他说："大家因为爱戴我、拥护我、信任我而推选我当校长，这使我对校长一职充满了敬畏之情，唯恐辜负了大家的期望，必须加倍努力，恪尽职守。"

关于大学精神，《华南新闻》在2005年曾采访过徐真华。徐真华认为，大学精神是大学校园文化的高度提炼，是大学的灵魂，始终处在动态的构建过程中。在很大程度上反映在学校师生日常的工作、学习、生活中。广外的校训"明德尚行，学贯中西"从一个侧面反映了大学的精神追求，但校训与大学精神毕竟不能完全画等号。在广外40年深厚校园文化积淀的基础上，我们正在提炼和打造自己的大学精神，不妨做这样的概括："追求美德与至善，推崇行动与实践，倡导博学与包容，提倡批判与创新。"当然，我们这里的批判是在理性指导下的，是理性的批判精神。2007年6月，确定了校歌《凤鸣岭南》："白云山青，碧溪水蓝，携侣中外，凤鸣岭南。山育佳木，水滋美兰，明德尚行，凤舞岭南。德馨有容，行实致远，学贯中西，凤起岭南。"通过传唱的形式进一步升华了大学精神。正是在学校校训和校歌所揭示的学校精神的感召下，在徐真华推崇至善的理性批判和创新精神指引下，全体广外人身体力行，使广外在改革创新进程中成为当今中国高校一所独具特色和魅力的高等学府。

长江后浪推前浪，如果说桂诗春先生率先在中国的外国语言学及应用语言学领域筑起了一座高峰，黄建华先生在双语词典学领域铸就了另一座丰碑，那么，徐真华先生不负众望，站在前辈的肩膀上，带领他的团队，从改革切入，以创新为抓手，在机制维新、队伍建设、人才培养、学科专业建设等方面屡出新招，在增规模、保质量的历史大潮中勇立潮头，始终保持了广外在全国同类高校中的三甲地位，打造了一个让世人瞩目的新广外，为学校的攀峰事业打下了坚实的基础。我们坚信，广外在建设国际化特色鲜明的高水平大学的道路上将越走越宽广。

三、耕耘不问收获，自有一路花香

徐真华这样一位"不事张扬，不善应酬，不懂造势，不会利用学校平台谋私利"的"四不"校长，为何能在高校领导圈、高等教育界赢得良好的口碑，赢得大家的尊敬和爱戴？原因固然是多方面的，主要原因还在于他在广外十年大刀阔斧的两场改革。通过这两场改革，徐真华硬是将"书斋里的广外"带入"社会层面的广外"。这正如他2015年参评广东省优秀社会科学家时所说，他开始并没有参评的想法，甚至首先想到推荐他的导师黄建华教授去参评，因为在他眼里，导师在法国文学领域有更高的建树。于是他反复叮嘱科研处工作人员"动员黄建华先生申报"，结果直到截至报名的前3个小时，工作人员才打电话确认，黄建华教授不申报，于是他才决定尝试着申报。因为他知道，即使申报，自己出彩的和主打的也就是"高校改革"这张牌，离"优秀社会科学家"的称号相去甚远。为此，他犹豫过。后来，省委宣传部的领导告知他说他的当选没有争议，特别是在高校改革这块成绩卓著，是高校治理的优秀专家，实至名归，徐真华才松了一口气，稍稍得到了些安慰。

由此可见，恰恰是徐真华这种不事张扬的作风、只问耕耘的品格，给广外带来了一股清风，也给中国的高等教育带来了一股清风，使广外被主流媒体称为"广东的四大名校之一"。组织上授予徐真华"广东省优秀社会科学家"称号，他当之无愧。

（一）"国际化"的国际影响

徐真华的三次出国留学访学的经历以及在广外期间的国际交流活动，使他对世界高等教育模式和特点的认识有了宽广的视野和深刻的体悟，加上广外固有的涉外型院校的特质，促使一向善于思考深谙谋划的徐真华萌生了要做出一番事业的设想，萌生了要对广外进行一番改革的念头。正是在两次深刻的改革中，他得以将自己的办学思想付诸实践，这其中，就包括了人才培养"应用型，国际化"办学思想的付诸实践。徐真华认为，专业建设除了要推行并完善学分制，精简并优化课程，加强以文史哲为主要内容的素质教育，倡导自主式、研究型学习外，还要积极开拓与创新符合经济社会发展需要的人才培养模式，加强具有较深厚人文素养的"应用型、国际化"人才培养特色，增强广外毕业生的核心竞争力和发展后劲。

每年的中国进出口商品交易会（以下简称"广交会"），既是展示各国商品的一个窗口，也是展示"广外制造"的翻译人才风貌的窗口，广外的"学生翻译"

成了整个广交会翻译主力军，占广交会"学生翻译"总数的一半以上。广外多语种的翻译服务成为广交会上的一道亮丽的风景线。由于广外的学生翻译外语水平和业务水平高、上手快，从谈判到签订合同，能独当一面，绝大部分客商都指定要广外的学生当翻译或秘书。

那么，广外的"学生翻译"为何能够成为广交会上最抢手的品牌呢？《光明日报》记者吴春燕于2005年5月曾以"广交会'学生翻译'品牌是如何炼就的？"为题对广外党委书记、校长徐真华进行过一次深度访谈。徐真华介绍说，为了提高学生的外语水平和动手能力，自20世纪90年代开始，学校就把广交会、省市外事办公室、省市新闻单位、证券公司、法院、检察院等平台、机构作为固定实习基地。广外的"外语人才"之所以受欢迎，就在于他们不仅有很强的外语优势，而且掌握商贸、管理、法学等专业知识，是复合型、创新型的国际通用人才。广外一直都在积极探索和推行双语或全英语教学，在一些专业如经济类和管理类课程中，使用原版英文教材，用英语开展教学活动。现已开办国际商务管理、国际经济与贸易、金融学、市场营销等全英教学班试点，受到了社会和大学生的普遍欢迎。学校拟逐步在会计学、法学、企业管理、经济学等专业中开办双语或全英语教学班。

而实际上，当时广东翻译界能做同声传译的一共也就二三十人，而广外就占了半壁江山。中山大学牛津班出国交流时带的翻译是广外高级翻译学院的老师和学生，广东省主要领导会见重要外国客人，点名要广外派人去当翻译。时任广东省省长黄华华曾竖起拇指称赞："广外的同传翻译真棒！"可见，广外学生翻译的品牌和美誉早已不局限于广交会。

徐真华倡导的"国际化"的影响，不止于广交会这样一个国际化大舞台，还引起了美国加州大学洛杉矶分校知名学者Robert A. Rhoads教授等的关注和盛赞。2011年，《全球公民与大学》（*Global Citizenship and the University*）由美国加州大学洛杉矶分校知名学者Robert A. Rhoads教授与Katalin Szelenyi合作出版，该书通过对中国、美国、匈牙利及阿根廷等几所大学的案例分析，阐述了高等学府融入全球化体系的发展趋势中面临的问题。其中，广外是唯一的中国高校代表被写入此书的院校。

该书由美国斯坦福大学出版社出版，在第二章"ONE COIN HAS TWO SIDES: The Globalization of University Life in Southern China"中，作者以广外为例具体分析了广外国际化发展的现状和趋势。Robert A. Rhoads认为，随着广外学校及师生对英语的重要性认识与日俱增，外国专家发挥着越来越重要的作用。与此同时，广外的教学方式正在发生变化，同时也面临新的挑战，这也使得学校正转型为教学研究型大学。

该书的作者认为，高等教育国际化已经成为当今中国不可阻挡的发展趋势，而广外作为一所国际化特色鲜明的高等院校，其教师及学生对于全球化所带来的变化有着深切的体会和感受，他们的学习和工作境况有效地投射出全球化对中国教育的影响，以及中国人对全球化的态度。

对于为何挑选广外作为其研究对象，作者在书中进行了如下阐述："目前，广外是中国三大外语院校之一，另外两所位于北京和上海，其主要的教学和研究方向为语言、文化、国际商务和贸易等，这在一定程度上决定了学校的外向型发展模式。广外将国际化以及为学生营造全球化学习环境作为其发展的重点之一。广外校长明确地提出国际化的战略定位：广外将践行'明德尚行，学贯中西'的校训，着力培养具有国际视野和创新意识、能直接参与国际合作与竞争的国际化人才。"

徐真华倡导的"国际化"的影响，还在于他对中法文化交流做出的杰出贡献。徐真华的研究专长是法国现当代文学、城市语言学，研究方向涵盖跨文化交际、高等教育管理理论与实践等，至今已出版专著、译著、编著、专业教材等 10 余部，发表及会议宣读论文 50 余篇。2009 年 3 月，为了褒扬徐真华在加强中法两国关系，增强中法两国的交流，推广法国语言、文学和文化等方面所做出的杰出贡献，法国政府授予徐真华"法兰西共和国教育骑士勋章"。

（二）"公民教育"的业界认可

在徐真华的改革设计中，厘清"教育的核心问题就是培养人的问题"十分重要。培养理念、培养模式和培养机制的设计，应该成为高等教育的管理者和实践者必须认真思考和回答的问题。不同层次、不同类别的高校，应该体现出培养目标的差异性。如北京大学提出本科人才培养目标是"为国家的社会主义现代化建设事业培养能够在各个行业起到引领作用的顶尖人才"，清华大学主张"培养拔尖的创新型人才"，要求本科毕业生应当"具有健全的人格、创新的思维、宽厚的基础、适应的能力和领导的潜质，毕业后在学术上继续深造或进入社会并开展终身学习"。

那么，广外应该遵循什么样的人才培养目标呢？徐真华明确表示："广外的首要目标应该是培养高素质的公民。这些高素质公民进入社会后，在社区他们是好邻居，在政府机关他们是合格的公务员，在企业公司他们是称职的员工，在家庭他们是负责任的好丈夫或好妻子，在社会他们是合格的公民。于是，知识的力量就变成了文明的力量，变成一种文化，滋润着人们的道德与良心。高素质公民无疑就构成了和谐社会不可动摇的基石，这同时也是他们在各自的领域成为国家栋梁的必由之路。"他说："这样的定位使我们办学目标不悬空，脚踏实地，看得见、摸得着。"

为此，以促进人的全面发展、培养高素质公民为核心，广外师生进行了艰辛的探索，形成了一些基本共识。

第一，实施通识教育，坚持人文素养与科学素养、专业技能的协调发展，强调以理性的批判精神明是非、识大体，以实践精神重探索、做实事，重点培养健全人格、创新思维与实践能力。

第二，坚持走开放式、国际化的新路子，既根植本国，继承优秀民族文化传统；又放眼世界，汲取人类一切先进文明成果，促进人的全面发展。

第三，在教学理念上，教育者不仅重视学生学什么，更重视学生怎么学；不仅重视学生思考什么,更重视学生怎么思考;不仅重视学生做什么人,更重视学生怎么做人。

徐真华认为,大众化的高等教育不只是为了培养精英式的专家学者,大学所订立的目标应该让绝大多数学生都能达到,否则路子会越走越窄。

在高等学校提出公民教育,是一种眼光,更是一种胸怀。一般大学都把人才培养的口号喊得很宏大,没有这么接地气。有人担心地询问他:"您不怕人家说你把大学的门槛放低了吗?"徐真华回答道:"其实,公民教育并非放低门槛,而是办大学的一种责任。"他说,不只是大学,其实小学、中学、各类型学校,都应该把公民教育纳入办学目标,这是构建和谐社会的需要。

著名作家程贤章先生曾于2008年6月在《光明日报》撰文《一位大学校长的改革观》,盛赞徐真华的"公民教育"的观点。他写道:"笔者非常赞同徐真华校长的观点,为什么广外校风良好,用人单位乐于接受广外的毕业生?为什么广外的毕业生就业率高,而且就业层次高?就是因为他们公民教育的成功,这也说明社会对公民教育的赞同和支持。"

香港《文汇报》记者于滨于2005年7月以《徐真华:办学目标与建设和谐社会一致》为题发表文章,表达对徐真华"公民教育"理念的高度认可,记者富有诗性地写道:"初见他时,你会被他的平和、儒雅所吸引。而当你与他对话时,又会发现在他的平和背后还蕴含着巨大的激情,以及一个教育家对民族、对国家未来所肩负的神圣使命。他,心怀抱负、放眼未来;他,审时度势、大智大勇,推崇理性的批判精神;他,践行高素质公民教育,培养具有跨文化沟通能力的国际通用型人才,他为之奋斗的也是建设和谐社会所必需的——他就是广东外语外贸大学的校长徐真华教授。"

2016年,在广外西语学院办公室

(三)"高就业率"的社会赞誉

广外多年来高度重视毕业生就业创业工作,坚持以"服务体系立体化、职业指导全程化、队伍建设专业化、管理手段信息化"来开展就业工作,大力促进毕业生充分就业、高质量就业。广外培养的毕业生综合素质高,实践能力强,外语水平突出,深受广大用人单位的青睐,学生就业一直保持"就业率高、就业层次高、就业满意度高"的"三高"态势。多年来,广外毕业生最终就业率均在99%以上,名列广东省甚至全国高校前茅,有些专业的毕业生提前一年左右就被用人单位"订购一空"。并且,毕业生就业单位的层次普遍较高,每年被世界500强企业和四大会计师事务所招录的学生占参加就业毕业生人数的比例接近15%。正是由于培养的学生"适销对路",深受社会欢迎,就业工作成绩突出,广外继2009年获得教育部授予的"全国普通高校毕业生就业工作先进集体"之后,2012年又被国务院评为"全国就业先进工作单位"。

盛誉之下,人们不禁要问:为什么广外培养的学生特别受社会欢迎?如果论生源质量,既比不上同属"三甲"的北外、上外,也比不上同在广州的中山大学、华南理工大学等部属院校。那么,其中的秘密在哪里呢?我们还是从徐真华那里找到了答案。徐真华提出:广外的生源虽不是最好的,但完全可以通过特色发展实现弯道超车,体现人无我有的特有价值。于是在徐真华的倡导下,一方面,广外改革了教学内容,把本科原来的3200~3400学时,减少到2600~2800学时,给学生更多的时间参加辅修专业、选修课的学习,让他们跑图书馆、上互联网,通过自学获取更多的知识。因为在他看来,学生在学校里学到的知识总是有限的,如果掌握了学习方法,便可以一生求取无穷的知识。另一方面,从强化基础教育入手,在非英语专业的本科教学中,别的高校英语教学只有200多个学时,而广外却要求达到600学时左右;别的院校规定学生英语要达到四级水平,而广外学生普遍能达到六级到八级的水平。记得2003年评估专家询问广外非英语专业学生的英语四级通过率是多少时,学生自豪地说:"你们还是问我们的优秀率吧。"广外法学院有个班一共40名学生,毕业时有65%的学生拿到了专业英语八级证书。此外,广外还通过"外语+专业""专业+外语""辅修制"等复合式教育模式,让学生的知识阔度变得宏大而多维;通过举办学生参加云山咖啡屋、云山书屋等完全由学生自己运营的勤工俭学实体来锤炼学生的动手能力和创业能力。如此一来,学生就不仅具备宽阔的知识架构,还具备很强的动手能力,走到社会上自然受欢迎。

2002年6月14日,《人民日报》以《高就业率的背后——记广东外语外贸大学》为题,全面报道了广外一枝独秀高就业率的辉煌成绩,以及深刻分析出徐真华主导的改革是广外高就业率背后的直接原因。

(四)"社会兼职"的光环折射

由于徐真华在法国文学、语言学、翻译学以及跨文化交际上的突出建树,他受聘为教育部高等学校外语专业教学指导委员会委员、法语专业教学指导委员会副主任委员,中国法国文学研究会副会长,中国翻译协会副会长,广东省第四届学术委员会委员,广东省翻译协会会长,广东省社科联第六届委员会副主席,广东省科协第七届常务委员会委员,广州市科学技术学会第八届委员会副主席。2003年,被评为享受国务院政府特殊津贴专家。2003年,被中共广东省委教育工委、广东省教育厅、广东省教育基金会、中国教育工会广东省委员会评为"广东省高等学校十大师德标兵"。2009年3月,被法国政府授予"法兰西共和国教育骑士勋章"。

在广外的十年,徐真华曾任广东省第九届政协委员,广东省第十届政协常委、政协港澳台委员会副主任,广东国际战略研究院副院长,中共广东省委政策研究室特约研究员,广州市人民政府决策咨询专家,主持广东省委党校项目"广东公办高职高专公共财政投入之思考"、广州市人民政府项目"支持和规范民办教育的发展问题研究"、广州市人民政府项目决策咨询专家研究课题"新形势下穗港澳深化经济合作的战略思路和对策措施"、广州市人民政府研究室咨询委托课题"广州信息服务外包的安全监督研究"等课题,提交《新时期地方本科院校改革发展理论与实践研究》等相关咨询报告,积极参政议政,多次为广东省人民政府、广州市人民政府提出切实可行的建议。

由于徐真华突出的治校成绩和学术成就得到国内外高校的广泛认可,因此他先后被英国中央兰开夏大学、英国朴次茅斯大学授予荣誉博士学位,被台湾岭东科技大学聘为讲座教授,被中国财经政法大学、嘉应学院聘为客座教授。

(五)"离任感言"的震撼跟帖

徐真华因年龄关系离任学校主要领导岗位。在2010年4月2日新的领导班子任职大会进行到尾声时,他发表了诗意的"离任感言",他的一番话感情真挚、发自肺腑,令人动容。他以印度诗人泰戈尔的诗句"空中没有留下鸟儿的痕迹,可是鸟儿已经飞过"结束,全体与会人员长时间鼓掌,对这位为广外改革发展做出杰出贡献的"老领导"表示诚挚敬意。

以下为徐真华的"离任感言"原文:

各位领导、各位同事:
2000年6月,我接任广外校长至今已经十个年头了。
十年,我像一个怀着崇敬的心情侍候自己母亲的孩子那样,努力倾听,努力思考,努力谋划,努力工作;我像一名不知疲倦的战士,铭记着党和政府的重托,去凝聚广外的队伍，去培育广外的制度文化，去完成广外的使命，去延续广外的光荣与梦想。

十年，我不辞辛苦地教育着广外的莘莘学子：知识比命运更强大！作为校长，我体谅知识创造者和传播者的艰辛，并心甘情愿地为他们付出。

十年，我一直和我的同事们分享那些应该珍惜且永远不能忘却的记忆。书斋里，老师们心无旁骛，默默耕耘，几十年初衷不改；讲台上，他们用知识书写着命运的尊严；校道上，同学们匆匆忙忙经过的背影，还有相思河里自由欢快的锦鲤和语心湖上黑天鹅掠过水面的优雅……

十年间，这点点滴滴都感动着我，激励着我和我的团队努力，为了广外的今天和明天。

感谢各位领导和同志，正是由于你们的支持、理解和宽容，我这十年的人生充满了意义。

我相信，在以广军书记和伟合校长为核心的学校党政班子的带领下，广外未来一定会更加美好。因为我们有超越我们自身的崇高信念，我们有建设国际化特色鲜明的高水平教学研究型大学的远大理想，有培养全球化高素质公民的伟大使命。理想能让我们插上翅膀，责任能使我们忘我工作，和谐有序昂扬向上的校园文化更需要我们每一个人爱岗敬业、尊重他人、处事公正和宽宏大量。

最后，请允许我用印度诗人泰戈尔的诗句来结束我今天的告别演讲，"空中没有留下鸟的痕迹，可是鸟儿已经飞过"。

徐真华发表这篇诗意的"离任感言"之后，广外师生怀揣感激和不舍之情，在互联网上对这位广外的"改革先驱"进行了很长的跟帖评价，以下是摘取的一部分：

（1）我永远记得在象牙塔的记忆里，有您留下的芬芳！别忘了广外的孩子们在想念您！

（2）十年辛苦不寻常，孜孜为校写华章。励精图治出良策，事无巨细能担当。儒雅博识大学问，仁义睿智深涵养。天空无痕雁飞过，业绩历历口碑扬。但愿后任能超越，更大手笔续辉煌。

（3）一位好校长，于现代大学，影响既深且远，如蔡元培、蒋梦麟与北大，梅贻琦与清华，张伯苓与南开，竺可桢与浙大。虽时代不同，但徐真华与广外，分量当类如前贤。

（4）听到我们曾经的校长、书记徐真华老师的离任感言，非常感动。其言如诗韵，其语如乐鸣！本人虽未在现场，但您的话音穿越网络，余声绕耳，悸心动情。您的为人为学为师，最好地诠释了古人所提倡的"立功、立德、立言"。您为广外立功，为师生立德，为治学立言。您的十年，是广外的丰碑。作为人生之师，您是我们的榜样！

（5）十年来，徐校长与他的团队带领广外人进行了一场艰苦卓绝的改革、探索与实践，走出了一条"广外特色"之路，使广外人深感无上荣光，在此，我要道一声，我们感谢您！我们爱戴您！

十年来，两次大的五项改革以及一系列得民心的措施，使广外走上了稳健的发展道路，赢得了良好的社会声誉。

（6）提出"培养全球化高素质公民"这个寓远大于平凡的教育理念——全国高校第一人；很有诗人的浪漫情怀——白云山下的洋派风物的标志物；用真心办事、用真心说话、用真心研究学问的校长；引领广外走上有自己特色的路，专业与外语结合实践全国领先。

（7）老书记，虽然您要离任了，但您的精神一直与广外同在。您永远是我们的好榜样。

（8）和徐校长接触过两次，感觉都很好。徐校长是一位很和善的、儒雅的学者，他很为学生着想。很幸福在大学能够遇到这么一位好校长。祝徐校长离任后的生活依旧幸福！

（9）非常感人的大会！感人肺腑的发言！徐书记在任时用过人的智慧创造广外，"离任感言"用朴实的语言娓娓道来的是他不平凡的创造与付出背后的所思所想，令人动容！我们将深深地爱着您，敬爱的老书记、老校长！

（10）身为广外的学生，即将毕业，在广外这片可爱的校园里，我汲取了很多知识，成熟成长了很多，感谢学校给予我们的一切，感谢校长的辛苦与付出。我会带着这份感恩的心在工作岗位上好好努力，为校增光，期待有朝一日有能力为母校做出贡献。

（11）七律——有感徐真华同志离任①

十年风雨意如何，两度革新好事多②。
正本清源出特色，求真去伪辟先河③。
无痕天宇鹏经掠，有义尘凡尔历梭④。
金凤山前传美誉，云溪河畔畏蹉跎⑤。

注释：

①2000年6月，徐真华初任广外校长；2003年，初任广外党委书记兼校长；2008年9月至2010年4月，任广外党委书记。

②徐真华同志在任十年，始终坚定地不知疲倦地把管理好这所高校放在第一位，2001年和2005年两度改革尤为深刻，给广外带来巨大变化，赢得良好的社会口碑。

③回归教育本源，理顺条块关系，厘清办学理念和思路，创造性地提出了培养一专多能，"双高"（思想素质高、专业水平高）、"两强"（跨文化交际能力强、信息技术运用能力强），具有国际视野和创新意识，能直接参与国际合作与竞争的国际化人才培养目标，创造性地提出了"立足平凡，追求卓越""培养全球化高素质公民"的大学使命。打造了广外特色和广外模式。

④由泰戈尔和马尔罗语（诗）句幻化而来，徐真华同志在任时常以马尔罗生命意义语自励；离任时则以泰戈尔鸟儿飞过诗作结。

⑤凤凰山、云溪河均在广外。畏蹉跎：后人面对既有基业，只能奋进，不能也不敢懈怠，因为蹉跎岁月，碌碌无为，就会愧对前辈。

（12）徐真华校长是一个很有个人魅力的人，能对广大教师和学生产生心灵的征服。徐校长的人格魅力，说白一点，就是他以身作则、言传身教。例如有一次，他到二级学院考察，有位教授态度不好，气冲冲地质问他。徐真华耐心地安抚他："你别冲动，不错，我是党委书记、校长，但我也是一名学者、教授，我们以学者、教授的关系，平等地谈一谈好不好？"他这种宽容的态度，立即使气氛缓和下来，使那位发脾气的老师感觉很不好意思。徐真华不但是一个好校长，在专业方面也是一个好博导。他指导博士生写论文非常到位，没有他的指导，有些论文是无法写出来的。有的博士生想在论文上署上他的名字，被他坚决谢绝。他说，我是你的博导，指导你写好博士论文是我的责任。这就是徐真华的人格魅力，言传身教。我们能在这样一位杰出的校长领导下工作，实在是很幸运的事。

徐真华在2000—2010年担任广外党政主要领导时，将自己的治学理念、教育思想融会贯通于他的治校理政中，抓住机遇、力主改革，为广外发展带来了勃勃生机。十年不过是人类历史长河中的沧海一粟，然而，对于一地一物或一人却具有非凡意义。无疑，在有限的时间里，徐真华夯实了广外高等教育的生命厚度。

2020年，在浙江某学术会议上的讲话

四、格物致知而修身，明德至善而治校

（一）关于学者的学品与人品

自古我国就有将文品与人品联系起来的传统，所谓"文如其人"就是有力明证。但"文"究竟反映的是"人"的哪一方面？似乎语焉不详。一般认为，这里是强调文人的道德。但一个人的道德表现，有些和他的学问有关，能够在"文"上表现出来，有些则与之无关，在文章上是看不出来的。我认为，这其中应该突出的是学者的"学品"，确切地说，是指学者的道德修养和学识功夫。学品是一个学者最为重要的人品，除此之外，不同的学者必然有不同的人品和个性。

学品与人品在某种程度上存在一定的联系，但并不是人品好的人一定学问好，这是两个概念。那么作为学者，哪些是我们要始终坚守的为学底线？我觉得，第一，要诚实，也就是要讲真话。身处纷繁复杂的社会，讲真话往往是很难的，但作为一名学者，还是可以做到不去讲假话的。"宁可失语，不可妄言"，这是学者最起码的道德底线。第二，学者要有自知之明的知识边界。所谓"学无涯，知有涯"。一个真正的学者对知识的敬畏之心，是知道自己的知识边界所在，有自知之明，不会有僭越的妄言，以无知充有知。孔夫子有言："知之为知之，不知为不知，是知也。"这就是知识理性的为学态度。西哲苏格拉底也有类似的话语，自称"我只知道我是无知的"。先哲这些闪耀着知识智慧的千古名言，是对知识的庄敬自重，也是在表达一份对生命的坦然。自知之明是人生的大智慧，唯学而能知之。学者能够清楚自己知识的边界所在，有诚心正意的治学态度，恪守实事求是的本分，才能够契合外物，自明而明他。在当前"名气就是金钱"的市场大潮中，敢于在自己没有深入研究甚至未曾涉猎的领域夸夸其谈，好似天下事无所不晓、无所不谈，这是媒体英雄的作为，严肃的学者一般是不会去凑这个热闹的。学者对知识具有严谨如仪的态度，有安分守拙的智慧，自会有着为学的诚实和为人的率真。第三，要努力让学术回归本真，回归常识。学术本应是神圣的，但着实让人痛心的是，现实中肆虐的学术腐败、学术泡沫、学术剽窃、学术造假已将学术的神圣意义逐步消解。学术本应是自由的，但外界的种种束缚以及学者自身的精神放逐已使自由成了难以实现的祈求。学术同样也是需要耐得住寂寞的，而喧噪的社会恐怕难以安放一张平静的书桌，学术在这个一切"物化"和"异化"的世界中迷失了自己，本真的学术被遮蔽了。"以学术为志业"竟成了不识时务、迂腐酸楚的代名词。因此，作为一名真正的学者，要做的就是要坚持学术诚信，恪守学术道德，捍卫学术尊严，保持一颗"知识的良心"。

（二）关于校长的治校与治学

校长是一所大学的灵魂，是大学发展与变革的直接领导者和推动者，因此有人说："观其校长，知其学校；观其学校，知其校长。"世界知名大学的发展史无不与一位名校长息息相关，比如洪堡与柏林大学、阿什比与哈佛大学、克拉克·科尔与加州大学等；在我国高等教育史上，北京大学的蔡元培、清华大学的梅贻琦迄今仍是大学校长的楷模。不同大学所处的发展阶段不同，对校长的领导特质与类型的要求也有所不同，但社会往往给予大学校长更多的期望，有学者指出：大学校长要有教育家的使命，专家学者的学问和修养，政治家的运筹帷幄，还要有经营者的精明头脑。也就是说，校长要有多角色的意识和能力，尤其要成为教育家和管理专家，要遵循大学的发展规律来引领大学、管理大学、服务大学，实现管理的专业化。

在校长岗位上，如何处理"治校"与"治学"之间的关系？如前文所述，我在2000年接任广外校长时就曾表态："我的第一专业是治理好广外，第二专业才是做好我自己的学问法国语言文学。平时工作我以第一专业为主，寒暑假做第二专业。"也就是说，作为校长，我的主业就是把学校治理好，其次才是做自己的学问。

校长办学治校，意味着校长在校内的一切事物中拥有相应的决策权、指挥权，全面负责学校的行政工作，这是一份千钧重担。大学管理工作繁多，如何在千头万绪的工作中抓住若干件"牛鼻子"工程，是对校长治校能力的一大考验。

第一，校长要树立正确的教育理念。俗话说"理念先行"，大学校长的教育理念对治校至关重要。纵观古今中外，决定大学校长地位的首要因素，并非大学校长的管理和才能，而是对大学教育理念的理解、阐扬与坚守。比如，在哈佛大学的发展历程中，改变哈佛的杰出校长如艾略特、普西、博克、鲁登斯坦等，都有坚定的教育理念。我国大学近代史上的蔡元培等教育家更无须赘述，吴玉章、匡亚明、韦钰、杨叔子、章开沅等，都是耳熟能详的教育大家。

第二，要按照现代大学的规律办学，营造良好的教学、科研和人文氛围，服务师生、民主管理、凝聚人心。写到这里，我不禁想起清华老校长梅贻琦说过的一句话，"校长不过是率领职工给教授搬搬椅子凳子的"，以及美国密西根大学校长柯尔曼访问中国大学时提到的，"我虽然是校长，但我的权力很小，我不能命令其他人，我只能鼓励教授们去做什么，并且尽可能地调动资源，想方设法提高他们的积极性，为他们服务"。

第三，要努力提高办学质量，彰显办学特色，这也是一所大学的立身之本。

第四，要超越功利的办学意识，避免过度追求科研GDP，片面强调学术产出，避免过度追求大学排名而导致急功近利，忽略教育本质，忽视学生与教学。

第五,要避免陷入几个"陷阱":一是避免成为"书斋型"校长,把自己囿于某个学科、囿于个人的专业领域,而不大关注大学的整体发展;二是避免成为"江湖型"校长,拉帮结派,搞小圈子,资源、平台更多地为自己个人所用;三是避免"商业型"校长,过分热衷于抓经营、搞创收。若领导不能守正固本,岂能营造潜心办学治校、潜心教书育人做学问的良好氛围?

关于校长治学,主要有两层意思:一是推动整个大学的学术治理。众所周知,"教授治学"明确了教授在学术治理中的作用发挥和学术权力的彰显,但"校长治校"并非不治学,而是在治校大局中推进治学。校长要能够超越囿于某一领域教授的局限性,超越个人的学术追求,把握整个学科领域乃至全校学术品质的提升,要具有兼收并蓄的胸襟和举重若轻的魄力。因为,作为大学的最高行政首脑,唯有校长,才能推动学术权力与行政权力的相辅相成与融合。二是在做好"治校"主业的同时,做好个人的学问,成为专家型校长。如此,校长治校才有了底气和依仗。从这个意义上说,校长"治学"是"治校"的前提和基础。

(三)关于领导的格局与高度

我曾经见到不少这样的干部,他们个人的学术能力超群,有的甚至管理水平也非常出众,但是他们中的一些人就像空中的星星,或迟或早,没几年就纷纷坠落了。究其原因,不是输在细节,而是败在格局上。

21世纪初,美国心理学家鲍迈斯提出了"自我损耗"理论。所谓"自我损耗",就是你的每一个选择都可能损耗掉一点你的心理能量,而每消耗一次你的心理能量,你的执行力、影响力、领导力就可能随之下降。比如,曾经有这样的同事,当了领导之后头脑发热,以为可以为所欲为,甚至对我一再强调的规范治校深恶痛绝,说办学就是要灵活;有些领导也老大不小了,但是脾气太大,气量太小,处事缺乏艺术;有的领导则是大包大揽,作风专横;还有这样的同事:要职位、要荣誉,可是干活的时候就躲在后面,能推就推,能拖就拖,一句"我早就布置了",就把对一个学院、一个处室的管理责任推得一干二净。

这样的人没有胸襟,没有眼光,没有格局,心里容不下别人,老是担心别人不把自己当回事,琢磨别人多过琢磨工作,其实这是缺乏自信心的表现,十分要不得。

还有的人目光短浅,虽然身居二级单位的主要领导岗位,但是对学科、专业建设想不透、看不远,始终跳不出地域的局限、专业的局限、学校类别的局限,不善于用全省、全国乃至国际高校的标杆对照和要求自己,满足于谋一域而不努力谋全局,满足于谋一时而不努力谋长远。

我曾经在多个公开场合,反复强调这样两个观点:一是领导干部要讲大局,讲大势;二是要强化全体干部、教师的政治意识、大局意识、法纪意识、责任意识、质量意识、服务意识和创新意识。讲大局，就是要坚持党的领导，坚持社会主义的办学方向，坚持求真务实的思想作风和工作作风。讲大势，就是要以创新谋发展，把广东省提出的"加快发展高等教育，增强广东发展后劲"的重要指示变成学校干部、教师的实际行动；讲大势就是要把"规模、质量、结构、效益"的协调发展作为一个系统工程来考虑。讲大势，就是要抓住机遇，创造条件，实现学校教育事业高质量内涵式发展，就是要坚持在发展中提高、在提高中发展的发展战略。

（四）关于依法治校与威权治校

依法治校是构建现代大学制度的重要一环，首要含义是高校办学要遵循法制原则和法制精神，遵守相关的法律法规，管理学校事务、维护师生合法权益；目的就是构建以"党委领导、校长负责、教授治学、民主管理"为核心特征的中国特色现代大学制度以及一整套相关的运行机制。

作为身处治校核心的一校之长，对学校发展起着决定性的影响，甚至有这样一种说法："一名好校长就是一所好学校。"诚然，这种说法有夸大因素，但确实道出了校长的重要性。校长为什么重要？因为校长是学校发展理念的设计者、目标的确定者。校长可以带领学校正确远航，也可能让学校偏离正确的前进方向。有句话说：一匹狼带领一群羊，羊就变成了狼；一头羊带领一群狼，狼也变成了羊。从现实来看，一所大学在发展过程中，校长就有这样的能量和影响力。

一名好校长就是一所好学校，反映了社会对校长沉甸甸的期望。但是我们也必须清醒地认识到，相较于校长个人，大学作为一级组织，其正确的指导思想、科学的谋划、有效的举措才是大学可持续发展的有力保证。因为，组织能力属于一个机构的整体，它不是以领导的个人能力为标准的。大学有其自身的运作规律，作为大学的校长，如果没有意识到大学作为一级组织所需要培育当代大学生的思维能力和行动能力，所必需凸显的团队智慧，而仅仅按照校长的主观意志、个人喜好或者个人权威来管理，那么大学将无法实现它制定的愿景目标，更无法健康长远地发展。

那么，高校如何避免威权治校的局面？我认为，首先要努力构建现代大学制度和健康有序的运行机制，在大学所追求的一系列战略变量中，如质量、特色、服务等，体制机制的创新将越来越居于主导地位。因此，在治校过程中，要优化学校的组织结构，强化教师的主导地位，凸显学术权力在学校治理中的导向作用。从行政管理层面讲，要坚持规范治校，建立一整套完整的规章制度，用制度管人管权管事，形成科学民主的决策与运行机制。从教学层面讲，要坚持按教育教学规律办学，坚持按高等教育对经济社会的适应规律办学。

（五）关于善待每一位老师，爱护每一位学生的问题

我一直秉持这样一个观点：办学一定要以教师为本，因为大学的主导力量是教师，所以我们要善待每一位老师，善待每一位老师的学术个性；教学要以学生为本，因为学生是大学的主体，立德树人是大学的根本任务之一，所以我们要善待每一位学生，哪怕是犯错误的学生。

这些话说起来容易，道理大家也都明白，但是一碰到具体的人和事，我们的处事方式、处事态度就可能出现很大的偏差。任何不尊重教师、不爱护学生的言语倾向、行为倾向涉及的还不仅仅是个别人的工作方法问题，而是我们该以怎样的心态去接纳我们的老师、关注我们的学生的问题。

我比较崇尚"以过程为导向"的教育哲学，比如对教师的考核，我个人倡导应当将结果性评价与发展性评价有机结合，而不能只关注结果而忽略教师的成长过程。发展性评价就是学校和教师共同制订双方认可的发展目标，运用动态监控的手段，对教师的素质发展、工作职责和工作绩效进行价值判断，使教师能不断认识自我、修正自我、完善自我、发展自我，从而提高教育教学能力和科学研究水平。同样的，以结果为导向来评判学生的阶段性学习应该仅仅是一种手段，而不是目的，教育者更应关注学生的内心变化和成长。过度以结果为导向的教育，忽视了学生学习过程的努力，也会间接作用于学生的心理和行为上，对学生的价值观形成产生负面影响，与教育的初衷南辕北辙。

（六）关于领军人才和教师基本面的关系

大师是一所大学的灵魂和脊梁，对一所大学的发展起着"领头羊"的作用。现如今，两院院士、长江学者特聘教师、国家杰出青年基金获得者、国家级教学名师等，就属于"大师"型的领军人才，都是各校争夺人才的重要对象。

领军人才对于高校的发展有着不可替代的作用，但对大部分高校来说这个群体毕竟是少数，而更多的是基本面上的一般教师，他们承担着大量的教学、科研、管理任务。现如今，国内有些高校更多地关注引进"大师"，百万年薪者不在少数，而不大注重学校基本面上教师的成长和发展，不大注重这些教师的收入待遇和工作环境。在我看来，这可能造成某种不平衡，对于大部分高校来说，基本面上的教师是最为核心的力量，这些教师稳定不稳定、心情愉快不愉快、工作绩效好不好，至关重要。如果把领军人才比作一棵"大树"，那么基本面上的教师就好比滋养"大树"的"土壤"，只有土壤肥沃，大树才能枝繁叶茂、郁郁葱葱。很多人看到北大、清华这些名牌大学大师众多，博导、长江学者、国家杰青云集，两院院士也不少，在这些大师光环的掩盖下，人们不大注意到这些名牌大学一线工作的普通教

师，但事实上这些大学基本面上的教师也是非常优秀的。正是因为有这些基本面上的教师的努力付出，大师才受到肥沃土壤的滋养。对于一般的高校来讲，引进的高层次人才的确可以在科学研究等方面做出很多贡献，比如拿国家社会科学基金项目、发表高水平论文、申报各类奖项等，给予这部分教授更多的资源和待遇是应该的，但是如果忽视大学教学的基本力量，忽视基本面上教师的收入待遇，是十分不明智的，因为若没有他们的积极工作，学校也是办不好的。

因此我认为，高校在引进领军人才的同时，要高度关注基本面上教师的培养和培训，创造良好条件关心关注这些教师的成长和发展，如此双轨并进，教师力量才会越来越强，学校发展才会后劲十足。

广东省第二届优秀社会科学家 黄修己

广东省第二届优秀社会科学家

一、生于战乱：从三坊七巷走进军旅

东南沿海的福建省福州市有一片叫作"三坊七巷"的社区，始建于唐，兴盛于明清，是中国十大历史文化名街之一。近代以来，在这个社区里诞生或居住着许多对历史发展有重要影响的人物，如林则徐、沈葆桢、严复、林觉民等，人称"一片三坊七巷，半部中国近代史"。居住在这里的，大多书香门第，不少硕学通儒。过去在这里每走三五步，就会有门上悬挂着"进士""赐进士""文魁"等匾额的人家。现代著名作家郁达夫也曾在这里住过，他形容这种牌匾就像商店的招牌那样多。那时候这里人才辈出，群星灿烂，弥漫着浓浓的崇文重教的氛围。如今有一些名人旧居已经对外开放，这里也成了著名的旅游景点。

"三坊七巷"这个名称早已有之，并已从普通的地名演化成一种文化传统的象征，包含好学向上、奋发进取的精神，无形中也影响着这里的居民。1935年8月，黄修己出生在"三坊七巷"中的文儒坊三官堂（今名大光里）一个知识分子之家。他家世代都是读书人，祖上传下的藏书甚多，堂号便为"书香堂"。黄修己出生时，他的祖父已经去世，祖父是黄家最后的秀才，科举废除后赴欧留学。祖父的遗物中有许多动植物的标本图、动物血液涂片等，他大概是学生物学的，回国后曾在福建师范学堂任教。祖父育有三男三女。黄修己的父亲是无线电台的台长，抗日战争胜利后携家先后到江苏、北京等地工作。为不耽搁学业，黄修己留在福州跟着外婆生活。黄修己的外公曾是北京师范大学的学生，未曾毕业即病逝于京。他的几位叔父、姑父有的是德国医学博士；有的是美国农学博士；有的毕业于国立中央大学，在高校讲授世界史。

黄修己成长在这样的社区和家庭中，本有个比较优越的读书环境。他5岁上学，学校是位于"三坊"之一的光禄坊的道南小学（后改名为大根区中心小学），原是"程门立雪"的主人公杨时的祠堂，"五四"女作家谢冰心的爷爷曾在这里设馆授徒。邻里间那许多名人的故事激励着他。家里对他的学业并没有特别的要求，除了照常例完成学校的功课，还要背诵《古文观止》《孟子》等书，还要练习写毛笔字。可惜生于战乱，黄修己少年时期生活动荡，无法坚持正常的学业。他出生时东三省已被日本侵略者占领，两岁时，发生"七七事变"，日本发动全面侵华战争，福州曾两度沦于敌手。黄修己上学一年多，日军第一次侵占福州。他虽然年纪很小，也难以忘却当时的痛苦，难忘那种饥饿、恐惧，没有生命保障的日子。后来跟着父母逃出福州，到闽北的小镇洋口避难，一户农民将自己的草屋隔出半边租给他们。由于长时间住在这里，黄修己得了疟疾，久治不愈，造成小时身体羸弱。福州第二次沦陷，一家人又逃到闽西的沙县。小学时期接连辍学，严重耽误了他的学业。而即使没有战事也并不安定。杨时的祠堂很大，可容数百学生，有一年被当局强征了一半，用来关壮丁，这些壮丁都是抓去当兵的。在黄修己很小的时候，亲眼看到有士兵持枪在街上抓壮丁。为防止他们逃走，便把他们关在这里，就像关监狱一样。当时一半的校舍被强征了，两个班的学生只好挤在一间教室上课，因此学习频受干扰。

小学毕业后，黄修己进入福建省立师范专科学校（今福建师范大学）附中学习。1949年8月福州解放，许多青年被胜利的大潮卷进革命队伍中。黄修己虽还是个少年，也热心地参与了迎接解放的宣传活动，在大街上扭秧歌、打腰鼓，去正在招生的军政大学报了名。被新政权派到师专的军代表叫胡允恭，他是位早期共产党人，20世纪20年代在上海大学协助瞿秋白工作，1923年由瞿秋白介绍入党，后来曾在福建从事地下工作。黄修己和一些少年朋友希望学校能尽快有所改革，便一起去找他。胡允恭热情地接待了他们，跟这些少年讲革命故事。这是黄修己最早听到的有关中共的历史，从中受到了政治启蒙，也第一次听到丁玲的名字，丁玲曾是上海大学的学生。后来黄修己因为必须参加福州市为庆祝中华人民共和国成立举行大游行时的舞蹈表演，而耽误了军政大学的招考。为了能入伍，黄修己曾请胡允恭帮忙介绍，但胡允恭以他年龄太小，没有同意。黄修己初中毕业后考上福建省立高等航空机械商船学校（简称"高航"，前身即清末"马尾船政学堂"），但他已无心读书。1950年4月，黄修己得到参军的机会，进入人民解放军第二十八军教导团。胡允恭听到消息，曾让附中的校长把他找回来。但此时黄修己所属的部队因准备再战金门已开往闽南。直到大学毕业他才又联系上胡允恭。当胡允恭得知黄修己在研究现代文学，便告诉黄修己当年苏联想请鲁迅去休养，还是通过他转达给鲁迅的。胡允恭曾前往上海在内山书店见到鲁迅，可惜鲁迅并没有接受邀请。当时胡允恭有两篇小文章记录了会面的经过，登在《申报》上。黄修己即建议胡允恭写回忆录，不过这是后话。

参军后，黄修己担任过部队领导机关、基层连队的文化教员，后来进入人民解放军第26速成中学任教员。那时部队所编的语文课本，大多选自解放区文艺作品、通讯报道，从内容到语言文字都是他陌生的，所以必须从头学起，只有自己先当学生而后才能教别人。正是五年的文教工作改变了他后来的发展方向，而且这时也是他向这个方向大步踏进的时期。

过去，黄修己对文艺并不熟悉。他的一位表兄，是中共地下党员，在福州参与组织话剧活动，演出现代作家批判现实社会的剧作。这位表兄在话剧活动中担任题词，常常带黄修己到后台看戏。仅陈白尘的《升官图》就看了好几遍。福州解放时，黄修己参加学校迎接解放军的宣传活动，便依葫芦画瓢地自编自演一些短小的戏剧节目，算是他最早的"创作"。参军后，黄修己所在部队按期给每个连队发《人民文学》和《解放军文艺》，他从这些杂志上读了杨朔的《三千里江山》、杜鹏程的《保卫延安》和电影剧本《南征北战》等。身在军旅阅读这些作品会有一种特别的亲切感，黄修己常常心情激动产生写作的冲动。

除了阅读这类描写现实的作品，黄修己也用功阅读语言和文学类的书籍。1951年6月，《人民日报》发表《正确地使用祖国的语言，为语言的纯洁和健康而斗争》社论，并且拨出大篇幅来连载吕叔湘、朱德熙的《语法修辞讲话》。正确地使用祖国的语言成为时尚，成为一种新社会的新气象。黄修己当时在第二十八军军部，干部们为了提高写作水平也投入这一热潮中。但黄修己只有初中学历，不能授课，只能帮助别的教员批改作业。于是他趁这个机会学习汉语的语法修辞，几乎到了着迷的程度——自己说话或是听别人说话，走在街上看到标语、布告，时刻都在捉摸是否有语病。这对他以后养成追求平实、简约的文字风格起了重要作用。约半个世纪后，他特意写了《令我受益至大的一部书》回顾这难忘的往事。接着他又读了黎锦熙的《新著国语文法》、陈望道的《修辞学发凡》等，甚至还似懂非懂地看了《马氏文通》。阅读的收获激起了他学习的热情，他又特地订阅了《语文学习》《文艺学习》《旅行家》《美术》。这些杂志引领他走近了文学。他读到高尔基的一段话：一个现实主义的作家听到邻屋两个人在谈话，虽然看不到，却可以从谈话中分辨出他们的不同性格。又看到艾芜在一篇文章中说，作家跟其他人的不同就是辛苦一点，别人一天工作完了就可以休息，作家却还要记录这一天观察生活的心得。从此，黄修己就订了一本札记，平时注意观察各种人的言行，记下最能表现不同人个性的言行。即便是纯然出于个人兴趣而去读《美术》，他也从一些名作的分析中领会现实主义的特点。例如一篇分析列宾油画《伏尔加纤夫》的文章，详细地从表情、姿势、服饰等分析每一个人物的身份、经历、情绪，好像每一个人物形象背后都有一段故事,这对他理解文学创作也很有启发。

1954年,他买到一本青光版的《鲁迅杂感选集》,那时还不知道写序言的"何凝"是何人。序言开头先讲希腊神话中吃狼奶长大的双胞兄弟罗谟鲁斯和莱谟斯的故事:罗谟鲁斯建造了罗马城,却被莱谟斯一脚就跨过去了,以此解释鲁迅,解释他与创造社作家的关系。他被序言那宏大的理论气势和生动贴切的比喻所震动,同时深为鲁迅的杂文所吸引,读到《春末闲谈》《论雷峰塔的倒掉》中那些幽默的讽刺时,竟激动得拍案叫绝。于是他又特地去买《鲁迅小说集》来读,虽然当时还不能理解这些作品,但那时的阅读帮助他提高了对文学的兴趣和修养。

出于对写作的兴趣,黄修己也尝试写些报道之类的小文章,请上级机关的通讯干事转投给军报。通讯干事夸他写得好,但他的稿子从未单独发表,都成了通讯干事综合报道的素材。1952年,黄修己所属的部队打下闽东的西洋、浮鹰两个小岛,黄修己在俘管队工作,从国军俘虏了解到金门等岛上的情况,感到很有意思,便写了一篇较长的报道寄给《福建日报》,然而音信全无,石沉大海。这更使他产生提高文化水平的急切之感。

1955年8月,黄修己如愿考上北京大学中文系,离别了部队,重新开始学生生活。

二、负笈北大:激情燃烧的岁月

黄修己进入北京大学中文系学习,原本是为圆作家梦而来,但是在欢迎新生的会上,系主任杨晦教授很明确地告诉大家,中文系是不培养作家的。杨晦教授勉励大家好好读书,不要急于发表文章。尽管如此,黄修己仍未放弃当作家的愿望。北大的学生社团非常活跃,黄修己选择参加诗社活动,编了一首小青年投身革命武装的小叙事诗,作为"投名状"投给诗社名下的《北大诗刊》,于是他被录取。那首诗就成了他到北大后发表的第一篇"作品"。新中国成立初期涌现出一批青年诗人,这使喜爱新诗的年轻人很受鼓舞。诗社第一次活动时,负责人张元勋满怀激情地宣称:"将来从我们诗社也要走出中国的马雅科夫斯基、中国的伊萨可夫斯基!"在一、二年级时黄修己也给文艺刊物投寄过诗稿。1957年,黄修己的歌唱福建前线对敌斗争的组诗,被上海《萌芽》杂志社采用,已经发排了却被退稿。编辑部将小样寄还,来信说因为要投入"反右"运动,现在要发表反右派的稿件,所以只好把他的组诗"割爱"了。这使黄修己很失望,从此不再写诗。不过黄修己还是坚持写生活札记,这对他分析、评论叙事性的作品还是有帮助的。

1953年,被称为"立国之战"的抗美援朝战争已经胜利结束,饱受屈辱的古老民族已在世界上站立了起来。亿万群众投身新中国的建设,整个国家生气勃勃,气象万千。这时的青年人，身上充满着蓬勃向上的朝气，相信未来的前途一定是美好的。那时学校的物资设备还很简陋。大饭厅有桌无椅，不仅兼作大会场，还用来放电影，名副其实"多功能"。学生吃饭的碗勺要随身带，一到下课校园里大小路上处处叮叮当当的碗勺交响之声。那时，学生勤学的风气十分浓厚，天蒙蒙亮，黄修己就背着书包跑到图书馆，常常一坐就是一上午。点点滴滴的时间都不敢浪费，就是买饭排队黄修己也在背诵外语单词。1956年中共中央提出"向科学进军"的口号，准备为建设社会主义贡献自己力量的青年学子们，不但刻苦学习，思想上也严格要求自己，努力把自己打造成"又红又专"的专家、学者。那是"激情燃烧的岁月"、豪情满怀的时代！

那时，院系刚刚经过调整，北大中文系是北大和清华、燕京三校中文系合并而成的。后来又并入了王力先生主持的中山大学语言学系，师资力量可谓空前雄厚。在教学上则全面学习苏联，马寅初校长身边总跟着一位苏联顾问。俄语成了第一外语。中文系的学制从这一届开始改为五年，考试方法分为考试和考查两种，记分法也改为五分制。最重要的是将课程做了调整，严格按计划开课，实行"三基训练"。所谓"三基"，指的是基础理论、基础知识、基本技能。基础理论包括马克思列宁主义基础、政治经济学、哲学、美学、文艺学、语言学等；基础知识包括中国通史、中国文学史、西洋文学史、东方文学史、俄苏文学史、汉语史、中国古代文艺思想史等，其中，中国文学史要学四年；基本技能包括现代汉语、古代汉语、外语、逻辑、语音学、要籍解题等。这些都是必修课，都由教授讲授，如高名凯讲授普通语言学，魏建功讲授古代汉语，周祖谟讲授现代汉语语音、词汇，朱德熙讲授现代汉语语法，王力讲授汉语史、诗词格律，游国恩讲授先秦两汉文学，林庚讲授魏晋南北朝隋唐五代文学，吴组缃、吴小如讲授宋元明清文学，季镇淮讲授近代文学，王瑶讲授现代文学，杨晦讲授古代文艺思想史……在教学方法上除了教授授课，还增加了由助教主持的练习课。练习课的内容除了质疑、答疑，主要是检查学生学习情况，作为考查的成绩。而考试则完全用口试，由老师出考题，范围包含所有的讲授内容，用抽签的方式：抽到的题愿意回答，可到另一间教室准备半小时，在回答过程中教师还会提问。然后当场给分，并记在学生自己保管的"记分册"上。抽到的题如果不能或不愿回答，也可以重抽，不过重抽的题最高只能得到四分。这种严格的制度和方法，使考试很为紧张，每学期最后两周考试期间都由学校补贴学生的伙食费，天天有鱼有肉，保证大家的健康。由于刻苦学习，第一学期四门课考试，黄修己都得了五分。

但这套教学计划也有缺点，最明显的是外语，实不应该一律要求学俄语。黄修己以前学的是英语，这时丢弃了英语去学俄语，后来又因为时局变化，俄语用不上了。虽然如此，黄修己认为在五年时间里，如果能踏踏实实地按照这个教学计划来学习，还是可以打下较好的专业基础的。

当时要求学生全面发展，每年评"三好学生"（即身体好、思想好、学习好）。

对学生的体育也有较高要求,实行"劳卫制"(即"为准备劳动和保卫祖国而锻炼"),要求在若干体育项目上达到一定的标准。每天课间操时间大家都很自觉地做广播体操,只要音乐一响,走在半路上也会自动到路边放下书包做操。下午五点钟下课后,两个操场挤满锻炼的人群,热火朝天。夏天到颐和园学游泳,冬天在校园练长跑,或者在未名湖学溜冰。整个校园洋溢着蓬勃的青春朝气。黄修已本来就喜欢体育,爱打篮球,当时这些景象给他留下了深刻的印象。北大中文系在百周年系庆征稿时,他写的是与众不同的回忆文章《那年月我们这样锻炼身体》。这种锻炼身体的火热景象延续到"三年困难时期",就再也见不到了。

　　黄修己说,他的大学生涯可以1957年的"反右"运动为界,分为上、下两段。经过"反右"的风浪,学校工作从以教学为中心,转变到以"教育革命"为中心了。1958年紧接"反右"之后,又开展"双反"即"反保守、反浪费"运动。什么是高校最大的浪费?那时的回答是1957年出了那么多右派学生,是教育界最大的浪费,并且认为这是资产阶级跟无产阶级在争夺青年。当时认为,经过多年来经济上、政治上"兴无灭资"的斗争,资产阶级手中仅剩那一点"科学知识"可以作为与无产阶级较量的本钱了。但那其实是"伪科学"。这时全国正掀起"大跃进"的高潮,学校领导发动青年学生破除迷信、解放思想,起来揭发、批判老师的"伪科学",在学术上也要用"大跃进"的速度,超越自己的老师,剥夺资产阶级与无产阶级较量的最后一点本钱。这叫作"拔白旗,插红旗"。黄修已没有料到,正是在这样的背景下,他所在的1955级被推上了狂热的历史浪尖。这一年暑假他受邀去丰台桥梁厂编写工厂史(他们的成果后来以《长桥万里》为题由北京出版社出版,其中由他执笔的《反解雇斗争》一节另出了单行本,署名"厂史编写组")。就在黄修己在丰台忙着编工厂史时,1955级暑假留校的三十几个刚学完隋唐文学的学生,提出用集体的力量在暑假中编写出中国文学史,也来个学术"大跃进"。他们大胆地批判老师的某些观点,并且提出对中国文学史的"新认识":一是民间文学是文学史的正宗;二是整部文学史贯穿着阶级斗争,其表现就是现实主义和反现实主义的斗争。当黄修己完成了工厂史回到学校时,正是新学期开学之时。人民文学出版社也以"大跃进"的速度,已经把这部77万字的文学史出版了。因为用的是红色的封面,便被称为"红色文学史"或"红皮文学史"。黄修己虽没有参加编写,但也和大家一起喜悦地争看新书,不过他看了第一章前几页,即上古神话部分,第一个感觉却是和游国恩先生讲授的似乎也没有什么差别。如果有什么可以肯定的话,那就是这是第一部从上古神话到五四运动的完整的中国文学史,补上了以前不大受关注的近代文学的空白。而能够完成晚清这一阶段的写作,还得感谢阿英先生①的热情指导和帮助。

---

　　① 阿英(1900—1977年),原名钱杏邨,现代作家、评论家,在晚清文学的研究和史料收集上有很高的成就。

大学三年级的学生，能够在暑假一个月中编出大部头的中国文学史，这在当时是轰动一时的新闻，甚至被视为"奇迹"。① 有的报刊发表社论，有的刊登专家、学者的评论，肯定、赞扬这部文学史。康生、陈毅也写信给1955级的同学，并称赞、鼓励他们。北大中文系1955级因此而闻名于世。

集体编书除了含有以"大跃进"的速度从"资产阶级知识分子"手里夺取文化知识的意图以外，也为了通过共同协作的实践对学生进行集体主义思想教育，克服个人主义，培育新人。书稿完成后，大家曾讨论过各章节的作者要不要署名的问题，最后决定不署个人的名字，也不要稿酬（这部书的稿酬全部上交给系里）。集体科研成为青年知识分子自我改造的范例。1959年，1955级被评为全国社会主义建设先进集体。

"红色文学史"在备受赞扬的同时，也有对它的批评和质疑，特别是统领全书的主要观点，所谓"中国文学史贯穿着现实主义和反现实主义斗争"的观点，受到中共党内专家何其芳、邵荃麟等的批评。多年后反思这段历史时，黄修己认为这个观点之所以受到批评，不仅是因为不符合历史实际，无视中国文学史上浪漫主义的高度成就；也是因为在"大跃进"中，在大力提倡文学创作的革命浪漫主义之时，是不合时宜的。校系领导立即决定继续用集体编写的方法，对这部文学史进行修改。1955级全体同学利用四年级一年的课余时间参与编写。黄修己负责魏晋南北朝文学小组，执笔陶渊明、曹操、《木兰诗》等章节。1959年9月，扩充成120多万字的四卷本《中国文学史》出版，作为给十周年国庆的献礼。这回用了黄色的封面，因此被称为"黄皮文学史"。"黄皮"放弃了原先统率全书的僵硬的文学阶级斗争"公式"，删除了批判"资产阶级伪科学"的章节，总体上较之"红皮"有所改进。到了20世纪60年代，教育部组织专家和部分1955级毕业生，参考"黄皮"，编写由游国恩等主编的《中国文学史》，作为部编教材，这回用了蓝色的封皮。经历了"一史三易皮"的曲折过程，此中的经验教训对黄修己后来的治学产生了很大的影响。

"大跃进"中兴起的这种"集体科研"，被视为"在实践中锻炼，在战斗中成长"的快速培养人才的新模式。此后接连不断地编出了如《毛泽东文艺思想概论》《汉语成语小词典》《近代诗选》《中国小说史》《中国现代文学史》等，1955级名声远播。回顾这一段经历，黄修己逐渐明白，他们这一代成长于新旧更替的时期，年轻人旧包袱轻，有激情，敢于冲锋陷阵，恰是因此也就容易犯错。更何况1958年以后大家几乎没有时间和心情读书了。他盘点自己除了上课、编书外，还要做的事：以"勤工俭学"之名被派到附近中学兼课（实因不少中学语文老师被错划为"右派"，缺少教员）；担任《北大青年》创刊编辑；参加各种活动，如大炼钢铁、去农村深翻土地、除"四害"（灭麻雀）、创作新民歌、搞诗画满墙等。

---

① 季镇淮：《一个奇迹》，载《光明日报》1960年6月28日。

这时，周扬希望开设"马克思主义美学"的课程，于1958年携同邵荃麟、林默涵等来北大讲课。周扬亲自讲了"绪论"和"文艺与政治"两堂课，同时让1955级学生帮他重编《马克思主义与文艺》一书。此书编于延安时期，收入了马克思、恩格斯、列宁、斯大林、毛泽东、普列哈洛夫、高尔基、鲁迅论文艺的语录，影响很大。但周扬认为译文旧了，语录收得也不全，所以请1955级找几位同学帮助重读新版的上述八家的著作，摘出与文艺有关的语录，供他重新编选。黄修己参加了这一工作，并借此机会读了许多马列原著。马克思关于莎士比亚化和席勒化，恩格斯关于现实主义、典型和个性，列宁关于托尔斯泰是俄国革命的镜子等的论述，对他形成从宏大社会层面和历史线索的纵深来考察、认识、评论文艺的思路，有深刻的影响。他几次去中宣部听取周扬的指导，也受到很大启发，即使是在当时特殊时代条件下也有一种思想解放的感觉。黄修己进入北大原本是为了当作家，经过几年的学习，发现自己抽象思维和理性分析的能力更强些，于是就有了毕业后从事文艺理论研究的心愿。

1960年寒假，是黄修己大学时期最后的寒假，系领导安排1955级的学生与入学不久的1958级学生合作，集体编写《中国现代文学史》，过一个"共产主义寒假"。黄修己负责"五四"小组。因为这时已经进入"三年困难时期"，政策有了改变，"大跃进"时的群众集体的编著都不出版了，而这部集体编写的《中国现代文学史》出了"试用本"后便告夭折。

1976年春，与唐弢、王瑶等在八达岭

1960年毕业前夕，黄修己受命写作报道1955级成长的长篇通讯，题为《在红专大道上成长的战斗集体》，原拟作为新华社通稿。学校非常重视，党委宣传部部长、副部长都亲临指导。稿件完成后,却因为当时政策的变动,只在校内的《北大青年》1960年第4期上发表(署名"北大报道组")。毕业时,1955级出了一本纪念册,扉页上有一段题诗,用"革命斗争中长大,群众运动里开花"概括他们的大学生活。然后表示"此去扬鞭万里/一生为祖国画最新最美的图画",这是何等的赤诚,何等的壮丽! 一晃之间,半个多世纪过去了,经历了人世沧桑,太多的变故、激烈的动荡冲击着黄修己和他的同学们。当年的满怀豪情,已转为冷静的、理性的思索,这也反映在他的一篇回顾历史、反思教训的文章《"红色文学史"五十年祭》①中。人要克服"幼稚病",逐渐走向成熟,是要走很长的崎岖的路啊!

三、终身志向:踏上研究现代文学之路

1960年,大学毕业后黄修己留校任教,先被分配到文艺理论教研室,后因现代文学教学小组缺人(那时北大中文系只有从属于中国文学史教研室的现代文学教学小组),又让他去教现代文学。此时王瑶教授正在给1959级文学班上课,由黄修己做助教。同时,黄修己又要给1959级古典文献专业(这是中文系招收的第一届古典文献班)开现当代文学课。可以说,他一毕业就挑起了繁重的教学担子,那段时间他将全部精力投入备课、授课中,紧张加上营养不良让他先后得了浮肿病和神经衰弱症。但他依然尽力克服困难把课讲好,他的课很受学生的欢迎,扬名在外。北师大中文系党总支的青年委员为总结青年教师成长的经验,经北大中文系领导同意特来访问。此后,从1960级、1961级……他差不多年年担负中文系不同专业的现代文学课。1985年第一届教师节,黄修己获得北京大学优秀教学奖。

1962年5月,黄修己发表《论〈李有才板话〉的农民形象》,这是他毕业后写的第一篇论述现代作家作品的评论。1964年6月他出版了《赵树理的小说》(北京出版社出版,为吴晗主编的"语文小丛书"之一)。赵树理在当时是享誉文坛的艺术个性鲜明的解放区作家,与茅盾、巴金、老舍、曹禺等并称为"语言大师"。但黄修己最初并没有特别关注这位作家,而是给王瑶先生做助教时,应王先生的要求讲了一堂赵树理的创作。上述论著都是他根据讲稿整理成的。不久,在大连召开的农村题材短篇小说座谈会上,赵树理以敢于直面现实生活、敢讲真话而受到赞扬。紧接着,赵树理在文艺界掀起的"左倾"思潮狂浪中,被打成"写中间人物"论的代表性作家,死于"文革"中。黄修己研究赵树理也成为一桩罪状。"四人帮"被打倒后,出于对赵树理的同情、怀念,黄修己开始为赵树理写"评传"(《赵树理评传》,江苏人民出版社,1981年9月出版)。此前赵树理虽被视为代表文艺为

---

① 黄修己:《"红色文学史"五十年祭》,载《炎黄春秋》2009年第1期。

工农兵服务方针的典范,但还没有一部关于他的完整的传记。此前介绍、评论赵树理的文章也很多,但经历了十年"文革"之后,黄修已对历史、社会和人的认识都比以前清醒、透彻多了。可以说,站在新的起点,黄修已重新走进了赵树理的世界。这时,他对赵及其创作的认识,已经跟"文革"前不尽一致了。

例如,黄修已对一篇不大引人注意且有争议的小说《邪不压正》,以"邪气从何而来?"为题做了详细的解析,认为这篇小说长期"没有得到应有的评价"。这篇小说与丁玲的《太阳照在桑干河上》、周立波的《暴风骤雨》写同一时期的土改斗争,分别从两家人的婚姻揭示"左倾"冒险主义的社会根源。故事讲的是中农家美貌的女儿被迫许给地主家的儿子,幸好来了八路军,老地主气死,儿子要守孝,未能成婚。但这时翻了身、"当了家做了主"的农会主席小昌勾结流氓小旦,又来逼迫中农把女儿嫁给自己14岁的儿子。这篇小说表现了赵树理对农村社会的深刻了解,以及在生产关系刚刚发生变化时的敏锐的觉察。这是同时期写土改的作品达不到的。其实早在《李有才板话》中,赵树理已经描写了一个翻身当上村干部后即刻变了初心的青年陈小元。后来又在《三里湾》里塑造一个迷恋个人发家的村党支部书记,特意为他起名"范登高",绰号"翻得高",意即新的掌权人以权谋私多占了胜利果实,翻身"翻得高"了。显然,赵树理对这些既得利益者的描绘,揭示出了革命胜利时刻一个重要的、具有普遍意义的问题。由于赵树理写的多是通俗的农民熟悉的生活小故事,其表层情节里所包含作家独具的慧眼、认识上的深刻性,需要评论家去解读、阐发,这正是黄修已要做的。如《传家宝》写的是农家常见的婆媳矛盾,但是赵树理从婆媳不同的理家方式的冲突,表现了农村社会从自然经济走向劳动分工合作过程中所需要的观念演变。《三里湾》被认为是最早反映农业合作化运动的一部作品,这是历来对它的定位,并从这样的角度来评价它的得失。黄修已却用了"还是分开好"为题,重点分析作家如何描写农村传统的封建宗法制大家庭,还是"拆"成小家庭为好。重点不在写"运动",而是写农村走向现代化所需要的家庭改造,甚至非常超前地主张青年农民结婚不一定要单独成家、另立户口,只要晚上住在一起。因为传统的以"户"为生产单位并不利于农村的现代化。黄修已认为,这些都反映了赵树理对如何推进农村社会变革的见地和思考,这才是《三里湾》真正的思想价值。

但黄修已从新的角度肯定赵树理独特成就的同时,也分析了赵树理作品的缺点和局限,而且还在书中专列一节《金无足赤》,总体上概括、分析了赵树理作品的不足:一是生活体验上的空间与时间的限度;二是创作思想上的片面性;三是思想上的褊狭性,即他自称的"小天小地"观念。当时就有同行指出,作者去给某作家写传,总是因为喜欢他,却同时能够实事求是地说明他的不足,这是值得肯定的。

黄修已的《赵树理评传》出版后,赵树理的子女认为它是写得最接近父亲真实面貌的一部。多年后,赵树理的女儿广建打电话邀请黄修已去山西开会时说:"你的书上留下了多少我每次阅读时的泪水!"应该说这部《赵树理评传》才是黄修己对现代文学研究的开端,后来获"北京大学优秀社科成果奖"。

完成《赵树理评传》后,黄修己接着又写出了《赵树理研究》(山西人民出版社,1985年5月出版)。这跟当时势头正猛的文学批评"方法热"有关。20世纪80年代,在改革开放的大潮中,文学领域封闭的大门被打开了,西方近代、现代各种流派的文学理论、批评方法汹涌而入,形成了一阵文学批评"方法热",一时出现"名词爆炸"现象。那时发表评论文章,没有引用几个外国文学理论的新名词好像都拿不出手。黄修己曾听吴组缃先生讲解鲁迅的《离婚》,分析为什么小说中多次描写主人公爱姑的脚是"钩刀"形的。原来爱姑小时缠足,到辛亥革命后废止缠足陋习时年纪还不大,放足之后还能够继续生长,当时人称此种脚为"小大脚""半天足"。从描写这"钩刀"形的脚,便知这爱姑是生于清末、长于民国,这是用形象的方法十分简练地写出爱姑性格形成的时代背景。黄修己从这解释中得到很大的启发,立即将鲁迅的小说重读了一遍,举一反三,发现了一个新天地。为什么以前读小说没有发现呢,因为不懂得细察、欣赏这种细节描写的奥妙。他体会到方法的掌握可以使人"开窍",一旦"开窍",可以一通百通,这就是掌握方法的重要性。然而当时的"方法热",似乎和自己的体会并不是一回事。面对这种局面,其为重视方法的黄修己并没有卷进去,但对当时引进的各种西方文学理论、流派,他还是会花时间去学习。听说当时新建的深圳大学图书馆收藏港台版的文艺理论书籍很多,他特以借调的方式去深大任教半年。其间,除了每周四节课以外,其他时间他几乎全泡在图书馆。经过一段时间的埋头苦读,他把20世纪后半期西方文论的发展线路大体上摸清。认识到每一种理论或方法的产生、流行,都有其特定的背景,因而也就有其适用的范围。例如,吴组缃先生讲究作品中细节的真实和作用,因为他是个严谨的现实主义作家,他的批评方法适用于评论现实主义的作品。如果用来评价浪漫主义或现代主义的作品,可能就行不通了。20世纪西方的文论和方法,同样产生于特定的背景,不可生搬硬套、削足适履。他在《赵树理研究》的"导言"中说:"书中涉及传记批评、社会学批评、发生学批评、审美批评、整体性批评、比较批评等,不必讳言,这是有所借鉴的。笔者认为对外来的方法不可原封不动地照搬。西方文艺批评各种派别的发生、发展是有其特定的社会背景、哲学背景和文学背景的,因此照搬它来分析背景条件完全不同的我国社会主义文学,是行不通的。"他用当时一种"时髦"作为比喻——一些年轻人戴进口的墨镜舍不得把洋商标撕掉,说:"本书也有一些'商标',不过先得在此声明,未曾在任何外国政府注过册,实在是一些土产品也!"①

上述书中所用的几种批评方法,有的是传统的,但是运用得好还是很有新鲜感的,并且适用于深化对作家创作的认识。例如,"赵树理创作和晋东南地理"一

---

① 黄修己:《赵树理研究》,山西人民出版社1985年版,第12页。

章,从赵树理小说的地方色彩,探讨文学创作与特定地区自然条件、生活形态、地域文化的关系,成为后来现代文学与地域文化关系研究高潮的先声。"赵树理小说欣赏和移象作用"一章,受德国美学家里普斯的文艺鉴赏"移情作用"的启发,提出小说鉴赏中的"移像作用",用来揭示赵树理小说艺术的民族特征。他认为文学形象是作家用语言进行艺术塑造的,不像绘画、音乐、戏剧表演那样将形象直接诉诸观众、听众的听觉、视觉。作家的艺术语言必须能够唤醒读者,将他们积累、储存于脑中的经历过的生活形象,移植到作家所书写的文字里,使作家的艺术语言与读者的经历过的形象两相对接,从而获得阅读的愉快。他把这种过程叫作"移像作用"。然后他举出赵树理小说中情节描写的一些实例进行分析,说明这就像是绘画中留空白,让观者以自己的想象去填补,认为这种语言艺术的特征正是赵树理小说在 20 世纪四五十年代受到欢迎的一个原因,也是小说艺术继承民族传统上的成功。

为研究赵树理,黄修己还提供了《赵树理研究资料》(北岳文艺出版社,1985 年出版)和《不平坦的路》(天津教育出版社,1990 年出版)。前者是资料选编,查找到国外 27 个国家用不同文字翻译了赵树理的作品,还有一批著名的外国学者对赵树理的评论。后者是赵树理研究史。这些工作为后人的继续研究提供了方便。

四、以人为本:不断重写文学史

在 20 世纪 50 年代,"中国现代文学史"还是一门新课程。虽然 1949 年之前个别大学开设过现代文学研究的课程,也出版了几部现代文学史著,都只能说是少数人的草创。所以 1949 年后当教育主管部门把"现代文学史"规定为大学中文系的必修课时,能够从事这一课程教学的教师还很少。他们成长于民国时期,后来被称为这一学科的第一代学者,是学科的创建者。而要在短时间里开出新课,用新的观念编出新教材,这无异于一项艰苦的开山劈岭工程。于是,出于学科发展的需要,也就要求年轻的第二代尽快上阵,他们在学术上还未曾成熟时就须参加新学科的创建工作。黄修己也属于第二代学人,他的成才与学科的创建、发展几乎同步。繁重的教学任务逼着他刚毕业就匆匆忙忙地投入工作,在学术上没有可能做充分的准备。不久,"文革"爆发,黄修己被下放到江西北大农场劳动,直到 1971 年回北京。这时已经开始招收"工农兵学员",教员备课可以上图书馆了。黄修己利用这个机会,每天到旧期刊阅览室看书,这个阅览室有三位馆员,而每日的读者往往就只有黄修己一人,三位馆员陪一个读者成了那时的怪现象。重要的是,这时扎实的阅读为他补上了现代文学课——当年这门课因受教育革命的干扰等于没学,毕业后又忙于教学也无暇去积累原始资料。他形容对这段文学史的认识好比是"悬空寺"。他从"五四"期刊开始，沿着时间顺序，一本一本、一期一期地阅读各种有关文学的报刊杂志，直接和历史会面。从《新青年》开始，然后是《新潮》《每周评论》《小说月报》《创造周报》……这才深切地感到历史原来是这般具体生动、丰富多彩，像个活泼泼的能说会笑的人，而上了教科书就变得那么消瘦、干瘪、木讷。这使他产生了最早的"重写文学史"的冲动。这段经历为他在"四人帮"垮台后能够较快编纂出自己的新的现代文学史积蓄了力量，做了思想上和史料上的准备。

"文革"结束后，现代文学学科也得以恢复，黄修己的学术生涯迎来了新的开端。在"文革"中黄修己因为还读了点书，没有丢弃专业，那时的一点积累最终都派上了用场。他先参加了北京大学和南京大学等九院校合作编写的《中国现代文学史》（江苏人民出版社，1979年8月出版，后来又经黄修己与许志英、曾华鹏等改写，出版简编本）。黄修己和编者们都非常希望能够突破旧的格局，但又心有余悸，加以岁月蹉跎，业务荒疏，只能迈着小步悄悄向前走。同时，黄修己参与了唐弢、严家炎主编的《中国现代文学史》第3卷（人民文学出版社，1980年出版）中一些章节的编写。此书后来也出了简缩本译为外文。当时还有几部多校合作编著的同类教材出版，这批作品的共同特点正如有人说的，是"虽展新姿，仍存旧貌"。到了党的十一届三中全会的召开，有力地推动了学术的发展创新，为现代文学的研究开辟了新时期。

改革开放解放了人的创造力，这使黄修己"重写文学史"的想法，得到了实现的机会。时代给予他勇气，他利用课余时间经过一年的紧张写作《中国现代文学简史》（中国青年出版社出版，以下简称《简史》）于1984年6月出版。黄修己介绍《简史》出版后人们对这本书的反应时说："给人'耳目一新'之感，无非是增加了一些过去不讲的、不能上史的作家作品。譬如九叶诗人……，我觉得这些诗人应该是一个流派。一般命名流派是用刊物的名称，但《诗创造》后来分化了，用《中国新诗》来命名又太大，若干现代主义的诗篇怎能就代表'中国新诗'？我为取名感到为难，恰好此时出了一本《九叶集》，我就用'九叶诗人'来命名。……譬如张爱玲，根据有人的考证，大陆最早把张爱玲写入现代文学史的也是《简史》。还有无名氏，以前的文学史也是不提的。为此也在编史的理念上求变，提出'现代'是个时间段的概念，在这个时间段里的各种文学都应该包括。新民主主义的文学是主流，但不应忽视别的成分。其次，我喜欢对历史现象做自己的概括，如用'幻灭小说''愤激小说'来概括大革命失败后左翼作品的两种思想倾向；用'评书体小说''新英雄传奇'等概括文艺整风后的解放区作品。还要敢于提出自己的独立观点，不要怕人家的异议。如我认为20世纪初一些创作已有过渡期的新成分，《二十年目睹之怪现状》的吴继之是最早的民族资本家形象，《老残游记》是'新公案小说'，老残已经不是黄天霸，像福尔摩斯了嘛，算个平民侦探。另外，《简史》有意识地吸收当时的新成果，以前没有接触过新感觉派的小说，是从司马长风的《中国新文学史》里,看到他介绍'新感觉派',也看到他对徐訏评价那么高。能不能入史,不放心,还跑去请教吴组缃先生,穆时英、徐訏等在当时文学界到底怎么样。至于施蛰存算不算,我到现在也没有研究。也是从吴先生那里借阅了夏志清的《现代小说史》,又到香港买了张爱玲等的书来看。这样,《简史》在1984年出版时,新的内容比较多。当时思想解放之风兴起,不少人不满足已出的教材,《简史》迎合了当时这种需求。"黄修己认为"个人编著的《简史》,具有追求创新和个性化的特色,但还有很多旧成分,毕竟还未能突破旧格局,方法上也主要还是用了社会历史分析。虽然我认为历史叙述也应该多点活气,但一直做得不够,毕竟是在特定的社会背景下写作,我接受的也是1949年以后的教育,我不能摆脱环境的限制"①。《简史》是黄修己的著作中影响最广的一部,多年后还能听到一些中年同行对他说:"黄先生,我是从读你的《简史》走进现代文学研究的。"

就在《简史》出版的同时,黄修己担任了中央广播电视大学(简称电大)"现代文学"课程的主讲任务。按要求主讲者要编一部教材,他建议就用《简史》作教材,得到电大的同意;于是黄修己在20世纪80年代上了"央视",居然"触电",收听、收看者很多,影响很广,甚至有边境线上邻国的学生。他还建议到北京、上海、绩溪、绍兴、沙湾、乌镇、延安等地拍摄现代文学作家的资料,使音像教材形象、生动。他对工作的积极性和责任心,令电大教师感动,写了《真诚的支持者》②《用心血绘制"地图"的人》③等记述与黄修己共事时受感动之事。黄修己被评为电大首名优秀主讲教师,但他却并不看重荣誉。他认为最大的收获是在电大这份兼职为他开了一个"口子",让他触摸到当时中国社会跳动着的脉搏,从而明白了自己过去实在是久居象牙塔的书呆子!因此碰些钉子也在所难免。他所编的《简史》,当时不适于电大学生使用,终于在校方的要求下不得不做修改。作品的讲解细致了,自然不能再称"简史"了,于是就有了《中国现代文学发展史》(以下简称《发展史》)。

1987年秋,黄修己离开北大来到广州中山大学任教。他第一次随夫人到广州是1965年的春节。南海边上这座很有特色的城市吸引了他。他曾写过一篇随笔《59棵榕树和一碗白果粥》,描述初到广州的感受。那时他已萌生南下的愿望。留北京的好处也很多,他是在这里磨炼、成长的,永不会忘记北京的恩惠。只是不习惯北方的生活,总想有朝一日雁南飞。直到20世纪80年代末,这个愿望才得以实现,黄修己和妻子带着两个孩子一起来到中大,在这里继续他的事业。《发展史》

---

① 吴敏:《他在不停地重写文学史——黄修己教授访谈录》,载《中国现代文学研究丛刊》2010年第4期,第181-192页。

② 黑川:《真诚的支持者——访中央电大主讲教师黄修己副教授》,载《现代远距离教育》1984年第2期,第34-35页。

③ 李平:《用心血绘制"地图"的人——主讲教师黄修己印象》,载《中国电大教育》1996年第9期,第56-57页。

起笔于北京，完成于广州（中国青年出版社1988年版）。

黄修己在治学中追求创新，他曾对学生说："人们说做学问是'求知'，我想加一个字，'求未知'。经过证实的已知的学问不需要你再去求，因为做重复的事没有什么意义，我们要'求'的应该是'未知'，这才能获得新知。"但是他从不为求新而去"赶浪头"。20世纪80年代思想解放大潮中，现代文学研究的新潮一浪接一浪，未见黄修己的身影，他一般不介入，以致有人说黄修己先生是一个"逆潮流"而动的人。① 他说过："什么叫'十年磨一剑'，就是不断琢磨、修订的意思。"② 既然电大要求修改，正是个机会，在《发展史》中也增添了一些新认识。80年代文艺创作上刮起一阵"西北风"，黄修己看出这类作品里含有反映现代文明与传统文化冲突的思想因素，站在这样的角度回望20世纪40年代解放区的创作，他发现已经有了类似的主题。那时一些进步的知识分子从城市来到经济、文化都还落后的农村根据地，理想与现实相碰撞，产生了这类主题的作品。于是他在《发展史》中特辟"初绘黄土地"的小节，从新的视角评价何其芳、丁玲、孔厥等作家的作品。他认为"从城市来到边区的作家们，不但具有较多的现代文化科学知识，而且大多受了'五四'民主科学精神的感染，有的还受过共产主义思想的洗礼。""他们以特有的敏锐和最初的感受，描绘了这片黄土地上的生活……，成为中国西部文学的滥觞。"特别给予丁玲的《我在霞村的时候》和《在医院中》很高的评价，指出陆萍"这个形象有很大的典型性和概括力，从三十年代到五十年代，差不多两三代参加革命的知识分子可以从她身上看见自己的身影。这是继莎菲之后丁玲塑造的第二个够得上典型形象的人物，也是本时期解放区创作中在人物塑造上的重要收获"③。也给予孔厥的《苦人儿》等小说很高的评价。这是以"当代"照亮"现代"，从"现在"发现"过去"的新认识。

《发展史》出版后即被韩国学者翻译成韩文，作为中韩建交前后一段时间韩国大学的教材，也被香港地区的公开大学选为教材，在香港出版。意想不到的是，20年之后，《发展史》竟有第三版的修订机会（2008年10月出版），为求新，这回几乎重新写过。黄修己自述这20年间他补了三门课，即西方文论、史学理论和人性论。他认为人文社会科学都可以说是人学，不懂人性论是知识结构的一个缺陷。现代文学诞生于"五四"新文化运动，这是一场启蒙运动，是对人的认识之启蒙。因为中国人的传统观念是在封建宗法制社会里形成的，严重地束缚着人性；没有人的觉醒，难以实现社会向现代的转型。为此，文学上就要创立"人的文学"，这是"五四"文学革命的思想纲领，但在过去长时间里被遮蔽、被忽略了。因此他写了

---

① 袁国兴：《读史、谈史、写史——读黄修己著〈中国新文学史编纂史〉（第2版）》，载《中国现代文学研究丛刊》2009年第1期。
② 黄修己：《中国新文学史编纂史·后记》（第2版），北京大学出版社2007年版。
③ 黄修己：《中国现代文学发展史》，中国青年出版社1988年版，第493–496页。

《全球化语境下的中国现代文学研究》①(此文获"王瑶学术奖论文奖")、《"人的文学"和战争文学——中国"抗战"时期战争文学的反思》②、《人性论和中国现代文学》③等论文,并用这样的观点观照、统摄"五四"时期的新文学。他认为鲁迅比较多地看到了人性的弱点,塑造了阿Q、闰土、祥林嫂等形象,希望以此唤起人的觉醒。郭沫若则重在赞扬人的意义、人的伟大。《女神》里的"天狗"能把日吞了,月吞了,意在表现人的力量。《立在地球边上放号》写人有太平洋一样推倒地球之力。《晨安》里的人一口气喊出那么多"晨安",不是发狂,是这个人有世界性的眼光,他向全世界道一声早安。而《地球,我的母亲》,写出了人是伟大的,但终究是地球的儿子,要爱自己的母亲;黄修己主张做环保工作的可以把这首诗编成歌来唱。这样,从"人"的视角发现、发掘《女神》的意义,是非常新鲜的。他认识到"五四"开辟的是一个"人的文学"的时代,对周作人《人的文学》等文给予重点评论;将为人生派和为艺术派的创作理解为或是人的觉醒者"投向社会的眼光",或是人的"自我张扬"。他认为,郁达夫的独特性在于大胆写出人的自然本性受压抑的苦闷以及导致心理的变态,这是"人之声";称冰心为"爱的领唱者",周作人的小品文是"小题材里的人间关怀";把周作人、林语堂、梁实秋等的散文定位为"体验人生情味"的一派,与社会批评类的投枪、匕首式的杂文相并峙的现代另一散文传统。他还对张资平、沈从文的作品从自然人性论角度进行解析,从人道主义的角度分析曹禺《原野》里仇虎杀死仇人无辜的儿子,陈诠《野玫瑰》里女特务为了政治目的而抛弃爱人,都是踩踏了人性的底线,等等。同行朱德发教授称黄修己是"个体化书写文学史的先行者",特别指明《发展史》第三版"最显著的创新点乃是以人本文学观(即'人的文学'理念)来重新考察、审视、贯通和阐释中国现代文学史,将现代文学史的书写自觉地由意识形态范畴纳入'文学是人学'的文化学术轨道,这是有意义的尝试也是成功的尝试"。如对《女神》和冰心诗的阐释都"给人以新鲜的学术冲击力"。他认为"人本文学观的成功尝试显示出著者修史的睿智胆识和求真出新的探索勇气,这是值得尊重和敬佩的"。④《发展史》的第三版被选为"十一五"国家级规划教材。

20世纪末,黄修己主持教育部"跨世纪教改研究"项目,主编《20世纪中国文学史》,1998年8月由中山大学出版社出版,2004年8月改写出"新一版"。编写中他遇到了现代文学史研究当时面临的两大问题。一是"五四"后的台湾、香港、澳门文学,理所当然属于中国现代文学。中国现代文学史应该添上这些地区的文学,对此,人们没有异议。再就是中华民族包括56个民族,有些少数民族也已

---

① 载于《文学评论》2004年第5期。
② 压缩稿载于《河北学刊》2005年第5期,全文载于《黄修己自选集》,中山大学出版社2017年版。
③ 载于《华夏文化论坛》2012年第2期。
④ 朱德发:《坚持"以人为本"文学观修史的成功尝试——评〈中国现代文学发展史〉(第三版)》,载《文学评论》2010年第1期。

经有了自己的现代文学,也应该入史;但那些作品有的不是汉语写的,应该怎样处理。二是"五四"提倡白话文、反对文言文,提倡新文学、反对旧文学。但是"五四"后被视为"旧文学"的传统形式的文学,如章回体小说(也使用白话文,有的更早于新文学)、戏曲(特别是京剧)都还在继续发展着;用文言文书写的旧体诗词,也产生了相当优秀的、足以传世的作品。这些是否应该入史是有争议的。反对者认为如果把它们入史,与"五四"文学革命的思想"正统"是相悖的。面对一时难以统一的认识,黄修己主张先把它们入史,以引起注意,等遇到问题、困难,再做研究。这部书增加了台港澳文学、少数民族文学、20世纪通俗文学(含张恨水、金庸等名家)等章节。"新一版"又增添了"'五四'后中华诗词发展概述""20世纪中国戏曲发展概述"两章,暂作"附录"。

扩展现代文学史内容的主张,当时被称为"大文学史观"。这使黄修己感到有必要对中国现代文学史做再认识,是否只有"五四"文学革命中创立的白话文的四种体裁作品,即通称为"新文学"的作品,才是中国的现代文学?而无视"五四"后文坛上、剧场里那许多别的门类,也有非常优秀的作品。例如,小说既有借鉴西方叙事方法的长短篇,也流行着传统的章回体小说,被称为雅俗文学"双翼齐飞";白话新诗成主流后,仍有不少人写旧体诗词,如艾青所说,"大路朝天,各走一边";戏剧舞台上既有新的话剧,也有新编的戏曲(含新编现代戏、新编历史戏)和按照现代观念改编的推陈出新的旧剧目,呈现"三足鼎立"之势。这后一种同样是现代人的精神创造,也具备现代性,为什么不能为现代文学史所接纳?循着这思路,黄修己提出中国现代文学的双线论。

黄修己认为,在20世纪的全球化背景下,作为后发现代化国家会遇到一个普遍性的问题:既不可能抵挡世界先进文化的冲击,又要保护好本民族的文化传统、保持自己的文化特色。"五四"以后中国文学从古典转型为现代的过程提供了实际的经验,那就是国际先进文化对后进国家文化的冲击,可以产生两种反应。一是直接借鉴先发现代化国家的文学的影响,用文学革命的激进方式,批判本民族文化传统,创造新文学,建构自己的文学新传统。鲁迅讲得透辟:"新文学是在外国文学潮流的推动下发生的,从中国古代文学方面,几乎一点遗产也没摄取。"[①]二是改造原有的传统来适应新时代的要求。本民族的传统文学,并不总是消极地坐待消亡,它们也在不断地自我更新,以顺应社会变革,顺应人们新的审美需求,从而渐进式地转化为新文学,为自己争得了生存权。中国作家在这两个方面都是有成绩的,这是中华民族文化传统生命力的表现。可惜在中国,这两条线互不认识,互相对立。激进的文学革命者以及后来追随者,看不到正在蜕旧变新的渐进式的这条线。他们握着话语权,在现代文学史里就只记载前一条线,把后一条线当作批判对象,以致

---

① 鲁迅:《集外集拾遗补编〈中国杰作小说〉小引》,载《鲁迅全集》第8卷,人民文学出版社1981年版,第399页。

中国现代文学史实际上只写了半部。片面地否定发展着的民族传统这一条线,是"五四"文学革命的后遗症。一些有识的作家,早已看到这种态度的不合理。如田汉早就不赞同习惯的二分法:舶来的是新的,所以话剧就叫作"新剧";本民族的都是旧的,传统的戏曲就被称为"旧戏""旧剧"。① 他曾建议把传统的戏曲称为"歌剧",与舶来的"话剧"相对应,并存于舞台上。

出现这种现象,黄修己认为跟理论上对传统和现代关系认识的偏差有关,因此他对传统与现代的关系提出四点思考。

第一,"传统"与"现代"并非绝对排斥、互不相容的二元对立。"传统"有保守性,但不等于保守,不等于抱残守缺;相反,特别是在文化建设上不能割断与"传统"的联系。

第二,一个时代有一个时代的文学。文学艺术有时代之别、新旧之别,但不宜以新旧分优劣,新的未必比旧的好。

第三,"传统"和"现代"的相互认识,往往有一个过程。"传统"要穿过历史的漫长隧道,经过一道道关口,接受一次次检验,才能决定它是被"现代"接受还是被拒绝,哪些被接受,哪些被拒绝。这个过程有时是很长的,认识不可能一步到位。因此,对待"传统"要小心谨慎。

第四,要纠正把文化革命等同于政治革命的偏颇。政治革命是"砸烂旧政权"就大功告成,新政权的建立就意味着新法统的成立。但文化革命或文学革命不能用"砸烂""打倒""消灭",新旧文学不可能一刀两断。新文学既可以创造新的,也可以利用、改造、转化、溶化旧的,化旧为新。因此,文化或文学的变革只能是渐进式的。这跟政治革命是不一样的。

黄修己认为这些问题是造成过去文化领域的改革常常出现偏差的认识上的原因,也对现代文学史的研究有过负面的影响,应该联系现代文学研究的实践来总结经验教训。

2011年4月,黄修己应邀回北大在中文系的"鲁迅人文讲座"上做题为《中国现代文学学科的过去和未来》的学术报告。在报告中他阐述了中国现代文学发生、发展"双线论"的观点。讲座的文稿发表在《现代中国》第14辑(北京大学版社2011年版)上。其中,关于"双线论"部分,后来以"现代文学发生的双线论"为题,单独成篇,收入《黄修己自选集》(中山大学出版社,2017年11月出版)。一种新观点的出现往往会受到一部分人欢迎、接受,也会受到一部分人质疑、反对,何况是牵涉对一段历史认识的重大变动。据说一种新思想的普及要有十年的时间,也许还要长,"双线论"能否得到普遍的承认,最重要的还在于能否写出符合历史实际的、令人信服的现代文学史。就目前现代文学研究队伍的学养状况,这还是有困难的,有待研究者们改善知识结构,扩大知识面,做长期的准备形

---

① 田汉:《新国剧运动第一声》,载《梨园公报》1928年11月8日。

成深厚的文化积淀,当然也还要求较高的理论水平。黄修己表示他已经不能像20世纪60年代初备新课、80年代初写《简史》那样地拼搏了;但他表示很有信心,未来的现代文学史一定会恢复民族文学传统在新时代得以延续、演变和发展的历史,证实"双线论"的史观。这样的苗头已经出现,例如,已经有了"五四"后旧体诗词的专史,也有戏剧研究家所编现代戏剧史里,增加了"五四"后民族戏曲新成就的内容。学科正在一步一步地前行,一步一步地接近"五四"以后中国文学的实际。

黄修己也做现代文学史的普及工作。为迎接香港回归,他主编了《百年中华文学史话(1898—1997)》,于1997年8月在香港出版,由新亚洲出版社有限公司发行。内容起于梁启超、丘逢甲至当代内地和台港澳作家,共55篇,用通俗的文字介绍他们的创作和对祖国的贡献。

1985年在授课中

五、学无止境:现代文学学术史研究的开拓

20世纪90年代,黄修己开始他的另一项具有开创性的工作,即中国现代文学学术史、学科史的建设。

到20世纪末,中国现代文学已经有了约80年的历史,成为一门学科也差不多50年了,可以也应该对它有所检讨、总结。当时也已有出版社在组织这方面的写作，如黄修己的赵树理研究史《不平坦的路》（1990年），就是天津教育出版社组织的"学术研究指南丛书"之一。丛书的"出版说明"提到这是一套"历史阶段学术研究成果的总检阅"，是"概览性的、既有成果总结又有学术研究门径的书"。黄修己也编了一本《中国现代文学研究方法论集》（首都师大出版社，1994年出版），选了王瑶、樊骏、乐黛云、严家炎、朱金顺等十几位现代文学研究家谈治学经验的论文，并说明"我想选的，不是那种先有个什么新理论、新方法，再用之于批评的文章，而是研究家们对科研实践的总结，是他们的经验之谈，悟道之谈"。① 这些都可视为他为创建学术史所做的准备。

黄修己在反顾学科建设实践时，感到必须回答一个问题——文学史研究究竟是不是科学。对此，有的前辈的答案是否定的，认为对文学思想、创作的评价是允许人们据一己之喜好而异，算不得科学。黄修己则认为"它是横跨文学、史学两个学科的。文学史也属于史学中的专史类"，"从史学的视角考量一番，还是很有必要的"。② 并且认为这是提升文学研究质量的通途。他为阐述己见发表了《文学史的史学品格》（1991年）、《培育一种理性的文学史观》（2003年）、《在现代文学研究中，提倡科学精神》（2004年）等评论，彰显文学史的史学属性。他在一段时间里读了许多史学概论和不同史学流派的书，认识到从事文学史研究，不仅要有文学理论的素养，还要有基本的史学理论知识。因为各种各样史学理论的核心问题，其实就是怎样处理认识主体（研究家）与认识客体（研究对象）的关系，而这也是研究文学史所须要解决的。2002年，他写了《中国现代文学史研究的"势大于人"》，提出"世无常势，史无常形"，"'势'即客观的局势，'人'指研究者。'势大于人'是说现代文学史面貌的改变……是客观局势的变化像无形却握有巨大权力之手左右着研究者的思想，使人们的价值取向、评价标准变了，随之对现代文学史的看法也变了。""离现实越近，与现实的关系越是紧密，这样的研究对象越容易成为现实社会变动的思想倒影。"③ 那么，客观的史实与研究者的主观思想倾向甚至个人喜好有什么关系，他希望从总结文学研究的实践中寻求答案。

总结一门学科的历史，工程浩大，黄修己没有全面展开，他量力而行，从总结现代文学史的编纂入手，这就有了他的《中国新文学史编纂史》（北京大学出版社，1995年5月出版。第二版于2007年10月出版，以下简称《编纂史》）。这部著作实际上是"史论"，第一、二编总结1949年前后的编纂历史，第三编"七十年后的沉思"（第二版改为"历史的启示"）是总结历史经验。

这部著作的主要内容有二：一是整理了中国新文学史（亦即现代文学史）编纂的历史，勾画了其发展的脉络。特别是1949年以前的编纂历史，过去人们知之不

---

① 黄修己编：《中国现代文学研究方法论集·代前言》，首都师范大学出版社1994年版，第8页。
② 黄修己：《中国新文学史编纂史·导言》（第二版），北京大学出版社2007年版，第1页。
③ 载于《东方文化》2002年第5期。

多、不全,经过他的搜求把那一时期出版的各种类型新文学史著的基本情况弄清楚了。也描述了1949年到21世纪初在不断变动的背景下的编纂过程和成果。用对比的方法归纳了这两个阶段里的八个方面各自的特点。从这些异同中人们自然能够领会其中包含着的经验和教训。在这基础上,第三编是从史学的角度所做的总结。从解说"历史"一词含有两个不可相混的内涵谈起,指明"历史"一是已经发生过的事,二是后人对这已经发生过的事情的记载。前者是客观的,不可改变的;后者是主观的,随书写者对历史认识的变化而变化。借用严复的话,前者为"身作之史",后者为"心构之史"。进而论说历史有三态:"原生态""遗留态""评价态"。原生态的历史后人已看不到了,后人看到的是遗留态的历史,就是尚遗留至今的历史文字、实物等遗迹,即我们常说的史料。这种遗留态的历史会有残缺的、伪造的,随着时间的逝去,它与原生态历史已经有着不同程度的差异。所以我们既应尽可能多地占有史料,还要善于鉴别史料。评价态历史就是我们写出的史著,已是经过作者主观的过滤、淘洗、编织,包含有后人对历史的认识,不可能与原生态的历史完全一样。就如中国现代文学史著,也都包含不同时期作者们的主观的选择、阐释、评价。然后指出,从"五四"至今,评论新文学主要有过三种阐释体系:其一是进化论的;其二是阶级论的;其三是启蒙论的(包含现代性的)。各种阐释体系都有其在不同时期对现代文学进行解析的合理性,也各有其局限性,但在总体上推进了人们对现代文学认识的深入。

从学生时期参加修改"红色文学史"起始,在史论关系上黄修己有切身的、特别深刻的体会:做学问不能走"以论带史"或"以论代史"的路子,而应该坚持"论从史出"。所以在《编纂史》中他对"史"和"论"这一对矛盾的关系有较详细的分析。"论从史出"是说先要尽可能全面地掌握史实,史实搞清楚了,才能抽象出科学的结论,形成科学的理论。但实际情况是人们进入史实之前,头脑不会是真空的,往往已经先有了某种理论准备、预设,理论在先,再用史实来检验、证明。他认为这也是允许的、常有的。因此,可以归纳出两种思路:"史在促我思"和"我思故史在"。前者是先从掌握史实入手,后者是先有理论,再用史实来证明,如果不能证明就应该勇于舍弃,或者根据史实加以修正,使之符合实际。这两条路子都是科学的,应该殊途同归。而且"论从史出"的要点在于"出论",怎么"出论"呢,那就是"从史"。如果不能"出论",只是一大堆资料的堆砌,那么我们的研究水平还是有限的。《编纂史》认为新文学史的研究、编纂有两种传统。一种接近于汉学传统。汉学注重考据,强调真实,追求严谨,要求内容的扎实细密、博大精深,反对空疏,但表达的风格平实,议论平和,就事论事,由此而形成朴实的特色,所以也称为朴学。但在新文学编纂中还有另一种传统,不满足于客观地弄清、铺叙史实,罗列史料,更看重主观阐释,强调理论的指导,要求把史实与某种主观的见解或某种理论联系起来,用理论照亮史实,用史实证明理论。这样的治学思路也能获得优秀的成果。黄修己称这两种治学路径为"史料派"和"史论派"。

他认为当时现代文学研究中更应该引起注意并加以矫正的是更为普遍的主观随意性，不顾事实、不要证明、拼贴理论、标榜新潮、追求轰动效应等弊病，所以在辨章学术、考镜源流时，他偏重于对继承、延续汉学传统的成果的肯定。

出版这部《编纂史》时，邀请中国社会科学院的樊骏研究员为特约编审。樊先生治学严谨，做事一贯认真负责，在同行中颇有口碑。他认真审阅提出了宝贵意见，并在书出版后撰写了长达20000余字的评论文章《关于学术史编写原则的思考——从黄修己的〈中国新文学史编纂史〉谈起》①。这篇文章后来被收入《中国新时期文学研究资料汇编·甲编·新文学史卷》，又改题为《黄修己的〈中国新文学史编纂史〉》，收入樊先生的《中国现代文学论集》（人民文学出版社，2006年出版）。这部《编纂史》获得国家社科基金优秀成果奖三等奖、教育部优秀社科成果奖二等奖、广东高校优秀社科成果奖一等奖。

写作和出版《编纂史》前后一段时间里，现代文学学科和学术问题，是黄修己思考的重心，他发表了一批相关的论文和评论。一类是关于学科史的回顾、整理，如《中国现代文学史的建构、解构和重构》《从"学以致用"走向"分析整理"——20世纪90年代中国现代文学研究取向》《中国新文学史研究的主要经验》等。一类是对当前研究现状的评论和意见，对学科发展中遇到的问题的思考，如《历史的反思直逼"五四"》《拐弯道上的思考——20年来现代文学研究的一点感想》等。一类是阐述现代文学研究中有关方法论的问题，如《文学史的史学品格》《现代文学研究的史论关系的再认识》等。还有一类是展望未来，叙述学科如何发展的己见，如《21世纪的中国现代文学史》《全球化语境下的中国现代文学研究》《奔向大学科，势在必行》《告别史前期，走出卅二年》等。他的意见多次被同行称为具有"指导性"，这是很高的评价。这些文章后来大多收入《黄修己自选集》（中山大学出版社，2017年11月出版）。

完成《编纂史》后，黄修己开始编写现代文学研究史的工作，这是大项目，要靠集体的力量。黄修己统揽全局任主编，他的四位同行教授担负编写重任。他把起点定在"五四"。他认为新文学刚刚诞生，固然不可能有严格意义上对它的研究，但立即就有反响，有很多议论，而且甚为热烈。"'五四'时期既是文学革命高潮、新文学取代旧文学的时期，同时也是中国学术完成从古典到现代的转型时期。与新文学同步发生的现代文学批评，其后又衍生出现代文学研究的新学科。"②那时出现的新的文学批评，当为转型后的现代学术的组成部分，而且很多时候与文学研究也难有明确的分界。所以这部研究史起于"五四"，是把文学批评包括在内的。研究史分为五个阶段，由四位教授分工执笔：1917—1927年和1977—2007年，由刘卫国执笔；1928—1937年，由姚玳玫执笔；1937—1949年，由吴敏执笔；

---

① 载于《文学评论》1998年第4期。
② 黄修己：《中国现代文学研究史·导言》，广东人民出版社2008年版，第1页。

1949—1976年，由陈希执笔。就这样，一百万字的《中国现代文学研究史》分为上下卷，于2008年由广东人民出版社出版。这是最早出现的通史型的现代文学研究史，作为建构现代文学学术史的开辟山林之作，编纂者们迈出的第一步就是把各个时期批评和研究的成果尽可能搜求齐全，重要的成果务求不要遗漏，尽力呈现研究史的完整面貌。劳动量是很大的，各位作者"怀着为自己的学科建史的热情和愿望，苦中取乐"。在大量占有资料的基础上"用史的编纂法，寻源追终，纵贯全程，分别时期，记载完整的现代文学研究历史发展过程"，"为这一门学科的研究史搭起了框架，勾画了一个粗略的轮廓"。[①] 这部著作出版后学界反应良好，曾于2013年获教育部优秀社会科学成果奖二等奖。但他们并不满足于已有的成绩，随后在出版社的支持下，在原有的基础上，重新查阅、研读史料，进行增补、修订，扩大内容，开辟新篇，将书名改为《中国现代文学研究通史》。又将原来的五个阶段独立成册，依次编为《喧闹中的开辟》《多元共生》《分流与整合》《非常的建构》《突破与创新》，各册仍由原作者执笔。这部新版的研究史已在2020年面世，责任编辑段太彬称这部新作为"粤派理论的一座高峰，广东学人对中国学术的一大贡献，出版人可引以为傲的职业基石！"

1989年，在安徽绩溪调查胡适资料

---

① 黄修己：《中国现代文学研究史·后记》，广东人民出版社2008年版，第970页。

六、读两本书：做学问的一点体会

黄修己一生从事中国现代文学的教学和研究，如今到了耄耋之年，说起治学的体会，他认为一个学者要读好两本书。

一本是纸质的书、文字的书，他认为自己一大缺点就是书读得太少了，现代文学的书要读，要成为一个渊博的学者那还应该"古今中外"都要读。我们来到人世间走这一趟，世上有那么多好书，很多都还没有读过，以后也没有多少时间读了，这是人生的一大遗憾。因此思考问题常常只能就现代文学谈现代文学，在这个小旮旯角里或者被叫作"专家"，迈出这小小一角就失语了。

另一本书是社会生活的书。他认为一个社会科学家，以人类社会上各种现象为研究的对象，那就必须力求深入、深刻地了解这个对象。文学是人学，作品反映的是人，是人群构建的社会。所以，真正读懂作品，除了了解创作的规律，了解文学的艺术特性，还必须对社会、对社会上各种各样的人有尽可能多的了解。搞创作要熟悉社会生活，搞批评、研究的也一样要熟悉社会生活，否则怎能评论作品？

在文学反映社会生活的主流文艺观影响之下，黄修己一贯比较自觉地利用各种机会去了解、体验社会生活，有时出外开会、讲学，也是他了解各地社会风情的机会。

当初，他满怀激情走进革命队伍，对他来说那是一个陌生而又崭新的世界。五年的部队生活，是读中国革命这本大书。那时部队的指战员大都是贫苦农民出身，他们的思想性格特征、投身革命战争的经历，就是内涵丰富、鲜活的知识。这正是在那五年的摸爬滚打，甚至痛苦的思想冲突中所学到的东西，不但让他长了见识，对他后来的专业研究也颇有助益。现代文学从鲁迅开始，农民生活就是重要的题材。黄修己做赵树理研究时，有人不理解这个南方沿海城市的知识分子怎么会喜欢一个地道北方农民出身的"老土"作家？有一年他带学生去北京远郊的平谷县搞"社教"①，他所到村子的党支部书记是一位复员的连队政治指导员。黄修己在部队时曾与多位政治指导员相处，在他的心目中那是百十口人的基层连队最重要的领导人。可眼前这位支书，除了那一身旧军装以外，已经毫无军人模样。黄修己急着到他家探望，眼前的景象更让他震撼。除了墙上挂的蒜瓣和烟叶以外，屋子里空空荡荡的，两个年龄小点的孩子在炕上滚爬，两个年龄大点的孩子在地上滚爬，身上、脸上都沾满了灰土。这位连队的领导人，打仗时冲锋陷阵，流血牺牲，打完仗又回家抗锄头种地。他再次感受到中国农民的伟大，他们为革命做出巨大贡献，也付出

---

① 全称"社会主义教育运动"，又称"四清"运动，是"文革"前夕农村重要的一次政治运动。

了巨大牺牲，止不住从心头涌出对他们深深的敬佩。所以他肯于去写赵树理——一个甘愿不被"文坛"承认，只求在地上铺个"文摊"，写作那初识文字的农民看得懂、喜欢看的作品的作家，赞扬他对现代文学的贡献。平谷县是一个很贫穷的山区，是抗日战争时期八路军的根据地，为了帮助学生了解中国社会，他借这个机会组织学生们编写村史，至今还保留着当年集体编写的《万庄村史》的稿本。

在黄修己读大学的20世纪50年代，大学生还是有机会到农村参加劳动的，住在农民家里"同吃、同住、同劳动"，对大多数城市年轻人了解中国农民的生活，全面认识中国社会，体验生产劳动的艰苦，都有帮助。有时还有去工厂、矿山短期生活的机会。1958年暑假，黄修己受邀去丰台桥梁厂编写工厂史，就是了解工人阶级的很好机会。在丰台，他通过访问老工人，调查工厂发展的历史，得到活的知识。这座铁路桥梁厂原是日本出于侵华战争的需要所建，日军在京郊跑马圈地赶走了当地的农民，颇有点像16世纪英国的圈地运动。不同的是，在英国是为发展资本主义，在中国却是帝国主义的暴行。失去土地的农民两手空空，只好进厂打工，转化为最初的工人。调查厂史得到比课本上更具体、印象更深刻的知识。后来黄修己在评论工业题材的小说《原动力》（草明著）时，解析书中描写新解放区干部下厂经历，"颇似下乡发动土改。这是因为老孙头等工人还有明显的农民性格特点"，他们"是中国的与农民有密切联系的工人"。① 黄修己将厂史提升到理论上来分析，写成《丰桥十八年》，拟用以为序，但因不合厂领导的意图未被采用，而一个暑假的工厂生活让当时的他学到了很多社会知识。

年轻时接触工农兵的经历，加以他细致观察生活的习惯，形成后来在研究中擅长用理论分析的特点，并且保持着这一习惯。以研究赵树理为例，他很重视了解作家生活的具体社会环境。一方面利用旧报刊，特别是抗日战争时期敌后根据地的大小报纸，从中了解根据地农村的实际生活状况，获得很多赵树理生活和创作的背景材料。还在1931年1月《北平晨报》上找到了赵树理最早发表的作品，语言通俗的旧体长诗《打卦歌》（署名"野小"）。另一方面走出书斋、迈开双腿，到作家活动的、作品描写的地方去观察体验生活。他几次到晋东南等地去寻访赵树理活动的遗迹，住窑洞，吃"和子饭"（这是赵树理爱吃的食品），坐在石头上看农村剧团演出的上党梆子。他听到山西南部中条山区里有一所厂办大学，那里有一批热心的年轻学生自发地组织起来，到山西各地收集有关赵树理的材料。于是他不远千里前往中条山区的垣曲县找到那些学生和他们交流。在太原，黄修己听人介绍山西大学有一位研究捻军的专家，名叫江地，是赵树理的同村老乡，他特地上门请教。江地先生虽然不研究文学，但讲了很多赵树理的故乡尉迟村的历史、风俗、人情等，这些对黄修己了解赵树理和他的创作很有参考价值。黄修己甚感这次访问真可谓是胜读十年书。后来他特地写了随笔《我说山西好风光》，记述这些有趣的经历。这篇

---

① 黄修己：《中国现代文学简史》，中国青年出版社1984年版，第435页。

随笔传到时任《上海文学》主编的手里,随即将它发表了,还很热情地发信给黄修已,说从中看到了他那一辈学人是怎样做学问的。黄修已曾给年轻的学生讲述他的体会:

"我去了好几趟山西,因为赵树理是山西人,我必须到他成长的地方,到那里去看看,去调查,去体验,体验生活。单是坐在图书馆里头看书,理解不深,读万卷书还要行万里路。我对此感受非常深,我给你举一个例子,举《小二黑结婚》作例子。这个三仙姑是一个很可笑的人物,大家嘲笑她批评她。如果我不是亲自到那个地方调查,我的理解也不深。……到了那里就会知道那里的农民很苦、很穷。今天有公路了,好些了,但是冬天一下大雪,大雪封山,这个地方还是跟外界切断了。因此,这个山上的人穷,他不希望待在山上,想到山下,小集镇,有几家铺子,这就很了不起了。一些女的就希望嫁到山下去,不愿意一辈子守在山里。山下的人,也愿意娶山里的女子,因为过去买卖婚姻,娶个媳妇你要给人家送彩礼,就是聘礼、聘金。那么你既然愿意到我这来,我就可以把聘金压得很低,省很多钱。这样就造成了一个后果,男女比例失调,因为山上的女子都嫁到外面去了。这样就出现赵树理小说里写的景象,你看《小二黑结婚》里描述的那些下了工的,地里干完活的,就是没有成家的光棍汉,山村里这种人很多,他们就端着饭碗到三仙姑家门口吃饭。赵树理写得很隐晦,为什么要到三仙姑家门口吃饭呢?原来他们成不了家,就跟三仙姑这一类人有不正常的男女关系。光棍汉打工挣了钱,比如买了点面粉,他就拿到像三仙姑这样的人的家里吃……于是就形成一种现象,我把它叫作变相的一妻多夫。你如果不知道这里的生活,你就只觉得三仙姑可笑;但是你要了解到那地方的生活情况,你就会觉得在三仙姑可笑的背后,是悲剧、是苦难。表面上写的是喜剧,喜剧的后面是悲剧,可悲!赵树理看到了,因为他就生活在那里。如果我不到那里去,我就不了解,也不能理解。我举一个例子,就是要行万里路,这样才能够真正地理解,深入地理解作家作品。"①

不仅是赵树理,但凡与现代文学史上的作家创作有关系的地方,黄修已都会注意考察那里的风土人情。例如,沈从文的代表性作品多是湘西题材,描写那里奇特的风习。黄修已去湘西,住在凤凰,特意向县里借阅尚未编完的县志,连夜赶读,又与当地的苗族学者交谈,向他们请教苗民独特的民俗。还特地前往沈从文的代表作《边城》故事发生地茶峒,试着做了一回渡船的船夫。这些经历使黄修已从社会这本大书学到了文字书里没有的知识。

作为一位知名的文学研究家,黄修已接受过多次的学术访谈。这些访谈如《回首来路,也有风雨也有晴》《在半山腰的望顶兴叹》《"干货"、证据和理论、阐

---

① 黄修已:《培养探求客观世界奥秘的兴趣》,载陈希、姚玳玫编《一个人和一门学科》,中山大学出版社2015年版,第24—25页。

释》① 等,都可以说是他对自己,也是对他那一代人的学术道路的反思。他认为他那一代人生长的环境并不好,但还有着传统的庇荫、老一辈的薪传,"我们在彻悟、抵抗、挣扎,经历了波澜,绕过了曲折,才有了一点创造的可能"②。他说:这一代扮演的剧情已经快结束了,到了该谢幕的时候了,过去的一切且留给历史去评说吧!

1998 年,在日本京都现代中国研究会上做演讲

(黄修己口述,任硕德整理)

---

① 均收于《一个人和一门学科》,中山大学出版社 2015 年版。
② 黄修己:《回首来路,也有风雨也有晴》,载《东方论坛》2004 年第 6 期。

广东省第二届优秀社会科学家

一、求学问学与工作经历

蒋述卓，1955年1月出生，广西灌阳县黄关乡白沙屯人。灌阳位于广西桂北地区的山区县，一条从大山里流出来的灌江穿过狭长形状的各个乡镇后流入湘江，素有"八山一耕地，半水半村庄"之说。灌阳出的文化名人最著名的就是当过台湾巡抚的唐景崧。灌阳也是瑶族发祥地千家洞所在地，是瑶族的精神家园，也是一片崇文重教之地。

蒋家世代务农，农闲时靠打鱼、种菜和贩卖自制的豆豉赚一些钱以补家用。蒋述卓的父亲在新中国成立前曾念过两年私塾，初通文字，凭聪明能看《三国》《水浒》《隋唐演义》《韩湘子》一类书籍，新中国成立后还曾当过生产队的队长及会计。蒋述卓幼时曾见过父亲因晚上看书过于着迷而不慎用油灯烧着了蚊帐。兴许是家传缘故，蒋述卓亦从小酷爱看书，但父亲并不想让蒋述卓看他看的书，于是把书放在篮子里，挂到厢房屋梁让蒋述卓够不着。母亲不识字，但能凭记忆背出许多诗与山歌一类。父亲很重视对子女的教育，在20世纪50年代中期就送蒋述卓的哥哥和姐姐去读书，他们分别考上了县里的初中与高中。因此，1972年在蒋述卓读完黄关乡高中后，继续求学，于是到位于桂林市的桂林地区师范学校（中专）就学。两年后，因为成绩优秀，实习时上课表现优异，得到当时教学组老师尤其是来自广东的黄文强老师赏识，得以留校担任教师，其时蒋述卓才19岁。

在担任中专老师期间，蒋述卓出入最多的是学校图书馆，并得到当时的图书馆管理员邓老师（黄文强老师的妻子）的支持，经常可以浏览和读到当时一些被封存的中、外文学经典。他的"技巧"就是早早吃午饭趁中午时间去图书馆，让邓老师锁上门，他在里边可以到处翻书、看书。蒋述卓教过的学生有的比他年龄还要大，但他与他们结下了深厚的友谊。几十年之后，他教过的学生官健文（前人民网总裁）退休后专门从北京到广州探望他。

在中专教书期间，为争取被推荐上大学的资格，蒋述卓主动要求下乡参加工作队一年。那时工作队里有桂林市文化馆的创作人员，他便在他们的指导下开始文学创作，1975—1976年间，他在省一级报纸与刊物上发表过诗歌、杂文。1977年，适逢高考恢复，蒋述卓参加了高考，成为广西师范学院（广西师范大学前身）中文系的学生。

说起高考，蒋述卓毕生难忘，因为从初中到高中一共四年，为了学工学农几乎就没有学过扎实的物理、化学与数学知识，为了高考，他的数学几乎是从小数点开始复习的，语文、历史靠的是中专的底子，地理知识根本就不懂。最后数学能考到68分，还是靠临时抱佛脚突击复习才获得的。蒋述卓在回忆高考这段经历时说："这主要是靠人生的经历，靠勤奋，靠毅力，才会有进一步求学的机会。"好在他有中专两年的学习和教书经验作为积累，这也为高考打下了基础，或许这正是他比其他人更有优势的地方。他开玩笑说，他的求学经历除了没上过幼儿园，其他都上全了（小学、中学、中专、大学、硕士、博士）。

大学四年，旺盛的求知欲和坚韧的学习毅力使得蒋述卓的成绩一直名列年级前茅。蒋述卓依然是去图书馆最勤的人，同学们总是看到他在借书与还书，他看书的速度令同班同学惊讶。同时，他还担任系里的宣传委员与学习委员，经常出墙报，组织同学们将他们的作品先用毛笔抄到纸上，然后贴上墙。他的毛笔字就是在那时练出来的。他本科的毕业论文是研究李煜词的美学价值，指导教师是教美学课的黄海澄教授（黄教授后来以研究系统论、控制论、信息论美学而闻名，是一个喜欢做跨界研究的专家）。大学期间，蒋述卓写的一篇文艺评论文章是在大学选修马列文论课的作业，题目叫"列宁《一本有才气的书》读后"，后来发表在由中国当代文学学会主办的《当代文学》（花城出版社出版）总第5期上。也正在那里，他遇上了从贵州转学来的谭玲同学。他在老师那里看到她前三个学期的成绩，几乎都跟他一样——每科都是97分以上。两人后来由学业上的同伴发展成为恋人。为了

2017年，约旦，古城文化遗址

成就蒋述卓的学业和事业，谭玲一直在背后默默地支持着他的发展。大学毕业，蒋述卓考上本校本系的硕士研究生，他和谭玲大学一毕业就结了婚，而且第二年就有了一对双胞胎女儿。1984年12月硕士毕业之后，蒋述卓留系任教，他又提出脱产考博士，并得到妻子谭玲的支持，于1985年9月到华东师范大学攻读博士学位。在旁人看来，蒋述卓留校任教担任大学老师，又有了工资，而且家庭需要稳定，却放弃教职再去读书，实在是有点得不偿失。而谭玲则一边工作，一边带两个孩子，一直坚持到1991年才与蒋述卓在广州团聚。她开玩笑说，她没读过硕士，但读的是"博士后"，是支持老公读博士的"博士后"。

读硕士期间，蒋述卓有幸得到林焕平、蓝少成、黄海澄、林宝全等老师的指导，初步获得了从事学术研究的知识与方法。他跟随曾留学日本、创建了东京左联支部的著名文艺理论家、翻译家林焕平先生编写《文学概论新编》（后由广东一家出版社出版），写作了其中的《文学的起源》和《文学批评标准》两章，获得了文艺理论基本知识的能力，也提升了如何在稳中求新、陈中求新的研究能力。他写作的这两章后来分别修改成论文在《广西文艺论坛》杂志上发表了。他的硕士论文《叶燮〈原诗〉研究》是在蓝少成先生的指导下完成的，写作期间他经蓝少成先生指点和介绍，还专门到北京去请教了舒芜与敏泽先生。其中的章节后来经修改，还在中国古代文学理论学会会刊《古代文学理论研究丛刊》第11辑上发表。

1985年9月到1988年7月，蒋述卓在华东师范大学攻读中国文学批评史专业博士学位，导师是著名的思想家、文艺理论家王元化先生。王先生是中国著名的思想家和文艺理论家，他在《〈文心雕龙〉创作论》及相关的研究中提出了文史哲结合、中外结合、古今结合的方法，即"三结合"理论，对蒋述卓的研究影响很大也很深远。蒋述卓于1986年发表过一篇论文《把中国古代文论放到古代中国文化背景下去考察研究》，那时提出只有从中国文化的大背景出发来做古代文学、文论的研究，才更能够发掘其文化内涵。其博士论文《佛经传译与中古文学思潮》，也是把中国古代文学、文论放到中国文化大背景下进行考察的想法来做的。这些都是受到王元化先生的影响。蒋述卓为了把博士论文写好，他把汤用彤先生的《魏汉两晋南北朝佛教史》反反复复读了很多遍，同时又去向顾廷龙、苏渊雷、冯契、叶笑雪等先生请教。当时王元化先生指出要做佛教研究，就不能不做魏晋玄学的研究。魏晋玄学在很大程度上其实与佛学是交错共生的，而在一些特定的历史背景下，玄学与佛学实则是合二为一，即玄佛合流。如郭象所做的玄学研究其实明显受到了佛教的影响；佛教僧人支道林"即色即空"的理论则是受到玄学的影响，而魏晋时期的名士，如阮籍、陶渊明、谢灵运都跟僧人有密切的交往。如果仅以单一的视角来做佛教的研究，只研究佛学而不研究玄学，实则是无法将佛学研究透彻的；反之，只研究玄学而不研究佛学，也无法将玄学的深度挖掘出来。这种研究视角在当时给了他强烈的启示，让他深刻体悟到了"文史哲不分家"的意义。王元化先生提出的"有学术的思想和有思想的学术"的观点对蒋述卓的学术道路也影响至深。

对他后来研究宗教与文艺理论关系、20世纪中国古代文论学术研究史、文化诗学批评以及消费时代文学艺术的意义、大众文化、文化产业等都产生着深刻的影响。

在写作博士论文期间，王元化先生要求蒋述卓转益多师。每当他去向王元化先生做读书汇报时，王先生就会指点他，遇到什么问题，应该去请教谁，还会给他联系方式让他上门去求教。三年间，蒋述卓多次往返上海与苏州，为的是去求教钱仲联先生，当然也就免不了去见当时任教于苏州大学的比较文学专家孙景尧先生，他在孙先生家中听过孙先生谈他的研究心得并一起讨论有关问题，亦不知吃过多少顿饭。他也去求教过当时任上海图书馆馆长的顾廷龙先生，请他讲有关训诂学、文字学及有关文献的查找方法；也去见过当时任教于华东师大的冯契先生与苏渊雷先生，向他们求教中国哲学与佛学问题。蒋述卓清楚记得，当时苏渊雷先生家中挂着一把长长毛的似乎是拂尘用的掸子，从那他知道这就是魏晋人常提到的"麈"，亦可见苏先生对名士风度与禅的向往，也才理解苏先生《五灯会元》会注得那么好。他去得最多的还是当时在上海古籍出版社任编辑的叶笑雪先生家，原因是元化师让他也向叶先生学习佛教及其佛经文献的问题。叶先生曾经注过谢灵运的诗集，其中谢集中涉及佛教的地方他都加以注释，并点明出处。叶先生教他什么是佛经翻译中"合核本"的问题，也指点他去阅读有关"四声"起源的研究文献。在叶先生租住的古北路的简朴的家中，吃的虽然是他们家日常的最简便的饭食，但得到的却是丰富的知识和素养。叶先生青年时曾被打为"右派"，遣返乡里，平反后返回沪上也只能是被临时聘用，但好在腹中诗书终于有了可用的地方，虽身处贫寒也总算有了希望。蒋述卓去请教，叶先生总是希望将最有用的东西教给他，倾其所有，正是叶先生的愿望。他对知识渴望与叶先生那对后辈寄予的希望一经相遇，便碰撞出经久不息的火花。什么是薪火相传，这便是他经历过的最好的实证了。蒋述卓还跟随徐中玉先生从事中国古代文艺理论资料的整理工作，在读博期间完成了《中国古代文艺理论专题资料丛刊：文气·风骨编》一书，这为他后来做古代文论的文献整理与中国20世纪古代文论学术研究史打下了良好的基础。此书后来在中国社会科学出版社出版。

1988年7月蒋述卓到暨南大学工作，先是在中文系的古代文学教研室执教，1989年11月因工作需要，被调到《暨南大学学报》编辑部担任副主编，依然在中文系教学。1991年他被提升为副教授，1993年又被破格提升为教授（因为当时他出版了两本学术专著：《佛教与中国文艺美学》《山水美与宗教》，并参与了《中国山水诗史》的写作，还发表学术论文近10篇，其中在《中国社会科学》《文艺研究》《文学遗产》等刊物上发表）。在学报编辑部工作期间，他除了自身潜心学术，还大胆改革，精心组织，吸引优质稿件，提升学报质量，将学报尤其是社会科学版的影响力提升至全国第13位。1993年5月，他从学报编辑部主编岗位转任文学院副院长，一年后转任院长。1995年1月担任暨南大学副校长，主管教学与外事工作。1997担任党委副书记、副校长，主管思想宣传与学生工作。2000年1月担任学校党委书记，直到 2015 年 12 月卸任。

蒋述卓将担任学校管理工作看作人生的一种历练，他认为，在高校工作，要将领导职位与管理工作做好，依靠的是人格魅力，也要看你的学术影响，所以尽管他的社会活动很多，但他依然能很好地处理行政与学术的关系。当我们问这位学者型领导如何处理行政领导事务和学术研究的关系时，他说道："我不认为领导工作与学术工作是对立的。工作要求我把管理放在第一位，学术放在第二位，对此我有清醒的认识。但是，我认为高校的领导者必须从事某种学术研究，否则在引领学术方向上会有偏差，也管理不好这么多知识分子。"他珍惜学校给予的职务，因为它们代表一种信任和职责，他勉励自己去尽职尽责做好。"担任行政职务只是一种人生的经历，一种人生的锻炼。在高校当领导与在社会上当领导是有区别的。在高校职务越高越需要有一定的学术威信来支撑，否则人家不服你。所以，我的职务对我的学术是一种激励。"在不刻意和刻意之间，蒋述卓履行着为官与治学的平衡准则。

不仅在学术上颇有建树，蒋述卓还是一个在艺术评论、散文创作、书法创作等领域都有深厚造诣的文人。他认为一个文学评论家必须懂得创作，才能写出好的评论。"我并不期望我所做的工作被后人视为是什么经典，我只是将它当作我能享受愉快、寄托心情、安放精神的田园。当我工作之余，伏案于青灯之下，一笔笔写出（不是用电脑打出）一篇篇短文时，我的心里充满了安宁、阳光和快乐。"在出版的《诗词小札》"前言"中，他向读者如此解释自己的兴趣：将文学艺术打通，用不同的几套笔墨去书写人生才显得精彩。

蒋述卓的学术兼职很多，如教育部中文学科教学指导委员会副主任、中国文艺理论学会副会长、中国古代文论学会副会长、中国中外文艺理论学会副会长。在广东时他还担任过广东省作家协会副主席、主席，广东省文艺评论家协会主席，广东省社科联主席团成员，广东省中国文学学会会长，广东省书法家协会理事。

在改革开放前沿的广州，蒋述卓最能感受到的就是它对新事物、新观念、新思想的包容，感受到学术研究的活力。1988 年他刚到广州时，暨南大学中文系已经是比较文学研究与港澳台及海外华文文学研究的重镇。当时饶芃子教授已带领她的研究团队，成功编写并出版了《中西戏剧比较》《中西小说比较》等在比较文学界甚有影响的著作。他来到广州之后，认真拜读她的著作，还为她的《中西戏剧比较》写过书评，从她的著作中也得到了许多方法论的启示。1996 年，蒋述卓参与饶芃子主持编写《中西比较文艺学》的工作，撰写了其中的一节，是关于"中西艺术真实观的比较"的。在饶芃子的引领下，蒋述卓参与了广东省中国文学学会下辖的比较文学研究分会的工作，后来还主持了该分会的工作。他也跟随饶芃子参加了中国比较文学学会 1990 年在贵阳召开的第三次年会暨国际学术会议。在那一次会上，他在小组讨论会上宣读了论文《佛教心动说对文艺创作心理学的启示与影响》，当即得到饶芃子教授、北京大学的乐黛云教授、台湾淡江大学的朱立民教授、苏州大学的孙景尧教授的热情肯定与鼓励，这对他从事文学理论与宗教的比较研究是极大的推动和促进。1990年之后，蒋述卓在两三年时间里又连续发表了多篇关于佛教与中国文艺美学关系的论文，包括《论佛教的美学思想》《佛经传译与中古文学、美学思想》《佛教境界说与中国艺术意境理论》等。尤其是《佛教境界说与中国艺术意境理论》一文，先发表于《中国社会科学》1991年第2期，后来又被译成英文载于《中国社会科学》1994年第3期的英文版，1994年还获得了共青团中央、中国社会科学院共同主办的"首届全国青年社会科学优秀成果奖"的二等奖。20世纪90年代中期，蒋述卓加入中国比较文学学会开展的诸多学术活动，并且还担任过学会中的青年委员会的一些工作，与陈跃红、高旭东、王宁等合作组织青年比较文学工作者开展过一些有意义的学术活动。20世纪90年代末期和21世纪初蒋述卓与中国比较文学学者们一道，赴南非参加过国际比较文学学会召开的国际学术会议并宣读论文，也去日本参加过国际美学学会召开的国际学术会议并宣读论文，还去日本京都大学文学与艺术学研究所当过一个月的讲座教授，主要讲授"佛教与中国美学"的专题。

暨南大学是一所华侨学校，与海外华人华侨有着密切的联系。暨南大学中文系早在20世纪80年代中期就已开始了海外华文文学暨港澳台文学的研究，并最早在系里开设这样名称的选修课，潘亚暾教授、翁光宇教授等编写过我国台港澳地区及海外华文文学的相关教材，饶芃子教授写过《中国文学在东南亚》等著作。进入21世纪以来，在饶芃子教授的带领下，暨南大学中文系的海外华文文学研究登上了新的平台，发展势头更为强劲。饶芃子教授首先在文艺学专业博士点中开设了"跨文化视野中的海外华文文学与诗学"的研究方向，并指导过若干名博士生以海外华文文学与诗学为题撰写博士论文，成为比较文学研究领域中的新亮点。之后，她又创立了中国世界华文文学学会，并担任创会会长，会址就设立在暨南大学中文系。中文系又以此为基础，整合文学院与新闻学院的力量，以"海外华文文学与华语传媒研究"为名，成功申报并获批，成为广东省人文社会科学研究重点基地，由饶芃子教授担任研究基地的名誉主任，蒋述卓担任主任，王列耀教授担任常务副主任。

也正因为这样的关系，蒋述卓在1996年时就开始关注海外华人的新移民文学。1996年与1997年因为去美国调研华文教材，他与当地的华人新移民有过较多的接触，他们还将自己编写的文学刊物送给他。他看后大有感触，就写了《草色遥看——我所知道的美国华人新移民文学》一文，对北美华人新移民文学给予鼓励和展望，相信不久的将来北美华人新移民文学一定会蓬勃发展。前几年，蒋述卓去加拿大多伦多参加由当地华人文学笔会组织的加拿大华文文学研讨会的活动，又看到了加拿大华文文学发展的新趋势，写了《满城烟柳——加拿大华文文学观感》一文。因为研究基地工作的关系，与加拿大华人作家张玲、曾晓文、陈河等接触也就多起来。又因为文学院与我国香港地区作家联合会的潘耀明先生合作较多，常在一起联合主办世界华文旅游文学国际学术研讨会，出席会议也提交论文，就写了《论华文行走文学的文化功能》的文章。最近两三年，这方面的文章就写得更多，如《海外华文文学与本土经验》《百年海外华人学者的中国文艺理论与批评》等，在此基础上，他于 2018 年获得了国家社科基金重大招标项目"华人学者中国文艺理论及思想文献整理与研究"。

蒋述卓经常在高校和各地图书馆开展学术讲座，讲古典诗词与传统文化，城市文化与城市审美，文化创意与文化产业的发展。他带领学术团队为广东省调研制定广东省"十二五"和"十三五"文化产业规划做了专家基础报告，为佛山南海区制定文化引领政策和措施出谋划策，为广州市社科联承担了"广州在粤港澳大湾区文化建设中的作用和地位"的课题，并为市政府提交了两份咨询报告。他与广东的文艺批评家一起，推动了"粤派批评"的发展。2016 年，在暨南大学召开的"文学批评与文学史建构"的研讨会上，他初步提出了有关"粤派批评"的特征的讨论，随后又与陈剑晖主编了"粤派批评"丛书，如今已出版 28 本，为梳理"粤派批评"的学术谱系以及建构"粤派批评"做出了贡献。为推动粤港澳大湾区文学的发展，他主编了"大湾区文学"丛书，目前已出版两种，还有多本正在编辑中。

二、代表性学术研究成果与学术贡献

蒋述卓教授的学术成就主要体现在以下三个方面。

（一）宗教与文学、文艺理论关系的跨学科研究

20 世纪 80 年代，蒋述卓教授在读博期间开始关注宗教与文学的关系，博士论文即是《佛经传译与中古文学思潮》，那时正值改革开放初期，国内做宗教、宗教文艺方面研究的学者也比较少，佛教研究则更少。《佛经传译与中古文学思潮》一书最为基本的方法论特色，并由之带来研究视野的开拓和研究结论的创新，其研究在当时是非常引人注目的。作为国内首部从佛经传译的角度来观照中古文学思潮变化的学术著作，该书对佛经传译与中古文学思潮、志怪小说与佛教故事、玄佛并用与山水诗的兴起、四声与佛经的转读、齐梁浮艳藻绘文风与佛经传译、北朝质朴悲凉文风与佛教六个问题分别进行探讨。在研究过程中，他将文化视为一个由多元结构组成的整体，将佛教、中古文学思潮与中古时期的文化作为一个整体来对待。除了着眼于中古文学思潮变化过程中直接借鉴和吸收的佛教思想、佛教文学故事以及佛教仪式中的转读等因素，还注意考察在佛教进入中国社会以后，它对社会的宗教意识、宗教感情、宗教气氛所产生的影响，以及由此而形成的整个社会心理和时代精神。这是因为"意识形态领域中各因素的相互影响，有时往往是潜在的、无形

的。当佛教中的哲学、道德、审美诸观念渗入中国文化结构之中后,便会成为中国社会文化精神、文化氛围的一部分,然后才在文学思潮的嬗变中折射出来"①。以整个社会心理和时代精神作为文化中介,来探索佛经传译对中古文学思潮的影响,这就突破了以往研究中从直接的宗教题材和形式进行比附的简单做法,可以揭示更为隐秘的影响关系和更深层次的影响效果。如在论佛经翻译与中古文学理论的关系时,就抓住了文质争论这一核心,认为佛经翻译理论的中心议题是文质关系,也即是内容与形式的关系,从这一意义上,中古佛经翻译理论也是文学理论的表现形态之一。钱仲联先生认为该章以文质之论为核心,正是抓住了六朝文论家门户争执之键钥,称许"其征引译经诸贤论述文献,沉沉黔颐。取材也丰而硕,论证也真而谛,盖能以宏观俯视,微观剖析者"。而事实上,这一方法不独首章为然,在其他章节同样贯穿着这种宏观与微观结合的方法,于宏观文化视野观照,于细微之处求证。如对玄佛并用与山水诗的兴起,就将其原因归纳如下:第一,山水诗在此时已经作为人类独立的审美对象而进入文学艺术领域;第二,玄学和佛学思辨性的理论及方法给山水诗的产生提供了深厚的理论基础;第三,佛教在印度流传时期,便提倡居山林坐禅;第四,由对本体的探究与追求,也引发了玄、佛二家对自然山水理想寄托的契合等。对二者关系的揭示深受季羡林先生的肯定。②又如在论及佛教对北朝悲凉朴质文风的影响时,认为主要是通过与北朝经学发生关系并共同形成一种朴质敦厚的学风,从而影响文风的。而北朝观像坐禅,悲苦的佛像、佛经故事等,受当时社会忧患意识的影响,而同时由于北朝文人都是信佛之人,佛教的悲凉也影响他们的文风。诚如钱仲联先生所言:"是书之刊,将为中古文学论史探讨者及编撰者增益新知无疑耳。"③该书经乐黛云的极力推荐而被季羡林先生收入其主编的"东方文化"丛书,后来又纳入台湾中国佛教学术论典《法藏文库》,再次由佛光山文教基金会出版,受到学术界的好评,在中国大陆及港台地区都产生重要的影响。

  作为这一领域的一名年轻健将,蒋述卓对宗教文艺的研究从兴趣开始,而逐渐走向有意识的学科建构。后来出版的第二本书《佛教与中国文艺美学》,是他在博士论文的基础上继续推进的,它将研究领域从中古时期扩大到整个古代文论进程,探讨的内容也进一步深化。"佛教在宗教意义上提供的只是一种宗教图式,在哲学意义上提供的是丰富而又独特的世界观、认识论和思维方式,就本身而言并无所谓文艺美学观念,但它却深深地参与了中国古代文艺美学的形成过程。"④这就意味着,在佛教与中国文艺美学之间,需要以文化作为中介来寻找两者影响的途径。因此,文化视野在这里就不仅仅成为学术研究的一种可供选择的视野,而是决定研究

---

① 蒋述卓:《佛经传译与中古文学思潮》,江西人民出版社1990年版,第2页。
② 季羡林:《禅和文化与文学》,商务印书馆国际有限公司1998年版,第17-18页。
③ 蒋述卓:《佛经传译与中古文学思潮》,江西人民出版社1990年版,第2页。
④ 蒋述卓:《宗教文艺与审美创造》(增订本),暨南大学出版社2005年版,"自序"第3页。

是否实现的根本所在。事实上，在这之前，尽管坊间已有佛教美学相关著作出版，但对于佛教如何与文艺美学发生关联、佛教又是如何具体影响中国文艺美学这样具有根本性和关键性的问题，却由于研究方法的限制而无法开展或深入。《佛教与中国文艺美学》将这一问题作为主要解决的课题：一方面，极力挖掘佛教对中国文艺美学产生影响的概念、思想和思维方式，努力构建佛教与中国文艺美学的内在理论体系；另一方面，力图挖掘佛教影响中国文艺美学的途径，尤其注意当一个佛教概念被中国文艺美学所吸收时，它是如何转换过来的，有没有什么中介，它们在哪些地方有相通之处或契合点。除了在细节上寻找一些实证，还特别注意文化精神氛围的影响以及佛教思维方式对古代文艺美学思维方式的启发与改变。① 前者注重研究的系统性，后者注重研究的深层次。在这一方法的统摄下，该书系统地研究了佛教心性学说与文艺创作心理的关系、佛教境界说与艺术意境理论的关系、佛教法身论与艺术传神论的关系、禅宗与艺术独创论的关系、禅学与诗学的关系、佛教与艺术真实论的关系、佛教与中国文艺美学中的悲剧意识的关系、佛教对文艺美学通俗化倾向的推进的关系、佛教中道观与艺术辩证法的关系等，组合成全面、完整的佛教与中国文艺美学理论系统。正如评论者所言，这一系统，"既能认清佛教对中国文艺美学的影响和贡献，亦能认清这种影响和贡献在文艺美学发展史中的价值和地位，也有利于研究者和读者从更广阔的文化、宗教、社会背景下去考察中国文艺美学发展的历程和趋向，认清佛教与中国文艺美学联系的现实意义和有益昭示"。② 而在纵深层面，该书突破了以往同类研究只注重佛教对文艺美学中某一观点、某一理论的启发，如佛教的"顿悟"启发了宋代严羽的"妙悟"说、佛教的"境界"启迪了唐代王昌龄的"意境"说等，而能够从深层次上抓住这些佛教观点或理论与文艺美学观点和理论的内在联系，揭示出这种理论联系的原因和内在机制。也就在这一过程中，蒋述卓克服以往将佛教与中国美学的影响关系作为印证一般美学规律的注脚的简单化做法，在此之中挖掘佛教与中国文艺美学的影响中对于审美创造的独特贡献。

该书的"佛教境界说与中国艺术意境理论"一章，探讨了佛教有关"境界"的概念如何逐步转化演变成为中国文艺理论的"意境"理论，先发表于《中国社会科学》1991年第2期，后被译成英文载于《中国社会科学》（英文版）1994年第3期，1994年又获得了共青团中央、中国社会科学院共同主办的"首届全国青年社会科学优秀成果奖"二等奖。佛教境界关于事物是因缘和合而生、彼此相依相缘相依而共存启发了艺术意境论形成情景混融一体的观点，佛教境界说非无非有的虚空之"境"启发了中国艺术意境论强调虚实结合的思想，而玄佛合流的"象外""言外"之论作为一种思维方式，影响了中国艺术意境论对景外景、象外象、味外

---

① 蒋述卓：《佛教与中国文艺美学》，广东高等教育出版社1992年版，后记。
② 张利群：《佛教与中国文艺美学》，载《文艺研究》1993年第4期。

味的追求。由此而言，作为中国文艺美学中内涵最丰富、最能代表艺术作品审美特征的一个审美范畴，"意境"的形成是"儒道开其先，佛学助其成，而最主要的理论观点与思维方法，则由佛学的境界说引申、转化而来"。① 意境理论所具有的情景混融、虚实结合和追求象外象、味外味的审美特征和旨趣，正是因为佛教的参与而最终完成的。中国当代美学界在一段时期内将意境视为意与境的相加，前者等于主观，后者等于客观，意境是主客观的统一的简单化理解，正是未能意识到佛教对于中国文艺美学的深刻影响和独特贡献所造成的。在佛教影响下的中国文艺美学的民族特色并不能以西方的思维来进行简单的阐释，而这也就显示出文化视野的重要意义。

如书中的"佛教心性学说对古代文艺心理学的影响"一章，集中探讨了佛教的心性说与中国古代文论的心动说之间有何种交集与影响。中国古代文论中有怦然心动、感悟而心动的观点，佛教心性说中也有这一内容，包括禅宗，直到后来的晚明心学，都强调了创作者的主体性。《佛教对艺术真实论的影响》探讨了佛教有关"真"与"空"的理论如何影响到中国艺术的真实观，指出中国古代文论强调心的真实，这种"真实"是在长期的文化历史发展中形成的，其间又与佛教的发展有密不可分的关联。宋元以后，尤其是明代，真实观由于佛教的影响而改变了以往的传统，认为真即幻、幻即真。艺术即人生，人生如梦，人生亦如戏。这一观念在明代建立起来，故而明代写"梦"的戏剧很多，如汤显祖《牡丹亭》。这一类的研究，还涉及佛教的翻译、佛教的影响、佛教的理论是如何逐渐过渡到中国古代文论和美学理论之中的。《佛教与中国文艺美学》一书其实是带着这样的问题意识来做的。佛教理论过渡到古代文论，必须经过一定的中介，由中介进行过滤再转化成为艺术。社会经济、生活风尚、美学观念的变化与契机，儒家、道家、玄学、宋明理学的观念义理，在不同的时期都成为联结佛教精神与中国文艺美学之间的媒介。然而，有些影响又是无形的，难以用某个媒介来定论，更多的是一种精神氛围的影响、思维方式的转变，这就需要从宏观的文化背景去审视了。

《宗教艺术论》是国内首部从文化学的角度对宗教艺术的含义、特征、表达主题、表达方式与媒介等进行系统研究的成果。其中蒋述卓运用了人类学、符号学的方法，并大量采用中国少数民族宗教艺术以及中国民间宗教如傩戏等的材料，实现了一种本土化的研究。这些突破得力于他对方法论的自觉。但这与当时的"方法论"中人们热衷于宏观的理论提倡，而欠缺具体、扎实的研究不同，其方法论创新都建立在对研究对象的具体研究的实践上，由对象的特征、本质来思考。方法论的建构，并在具体的研究中来检验方法的正误。此书后来入选"中国学术著作外译"项目，由中文翻译成英文，2017年又由美国的学者出版社出版，2019年又在台湾地区出版了繁体字版。对宗教文艺的研究，开启了他日后对文学与文化等相关研究

---

① 蒋述卓：《佛教与中国古典文艺美学》，岳麓书社2007年版，第31页。

的最早尝试,他也在这种研究思路与方法中尝到了甜头。

从佛教与中国文学的阶段性研究,到佛教与中国文艺美学的整体性和深层次观照,再到宗教艺术论的系统建构,正逐渐显示出蒋述卓宗教文艺研究的自觉。作为国内首部从宗教人类学和文化学的角度对宗教艺术进行系统研究的著作,《宗教艺术论》(1998年)填补了国内这一领域的空白。诚如王德胜所言:"从发生学的意义来认识宗教与艺术间的关系,无论其对于人类宗教精神、宗教活动的把握有多么深刻和独到,都不能代替对于'宗教艺术'本身问题的揭示。很显然,因为即便'艺术'的发生在人类精神的审美之维上被确定了,但由于宗教作为一种意识存在的特殊性和复杂性,却仍然使得'宗教艺术'作为一个问题被遗留在了一般艺术学的范围之外。"[①] 宗教艺术作为一种特殊的艺术形态,正需要从宗教活动自身去寻求其特殊的发生发展规律,以及其内涵和特征。而人们满足于从一般的宗教美学思想或宗教与艺术间的发生影响关系来把握宗教艺术的特征,正在于对宗教艺术的内涵没有获得清晰的理解。在《宗教艺术论》中,蒋述卓将宗教艺术界定为"以表现宗教观念,宣扬宗教教理,跟宗教仪式结合在一起或者以宗教崇拜为目的的艺术。它是宗教观念、宗教情感、宗教精神、宗教艺术与艺术形式的结合"。[②] 这一界定凸显了宗教艺术的宗教性特征(表现宗教观念,宣扬宗教教理,跟宗教仪式结合在一起或者以宗教崇拜为目的),而并非一般性受到宗教影响的艺术。原始艺术因为自身也就是原始宗教,因而它们都是原始艺术,而对人为宗教时代宗教艺术范围的划分,也能够让人们不至于无法把握。由此,这一概念的清晰性和有效性对于重建宗教艺术的理论就具有了根本性的意义,更显示出这一概念的巨大的学术价值。当然,《宗教艺术论》的创造性和贡献不止在这一方面,还有对宗教艺术审美价值的认识,透过跨学科的文化学视野来进行学术观照,以大量的中国少数民族的本土资源作为基础,建构本土的宗教艺术理论,在很多方面都丰富了世人对宗教艺术的原有理解。

蒋述卓还从宗教与美学的角度写作了《论佛教的美学思想》《〈经律异相〉对梁陈隋唐小说的影响》《论宗教艺术的世俗化倾向及其审美创造》《艺术想象与宗教想象》等论文,并出版了《山水美与宗教》《宗教文艺与审美创造》。其中,《宗教文艺与审美创造》是他发表的有关宗教主要是佛教与文艺理论的关系的论文的合集,体现出强烈的创新性和个性化研究特色,2006年获得教育部高等学校第四届人文社会科学优秀成果奖二等奖。

[①] 王德胜:《认识宗教艺术》,载《中华读书报》2000年4月5日。
[②] 蒋述卓:《宗教艺术论》,暨南大学出版社1998年版,第8页。

（二）古代文论与古代文论学术史研究

对文学与文化关系的深刻认识，构成蒋述卓文学观念和方法的基础。早在1986年刚攻读博士学位之际，他就发表了《把古代文论放到中国文化背景中去考察研究》，该文章认为古代文论的浓厚的民族特色是因为植根于中国文化背景，研究古代文论正是为了揭示其在中国的文化背景中滋长的方式、民族的特色和发生的规律，以其丰富世界文学理论，并为本土文论建设提供帮助。而在中国文化背景中，精神气候、思维方式和民族性格、哲学的渗透与科技的发展对古代文论的发展都具有重要的影响。

正是这份情怀和意识，使蒋述卓对古代文论的当代"失语"产生极大的关切，并对"古代文论现代转换"的命题给予充分的肯定。中国文论由"失语"而引发的"现代转换"问题，是20世纪90年代后期以来学界探讨最为持久的一个问题。"它是从对20世纪中国文论历程的深刻检讨中得出的命题，又贯穿着对中西文论交汇价值取向的思索，其着眼点与归宿是当代文艺理论的建设，它牵涉的其实是中国文论历史的纵深和未来的走向。"[①] 对古代文论现代转换命题及其意义的肯定，使蒋述卓持续地参与这一论争的过程。作为古代文论研究者，蒋述卓在古代文论现代转换中做了很多有实绩的工作：对古代文论的资料进行系统的整理，完成了《宋代文艺理论集成》以及《中国古代文艺理论资料汇编·文气编》的编撰工作；在学术史层面对"行进中的古代文论现代转换"进行了梳理，与学术团队一起花了近十年的时间完成了《二十世纪中国古代文论学术研究史》，成为该领域"后出专精之作"；在古代文论的现代阐释方面，对古代文论的范畴"文气""飞动"等，从文化的视野展开研究，还原其丰富意蕴和精神价值。此外，蒋述卓还作为主持者，承担了教育部重大基地课题"古典文艺美学的现代价值研究"，对中国古典文艺美学从方法论、范畴研究、海外视野和个案探索四个方面，为古代文论现代转换命题进行深入的探讨。而在理论层面上，他对古代文论的当代价值和现代意义的理解、古代文论现代转换的多维视野及其转换方法的探索，以及古代文论的人文精神和原创意识的启发意义进行了全面诠释，在这之中，"古为今用"，这一融合了古代文论和当代文论的观点的提出，显得尤为突出。他指出："古代文论价值的转换，古代文论理论观点和思维方法的发扬，以及古代文论话语的转型，只有在参与现实之中，才可真正发挥出民族精神与特色的魅力，也才可进入到当今文艺理论的主潮之中，也才有古代文论在真正意义上的'今用'，亦即所谓'意义的现实生成'。"[②] 成为这一讨论中具有影响的一种标志性的观点。

---

① 蒋述卓：《新时期中国古代文论研究三十年述评》，载《学术研究》2008年第7期。
② 蒋述卓：《论当代文论与中国古代文论的融合》，载《文学评论》1997年第5期。

然而，蒋述卓"古为今用"意义上的"用"，却并不是一般意义上的"利用"，而是"转换"意义的"用"。在这里，"转换"是从整体出发的，而"利用"则是从部分着眼。"'利用'是把古代文论当作文化传统的一部分，努力使古代文论传统在现代社会的条件下生成新的东西"，"转换是从整体出发，不是说古代文论的思想内容和话语体系可以全部实现转换，而是指可以从整体出发去对待古代文论传统，将其视为可再生、可重建的东西，使它在现代社会中获得新的生命"。① 区分"转换"与"利用"的意义正在于明确古代文论现代转换的基础是对于古典文艺理论精神的尊重，从解释学的意义上确立了古今对话的主体性。古代文论之所以可"用"，其当代价值和现代意义的发挥，就在于古代文论所具有的独特精神和智慧。当代文论之所以需要古代文论的参与，正是因为当代文论"西化"所产生的对本土文学创作和现实人文语境的隔膜。古代文论之所以"失语"，一方面是古代文论者不了解当代文学创作和批评的情况，对当代人文现实缺乏必要的理解，而另一方面又与当代文论参与者对古代文论的漠视有关。② 从这一意义上，要进行古代文论现代转换，实现古代文论与当代文论的融合，其基础就在于对古代文论当代意义和现代价值的理解。

古代文论"失语"的情形，在很大程度上源于古代文论研究者对于古代文论现代价值的"漠视"，其中有一种观点就认为古代文论只是一种"文化遗产"和"研究客体"，这种观点的形成在很大程度上又与古代文论的术语、概念在当代文论中的失效有直接的关系。对此，蒋述卓认为有失偏颇。因为"文化是流动的，中国古代文论作为中国文化传统的一部分，也随着文化传统的流动而进入当代文化与文学的建设中。古代文论作为精神文化、思想观念方面的遗产，更是以其思想的继承性和超越性，跨越时空，对当代文化建设产生积极影响"。③ 而这可以从三个方面来证明：从事实层面上，古代文论并没有在当代文化中失去位置，作为一种宇宙观，古代文论对当代文论建设仍然发挥着"制约和引导"的作用，像"相反相成"的思想与马克思主义文论中的辩证法等；从应然的层面上，古代文论的"中和"精神和文化智慧在当代人文社会中也同样可以发挥其导向作用，对于当代社会人与自我、人与自然、人与社会关系都具有重要的和谐意义；④ 从可能的层面上，对20世纪现代诗学家如新儒家、朱光潜、朱自清、闻一多、宗白华等属于审美派的哲学家和艺术理论家，还有当代文艺理论家和思想家王元化先生，都以其探索及其成绩为古代文论的创造性转换提供可供借鉴的经验。⑤

---

① 蒋述卓、刘绍瑾主编：《古今对话中的中国古典文艺美学》，暨南大学出版社2012年版，第46页。
② 蒋述卓：《论当代文论与中国古代文论的融合》，载《文学评论》1997年第5期。
③ 蒋述卓、刘绍瑾主编：《古今对话中的中国古典文艺美学》，暨南大学出版社2012年版，第7页。
④ 蒋述卓：《传承与延续：叩问中国古代文论的当代价值》，载《学术月刊》2006年第6期。
⑤ 蒋述卓：《多维视野中古代文论的现代转换》，载《浙江大学学报（人文社会科学版）》，2006年第1期。

基于上述认识，蒋述卓认为古代文论的现代价值和当代意义，主要是在人文精神方面，"作为本土传统的中国古代文论，由于当代文类和文化语境的变化，它的某些概念和范畴体系已然失去效能，但它的精神却是不会失效的，而我们对古代文论的继承应更多地放在对其思想方法和文化精神的传承和延续上，并在当代文化中发挥其作用"。① 因此，他反对将转换理解为一种挪移，用古代文论的范畴去解释当代文学的问题，从而造成生硬和不合的简单化做法。他认为，要重在继承古代文论的"箭法"和"箭道"而不仅仅是好箭上。"现代转换首先应该有一种思维方式的调整，有一种对当下文艺生产状况的精神回应。"而正因此，在古今文论的融合上，他提出了三种途径：①立足于当代的人文导向与人文关怀，面向当代人文现实，开展现实与历史的对话，吸收古代文论的理论精华。②立足于民族精神与民族性格的继承与发扬，寻找古代文论的现实生长点，探索其在理论意义上和语言上的现代转换。③从继承思维方式和批评形式入手，将古代文论特有的思维方式以及独有的批评方式与技法融入当代文论批评与文论中，创造具有鲜明民族特色的当代文论。② 以古代文论为何要继承、继承什么、如何继承、是否可能继承等方面奠定了这一融通古今的基础，从而使他的这三条途径具有极强的现实性，他自己的文论转换实践也从事实的方面向人们昭示古代文论现代转换的乐观前景。

对古代文论进行现代转换，是基于中国当代文论在世界文坛上声音微弱的状况而提出的，它是中国文论在走过近百年的曲折历程后，一个必然性的理论爆发，反映了当代学人出于学术自觉的一种建构姿态。对于如何实现"古代文论的现代转换"，蒋述卓的观点可以概括为八个字，即"总结、融合、创造、运用"。总结是基础，融合是方法，创造是关键，运用是目标。后来他在《羊城晚报》开设专栏"诗词小札"并将其结集出版。从中他选取了诸多古代诗词，也纳入了很多现代诗歌，实则是在尝试着做一种古代文论与现代审美理论、文化理论的贯通。这本书不是偶然为之，蒋述卓在撰写过程中充分调动了文化诗学的批评方法，揭示诗词的主题内涵的同时，也在挖掘其中文化意象的含义与传承。这种古今打通、古今融合，是一条可行的转换之路，古今要在文化精神上得以融合和接续，中外也可以通过比较和过滤进行对话和交流。

（三）文化诗学批评的建构

1995年，在《走文化诗学之路——关于第三种批评的构想》中，蒋述卓提出"文化诗学"的批评建构思想，成为国内"文化诗学"的首创者之一。"文化诗学批评"的正式提出，当时是有强烈的针对性的，即中国的文学批评要尝试着走

---

① 蒋述卓：《传承与延续：叩问中国古代文论的当代价值》，载《学术月刊》2006年第6期。
② 蒋述卓：《论当代文论与中国古代文论的融合》，载《文学评论》1997年第5期。

"第三条道路"。当时先锋文学兴起成为热潮，使人们找不到对应的批评方法，余华、格非、马原等人的小说出来后，很多人用传统的批评方式发现难以阐释，而新的批评思想又还没有进入国内。先锋文学对中国叙述学产生了深远的影响，当时有不少学者从叙述学入手来研究先锋文学，其实从文化的角度也是可以对先锋文学进行研究与阐发的，由此，蒋述卓提出了文化诗学批评。他指出："文化诗学，顾名思义就是从文化的角度对文学进行批评。这种批评既不同于过去传统的文艺社会学中那种简单的历史批评或意识形态批评，又不简单袭用西方后现代主义文化或西方人所建立的第三世界文化理论的文化批评理论。它应该是一个立足于中国本土文化语境、具有新世纪特征、有一定价值作为基点并且有一定阐释系统的文化批评。""文化诗学"阐释系统地以文化关怀和人文关怀为价值基点，从叙述者的文化立场与文化背景、文学作品与文化背景的关系、批评的时代性三个层次来建立批评的话语系统。在具体操作上，重视分析作品表现出来的文化哲学观、作品所具有的文化内涵和反映的社会文化心态，并要求从跨世纪的角度关注作品对文化人格的建设。文化诗学的批评建构，尤其重视在文化对话中来完成，强调要在东方与西方、现在与未来、作者与大众、作品与社会之间进行对话，其以文化作为立足点，在中西文化融合的基础上来运用概念、术语。"它是一个立足于中国本土文化语境、具有新世纪特征、有一定价值作为基点并且有一定阐释系统的文化批评。文化诗学的价值基点是文化关怀与人文关怀，其内涵可分为这样三个层次：一是从文化的角度分析作品表现出来的文化哲学观，阐释出作品体现的文化观念与文化思想，解决叙述者的文化立场与文化背景问题；二是把作品描绘的社会状态、人物命运与心理活动放到相应的文化背景下去考察，揭示出作品所具有的文化内涵及其所反映出的社会文化心态，从而解决文学作品与文化背景的关系；三是要站在跨世纪的角度，着重关注作品对文化人格建设的作用，尝试去解决一个批评的时代性问题。"

与当时正在国内学界如日中天的文化研究不同，"文化诗学"的本土建构，尤其重视文学文化批评的审美性，"着重发扬中国传统批评理论与方法的优势，使传统文学批评理论与方法在现代化的转化过程中得到审美维度地再确立和审美意义地再开掘"。而同时也"使西方文学批评的各种新理论与方法在经过中国文化的选择、过滤与转化之后，归结并提升为审美性，从而成为文化诗学的有机组成部分"。[①] 文化诗学的立足点是文化，但并不能将其简单地等同于文化研究，它是将文化学的理论与方法运用于文学批评的一种新阐释系统与方法。这一种新型的批评意识与批评策略，除了要求文化批评必须保持审美性外，它更强调批评家的生命投入、综合文化意识与宏观文化眼光。反观当下，文化诗学批评应当介入新时代文学发展的问题，与当下新兴的文学形态进行对话。这种对话不仅仅是与作品、作者的对话，更重要的是，要去探索如何与现今复杂的文学现象进行对话。

---

① 蒋述卓：《走文化诗学之路——关于第三种批评的构想》，载《当代人》1995年第4期。

作为一种阐释系统的建构，文化诗学具有强烈的现实语境，这就是当前文学批评的双重"失语"现象：一方面，批评界面临多元化的创作找不到对应的理论与方法进行批评，而中国传统的批评话语一时又派不上用场；另一方面，一些持后现代主义理论的批评家操持西方话语来批评文学，看似有语、实则货不对板，仍是"失语"的情形。从这一角度来看待蒋述卓的文化诗学批评建构，我们可以发现这实际上是他对于古代文论与当代文论融合的另一种阐释。尽管"文化诗学"这一概念最早是由美国新历史主义首席代表斯蒂芬·格林布拉特（Stephen Greenblatt）在 1980 年《〈文艺复兴自我塑型〉导论》一书中提出的，但与童庆炳等其他学术团队一样，中国本土文化诗学的建构，自始不是作为对美国新历史主义的一种回应或模仿，而是基于本土文学理论和文学批评的现状而有针对性地发起和建构的。但与童庆炳"文化诗学"团队的"古代文论的意义阐释派"，以刘庆璋、程正民、张进教授为代表的"比较文学研究派"，以蔡镇楚、侯敏、郭宝亮为代表的"传统文献资料考证派"的理论不同，对现实的强烈的关怀意识、对融合古今文论的学术追求，构成蒋述卓"文化诗学"以文学批评为核心的学术特色。他的文化诗学批评在价值基点上的人文关怀和话语方式上审美诉求，正源自对古代文论现代价值的实践倡扬。而他与学术团队一起完成的《文化诗学：理论与实践：20 世纪中国文学批评的跨文化视野与现代性进程》（2005 年，人民文学出版社）一书，正是在回顾 20 世纪文论在文学批评的文化诗学方面的成功与失误中，寻找文化诗学批评的精神基础和理论资源，为 20 世纪中国文学理论和批评建设的策略选择提供借鉴，具有强烈的中西对话的意识。特别需要注意的是，在回顾西方文学批评的文化轨迹时，所选取的六位批评家巴赫金、韦勒克、诺斯罗普·弗莱、海登·怀特、厄尔·迈纳、詹姆逊，非常鲜明地代表了 20 世纪西方批评理论的各个重要面向，他们尽管阵营不同、时代不同、观念不一，但其内在的文化整体性和方法论却代表了融合形式/文化批评的"文化诗学"的趋势。对 20 世纪中国文学批评进程的回顾，则尤其重视中西对话、古今融通的文化诗学批评的经验启示，因为西方批评理论的意义重在理论特色和启示，而 20 世纪中国文学批评的现代进程则直接构成当下本土文化诗学建构的历史语境和现实前提。王国维的初步试验，郭沫若、闻一多、朱光潜在西方文论中国化上的"融而未冥"，宗白华在跨越古今、融合中外基础上的自我建构，乃至王元化以"综合研究法"所建立的独具个性的文化诗学方法论，正展示出一条文化诗学建构的本土轨迹，这种理论反思极富寓意。正是以此，蒋述卓一方面回应了古代文论转换讨论中质疑古代文论现代转换可能的疑问，另一方面也为本土文化诗学建构提供富有启发意义的范例，为其阐释系统提供坚实的理论基础。

1994 年，蒋述卓就开始关注城市文学问题，2000 年在《中国文学研究》上发表了《城市文学：21 世纪文学空间的新拓展》，以后又在"城市文化与城市审美"的多次演讲中和《城市的想象与呈现：城市文学的文化审视》一书中提出了"城市诗学"的概念。在世纪之交，蒋述卓在中国学术界首倡"城市诗学"、建构面向大众文化时代的文艺文化学,并关注消费时代和传媒时代对文学存在方式及其意义所带来的变化,以一种宏观的文化视野和乐观的历史理性,及时地回应中国文艺现实的最新变化,并以其一贯的人文情怀,试图以文艺介入的方式为当代中国社会的变化建构一份诗意的认同。对城市化和消费时代的诗意认同,其理论基础同样与文学与文化的关系相关,因为文学艺术的创造活动受到各种因素的制约,政治、经济、空间、时代、技术、媒介等都直接制约着文学艺术的创造和发展,影响着文学艺术形式和内容的变化。[①] 他所提出的城市诗学,更强调人文关怀与人格建设,能够真正让人与城市融为一体。关于"城市文化与城市审美"这个讲座他一直在讲,并且讲了十几年。海德格尔说:"人,诗意地栖居在大地。"城市诗学,就是要让城市成为一个诗意栖居的地方。而当今全球范围内的城市化进程加快、城市问题日益突出的事实向理论界提出了挑战,即如何正确认识和发掘城市人的生态与心态,以一种较为积极的眼光去寻求城市生活中的诗意成分。以之为理论目标而建构的"城市诗学",就是要以文化的、审美的眼光去考察城市的独特时空、城市生活的戏剧色彩,不仅可以在理论上阐释城市生活中的各种现象与观念,而且还能为存有许多生存困惑的现代都市人提供生活方式选择与心理状态调节的指导。如此,"城市诗学"的建构有助于一种新型城市文化精神的形成。虽然感觉好像跨了领域,但实际上是从文化诗学的角度来进入城市研究。

20世纪90年代,中国迎来城市化的热潮,促使当代中国的文化空间和文学空间发生极大的变化。蒋述卓敏锐地意识到,城市化的到来,对于一直以乡土文学为主体的中国文学而言,具有极大的意义,因为城市文学的发展,能够进一步拓展中国文学的表现空间与审美格局,为中国文学的现代性提供深广的展示空间,使市民多样性的审美追求得到充分的体现,并为新型的阅读审美感受的形成提供基础。[②] 作为国内首部城市文学和电影方面的专著《城市的想象与呈现:城市文学的文化审视》(2003年),从城市审美风尚和意识、当代都市文学的现状特征、审美价值、都市女性小说的审美意识流变、当代城市电影的状况、电影中的城市文化形象和内涵、叙述方式等方面,对城市审美、文学和电影的现实进行极富条理的梳理,从深广的层面,对20世纪80年代以来城市文学与城市电影的审美流变进行剖析,并对其文化内涵进行揭示。尽管有些地方仍显得单薄,但作为开创之作,该书成为当代城市文学和电影研究的基石。城市是我们居住的腹地,然而,如今城市之于人们的意义已不仅仅是单纯的生活场域,它还承载着文化意义与人文关怀。一个真正好的城市,还应该要给予人们精神上的愉悦感与满足感。很多城市小说都在揭示人在城市中生活的不易、职场的焦虑、打工的艰难,这样的城市可以说还不是具有诗意的城市。城市文学研究也是一项重要议题,从前人们对城市文学关注的不多,对乡村

[①] 蒋述卓等:《城市的想象与呈现:城市文学的文化审视》,中国社会科学出版社2003年版,第1页。
[②] 蒋述卓:《城市文学:21世纪文学空间的新展望》,载《中国文学研究》2000年第4期。

小说关注多一些。以往写城市小说的作者也不多，进入 21 世纪以后，文学空间拓展中尤为重要的一隅便是城市文学的拓展。《城市文学：21 世纪空间的新拓展》一文在 2000 年发表，如今看来，当时的观点带有一定的预见性。与西方相比，中国城市文学的历史十分短暂，它的兴起对于向来以乡土文学为主体的中国文学来说，具有与西方文学不同的极其重要的意义，并已经进一步拓展了中国文学的表现空间与审美格局。城市文学的目光是投向当下中国急剧变化的城市生活的，从物质景观的巨变到精神世界的涌动，都会得到精确又生动的描绘，包括打工文学现象，都是这个时代与社会中的一脉鲜活血液、一种不容忽视并日益重要的文化状态。

从城市文学到城市诗学，凸显了蒋述卓对当代城市的独特理解和现实关怀。他指出，在西方作家的笔下，城市往往成为遭诅咒的对象，是反诗意的，但城市发展至现在，由于有科学技术与文化的支持，城市的经营日趋人性化、诗意化，城市也可以建设成为人诗意栖居之地。[①] 也就在这一意义上，他提出"城市诗学"的构想，并将研究的视野从城市文学转向城市文化，如对广场文化、都市文化风景线等城市文化空间的研究，并构想对城市建筑、道路、交通、购物商城、社区文化、时装表演等进行综合的研究。与当代以"实践性品格、政治学兴趣、批判性取向以及开放性特点"为基本特征的文化研究对于城市文化和大众文化的批判性分析不同，蒋述卓对于城市文化和大众文化予以了更多的肯定，因为他是站在当代城市文化对于提升公民素质和培养现代人格的角度，来对此进行审视的。也就因此，他在城市文化的研究等方面具有了一种理论原创的能力，比如对于打工文学的思考，他区别了现实关怀和终极关怀，认为"对于发展中国家来说，现实关怀仍然是作家人道主义精神的重要部分，文学的底层意识仍然显得十分重要和必要"[②]，以现实关怀观照打工文学现象，使他能够发现其透露出来的新人文精神，作为"这个时代这个社会的一脉气息、一种文化状态、一个阶层精神、面貌的表现"，其所具有的文化意义和理论意义，也就获得了体现。

消费时代和新兴传媒时代的到来，从经济和技术两个方面，对文学的发展同样造成"撞击"，文学在消费主义和技术媒介的推动下，其存在方式发生了新的变化，并引发了日常生活审美化现象的出现。面对文学边界的扩张，学术界发出"文学终结论"的担忧，对文学边界的危机和意义的危机忧心忡忡。与学界的这种悲观不同，蒋述卓借助于历史的理性鉴照，对此表达了一种乐观。他指出，作为人文学者，应该承认消费时代的到来，积极应对文学的变化。面对文学的扩容，应该确立一种开放、流动、多元的文学观，因为在历史的长河中，"文学"本身正是在社会各种"媒介"的启发、催化与传播中来获得灵感、素材和意义的。媒介对文学的

---

① 蒋述卓等：《城市的想象与呈现——城市文学的文化审视》，中国社会科学出版社 2003 年版，第 283 页。
② 蒋述卓：《现实关怀、底层意识与新人文精神——关于"打工文学现象"》，载《文艺争鸣》2005 年第 3 期。

影响不自今日始，只不过因为当下电子媒介的发达，视觉形象的凸显，传统的文学观似乎受到当代媒介文化更为强烈的侵袭。但是，文学既不会因为传媒的发达而湮没，也不应固守其成而画地为牢。① 积极应对传媒时代文学所发生的变化，思考什么是文学的文学性以及传媒时代文学存在方式的变化，才是人文知识分子所应具有的一种姿态，也是文艺学学科自我调整和建构的需要。② 文学理论要对现实具有阐释的能力，就必须积极因应文艺现实的变化。他组织他的学术团队完成的《传媒时代的文学存在方式》一书，正是透过对文学与图像、影视、广告、网络、短信、博客、歌词，以及媒体批评的整体把握，以一种形式、文化学和文艺社会学相结合的方法，回答传媒时代文学性的变化及其在日常生活中的传播这一现实问题。

针对人们对消费时代由于文学艺术的商品化和日常生活审美化可能带来的文学艺术的意义减弱、感染力削减和创造个性的丧失的担忧和恐惧，蒋述卓认为商品化的到来并不必然带来上述后果，商品流通也是意义的流通，商品传播的效果是以作品的社会和艺术的价值为前提的，而商品的营销更需要精品的意识，这就意味着商品化并不必然带来文学作品的扁平化，而实际上，市场占有与道德滑坡之间也并不具有必然的联系，18世纪欧洲小说的兴起与明清时期中国戏剧、小说的兴盛也曾一度引发人们的担忧。但事实证明，这些由市场推动的作品也最终成为传统中富有意义的一环。面对文学艺术的商品化，人们对其可能的负面影响想象得多，而对其积极意义思考得太少。文学扩容所导致的日常生活审美化对于文学而言也并非坏事，"一个时代有一个时代的文学艺术，在当今信息时代与消费时代，文学艺术发生扩容、变异并产生变种，应该是可以理解、容忍并逐渐接受的"，它对于文学的发展而言，是一种形式的拓展和推进。而"日常生活成为审美文化的一部分，艺术也成为美好生活的一部分，艺术生产又成为文化制作的一部分，亚文学艺术现象能给大众带来美的享受，这种诗意泛化又有何不可？"③ 事实上，不仅对文学的理解处于不断的变化之中，人们对"诗意"的理解也在不同的艺术形式方面发生变化。在现代艺术中，日常生活可以成为"诗意"的对象，消费时代在日常生活中实现诗意同样是当代艺术功能、价值和接受发生变化所带来的结果。在蒋述卓看来，坚守一份"日常生活的诗意"，认同一种消费时代的文学意义，对理解和把握当下"文学"生态及其存在方式是极为重要的。他对消费时代文学意义的辩护，正试图从积极或正面的方面去理解文学存在的价值以及发展的前途问题，以此来纠正当前的理论界、批评界对文学存在的价值、文学的意义、文学的发展路向太过于悲观的情绪，使得人们对于消费时代文学的意义具有一种更为积极和乐观的态度。

事实上，新人文精神的建构正是蒋述卓对城市化和消费传媒时代文学意义认同

---

① 蒋述卓、李凤亮：《传媒时代的文学存在方式》，广西师范大学出版社2010年版，第285页。
② 蒋述卓：《消费时代文艺学的自身调整与建构》，载《学术研究》2006年第3期。
③ 蒋述卓：《消费时代文学的意义》，载《文学评论》2005年第6期。

的基础,也是他对"诗意"的一种独特的阐释。不同于西方文化研究对于大众文化的批判,也不同于西方法兰克福学派对于文化工业的敌视,蒋述卓将新人文精神理解为"以有利于促进当下社会主义现代化建设为现实关怀,并立足于现实发展起来的人文关怀"。新人文精神"在跨文化的视野中,关注中国的现代化建设",并以此为出发点"来处理市场经济建设中的自然与人、科技与人文、物质文明与精神文明的关系"。① 而在这一人文关怀的关照下,"诗意"也就"不仅仅指人类应具备精神家园,亦指人与自然、人与人之间、人与社会之间的和谐关系"。② 无论是新人文精神还是城市化和消费时代的"诗意",都是关注人的现代化,以提高国民素质和培养现代人格为根本内核。而这正是蒋述卓关注当代文艺现象、介入当下现实的价值支点,也是他建构当代文艺理论的根本立场。

2010年之后,蒋述卓的研究又包含流行文艺等大众文化的研究。关注大众文化,表面上看,它似乎是时代潮流表面上的东西,然而私底下隐藏的是更深的文化流动。就如流行歌曲是时代浪潮的反映,网络流行语也是一种文化表现。因此,从这个角度去看它们的价值,它们在文化层面上是有一定地位的。如贾平凹的《浮躁》《废都》的出版,在文化现象的分析上都是绕不过去的事件与议题。它可能未必是经典,但却真切地成为某种时代表征。所以,他对大众文化的关注,主要是从价值观入手,这也体现了文化诗学批评思路的一贯性,即重视揭示其背后的文化价值内涵。《文化视野中的文艺存在》(2003年)意在挖掘文学与哲学、宗教、道德、语言学、人类学、社会学等学科的联系,算是最早的尝试与成果。《消费时代的文学意义》(2005年)从消费时代到来后如何从文化角度看待当今文学的生产与意义,提出了积极正面去理解文学存在的观点。《传媒时代的文学存在方式》(2010年)进一步系统考察文学与图像、影视、广告、网络、博客、短信、流行歌词及媒体批评的关系,认为文学不会被传媒时代所湮没。文学似乎边缘化了,但实际上它还在发生作用,不过是以多种面貌出现了,如电影、电视。文学已经通向"大文化观",不能只拘泥于文学本身了。《流行文艺与主流价值观关系初探》(2013年)则将范围进一步拓展,从价值批评角度去研究流行文艺的价值观与主流价值观之间的关系,提出流行文艺的价值观与主流价值观之间并没有存在天然的鸿沟,它们之间是存在互动互补的,同时还就主流文艺如何与流行文艺相互学习和互补互进提出了建设性意见。此论文获得中国文联2014年中国文艺评论奖(论文类)特等奖、2016年获得教育部第七届高等学校人文社会科学优秀成果奖三等奖。

此外,蒋述卓的关于海外华文文学与海外华人学者文学理论的研究也是从中国文化的海外传播以及迁徙、变异角度去进行研究的,其中也贯穿着他的文化诗学批

---

① 蒋述卓、李自红:《新人文精神与二十一世纪文学艺术的价值取向》,载《文学评论》2001年第4期。
② 蒋述卓:《消费时代文学的意义》,载《文学评论》2005年第6期。

评的理念。如《华文行走文学的文化功能》,从海外华人的移动与行走的文字中考察了他们的乡愁回望、血脉传承、跨文化的比较意识,以及审美的传达;《海外华文文学与本土经验》则探讨海外华文文学近年来的发展趋势,指出许多海外华文作家一方面在不断调动本土的经验在创作,另一方面又将自己的本土经验融入全球化之中,开始具备了世界写作的意识;《百年海外华人学者的文学理论与批评》则梳理了一百年来海外华人学者对文艺理论尤其是中国文艺理论的海外传播历史,并研究了他们的传播方式、研究视角和研究方法。2018年,《百年海外华人学者的文学理论与批评》获得广东省第八届哲学社会科学优秀成果奖二等奖。

"目送归鸿,手挥五弦"代表一种远大的理想境界,很适合用来描述学术研究的境界。这种宏观的研究眼界和远大的理想境界并不容易达到,时至今日,蒋述卓仍认为这种境界是自己还需要再去努力追求的。"俯仰自得,游心太玄"代表了一种视觉,这种视觉贯通古今中外,是一种宏观的自由的研究眼界。入乎其内,出乎其外,自由来去,是自在自得的,能够在这样的境界里有所获、有所得,已然很好了。然而,"嘉彼钓叟,得鱼忘筌",蒋述卓如今觉得,一生从事学术研究,这项事业本身所带来的最大价值是丰富了人生的意义、丰盈了时光与岁月,不要拘泥于过往所得到的方法、技艺、成绩、功名。想要真正达到尽善尽美、技艺精湛的学术境界是很难的,能够在学术殿堂里有自己的一点收获,做出一点成绩,就够了。"郢人逝矣,谁与尽言"道出了他心中的这种感慨,在偌大的学术海洋里,要成为运斤成风的斫垩之匠,谈何容易啊。

三、学术影响与人才培养

《佛经传译与中古文学思潮》一书带来研究视野的开拓和研究结论的创新,在当时是非常引人注目的。作为国内首部从佛经传译的角度来观照中古文学思潮变化的学术著作,该书对佛经传译与中古文学思潮、志怪小说与佛教故事、玄佛并用与山水诗的兴起、四声与佛经的转读、齐梁浮艳藻绘文风与佛经传译、北朝质朴悲凉文风与佛教六个问题分别进行探讨。在研究过程中,他将文化视为一个由多元结构组成的整体,将佛教、中古文学思潮与中古时期的文化作为一个整体来对待。除了着眼于中古文学思潮变化过程中直接借鉴和吸收的佛教思想、佛教文学故事以及佛教仪式中的转读等因素以外,还注意考察在佛教进入中国社会以后,它对社会的宗教意识、宗教感情、宗教气氛所产生的影响,以及由此而形成的整个社会心理和时代精神。这是因为"意识形态领域中各因素的相互影响,有时往往是潜在的、无形的。当佛教中的哲学、道德、审美诸观念渗入中国文化结构之中后,便会成为中国社会文化精神、文化氛围的一部分，然后才在文学思潮的嬗变中折射出来"①。以整个社会心理和时代精神作为文化中介，来探索佛经传译对中古文学思潮的影响，这就突破了以往研究中从直接的宗教题材和形式进行比附的简单做法，可以揭示更为隐秘的影响关系和更深层次的影响效果。如在论佛经翻译与中古文学理论的关系时，就抓住了文质争论这一核心，认为佛经翻译理论的中心议题是文质关系，也即内容与形式的关系，从这一意义上说中古佛经翻译理论也是文学理论的表现形态之一。钱仲联先生认为该章以文质之论为核心，正是抓住了六朝文论家门户争执之键钥，称许"其征引译经诸贤论述文献，沉沉黔颐。取材也丰而硕，论证也真而谛，盖能以宏观俯视，微观剖析者"。而事实上，这一方法不独首章为然，在其他章节同样贯穿着这种宏观与微观结合的方法，于宏观文化视野关照，于细微之处求证。如对玄佛并用与山水诗的兴起，就将其原因归纳如下：第一，山水诗在此时已经作为人类独立的审美对象而进入文学艺术领域；第二，玄学和佛学思辨性的理论及方法给山水诗的产生提供了深厚的理论基础；第三，佛教在印度流传时期，便提倡居山林坐禅；第四，由对本体的探究与追求，也引发出了玄佛二字对自然山水理想寄托的契合等。对二者关系的揭示深受季羡林先生的肯定。② 诚如钱仲联先生所言："是书之刊，将为中古文学论史探讨者及编撰者增益新知无疑耳。"③ 该书经乐黛云的极力推荐而被季羡林先生收录进其主编的"东方文化"丛书，后来又纳入台湾佛教文献研究典藏再次出版，受到学术界的好评，在大陆及港台地区都产生了重要的影响。

《宗教艺术论》是国内首部从文化学的角度对宗教艺术的含义、特征、表达主题、表达方式与媒介等进行系统研究的成果。其中，蒋述卓运用了人类学、符号学的方法，并大量采用中国少数民族宗教艺术以及中国民间宗教如傩戏等的材料，实现了一种本土化的研究。这些突破正得益于他对方法论的自觉。但与当时"方法论热"中人们热衷于宏观的理论提倡，而欠缺具体、扎实的研究不同，其方法论创新都建立在对研究对象的具体研究的实践上，由对象的特征、本质来思考。方法论的建构，并在具体的研究中来检验方法的正误。此书后来入选"中国学术著作外译"项目，由中文翻译成英文，2017年由美国的学者出版社出版。

此外，蒋述卓还获得以下成就：与学术团队一起花了近十年的时间完成《二十世纪中国古代文论学术研究史》，成为该领域"后出专精之作"（见该书吴承学"序"）。

1999年获共青团广东省委颁发第二届"青年科学家奖"，并获广东省委宣传部颁发"广东省优秀中青年社会科学工作者"称号。

---

① 蒋述卓：《佛经传译与中古文学思潮》，江西人民出版社1990年版，第2页。
② 季羡林：《禅和文化与文学》，商务印书馆国际有限公司1998年版，第17-18页。
③ 蒋述卓：《佛经传译与中古文学思潮》，江西人民出版社1990年版，第2页。

2001 年享受国务院政府特殊津贴专家。

调研咨询报告《深圳市文化产业发展战略规划研究（2007—2020）》2009 年获得广东省哲学社会科学优秀成果奖二等奖。

《宗教文艺与审美创造》是他发表的有关宗教主要是佛教与文艺理论的关系的论文的合集，体现出强烈的创新性和个性化研究特色，2006 年获得教育部高等学校第四届人文社会科学研究优秀成果奖二等奖。

2008 年获得教育部第四届高等学校教学名师奖。

《诗词小札》2009 年获第八届广东鲁迅文学艺术奖（文学类）。

《传媒时代的文学存在方式》2013 年获得广东省哲学社会科学优秀成果奖二等奖。

《文化自觉理念下思想政治教育与国情教育两条"生命线"构建的探索与实践》2014 年获得第七届广东教育教学成果奖（高等教育）一等奖。

《流行文艺与主流价值观关系初议》（2013 年）从价值批评角度去研究流行文艺的价值观与主流价值观之间的关系，提出流行文艺的价值观与主流价值观之间并没有存在天然的鸿沟，它们之间是存在互动互补的。同时还就主流文艺如何与流行文艺相互学习和互补互进提出了建设性意见。此论文获得中国文联 2014 年中国文艺评论奖（论文类）特等奖、2015 年获得教育部第七届高等学校人文社会科学优秀成果奖三等奖。

2015 年获第二届广东省优秀社会科学家。

以上罗列的是蒋述卓的学术影响，但同时他也将更多的精力花在培养学生上。

做好老师是他人生最大的追求。谈到他的学生，他一脸自豪，语气中也多了一丝喜悦："教书育人是件功德无量的事情啊！"他从教几十年，已指导了百余名博士生和硕士生。他要做的事情太多，管理与党务工作、出版专著、发表论文、承担科研项目等，占用了他不少时间，但这些加起来仍然无法比拟他倾注在学生成长上的心血。他的学生经常拿到省级奖励，学生的一些论文也在高档次的学术刊物上发表。

"我首先是一名教师，而且最希望被人记住的也是我作为教师的身份。"蒋述卓谈论自己最初的

2008 年，广州，文化创意产业园

梦想："做一名好老师，是我一生的追求。"1972 年正好赶上"文革"期间"教育回潮"时期，蒋述卓高中毕业后得以选择入读桂林师范学校，1974 年毕业后留校任教，19 岁的他成为学校最年轻的教师。在 1977 年国家恢复高考时，他高兴万分地参加了当年的高考，被广西师范大学中文系录取，毕业后继续攻读硕士，后来又

考入华东师范大学中文系攻读中国文学批评史专业博士学位。博士毕业的时候,他选择到暨南大学任教。

小小的三尺讲台,对蒋述卓而言是世上最有魅力的地方,他在这里挥洒汗水、播种希望,收获桃李满天下的快乐。暨南大学是一所百年华侨学府,是中国内地最大的港澳台侨人才培养基地。作为党委书记和博士生导师,如何对港澳台侨学生进行国情教育和思想教育,一直是蒋述卓探索与研究的方向。"参天大树不会一夜之间冒出来,(我们)也不能揠苗助长。我们要给它提供适应生长的土壤——这就是素质教育的本质。"蒋述卓意味深长地表示。据悉,暨南大学在蒋述卓的支持下组织了"百年暨南文化素质教育讲坛",邀请了王蒙、毛佩琦、葛剑雄、李家同、汪国真、徐勇、熊丙奇、许纪霖、陈一筠等一大批著名学者莅临暨大开坛讲学,此项活动还吸引了不少外校的学生前来听讲,教室内常常座无虚席。这也成为暨南大学的教学"品牌"之一。除此以外,蒋述卓还鼓励学生观看并组织排演各类戏剧、音乐、舞蹈等节目。

"营造浓厚的文化艺术氛围,对塑造学生品格和完善心智有重要作用。教育的核心是人格心灵的唤醒,教育的最终目的不是传授已有的东西,而是要把人的创造力量诱导出来,将生命感、价值感唤醒。"他立志是要做一名教育家,而不是教书匠。在学生心目中,蒋述卓既是严师,又是慈父。一方面,他修改学生的论文,字里行间全是密密麻麻的批注;另一方面,对学生的生活又无微不至地关心爱护。

他培养的博士生、硕士生和指导的博士后140余人,其中,已有18人获得正高职称,有4人担任副厅级以上领导,有8人担任高校学院和系的领导。李凤亮被评为中宣部思想文化领域"四个一批"人才、广东省思想文化领域领军人才、国家艺术基金评审专家,曾担任深圳大学副校长、深圳大学文化产业研究院院长,现为南方科技大学党委副书记、教授、博士生导师。闫月珍现为暨南大学学报编辑部副主编,教授、博士生导师,广东省思想文化领域领军人才。1984年出生的郑焕钊,现为暨南大学中文系副教授,在网络文学与流行文艺方面的研究取得佳绩,被评为中宣部思想文化领域"青年拔尖"人才。王莹博士,在学术研究上取得丰硕成果,翻译多种国外学术和文学作品,已成为中国社会科学院最年轻的研究员。林若熹博士,在绘画与美术理论方面成绩突出,目前是中国艺术研究院的教授、博士生导师。周兴杰博士,目前为教

2010年,广州,暨南大学办公室

授,担任贵州财经大学文法学院副院长。黄斌博士,目前担任广东省委宣传部副部长、网信办主任。郭锦玲博士,目前是中央统战部正局级领导。欧阳文风博士,曾是中南大学文学院教授,现为湖南省委宣传部电影处处长。张康庄,硕士毕业,目前担任广东省委统战部华侨华人港澳同胞服务中心正处级干部。来自意大利的贾客暮(Giacomo Byuni)博士研究岭南画派名家高奇峰,除了学习理论完成博士论文(中文写作),还学会了中国画。目前他还在中国美术学院进修,立志在中国画上有更大进步。来自俄罗斯的博士后伊利亚(Ilya Kanaev),博士后报告(英文)是在西方知识背景下解读老子《道德经》的若干术语及思想,出站后受聘于中山大学哲学系做副研究员。还有一些博士硕士毕业后分别在公务员队伍和企业工作,有7人已担任副处级以上领导。

四、问学与治学心得

(一)要善于开掘一口井

20世纪80年代我师从王元化先生,在华东师范大学做博士论文题目是《佛经传译与中古文学思潮》。那个时候,宗教与文学的关系并没有受到重视,特别是新中国成立后,宗教研究几乎成为禁区。宗教与哲学密不可分,而宗教与文学的关系更是十分密切,但人们并没有认识到这一点。当时我就从佛教入手,研究中古文学思潮,这篇论文奠定了我的学术地位,论著被季羡林先生收入他主编的"东方文化"丛书。

佛学和文学及文学理论的关系是我个人研究领域的基本点,我的学术之花是从它开始绽放的。博士毕业后我一直保持着对佛学与中国古代文论、佛学与中国古代美学、宗教与艺术关系的研究,先后写作并出版了几部学术著作。研究的范围逐渐有所拓宽与延伸,但仍然聚焦在宗教文艺与审美创造的关系方面。

佛教是一门外来宗教,但它对中华民族的影响十分深远,我从佛教入手,专门就宗教对于中国艺术、社会、自然的关系,展开了一系列的研究,取得了十分丰硕的成果,像专著《宗教艺术论》《宗教文艺与审美创造》和《山水美与宗教》,它们就像艺术殿堂的另一扇门,不仅让我从另一个角度认识了艺术,也让我从艺术角度认识了宗教。我的学术研究从佛教与文学开始,到宗教与艺术、宗教与文化,直至普及推广层面。这自成系统的研究,是有意识的一种学术建构,最终自然形成一个完备的体系。

这个完备体系的形成，是一次关于宗教与自然、艺术、文论关系的漫长的文化之旅。

这是我的一个学术理念——做学问一定要深挖一口井。具体说来，我认为每个人的研究都不要脱离自己的学术基地。当有了自己的学术领域和学术基地以后，学问这口井才能挖得深，水源足；如果做学问，只是打一枪换一个地方，那至多也只是挖了个浅浅的小水坑，很快就会成为过眼烟云，更别说有什么深度和广度了。因此，力争在一个地方有一个学术根基，以这个根据地再扩大，这是我做学问的基本准则。当然，研究视野与研究深度上的分别拓展既是一个学者学术生长的内在要求，也是其学术不断进步的重要标志。所以我提倡做学问在深挖一口井的同时还要触类旁通，即要根据你的状况你的路向继续前进到别的领域。后来我提出的"文化诗学""城市诗学""走进岭南"等新概念，就是根据古代文论研究的方向，并兼顾当代文论提出来的，但其研究基点还是文化关怀和人文关怀。

（二）要有宽广的学术视野和兼容并蓄的研究方法

在博士论文选题时，我本想研究魏晋玄学与文学思想的关系，但导师告诉我要做这个研究就必须先深入了解魏晋南北朝时期的佛学与文化，并且还要具有广阔的文化视野才行。于是我阅读了20多种佛学研究和佛学与文学关系研究的书籍，并且决定博士论文题目从魏晋南北朝时期的佛经翻译入手，去研究其对当时文学思潮演变所产生的影响。这一段学习以及从文化角度去研究古代文论的实践，对我的人生和学术研究领域的确立起了很大的作用。

宗教艺术及宗教影响下的古代文论，并不是一个单纯的艺术或理论现象；它们作为中国古代社会艺术氛围、文化精神、思维方式的一部分，从一个特定角度映现出我们的传统文化结构。因此，对宗教与艺术理论关系的研究，必须一方面注重挖掘宗教影响艺术及文论的具体事实，分析其间具有的微妙联系，做到"论从史出"，言必有据；另一方面又要有宏观的研究视野，把文艺学、宗教学、人类学、历史学、传统哲学等人文学科整合起来，做一种宗教与文论关系的跨学科考察。我坚持微观实证与宏观阐释相结合的研究思路，力图使我的研究呈现出扎实而又灵动、厚重蕴含大气的学术风貌，为宗教与艺术理论关系提供诸多新观点。在研究方法上也兼容并蓄、力图创新，形成自己的研究个性。季羡林、钱仲联、饶宗颐等老一辈先生曾高度评价我在此领域的研究成果。《宗教艺术论》一书成为多所艺术院校推荐使用的教材。《宗教文艺与审美创造》还被纳入钱中文、童庆炳先生主编的"新时期文艺学建设丛书"之中，后来还获得教育部第四届人文社会科学优秀成果奖二等奖。

古代文论是我学术研究的第二大领域。最早我写下了许多有关"意境""文气""飞动"的论文，后来，我又着手古代文论的资料整理工作，耗费多年编纂出版了《宋代文艺理论集成》。探讨古代文论的基本范畴，抓取一系列重要范畴作全面耙梳与系统解读，既可以发现古代文论范畴中的文化质素，又需要从文化的视角对文论范畴做出新的阐释。因此，探讨古代文论的基本范畴，是检视古代文论现代转换的关键问题，由此切入可以反思20世纪中国古代文论学术研究史的得失，旨在为中国当代文学理论与批评话语的建设提供有益的鉴照。

对"古代文论"进行"现代转换"，是基于对中国当代文论在世界文坛上声音微弱状况的不满而提出来的，它是中国文论在走过近百年的弯曲历程后一个必然性的理论爆发，反映了当代学人出于学术自觉的一种建设姿态。如何看待中国古代文论的现代处境、如何看待传统及实现它的现代转换、如何建设有中国特色的当代文论话语等一系列牵动文艺界全局的重要问题；与此相关，还涉及如何评价一个世纪以来对异域文学理论的引入和吸取。一言以蔽之，古代文论的价值重估与西方文论的价值衡定，是这场理论探讨的价值实质。对于如何实现"古代文论的现代转换"，我的观点可以概括为八个字，即"总结、融合、创造、运用"。其中，总结是基础，融合是方法，创造是关键，运用是目标。总结清楚了，我们会发现融合是一条可行的转换之路；古今要在文化精神上得以融合和接续；中外也可以通过比较和过滤进行对话和交流；融合本身就是一种创造，我们要创造的当然是既具有世界性眼光、能够解决全球性的共同诗学问题，又具中华民族特色、能确立我们在世界文坛地位的新型文论话语。运用是目标，不能被有效运用而生成的任何理论话语，都难以称得上是真正有价值的理论。总之，转换应是创造性的转换，它不仅仅是一个术语的变换问题，还涉及理论形态、批评思维的重新确立问题。这里面就涉及思维与方法的开拓与兼容并蓄。

后来我再做"中国古典文艺美学的现代价值研究"课题，就从当代视角对古典文艺美学进行重新理解、阐释和评价，从而激活古典文艺美学范畴、术语的当代活力，彰显古典文艺美学自身蕴含的潜在体系并使之系统化、显性化，发现古典的现代价值，寻找古今对话、沟通的途径与方法，为当代文艺美学建构寻绎重要的精神原点与理论资源。

一个学者一定要有崭新的学术观念，这是学术的最基本切入点，学术能不能出亮点，就在这个地方。我的研究从一开始就具有了跨学科的视野，正因为跨学科才有了更开放的眼光，才能在其他的领域触类旁通，所以也就容易找到突破口。

（三）做学问要有现实的人文关怀

做学问要有强烈的现实关怀情结，做学问也要贯穿文化关怀、人文关怀精神，把学术的落脚点立在对现实的价值实现之上，因此，在我学术研究的第三个阶段，是以文艺学介入现实，特别是对人类城市化的生存现实进行文化诗学的研究，也可以说这是我学术研究的第三大领域。我指导多位学生共同完成了专著《城市的意象与呈现：城市文学的文化审视》，并首创文化诗学批评的概念，出版了专著《文化诗学：理论与实践》。

1995 年，我提出了"文化诗学批评"，是国内最早倡导这种观点的学者之一。当时批评家们面对多元的创作实践找不到对应的理论与方法进行批评。一方面，传统的批评话语如"反映生活""艺术真实"等已派不上多少用场；而另一方面，持后现代理论的先锋批评家们完全操持西方的话语来批评文学，这种不顾东西方文化背景的差异而简单地移植与套用外来术语的理论，不仅不能激活本土文化中的文学理论与文学批评，结果还丧失了自己的声音、话语和思想。正是针对上述学术状况，我提出了文化诗学批评。所谓文化诗学，就是从文化角度对文学进行批评。它是一个立足于中国本土文化语境、具有新世纪特征、有一定价值作为基点并且有一定阐释系统的文化批评。需要强调的是，文化诗学的立足点是文化，但并不能将其等同于文化研究，它是将文化学的理论与方法运用于文学批评的一种新的阐释系统与方法。这一种新型的批评意识与批评策略，除了要求文化批评必须保持审美性外，它更强调批评家的生命投入、综合文化意识与宏观文化眼光。

在担任暨南大学党委书记、副校长之后，我的社会兼职也越来越多，这与我不断拓宽的研究视野同步，从广阔的文化视野来关照文学艺术存在方式发生了巨大变化。这方面我已写出专著《文化视野中的文艺存在》，同时还到各种场合做关于城市文化的演讲。对现代都市，我侧重的是思考现代人如何寻找心灵栖居。作为一个古典情怀的人文学者，对当代城市的关照，我提出了"城市诗学"的命题。

1994 年我就开始关注城市文学问题，曾组织研究生专门讨论此问题。1999 年我在《中国文学研究》上发表了《城市文学：21 世纪文学空间的新拓展》一文，我首次提出了"城市诗学"的概念。我所建构的"城市诗学"，就是要以文化的、审美的眼光去考察城市的独特时空、城市生活的戏剧色彩，不仅可以在理论上阐释城市生活中的各种现象与观念，而且还能为存有许多生存困惑的现代都市人提供生活方式选择与心理状态调节的指导。如此"城市诗学"的建构有助于一种新型城市文化精神的形成。

后来我还关注消费时代文学的意义、流行文艺与主流价值观的关系、文化研究的本土化问题等，也都处于一种对中国文化走向的人文关怀意识。2021 年，出版了在 21 世纪这头 20 年以来的学术论文集《文化诗学批评论稿》，它展示出我在现实关注和文化情怀相结合的研究心得。

我始终认为一个学者应该有一种文化自觉的精神意识，不管研究什么，都是为了对当代文化建设有所推进，这样就有了"面对现实关注当下"的眼界，因为眼界开放了，提出课题的视野就广阔了。

（四）人生感悟

我热爱传统文化，因为传统学者的文化精神留在了我的血液里。我爱好书法，这与我一贯注重诗化意蕴、强调审美性情有关。同时，我还发表了不少散文。我始终觉得一个人要有几套笔墨去书写人生，作为一个批评家和研究者尤其如此。他应该既能写学术性的研究文章，又能写一些体验感悟式的批评文章，还要能写一点发抒灵性的文学作品，如诗、散文等。有一套灵动、自然的文笔，对学术和生活都是一种很好的调节。我还在《羊城晚报》"花地"版上开设了"诗词小札"专栏，从文化与审美的角度去重新审视中国古典诗词以及新诗，在文学上追求灵动飞扬并具有赏心悦目的审美效应，颇得读者欢迎和好评。2020年11月，我的散文集《生命是一部书》出版，读者反映甚好，首印已售罄。

我一直都把学术看成我生命的一部分。我要善待生命，就应该严肃认真地对待我从事的学术行为与学术产品。只有在学术中投入了生命，才会让生命之光在学术产品中闪光。我理想中的学术产品并不在于文字的多少和篇幅的长短，而在于它是否有较多的学术信息含量和较高的学术价值，并对社会与人类的进步有独特的贡献。所以我写书绝不为凑一个体系而写，我写的每个章节都可以拿出来当学术论文发表，而且我写的论文著作都不厚，文字力求精练，没有水分。一个人的生命之书从开头到结尾都是由你自己一个人写就的，从书的质量如何就可以看到生命质量与价值的厚薄，所以我们要写好自己生命的每一天，我们的学术之路也要走好每一步，如果像善待生命一样去善待学术，这样从事学术研究就绝不会有轻率之心。

我特别欣赏嵇康的诗句——"目送归鸿，手挥五弦；俯仰自得，游心太玄。""俯仰自得，游心太玄"代表了一种视觉，这种视觉贯通古今中外，是一种宏观的自由的研究眼界。"目送归鸿，手挥五弦"代表一种远大的理想境界。这种宏观的研究眼界和远大的理想境界并不容易达到，但是我一直都在努力，以求能最完美地接近。

广东省第二届优秀社会科学家

一、个人经历

曾宪通，1935年1月5日生于广东省潮安县彩塘镇骊塘乡。1955年7月从汕头市金山中学毕业，考入广州中山大学中文系，学习汉语言文学。在学期间，他受到多位著名语言文字学家的熏陶，选修了全部的语言学专业课程，为以后治学打下了扎实的基础，开始走上学习和研究祖国传统语文之路。

1959年春天，中山大学著名古文字学家容庚教授带领四位副博士研究生北上实习，曾宪通以容老助手的身份随行，历时两个多月。在全国各大博物馆和文物工作队，曾宪通看到了许多新出土的珍贵文物，同时还拜会了多位名家巨擘，由此使他对古文字领域的理解更加深入。

1959年7月，曾宪通大学毕业，留在中山大学古文字学研究室工作，任容庚、商承祚两位教授的助手，并在他们的指导下开始系统学习和研究古文字。

1961年秋天，曾宪通随商承祚教授到郑州和北京摹校信阳楚墓出土竹简，开始接触战国文字资料，并学到了竹简整理的若干方法。

1962年4月，容庚教授因为要改编《商周彝器通考》，所以要到全国十四个省市做学术考察，曾宪通随之同行。在此期间，他协助搜集了大量的青铜器资料，对金文愈加熟悉。

1974—1976年,曾宪通作为随行人员与商承祚教授到北京参加由国家文物局组织的秦汉简帛整理工作。其间,由于发现并解决《孙子兵法》"形"篇中两个写本的问题而成为整理小组的正式成员。他参加整理或校注的出土文献有《孙子兵法》《孙膑兵法》《尉缭子》和《睡虎地秦墓竹简》等。

1980年,曾宪通陪同香港著名学者饶宗颐先生到全国做学术考察,历时近三个月,行程数万里。

1981年10月至1983年12月,他应香港中文大学之聘,任该校中国文化研究所访问副研究员,与饶宗颐教授合作研究楚地出土文献,并出版著作三种。

此后曾宪通先后多次赴我国港台地区以及日本、瑞典、德国、越南等地讲学、访问或参加国际学术会议。如1992年6月任中日合作拍摄文物纪录片《汉字的历史》学术顾问,赴日审查解说词和制作作业;1993年11月赴台湾高雄中山大学及台北师范大学讲学;1996年10月至11月,赴日本大东文化大学讲学,并出席日本中国语学会第46届全国大会,参加第3届国际汉字会议;2000年2月赴台湾新竹的清华大学任中国文学系客座教授一学期。

1978年7月,曾宪通任中山大学中文系讲师;1985年10月提升为副教授;1985年11月起,任中山大学中文系教授。1990年10月;经国务院学位委员会第九次会议批准为汉语文字学专业博士生导师;1992年开始享受国务院政府特殊津贴;1993—1998年任中山大学中文系主任;1994—2000年任中山大学人文科学学院院长;2005年光荣退休;2010年获中山大学"卓越服务奖"。

2006年6月,在潮州颐园接受潮州市电视台采访

二、耄耋之年　不忘教育

曾宪通继容庚、商承祚等前辈学者之后,载道于身,施教于下,以淡泊勤恳的学风化育了中山大学古文字研究所的一代又一代学人,对学脉延续起到了重要作用;更以旺盛的学术创造力为我国的古文字研究奉献了诸多佳作,论著如甘雨和风,悦人心目;又如苍松劲柏,自有格调。他多次随容庚、商承祚、饶宗颐等名家游历访学,好古博涉,传承"绝学",尤重文字与文化之间密切的关系,耄

耋之年尚有著述，仍不忘教育事业，实为楷模。其学术成就，概略而言，有如下数端。

（一）古文字研究方面

文字的考释最能反映古文字学发展所达到的高度，也是研究者个人学术水平的集中体现。多年来，曾宪通考释了一系列的古文奇字，涉及甲骨文、金文、简帛文、陶玺文和传钞古文等，解决了出土文献中的不少疑难问题，取得了斐然可观的成就。例如，《说鼹》一文考释陶文中常见而前人未释的"鼹"字，指出它本来是鼬鼠的象形文，后来才演变为形声字。同时纠正了人们对穆公鬲、伯晨鼎中"鼹"字的误释。《中国古文字研究会第四届年会纪要》指出："中山大学曾宪通的《说鼹》就鼬字的初文探讨了与鼹、鼷有关的若干问题，考释出了一系列旧所不识的金文、陶文奇字，颇多胜义。"（见1984年中华书局《古文字研究》第九辑）高明、葛英会编著的《古陶文字征》将这一释读作为通人之说采入。

宋代薛尚功《历代钟鼎彝器款识法帖》著录的"商钟四"，铭文凡64字，鸟书3字，余均作虫书，是迄今所见字数最多的鸟虫书铭辞。薛氏之后未有人说释，曾宪通《吴王钟铭考释——薛氏〈款识〉商钟四新解》通释该钟铭全文，认为其内容与《左传·昭公三年》吴楚鸡父之战有关，是吴王僚击败楚及其附庸之后所造的铭功重器，应称之为吴王钟。曾宪通的好友陈炜湛教授读到此文，特地赋诗一首表示祝贺，诗云："妙哉斯文，创获独多。识字正史，发微烛幽。千载疑案，从此可休。妙哉斯文，贤哉吾友。顷读宪通兄新著吴王钟铭文试释，痛快之极，乃志数语表示祝贺。恨不能起先师而告之也。一九八三年六月十七日陈炜湛识。"《吴王钟铭考释——宋·薛氏〈款识〉"商钟四"新解》原载于中国古文字学研讨会香港中文大学《古文字学论集》（初编，1989年6月）。北京中华书局《古文字研究》第十七辑全文转载。

它如释甲骨文的"作"，释齐国金文和玺文的"鼹"，释长沙楚帛书的"成""妻""鸢"及"笑"字。其中，释"笑"学界有不同看法，郭店楚简出土后，证明这个考释是正确的。又释楚帛书从"鸟"从"異"之字为"翼"字。据中山王器释前人未释的"百"字，何琳仪已收入其《长沙帛书通释校补》中。另有释包山楚简的"篇""鸣"，释五里牌简的"徙"，释睡虎地秦简的"足"，无不信而有征，极具卓识。

汉代发现于孔府壁中的"古文"，主要汇集于汉许慎《说文解字》和魏三体石经之中，过去学术界或疑其为伪，不足征信，王国维则力辩其与战国文字为"一家之眷属"。其中尤以许慎《说文解字》以"为"字古文"象两母猴相对形"，向为古文怀疑论者所诟病。1980年曾宪通在成都举行的第三届古文字学术年会上，提出《三体石经古文与〈说文〉古文合证》一文，以战国文字中的"为"与《说文》古文的"为"字相比照，破解了所谓"两母猴相对之形"乃是战国时期"为"字的形讹，具有很强的说服力。益信《说文》古文乃是战国文字的"一家眷属"，并非向壁虚造，引起学术界对《说文》古文一系资料的重视、研究和应用。

曾宪通对古文字学理论深有研究，如《汉字起源的探索》一文，综合了文献学、民俗学、考古学和语言学各个领域中探索汉字起源的基本途径和主要成果，指出四个方面的材料不但可以互相印证，而且可以互为补充，各个领域所揭示的汉字发生史的进程是大体相同或相近的。作为中华文明重要标志的汉字，是在中国土生土长的，为说明汉字是一种自源文字提出了有力的证据。其他有关文字学理论的著述还有《汉字的性质和流变》《汉字的历史功绩》《汉字结构理论浅析》《谈"文"说"字"话源流》等。他对古汉字中形声字的分析尤有自己精到的见解，指出形声字中"作声旁用的形声结构由于形符不起表音作用而容易脱落；同一道理，作形旁用的形声结构由于声符不起表义作用而产生讹变和移位"。他在综合考察了战国简帛文字之后，阐明这样一个观点："作为手写体的简帛文字，代表了汉字发展的主流，它能比较集中和真实地反映当时社会用字的特点和规律。隶书的出现，不但脱胎于西方秦系文字的草率写法，也孕育于当时东方六国，特别是南方楚地的通俗写体之中。隶化和隶变是战国时期汉字发展的大势。"这一观点，是传统说法"隶变"产生于秦的重要补充。

（二）语言学研究方面

王力先生说过："汉字本身的结构也就反映着上古时代汉语的情况。"曾宪通正是透过早期汉字的分化滋生去推求上古汉语同族词的繁衍的。经他考释论证的字族有：乍、作、耤；䚈、䚇、貈；虞、举、业；皇、凰；述、遂；居、处；巳、包、胞；等等。《从"子"字族群论及字族的研究》一文更是上升到理论的层面来论述古文字与字族、词族研究的关系。他的古文字研究并未停留在对字形的索解上，而是试图从语言学的角度去考察问题、解决问题。例如，曾宪通研究之后得出结论指出："凤"字自甲骨文时代至今皆假"凤"字为之，只是后代分别以其尾饰之局部代替凤体，故不易为人所觉察，许慎据已讹之形牵强附会，不足为训（《释"凤凰"及其相关诸字》）。它如臣辰盉、吕鼎之"饔"读为报祭之"报"，古陶文"䢼鄢"之"䢼"读为"陶"；齐玺"须久"读为"须句"；等等，都是合理运用古音知识，有效解决出土文献中的形义矛盾，扫除了释读上的不少障碍。

在考释吴王钟铭时指出，"句吴"固可因减音而单称"吴"，亦可因减音而省称为"句"，据此可认识到古代吴语中由于发音时的轻重缓急所产生的某些语音现象，比较合理地解释了吴国在文献和铭辞中的种种异称。在将传世文献同出土文献相互印证之后认为，春秋战国时期，西方秦晋称为"盟誓"，东方齐鲁则多称作"誓盟"。这些都揭示了汉语史上某一方面的奥秘。《试论银雀山汉墓竹书〈孙子兵法〉》一文每每运用校勘训诂的手段，比较竹简本《孙子》与宋本的优劣，如指出："宋本《九地》篇'非霸王之兵也'，'霸王'竹书作'王霸'，考之古籍，作'王霸'更合乎古代用语的习惯。宋本《用间》篇'三军之事，莫亲于间'，竹书本作'三军之亲，莫亲于间'，文意更加联贯。"《古文字资料的释读与训诂问题》一文，通过辨"瑚琏"，析"宜俎"，说"凤皇"，正"三郊三遂"等例子，说明古文字资料的释读同训诂的密切关系。曾宪通还利用自己的优势，不时举证潮州方言阐释古音古义，如潮州话称耕田为"作田"，同于甲骨文的"作田"和金文的"耤田"；潮州话"沙"与"徙"同音，与齐语"屣、徙"通用正同。此外，他还利用新出土的明本潮州戏文研究古代潮汕方言的词汇、语法及俗字，写成系列论文在《方言》杂志上发表。

2018年12月13日，在中山大学中文系"荣休讲堂"第一讲：谈谈《选堂书札——致曾宪通》

（三）文化史研究方面

1975年，湖北云梦睡虎地出土了大批秦简，经过考古工作者和专家的整理研究，其中的法律文书很快于1976年刊布，同时出土的两种《日书》却因人们心存疑忌而迟至1981年才发表。曾宪通参加过这批秦简的整理，敏锐地意识到《日书》中记载的秦楚月名材料的学术价值，首先发现利用秦简月名有助于排定楚简月名的次序，并能够解释若干代月名的含义，撰文揭示了战国晚期及秦统一天下之后秦历与楚历的对应规律，指出秦用颛顼历，楚用夏历，在学术界产生了较大影响。

曾宪通对三种钟铭做过深入研究，除了前文所述的吴王钟铭，还有吴王光编钟铭和曾侯乙编钟铭。1955年安徽寿县蔡侯墓所出的编钟，铭文残泐剥蚀，过去学术界以为是蔡侯钟，郭若愚指出是吴王光编钟，曾宪通利用中山大学所藏拓本将钟铭重加拼接和释读，对这套编钟取得了不少新的认识，并写成长文《吴王光编钟铭文的再探讨》。这一成果已被载入《中国音乐文物大系·北京卷》中，并将原稿件中的"蔡侯墓编甬钟"改称为"吴王光编钟"。20世纪70年代，湖北随县出土了曾侯乙编钟，是轰动中外考古史的大事件，针对钟铭的释读，曾宪通提出了一种以简驭繁、互相抉发和证明的方法，也就是通过综合分析这套编钟的标音铭和乐律铭，阐释其音阶名体系，进而依其音高体系的序列，将4000余字的乐律铭一一编排，全面释读，从而指出："曾侯乙编钟音阶名的构成，是以五音为主体，以三度音关系为纽带的十二音位体系；十二个半音与十二律两两相应，可以灵活自如地旋宫转调，说明战国初期的钟律学，已在理论和实践上达到极高的水平。"

把一昼夜划分为若干个时段的做法称为"时制"，时制的建立和演进，同人类社会生活和生产活动密切相关，是人类文明史上值得深入研究的课题。曾宪通在《秦汉时制刍议》一文中，以秦汉简牍的记时材料同传世典籍相证发，探讨了睡虎地秦简的"十二时段"、放马滩秦简的"十六时段"，以《居延新简》订正和补充陈梦家为居延汉简编列的时段时称表，将原来的80个时称异名增补至117个，并为学术界所采用。

20世纪80年代初，曾宪通将睡虎地秦简《日书》中的"日夕消长表"归纳为七式，发现它们与《淮南子·天文训》的"阴阳刑德七舍"有关；1990年《居延新简：甲渠侯官与第四燧》出版，曾宪通对其中三枚残简的释文重加勘校，且利用1991年7月在兰州参加中国简牍学第一届国际学术研讨会之便，复核了原简，结合《淮南子》和《周髀算经》等文献，对"刑德七舍"的问题做了新的疏证和阐发，指出："《淮南子》将刑德分为一岁之刑德与二十岁之刑德二类，居延汉简的刑德即属于一岁之刑德。它是以刑德所在七舍表示一岁之内各个月份阴阳二气此消彼长的过程，带有月气的色彩，从残存简文'德所在'及'堂'看来，已有相当明显的数术倾向，其性质当与萧吉的《五行大义》所归纳之刑德月气占相类。"

1997年，饶宗颐发表了《周易·睽卦》六三爻辞的一枚战国楚简残简，曾宪通在饶文的基础上疏通了各种古本上的异文，做了新的诠释，写成《〈周易·睽〉卦辞及六三爻辞新诠》一文。而此文的姊妹篇《〈周易·离〉卦卦辞及九四爻辞新诠》，则据《周易》通行本，结合新出简帛资料，对《离卦》卦辞和九四爻辞加以整合，并参照秦简《封诊式·出子》篇的案例，对九四爻辞重做疏释，还总结了《周易》筮辞取象的两个明显特点：一是通过具体的事物演绎出抽象的道理；二是所取象的人或事或物其初本是用图像来表示。曾宪通还撰有《楚帛书神话系统试说》一文，将长沙子弹库楚帛书同汉代武梁祠画像及传世文献结合起来研究，揭示了楚帛书所见雹戏、女娲以及他们所生四子（即四时之神），还有炎帝、祝融、帝俊、共工、夸父、少昊和句龙这些神话人物构成的神话世界，分析了带有楚系神话色彩的南方诸神的特点和性质。

（四）学术史研究方面

　　曾宪通十分注重学术史的研究。20世纪80年代初，他与陈炜湛合作，发表了《论郭沫若早期的古文字研究》《论罗振玉与王国维在古文字领域内的地位和影响》。1981年，故宫博物院藏王国维致马衡论学手札三十九通公开发表，为人们了解王国维的学术活动、治学思想乃至政治观点和态度，提供了可靠的第一手证据。曾宪通作《〈观堂书札〉考订》，对这批近代学术史上的珍贵资料精心考证，一一厘定其年份，且编列成表，实事求是地评价罗振玉、王国维的学术贡献，为端正当时古文字研究领域中的不良学风发挥了一定的作用。曾宪通对郭沫若的研究有着一系列的成果，除上举一种外，还编注出版了《郭沫若书简——致容庚》，并发表了《友谊的象征　探索的实录——读郭沫若在日本致容庚论学书札》《郭沫若与中国古代社会研究——从日本"沫若文库"谈起》等论文。曾宪通以弘扬师道为己任，为容庚、商承祚和饶宗颐撰写了传略，先后编选出版了《容庚选集》《容庚文集》《容庚杂著集》《饶宗颐学术研讨会论文集》《选堂访古留影与饶学管窥》《选堂书札（致曾宪通）》，发表了《容庚先生的学术成就和治学特点》《容庚先生和他的颂斋藏器》《商承祚先生的生平和学术贡献》《选堂先生与荆楚文化研究》《潮州饶宗颐学术馆记》《大师的童心》诸文。对罗振玉、王国维、郭沫若、容庚、商承祚、饶宗颐这些学术史上的巨擘分别加以研究，总结前辈们的成就和治学经验，有助于后来者继承和借鉴，从而推动学术事业的不断发展。

　　曾宪通还热衷为一些重要的学术著作撰写书评或序言，因为这也是其学术史研究的有机组成部分。在古文字学史上，传钞古文曾被认为是向壁虚造、不足征信的东西，王国维则力辨其为六国文字之一家眷属。胡小石、舒连景、商承祚等均有疏证《说文》古文之作，孙海波有《魏三字石经集录》。20世纪80年代初，曾宪通撰成《三体石经古文与〈说文〉古文合证》，对两种古文做了系统的爬梳、整理、验证和对比统计，阐述传钞古文作为战国文字支裔的性质，指出："欲研究古文一系的文字，有赖于战国文字的发现和研究；而要解开战国文字中某些难解之谜，也离不开对古文资料的研究与运用。"并以战国文字的"为"字，证知《说文》古文"为"字的来历。1990年，黄锡全的著作《汗简注释》出版，曾宪通细读全书，撰写了《论〈汗简〉古文的是非得失——〈汗简注释〉读后》一文，为这一战国文字研究的新成果而鼓且呼。这方面的著述还有：《评高明〈古文字类编〉》《〈选堂集林〉读后》《罗福颐〈三代吉金文存释文〉读后》《谈〈中国方术大辞典〉》等；还为《金文常用字典》及《三馀斋丛稿》（陈初生）、《古文字学纲要》（陈炜湛、唐钰明）、《睡虎地秦简日书研究》（刘乐贤）、《简帛兵学文献探论》（陈伟武)、《古文字论丛》(黄锡全)、《楚简道家文献辨证》(郑刚)、《古文字论集》(张桂光)撰写序言。此外,尚有《古文字与汉语史论集》序和"古文字与出土文献研究丛书"总序,都具有很强的学术性。

曾宪通认为自己研习古文字经历了三个阶段,即培植根基—明确方向—把古文字研究同古文化的探讨结合起来。根据这三个阶段和前文概述的四方面成就,可以看出他的治学有以下特点。

1. 古文奇字,祛妄释疑

曾宪通服膺孙诒让《名原》一书,指出该书"综合利用金文、甲骨文、石鼓文等与《说文》古、籀互相勘校,揭其歧异及省变之原,进而探讨古文、大小篆之演革。认为此书成功地把合体字分析成若干个偏旁,进行仔细比较,由已知推未知,建立起分析汉字形体的'偏旁分析法',使文字考释脱离猜谜、射覆的阶段,在古文字学史上具有重大的意义"。曾宪通师从容庚、商承祚两位著名古文字学家,长期在他们身边工作,深得古文字学三昧,谙熟汉字形体演变,擅长字形分析。他又从著名经学家、音韵学家方孝岳习声韵之学,与著名音韵学家李新魁同乡、同龄、同学、同事、同道,交谊甚笃,过从密迩,切磋砥砺,疑义共析。清儒认为,文字有形、有音、有义,三者互相求,举一可得其三;可是有古形、有今形、有古音、有今音、有古义、有今义,六者互相求,举一可得其五。但是由于清儒所见古文字材料不及今日之富,加之时代学术水平的局限,形音义互相求的效果难免打折扣。曾宪通自觉继承前人优秀的学术思想,同时也破除过去的种种误说,在古文奇字的考释中取得了丰硕的成果,且显示了鲜明的治学风格,这就是:根据早期汉字的构形,追溯其初形朔谊;按照该形体在具体语言环境中的意义和用法,探索其音义互动和演变的轨迹;从形的分化、义的引申和音的转移考察文字孳乳、繁衍与同源的关系,为字族词族研究提供可靠的线索,取得了可观的成绩。

2. 文化研究,以为标的

20世纪70年代中后期,曾宪通初露峥嵘,谈马王堆汉墓墓主,论银雀山汉简《孙子兵法》,探索楚月名,一踏入学术界,就展示出思维敏捷、眼界开阔的风姿。稍后又赴港与饶宗颐合作研究楚地出土文献,在饶氏的影响下,对文化史的研究更加明确,也更加深入。传统语言文字学属于根柢之学,曾宪通正是把它当作研究中国古代文化的利器。他的古文字研究,并非只从字形到字形,而是联系古籍记载与出土文献,挖掘汉字蕴藏的文化内涵,阐明作为中华文明载体的汉字体系所具有的更深层次文化含义。曾宪通对文化史研究的成就,除前文所述外,由甲骨文"作"字的演变论及上古耕作制度,由含有"誓盟"玺文的几方战国玺考察古代的誓盟习俗,由"虞"与"业"两字的字本义推论古代的钟悬制度,由陶文"䤾"推断战国时齐都临淄陶鄙的制陶中心地位,由吴王钟铭的疏释,考索吴王僚败楚师于鸡父的史迹,补《左传》之阙佚,由包山简的考释探讨楚国的卜筮制度,通过考察"凤凰"一词在形、音、义诸方面的演化,为神话学、民俗学研究提供了切实可靠的科学依据。所有这些，无不证明曾宪通的古文字研究，总是落实到中国古代文化史研究的目标上。从区域文化的角度看，曾宪通于楚文化、吴越文化、齐文化肆力甚殷，创获尤多。

2000年4月，赴台湾清华大学讲学期间与夫人合影

3．宏观微观，互为表里

学问之道，专精难，淹通益难；用下棋来比喻，细棋下得好固然不易，大局观好则难能可贵。曾宪通治学，大局观好，善于汇通，境界日新。既有就具体而微的问题探赜钩玄，精雕细刻，如对某些字词的考释；也有对一个大问题的相关诸方面综合考察，周详辩证，如《汉字起源的探索》；更有对整个学科的过去、现状与未来的宏观把握，全面论述。《清代金文研究综述》是对有清一代青铜器铭文研究做一番系统的清理，于诸家著录、摹刻及考释之优劣认真鉴别，并扼要地加以评述。长沙子弹库楚帛书，是20世纪40年代出土的一件珍贵文物，对研究战国时代楚人的思想文化极有价值，60余年来，海内外学者不断地从文化学、历史学、神话学、文字学等角度加以探讨，作者如云，论著众多。曾宪通的《楚帛书研究述要》，可说是浓缩了的楚帛书研究史。《四十年来古文字学的新发现与新学问》一文，主要以新中国成立后考古新发现推动古文字研究的事实，阐发王国维"二重证据法"的学术思想。而《建国以来古文字研究概况与展望》则总结了近40年中国古文字研究的成就，指出各个分支方向存在的问题，对未来古文字学的发展加以科学预测，提出了相应的要求。一编在手，如提纲而举网，持领以振裘，于古文字学大走向即可了然。曾宪通平素教导学生说，考释文字也好，研究别的问题也好，一定要注意上挂下联，纵横比合，凡与研究对象有关的资料都网罗无遗，历时的、共时的因素均考虑到了，得出的研究结果才会更接近客观实际，才经得起历史的验证。

三、业界享盛誉

曾宪通在学术界享有盛誉,曾任全国哲学社会科学规划委员会语言学科组成员(1986—2003年)、教育部高等学校中文学科第一届教学指导委员会委员、全国高等教育自学考试指导委员会委员(1994—2008年)、中国古文字研究会理事长、中国语言学会常务理事、中国秦文学会常务理事、中国郭沫若研究学会理事等,是《华学》《古汉语研究》《古籍整理研究学刊》《语言科学》和《文与哲》(高雄)等杂志编委。

在60余年的学术研究中,曾宪通主持过多个科研项目,获得多种荣誉称号和奖项。

1. 主持省级以上项目

(1)国家教育委员会社会科学"七五"规划项目,"中国古文字学发展史","七五"期间。

(2)广东社科规划研究课题,"传统语文学的形、音、义交叉研究",1992年。

(3)国家教育委员会"211"工程重点学科建设项目,"秦简牍字典",1996年。

(4)国家社会科学基金项目,"秦汉简帛文辞综类",1997年。

(5)国家社会科学基金项目,"出土战国文献字词集释",2003年。

(6)广东省社会科学规划项目,"出土战国文献字词考释菁华",2009年。

2. 所获奖项

(1)《释"凤""凰"及其相关诸字》(论文),广东省第六次社会科学成果奖二等奖,1999年。

(2)《长沙楚帛书文字编》(工具书),教育部普通高等学校第二届人文社会科学成果奖三等奖,1999年;香港高等学术研究中心"中山大学老教师学术专著奖",1999年。

(3)《曾宪通学术文集》(著作),广东省首届哲学社会科学成果奖二等奖,2005年。

(4)《古文字与出土文献丛考》(专著),教育部高等学校科学研究优秀成果奖(人文社会科学)二等奖,2009年。

(5)《出土战国文献字词集释》(主编),全国古籍出版社百佳图书一等奖,2018年。

2019年4月27日,《出土战国文献字词集释》新书发布会合影

3. 所获荣誉

(1) 中山大学卓越服务奖,2010年。

(2) 广东省优秀社会科学家,2015年。

曾宪通著作等身,累计编著20余种,论文百余篇,在学术界影响深远,学者多所称引,并给予很高评价。林剑鸣评价《楚月名初探》时说:"初步研究了《日书》中记载的秦、楚历法的资料,利用这些资料不仅可对秦、楚历法的异同作进一步的了解,而且对战国楚简中其他的一些有关历法问题的解决,有极重要的作用,《日书》的科学价值在这里初步表现了出来。"(林剑鸣《曲径通幽处 高楼望路时——评介当前简牍〈日书〉研究状况》,载《文博》1988年第3期)

赵诚评论《长沙楚帛书文字编》时说:"如果将各种文字编加以对比分析,就可以清楚地发现,曾宪通的《长沙楚帛书文字编》在文字编发展史上有着重大贡献,在编撰方法上有着创造性的发展……《长沙楚帛书文字编》是一部相当有价值的工具书……我们希望多编辑出版一些这一类具有词语综类特点、具有一定的集释性质、有着作者的明确态度和研究成果、能着重宣扬诸家研究所得之突破性论点、具有一定的字典性质、使用材料可靠而先进的各类文字编,以便更好地继承祖国的传统文化,为社会主义祖国文化事业的繁荣做更好的贡献,并以此作为对世界文化的贡献。"(赵诚《曾宪通〈长沙楚帛书文字编〉读后》,载《书品》1994年第2期)

李守奎在评述20世纪90年代之前的楚帛书研究时说:"这一时期的研究以曾

宪通的《楚帛书研究述要》(1993)和《楚帛书文字编》(1993)作结。前者是对楚帛书问世以来五十多年研究的综述，文后附有研究简目，甚便读者；后者则集中反映了当时的识字水平。该字编摹写精美，收字齐全，体例谨严，不仅吸收了当时的最新研究成果，而且多有创见。"(《出土楚文献文字研究综述》，载《古籍整理研究学刊》2003年第1期)

裘锡圭引用《长沙子弹库楚帛书与帛画之解读》时说："研究楚帛书的学者，多数认为'女'应该释读为'女娲'或女娲的别名，可惜他们的释读似乎都还嫌根据不够坚实。不过，主张女娲说的曾宪通先生所提出的一个图像上的证据，则是值得重视的。他指出武梁祠画像石上有交尾的伏羲、女娲像，'其上下分别有四子翱翔'(引者按'四子'下身亦作蛇形，身形较伏羲、女娲为小)。这跟楚帛书说伏羲娶女皇'是生子四'正好符合，可见'女皇'确应指女娲，同时也说明汉代的伏羲、女娲画像所反映的思想，渊源有自，决非起自汉代。"(裘锡圭《裘锡圭学术文集·简牍帛书卷》第547页，复旦大学出版社2012年版)

李春晓评价《汉字源流》"守正为本，科学审慎""出于学术，归于教学""深入浅出，精彩纷呈"。(李春晓《严谨精深正本清源——读〈汉字源流〉有感》，复旦网2011年7月22日)雷燮仁认为《汉字源流》是第一部全面阐述汉字的起源和演变轨迹、厘清常用汉字造字理据和流变过程的专题教科书，不仅有基本材料的梳理和汉字构形的分析，更有构形和演变规律的建构，成果十分丰富，已经超越了教科书的一般概念，是文字研究领域的经典著作(雷燮仁《〈汉字源流〉读后感》，《古文字论坛》第一辑，中山大学出版社2015年版)。

黄德宽认为，《出土战国文献字词集释》(以下简称《集释》)汇集各家对这些字、词的考释成果，在此基础上明辨得失、考证源流，最后提出编著者的意见；是一部资料翔实、视野开阔、按断精审的高水平学术著作。作为第一部战国文字研究的大型综合性工具书，《集释》对迄今为止出土战国文献资料及研究进行了全面总结，具有很高的学术史价值；它是对当前战国文字研究水平和成果的集中展示，将不仅成为战国文字研究领域的重要工具书，也将推进出土文献与古文字研究取得更快发展。此外，作为一部出土战国文献的集大成之作，《集释》也体现出了重要的文化传承价值。这样的著作，将为历史、哲学、文学及其他相关领域的研究者提供完备而可靠的参考资料(《中华读书报》2019年3月27日)。

吴振武认为，《集释》全面详尽地展现了战国文字的研究成果，也充分反映了当前战国文字研究的学术水平，将资料采集的完备性和裁择的精审性有机结合，战国文字研究中有价值的考释意见几乎已大备于此，同时又摒弃了许多毫无根据的臆测之辞。更为可贵的是，该书保留了一些今天看来不能成立，但在学术研究进程中曾经有过重要影响的意见，更加客观地展现了战国文字研究的发展历程。《集释》将资料性与前沿性融于一体，在按语部分汇聚了编者的许多研究心得，既总结检讨了前人研究的是非得失，又联系前后时代的文字资料，利用最新的材料和成果，对出土战国文献中字词的释读问题作出评判或发为新说，具有较强的前沿性。可以预见，《集释》的出版必将与《甲骨文字诂林》《金文诂林》等工具书配套成龙，共同构成古文字考释成果的会典系列，成为古文字研究领域一道亮丽的风景线。《集释》的编者十五年如一日，苦心孤诣，惨淡经营，令人感佩；这也是古文字学界重视发展具有重要文化价值和传承意义的"冷门绝学"学科的最好见证（吴振武在《出土战国文献字词集释》发布会上的讲话，2019年4月27日于中山大学饶宗颐研究院）。

自1959年留校任教于中山大学，至2005年荣休，曾宪通厉行教书育人，开设了"战国秦汉文字""汉字源流"等课程。其中，"汉字源流"的讲义经修改后出版，成为教育部"十一五"规划教材。培养了硕、博士共计20余名，分别供职于国内多所高校、研究所，很多已经是古文字学界、语言学界的中坚力量、代表人物，如：

黄文杰，中山大学中文系教授。

谭步云，中山大学中文系副教授。

陈伟武，中山大学中文系教授，博士生导师，教育部长江学者特聘教授。

刘乐贤，首都师范大学历史学院教授，博士生导师。

郑刚，中山大学中文系副教授。

吴辛丑，华南师范大学文学院副院长，教授，博士生导师。

林志强，福建师范大学文学院副院长，教授，博士生导师。

杨泽生，中山大学中文系教授，博士生导师。

肖毅，武汉大学文学院教授，博士生导师。

裴大泉，中山大学出版社编辑。

张连航，香港教育学院中国语言学系副主任，副教授。

陈斯鹏，中山大学中文系教授，博士生导师，中共中央组织部万人计划青年拔尖人才，教育部青年长江学者。

赵立伟，山东聊城大学文学院教授。

曾宪通不唯以精湛的古文字研究名家，书法造诣亦颇为高深，常以自己精研过的楚帛书为体，书写古文字，苍劲有力，妙不可言。2015年，中山大学古文字研究所举办了"曾宪通教授八十寿庆书法展"，并出版作品集，其作者多受业于曾先生，其中不乏当今书坛耆宿。

曾有多位学者称誉曾宪通为"南粤古文字学领军人物"，以其学问为人，可谓实至名归。

2005年2月,与家人在澳大利亚植物湾国家公园,Cape Solander Lookout

四、与古文字之缘

我的乳名叫曾雄镇,1935年1月出生于广东省潮安县彩塘镇骊塘乡——桑浦山下一个负山吞江、碧野秀水的侨乡。父亲曾松锦年十六即随长辈到马来亚谋生,先后当过锡矿工、橡胶农和店员。家族中的成年男性几乎散居在南洋各地,家中只有祖母、母亲、姐姐和年幼的我。母亲为了让我在成长中不失阳刚之气,从小便让我在"耕余小筑"同农民兄弟住在一起。"耕余小筑"是单身农民聚居的地方,也是农民农闲时聚会和娱乐的场所,潮俗称之为"闲间"。我在"闲间"里不但养成与人和谐相处的习惯,还从长辈那里了解到四时农事和许多民间习俗,并学习潮乐和潮曲,能用"工尺谱"背诵上百首"弦诗",学会用《潮声十五音》替不识字的侨眷回复侨批等。小学我就读于星洲侨领曾汝平乡贤创办的"务滋学校",正式启用学名曾宪通。抗日战争胜利第二年,我曾代表学校参加全县小学生"较艺"获奖。小学毕业后,我先后在潮安二中和金山中学读初中和高中。

1955年秋,我从汕头金山中学毕业,考进中山大学中文系,在康乐园度过了第一个中秋节。当容庚教授和夫人将同大家一起赏月的消息传来后,宿舍里一片欢腾。记得当晚皓月悬空,全班同学围坐在东大球场的绿草坪上,一边品尝着广州的五仁月饼,一边听着容庚先生和夫人聊康乐园的故事。康乐园原来是岭南大学的校园,因在珠江边的康乐村而得名,而康乐村据说同谢灵运(号康乐)到过附近的下渡村有关。1952年院系调整，岭南大学并入中山大学，从此便成为中山大学的校园了。容庚先生就是这样从岭南大学来到中山大学的。同学们都知道，容庚先生是海内外著名的古文字学家，但当时许多同学都不了解古文字为何物，便七嘴八舌地向容先生讨教。容先生说："所谓古文字，就是我们的老祖宗用过而你们今天还不认得的字。"这个回答很幽默，却简明地告诉了大家"古文字"是什么。

但他话锋一转，说："其实要学古文字也不困难，我当初学钟鼎文时还不是个中学生？"接着他便断断续续地介绍自己如何在舅父邓尔雅的影响下学习《说文解字》（以下简称《说文》），如何同弟妹们分工搜集古文字资料编书，又如何夹着《金文编》稿本谒见了著名考古学家罗振玉，进了北京大学研究所国学门当研究生，毕业后又如何进入燕京大学成为教授的，等等。容先生的这次讲话给同学们留下了深刻的印象，使大家明白，他是怎样通过研究古文字，从一个默默无闻的中学生一跃成为鼎鼎大名的大学教授的。我很幸运，一入学就接触到了容先生。这就是我第一次了解到"古文字"概念的情景，其实也可以看作我踏入古文字学领域初始阶段的起点。当时中文系汉语言文学专业分别设有语言学和文学两个专门化方向，开设的课程几乎有一半是语言文字学。在系里多位语言文字学家的影响下，我开始对历史悠久的传统语言文字学产生了浓厚的兴趣，主动修习了语言文字学系列的全部课程，用心钻研，并惊奇地发现，在整个学术的殿堂里，还有语言文字学这块宽广无垠的天地，渴望着窥探其中的奥秘。

在我本科二年级的时候，容先生给我们开设"《说文》研究"课程，我当时担任课代表。容先生讲课有一本讲义，每次上课还要带着很多和《说文》有关的书，如段玉裁的《说文解字注》、朱骏声的《说文通训定声》等，上课前他就把要用的书和这本讲义一起用白布包起来。我课前先去容先生家里拿这叠书，下课后再同容先生一起把书送回去。1959年暮春，容庚先生带着四位副博士研究生李瑾、夏渌、马国权和缪锦安北上考察，学校让我提前毕业作为容庚先生的助手随行。回想当初，课代表的经历也许是我被选为助手的原因之一吧。

那次实习历时两个多月，在全国各大博物馆及文物工作队我看到了许多传世和新出土的珍贵文物，还拜会了多位向往已久的著名学者和专家，其中印象最深的是唐兰和郭沫若两位先生。当时我们一行住在故宫博物院的西角楼招待所，经常在故宫的金石室见到唐兰先生。容先生一见面就批评唐先生守着故宫大批青铜器，不编图录供大家使用。而唐先生总是笑呵呵地回答："编图录不算研究，这不是我的工作。"容先生问道："那我的《宝蕴楼彝器图录》就不是研究吗？"唐先生回答："当然是在做研究，后面基于图录所做的工作都是研究。"我们请唐先生讲讲怎么学习古文字，唐先生和我们说："古文字的功夫不在古文字之内，而在古文字之外。"这使我朦胧地意识到，研究古文字并非认识几个古字那么简单。有一天，故宫博物院院长通知我们，中国科学院的郭沫若院长准备在前海家中接见我们，令我们非常兴奋。原来郭老在20世纪二三十年代避难于日本研究古文字时，就与容庚先生订下文字之交。这次一听说容先生带学生到北京实习，便欣然答应会见。记得当时郭老刚从安阳考察回到北京，便兴致勃勃地向我们介绍安阳圆坑墓的发现情况，并回答了我们一行提出的许多学术问题。途经郑州时，我们还遇到了于省吾先生带着姚孝遂、陈世辉等副博士研究生在当地考察。通过与几位先生的接触，从他们的言谈中我意识到出土材料的内涵绝不仅限于古文字学领域，与文学、史学、考古学的关系也十分密切。那次随同实习使我有机会接触到大批老祖宗使用过的古文字实物资料，眼界大开，知道要在古文字学领域里有所作为，就必须具备多方面的学识，尤其要了解与古文字密切相关的历史、考古和古器物学等背景资料，光靠课堂上的学习和书本上的知识是远远不够的。

1959年8月，我从中山大学中文系正式毕业，组织上分配我留校在古文字学研究室工作，担任容庚先生的助教兼任研究室秘书，协助室主任商承祚教授开展研究室的日常工作。当我向容庚先生报告自己留校当助教时，没料到他竟给我大泼冷水。他说："现在批判'厚古薄今'，提倡'厚今薄古'，青年人何苦来钻这个冷门？"后来，他见我并没有动摇，便把他妹妹容媛编著的《金石书录目》一书送给我，还无私地开放他那著名的"五千卷金石室"供我自由地阅读，还叮嘱我把他的藏书记号移录到自己的书上，以便按图索骥。并布置我临摹《说文解字》《金文编》和《甲骨文编》三部字书，细心比较彼此间的异同，留意某些器物上的特殊写法。他常对我说："大匠予人以规矩而不能予人以巧，巧，只能在刻苦的磨炼中得来。"又说："一个人要做学问，光靠平日博闻强记是不够的，必须借助'目录'一类的工具书作为治学的阶梯，这本《金石书录目》你要好好地加以利用。"容庚先生的爱护和鼓励，使我明白做学问必须善于学习、勤于探索，一步一个脚印地循序渐进，才能达致科学的顶点。

1960年初冬，中大中文系师生根据广东省委的部署，在校党委陈彬副书记的率领下，到揭阳参加整风整社和劳动锻炼。有一天下午四点多，师生们接到了元旦放假两天的通知。我得到所在大队部领导吴宏聪教授的批准，可以回家看望年迈的父母。那时天色已晚，搭车是不可能的了，我决定徒步翻过桑浦山走回去。那天夜里，我壮着胆子，乘着月色，朝着月亮升起的方向，义无反顾地勇往直前。那时候，除了远处几点忽隐忽现的灯火和断断续续的狗吠声外，只有脚下不断延伸的山路。一天后我又匆匆离家赶回大队部报到，却比规定的归队时间晚了两小时。令我意外的是，在向吴宏聪教授报告回家之行并作检讨时，吴教授并没有提出批评，反而用略带鼓励和欣赏的语气说，"你用十多小时，走了一条没有走过的山路。宪通，只要有这种精神，就没有什么困难能难倒你。"在那个动辄"抓辫子、打棍子、扣帽子"的"运动"时期，这样的理解和关爱是如此难能可贵。这更加坚定了我探索未知学术之路的勇气。

1961年深秋，商承祚教授带领王子超和我到郑州、北京两地摹校信阳楚墓出土的竹简。当时正值经济困难时期，每天靠生蒜头送玉米粥糊口。一向养尊处优的商先生毫无怨言，每天起早摸黑地往返于地下库房与资料室之间，全身心地投入工作。商先生对残简拼接和简文临摹有很丰富的经验。他认为，残简拼接要注意内部条件和外部条件的协调。内部条件指字形和文意，同一个字的用笔体势往往因人而异，同篇文章的文气也必然是上下连贯的。属于同一写手的字而又上下文意通达无碍是拼接残简最基本的条件，再参照字形的大小、字距的疏密和残简断口的形状，以及相关的花纹、色泽等外部条件，即可作出判断了。商先生说："具备这些条件的拼复工作，是往往可以做到十拿九稳的。"商先生对于简文的临摹，则主张主观与客观相结合，先无我然后才有我。所谓"无我"，就是要做到完全客观地，将所见的笔画准确无误地临摹下来，而不管它对与不对；所谓"有我"，就是要根据自己的学识与经验，判断其笔画和结体是否符合规律，然后决定如何取舍；对于笔画漫漶不清和残缺不全的字，尤其需要反复斟酌和推敲。商先生的这些理论和方法，成为我们日后整理竹简的指南。

1962年4月，容庚先生准备改编其名著《商周彝器通考》一书，中共中央宣传部和国务院文化部介绍他到全国各地搜集青铜器资料。改编小组成员除张维持、马国权外，我也位列其中。我们随同容先生到全国十六个省市做学术考察，每到一处都受到热情接待，并搜集到大量的青铜器资料。回校后，我们即着手改编工作，有若干章节已经写出初稿。但苦于后续的图片资料不济，加上"文化大革命"的冲击，遂告中断。一项行将实现的宏图大略，终因不可逆料的原因而夭折，这实在是中国学术史上难以弥补的重大损失。2008年，上海世纪出版集团、上海人民出版社出版容庚先生的《商周彝器通考》的重排本，由曾宪通撰写"前言"，指出："容庚先生的《商周彝器通考》是20世纪中国青铜器学的奠基之作。"

从20世纪50年代末到70年代中期，是我踏入古文字学门槛的第一个阶段，那段时间的许多日子都是在容庚、商承祚二位老先生身边度过的。二位前辈长期从事古文字资料的搜罗和撰集工作，他们擅长字形分析，强调第一手材料，注重实证。这种严谨学风对我影响至深。

第二个阶段开始于1974年初夏，当时正是新中国考古发现的黄金时代。继山东临沂银雀山汉墓竹书出土之后，又发现了湖南长沙马王堆帛书和湖北云梦睡虎地秦简，这些重大考古收获轰动了中外学术界。在国家文物局的主持下，从全国各地调来了一大批学者组成秦汉简帛整理小组，在当时的特殊条件下开展了卓有成效的工作。

当时商先生接到了文物局局长王冶秋先生的借调函。商老是老一辈中唯一接触过楚简实物的专家，手头上正在负责几批楚简的整理工作。当时商先生年事已高，他就带了我一同随行。所以，当初我只是作为商承祚教授的随行人员加入这一行列的，本来并不是这个小组的正式成员。说起来有点偶然，有一次我翻阅罗福颐先生初步整理的简本《孙子兵法》，在一篇名为《形》篇的简文中发现有不少句子总是重复地出现。对于这一现象，我在小组会上提出可能存在两个写本的看法，得到朱德熙先生的支持。朱先生嘱咐我试着按照不同字体重新加以整理。这样一来，原先重复出现的简文果然按照不同写本各就各位，泾渭分明，不再重复出现，证明确是两个写本无疑。与此同时，我还发现一些与《孙子》十三篇有关及十三篇以外的《孙子》佚文的残简，因而朱德熙先生建议由我继续整理简本《孙子兵法》，其他人发现的相关简文也归到我这里来，并以宋本十一家注《孙子》与简本相校注。因为《孙膑兵法》没有传世本可以参照，所以当时朱德熙、孙贯文、裘锡圭、李家浩、吴九龙等几位整理小组的主力全部投入整理工作，商先生和傅熹年、周祖谟等先生主要负责摹本和释文。随后我又参加了银雀山汉简《尉缭子》校注、《孙膑兵法》简注和《睡虎地秦墓竹简》等的整理工作。直到1976年夏天，因受唐山大地震的影响不能继续在红楼工作，外地学者陆续离开北京，我也于8月上旬回到广州。

那次在北京红楼工作，我不但接触到一批批新出土的简帛资料，还认识了全国许多一流的老专家，以及同辈学者中的众多佼佼者，从他们身上我学到不少高尚的品德和可贵的学识，这也进一步明确了自己治学的方向和目标。这对我的学术生涯是有决定性意义的。特别是在整理临沂汉简的过程中，在朱德熙先生的主持下，与裘锡圭、李家浩、吴九龙等先生一起讨论残简的拼接、编联和文字的考释、通读等问题，受到很大的启发。朱德熙先生研究古文字的特点是重视字形而又不囿于字形，他注重透过文字符号去了解较为隐蔽的语言事实，这样往往会有意想不到的效果。在出土文字资料的释读上常常有这样的情况，光从字形上看问题，往往是"山重水复疑无路"，就在这个时候，朱先生常用的口头禅："换一个角度看看怎么样？"他的意思是，不妨从文字背后隐蔽的语言事实来考察。这样一来，就会出现"柳暗花明又一村"的新境界，令人有豁然开朗的感觉。记得在整理银雀山汉简时，有两条残断的竹简可以缀合，简文是"胜，夜战，不胜，夜战"，如果按照字面意思去解释肯定解释不通，其实这个"夜"字就是"亦"，《说文》解释"夜"的结构是：从夕，亦省声。因为"夜"字和"亦"字读音相近，所以当时抄竹简的人就直接用"夜"字来表示"亦"了。这句话的意思就是能打胜的仗要打，打不胜的仗也要打。这样解释，整句话的意思就畅通无碍了。后来朱德熙先生在《七十年代出土的秦汉简册和帛书》这篇文章中还专门举了这个例子，这样去理解简文就是朱先生所说的"换一个角度看看"了。

我想，这就是语言学意识的效应。在古文字资料的释读上，有没有这个"意识"是大不一样的。它使我们在思考问题时多了一条思路，多了一个角度和一条路径。这对于从事语言文字研究工作的人来说是至关重要的。后来在整理睡虎地秦简的时候，我发现《日书》当中的《岁》篇里面有一个"秦楚月名对照表"。秦用的是颛顼历，楚用夏历，历法有所不同，但通过分析还是可以发现它们的相对规律。去北京前我就在协助商先生整理望山楚简，望山楚简中正好涉及月名的问题，我就用这个"对照表"写了一篇《楚月名初探》，揭示了秦历和楚历的对应规律，也算是解决了望山楚简中楚国代月名的排序问题。文章发表后，原秦汉史学会的会长林剑鸣先生在一篇评介《日书》研究的论文中给予了很高评价。他指出，曾宪通的《楚月名初探》初步研究了《日书》中记载的秦楚历法的资料，利用这些资料不仅可对秦、楚历法的异同，楚历的月名有进一步的了解，而且对战国楚简中其他的一些有关历法问题的解决，也有很重要的作用。《日书》的科学价值，在这里初步表现了出来。后来也有不少学者引用这篇文章。本来我觉得只是为商先生望山楚简整理做的一个小工作，没想到受到了学界的关注。随商先生去红楼整理竹简对我来说是很可贵的学习机会，这也是我学术生涯的第二个阶段。刚开始我只是商老的陪同，并不是整理小组的正式成员，却有幸参与整理工作。实属机缘巧合，也是各位前辈对我莫大的信任。

第三个阶段开始于1979年的初冬，中国古文字研究会在广州举行第二届学术年会，由商承祚教授担任理事会理事长，我和赵诚任秘书长兼负责操办具体的会务工作。那届年会有两个明显的特点：一是老一辈的古文字学家到得最齐，除容庚、商承祚两位先生外，还有于省吾、徐中舒、顾铁符、周祖谟、孙常叙、胡厚宣、张政烺、朱德熙、沈之瑜、启功、张颔等相聚一堂，盛况空前；二是开始有海外学者在会上宣读论文。国际著名的汉学家、香港中文大学饶宗颐教授就是首次回内地参加学术活动。我在读本科时曾在容庚先生处听说过饶先生的大名。那是大二的秋天，容先生收到了饶宗颐先生寄来的《敦煌写本老子想尔注笺证》。容先生问我知不知道饶先生，我直摇头。容先生批评我："来自潮州还不知道潮州才子饶宗颐，能算潮州人吗？"容先生这句话对我刺激很大，这是我第一次听到饶先生的名字。古文字年会举行时，广东省领导吴南生书记特地设宴欢迎饶宗颐先生的到来，他希望饶宗颐先生今后多到内地看看，还指着我对饶先生说，"必要时可叫宪通陪陪，他陪容、商二老去过不少地方。这也是向饶老学习的好机会。"

第二年秋天，饶先生赴成都出席第三届中国古文字研究会学术年会，会议上宣读了《略论马王堆〈易经〉写本》，当时马王堆帛书《易经》的整理者张政烺先生对饶先生这篇文章评价很高，认为是研究《易经》的第一篇论文。会后，饶先生即到全国各地进行学术考察。当时文物出版社派郑昌政先生专程到成都迎候，并陪同到北京访问，我也作为广东省高教局派出的随行人员一路陪同。从成都出发，先后到过宝鸡、兰州、敦煌、西安、洛阳、登封、郑州、开封、武汉、荆州、奉节、宜昌、安阳、北京、承德、济南、泰安、曲阜、南京、扬州、镇江、常熟、无锡、苏州、上海、杭州、衡阳、广州等地，历时三个多月，行程达数万里。饶先生回香港后，特地请名家用顾炎武名句"九州历其七，五岳登其四"刻了一方印章作为纪念。在那次旅行中，饶先生饱览了祖国的名山大川，接触到大量新出土的文物，兴奋异常。到了北京，文物出版社王仿子社长送了饶先生一本刚出版的《云梦睡虎地秦墓》发掘报告。这本发掘报告里有两个以往没有公布的《日书》写本。饶先生回到宾馆后马上和我说："我们来制订一个研究计划，《日书》也作为我们研究的重点之一。当时你根据几根简就可以写出《楚月名初探》，现在有了这本完整的书，应该多写一些文章。"在行程中，饶先生一直在思考用什么课题来反映那次北上考察，后来选定了"楚地出土文献研究"，包括三大内容：一是湖北云梦出土的秦简《日书》；二是湖北随县曾侯乙墓出土的编钟和编磬；三是湖南长沙出土的《楚帛书》。

1981年10月，我作为访问学者到香港中文大学，在饶先生的指导下从事"楚地出土文献"的研究工作。我们合作的第一部著作《云梦秦简日书研究》，这是系统研究秦简日书的第一部专著。饶教授认为，他早年在法国高等研究院宗教部讲授中国宗教诸问题，当时的许多看法，竟然在秦简中得到了印证。在本书中，饶先生对《日书》中二十多个项目做了透辟的论述，从中可以看到秦简《日书》的许多资料与后世宗教史有着一脉相承的联系，且大多可与古籍的记载互相抉发和证明，部分尚可证古籍之违失及补史书所不逮。书中还收录了曾宪通的《秦简日书〈岁篇〉疏证》一文，该文对于日与夕的含义以及楚月名和古代岁星占等问题都做了较为详尽的探讨，从中可以揭示《日书》与古天文和历法的密切关系。饶先生还在本书的《卷前语·日书研究的意义》中，特地提道："关于《日书》某月份内日数和夕数的记录，代表昼夜的长短，我尝初步指出二月和八月，其数皆八，即《淮南子》所谓'日夜平分'，这和刑德七舍有着密切的关系。曾宪通进一步证明所谓'平分'即是'春秋分'，这些代表一年中各个月份昼夜的长短共有七式，正是《淮南子》的'七舍'和'七衡'；汉人所说的'日行十六所'或'十六道'，和秦简以日夕为十六个单位完全一致。又论《日书》中的楚月名，并据'秦楚月名对照表'以追溯未经秦人改造过的楚历原貌，研究更为深入。特别写成《岁篇讲疏》专文，今与拙作合为一书，希望方家加以指正。"

1982年夏，美国《亚洲研究学报》（*Journal of Asian Studies*）刊出了美国匹兹堡大学许倬云教授的《书评》，第一句话就是："这本书是写给专家看的。"文章最后指出："饶宗颐与曾宪通发扬了中国的学术传统，这是值得赞美的，他们博学多识的研究将秦简中隐藏着的意义解释得如此成功，使得书中所讨论的每一条都能使那些研究中国古代关于宇宙构成思想的历史学家受益。"1988年3月，秦汉史学会负责人林剑鸣先生在《文博》第三期发表《曲径通幽处，高楼望路时》，评介当前简牍《日书》研究状况时指出："香港中文大学饶宗颐先生与广州中山大学曾宪通先生合著的《云梦秦简〈日书〉研究》，是迄今研究《日书》的唯一专著。本书共分三个部分：第一部分，对《日书》全文的订补；第二部分，对《日书》内容的考证；第三部分《日书》岁篇讲疏，即专门对具有重要意义的'岁'篇，计四简二百一十三字进行研究。这本书不仅将《日书》中涉及的主要天文、历法问题一一提出并加以考释，而且对其中数术的具体问题进行考释。如指出《日书》中'秦除'，即《日者列传》中所记之'建除'家，'稷辰'即《日者列传》中的'丛辰'，'反积'即'反支'，'归行'即'归忌'，以及'禹符'，'禹步'，'禹须臾'等，皆可在《天老神光经》《后汉书》及《汉书》内找到旁证资料。这些考释对进一步研究秦汉时代的数术具有奠基性的作用。"

我们合作的第二部著作《随县曾侯乙墓钟磬铭辞研究》。湖北随县于1978年在曾侯乙墓中出土了相当于楚惠王五十六年（公元前433年）的编钟群，共八组六十五枚。钟上错金铭辞标记音阶名和乐律名。整套编钟音域广达五个半八度，可以旋宫转调。铭文总共两千八百余字。伴出编磬也有同类之铭辞。根据实测钟上准确发音，证明两千四百多年前已存在十二律的完整体系，表现着复杂的旋律。

在本书中，饶宗颐先生从文化史的角度，对钟磬铭辞加以深入探讨，从钟铭上记载列国音律的歧义，来看乐律思想的演进，说明汉代钟律学的来龙去脉，并结合文献记载与乐律资料，对乐律术语、五声倍律的异名，以及乐律史上的一些问题试做说解，又从训诂学的立场，根据金文所见钟上字的命名，讨论古代音乐、美学的一些观念，并对同出漆器上的铭文，提供初步的释文，揭示古代乐理与天文的关系，亦获得进一步的理解。

在本书中，我采用"本证"的方法，结合乐律分析来试读钟铭，并对甬钟和钮钟的标音铭及乐律铭，做出详细而有系统的分析，旨在揭示二者的内部联系，对于通读编钟全铭颇有裨益。进而对钟铭上的音阶名构成体系进行研究，指出曾侯乙编钟的音阶名构成，是以五音为主体，以三度音关系为纽带的十二音位体系。十二个半音与十二律两两相应，可以在任何一个音（律）上灵活自如地旋宫转调，说明我国战国初期的钟律学，已经在理论和实践上达到了极高的水平。书后附图版和钟磬铭辞的全部释文和说明，并有详细"索引"以备检索。

以上两本书由香港中文大学出版社分别于1982年和1985年出版。

赵诚在《二十世纪金文研究述要》一书的"词义探索"中，长篇引述关于钟铭中有关"角"音的论述，并且指出，曾氏此说实是考释出了"角"所表示的词的实际意义，将单词的释字考释发展了一大步。并且指出："曾氏所释，显然比一般实词用义的考察、说明，要抽象一些，其难度也就要大一些，结果有助于读懂弄通铭文，当是一大贡献。"

我们合作的第三部著作是《楚帛书》。楚帛书于1942年被当时盗墓者"土夫子"在湖南长沙东郊的子弹库墓地发现（原件现藏于美国大都会博物馆），是一幅图文并茂的彩色墨书真迹。由于楚帛书的构图奇特，内容神秘，一直成为海内外学者探索研究的课题。饶宗颐教授研究楚帛书有两大优势：一是从20世纪50年代开始几乎每年都有新的研究成果发表；二是他得到美国哥伦比亚大学提供的一套放大12倍的红外线照片，对于研究楚帛书的构形及残缺文字的释读大有裨益。我在香港工作期间，饶先生即命我做一个有关楚帛书研究的"总目"，前后共收集有七八十种之多。又嘱我对四五十年来的楚帛书研究做一长篇加以"综述"，并在这个基础上，希望我利用他珍藏的这套放大12倍照片，将近50年来诸家考释的成果做成一个《长沙楚帛书文字编》，以供学术界研究之用。饶先生则根据楚帛书研究的新成果，撰成《楚帛书新证》、楚帛书丙篇与秦简《日书》合证、楚帛书之书法艺术、楚帛十二月名与《尔雅》等系列文章，一起交由香港中华书局于1985年出版。由于我们前后在香港出版的三部著作内地的读者不容易看到，故北京中华书局建议将三者合成《楚地出土文献三种研究》一书，于1993年由北京中华书局印行。

饶宗颐先生是一位"博古通今，中西融贯"的大学者。他既有国学家的渊博和汉学家的专精，更有华学家的华夏史观。他还特地创办了《华学》，希望能为华夏深厚的文化根苗做些灌溉和栽培的工作。饶先生同时具备渊博、精专和源流观，故而往往能得到精确的结论。对于出土文献而言，饶先生并不只限于分析文字、解释文意，他更重视从文化史角度的观察，注重这些出土文献对发掘文化源流和人类文明发展的重要作用。在我有缘随侍左右的二三十个月里，饶先生总是耳提面命，言传身教，令人如沐春风。在此期间，除了根据研究对象的内容向饶先生请教古代数术、乐律和古天文历法，我还领悟到不少治学的门径。就有关研究地下出土文献而言，饶先生不但主张要释文字、明义理，更强调要从文化史的高度，明因果、溯源流，窥探人类文明发展的轨迹。饶先生非常重视"三点论"，即掌握焦点，发挥特点，尤其着力于关联性的层面和"问题点"的研究，即把研究对象的相关事物尽可能汇集起来，从纵的时间方面探讨其产生、衔接的先后层次，从横的空间方面考究其交流、传播和互相挹注的历史事实，进而从错综、交叉的关系中，寻找其说明种种现象的内部规律。饶先生这种追溯文化渊源的强烈意识和不知疲倦的求索精神，一直激励着我不断地探索和进取。

以上是我研习古代文字的三个阶段。现在回过头来看，也可以说是三次机遇和三度升华，即培植根基—明确方向—把古文字研究和古代文化研究结合起来。在长时间从事教学和科研工作的过程中，我逐渐形成了以古文字学为主体，以战国秦汉文字为重点的研究方向。

在方法上，我注意从字形入手，联系词的音义，掌握古文字资料的内涵，进而窥探语言、历史、文化等现象与规律，揭示其中底蕴，从微观以窥宏观。这里有三点心得可以分享。

一是要有锲而不舍的精神。我一直认为学习古文字学并不需要太聪明，掌握了一些门路就能有所发现。比方法更重要的是对古文字学锲而不舍的态度，是长久地坚持和积累。我刚随容庚先生读书时，容先生布置我临摹文字编，他对我说："大匠予人以规矩而不能予人以巧，巧，只能在刻苦的磨炼中得来。" 1961年我随商承祚先生去摹校信阳楚简时正是经济困难时期，出身于书香门第的商先生自小生活条件就很好，那时每天只能靠生蒜头和玉米粥糊口，但他从未因生活条件差而对这些工作产生厌倦的情绪，依然每天起早贪黑往返于库房和资料室。我在学习过程中遇到一些困难时常常会想到两位先生。我想，做学问最重要的就是这种锲而不舍的精神。我也是在读书的过程中慢慢才形成了以古文字学为主体、以战国秦汉文字为重点的研究方向。我有一篇得意之作——《说繇》，在古陶文中有一个大家都不认识的字，这个字在《季木藏陶》这本书中的几张拓片里经常出现，大家都很熟悉，但是大家都不知道这个怪字到底对应着现在的哪个字。顾廷龙先生的《古匋文香录》、金祥恒先生的《陶文编》都把它当作不识字收入附录里面。发现这个怪字后，我并没有把它当作一个解决不了的问题搁置起来，而是先将《季木藏陶》中的材料进行了大的分类，然后去金文里寻找相近的字形和出现这个字的文例。通过对这个字进行全面分析论证后，基本上解决了它的构形和源流问题，其实它就是"繇"字。《季木藏陶》中的材料就那么多，如果把它当作难以解决的问题予以放过的话，我想这个字的释读就与我失之交臂了。这就是读书读来的文章，这样的读书态度和方法就是来自老师们的言传身教。容先生以前经常说"人一能之己百之，人十能之己千之"，这句话的意思就是别人一次能做到的，我做一百次，别人十次能做到的，我做一千次。容先生一生都在贯彻这种精神，这也成为我后来克服困难的座右铭。

二是要有博采诸家的意识。考释古文字其实也有不同的流派，有重视字形分析的，有善于音韵"读破"的，有着重词义训诂的，都必须兼收并蓄。容、商两位先生注重实证，也就是字形。两位先生很少讨论材料以外的东西，商先生对一些主观臆测过多的论证方式一向不屑一顾。于省吾先生也重字形，他在《甲骨文字释林》的序中说："字形为确切不移的客观存在。"早期的字形往往体现出这个字的造字理据，比如说甲骨文中的"作"字，当时大家都知道就是"作"，却没有人知道"作"在甲骨文中为什么要写成这样。我对甲骨文和金文中的"耤"和"作"的一系列字形进行了分析，进而得出了"以耒起土"这一结论，如果去看一下甲骨文的字形，就会发现这是非常直观的。古文字的字形很重要，但分析古文字却不能只限于字形，几位老先生重字形也不是只看字形。有时候一连串的古文字中并没有任何疑难字，但却无法从字面上讲通。我前面提到的银雀山汉简把"亦"写成"夜"这个例子，就可以说明这一点。一些学术界的前辈就擅长从语言学角度解决难点，揭示文字背后的语言事实，从语言学的角度考虑问题，也是我在红楼整理竹简时朱德熙先生对我们晚辈的教诲。就像我在解释甲骨文中的"作田"这个词时，我意识到"作田""作事"这类词在先秦的文献中常有出现，保留着古汉语成分比较多的潮州方言，至今还把起土、犁地、种植等农活叫"作田"。"作"这个用法真是贯通古今，所以联系词的音义和上下文意对考释古文字同样十分重要。除此以外，还需要充分利用文字区域特点和出土实物，这在具体的考释中有时也可能是关键一环。

综合运用以上几种考释古文字的手段，便可以对一些字句的释读得到比较准确的结论。我考释古文奇字的特点是，注重揭示相关字词的"初形朔谊"，如从甲骨文和金文的"耤"字，分析出"作"字是"以耒起土"，据金文的"䚇"字以考释古陶文的"繇"，据甲骨文的"凤"字以考释"风"字的历史演变等。手段对了，才能发掘出古文字材料更深的内涵。其实不光是古文字，这种方法也可以用到俗文字的考释过程中，我也曾利用这种手段考证过一些明代潮州戏文中的疑难字。方法重要，视角也很重要，古文字资料的内涵是十分丰富的。1999年，我和裘锡圭先生到台湾地区的清华大学参加"纪念闻一多先生一百周年诞辰纪念会"，时任清华大学中文系主任的朱晓海先生建议我写一篇和神话有关的论文以纪念闻一多先生和神话有关的研究，我选定了"楚帛书神话系统试说"作为论文题目。《楚帛书》分为甲、乙、丙三篇，甲篇讲四时和历法形成的过程，有伏羲、女娲和四子，这四子协助伏羲和女娲开天辟地，疏导山川，奠定四极，对创世和宇宙的运行做出了很大的贡献。在理解楚帛书内容的基础上，我发现《楚帛书》中的四子与汉代的《武梁祠画像》有着一定的联系，就将二者做了一个对比研究，最后发现这四子就是掌管四季的分至之神。裘锡圭先生当时认为画像这个材料本就有其价值，而将它与《楚帛书》联系起来更加可以促进两种材料的深入理解。这是我在考释文字的基础上，对古文字材料的文学内涵加以进一步发掘的有益尝试。

三是要有从文字到文化的格局。字有"组"，也有"族"。具有同源性的汉字往往处于一个"组"中，它们关系十分密切。汉字的世界就像人类社会一样，我们可以将更大范围里具有亲属关系的字归纳到一个"族"中，考察它们的流变。这属于汉字内部的关系，但文字本身就是文化的重要组成部分，字不单单是一个字，背后都有着文化的象征。就像凤凰的"凤"字，它的文化内涵就十分丰富。甲骨文中就常见有这个"凤"字，字形就像凤鸟华冠丰羽长毛的样子，甲骨文中经常借"凤"字来表示"风"这个意思。"凤"字为什么能表示"风"呢？我对已有观点进行了梳理，最后发现董作宾先生的解释最为恰当。他认为之所以借用"凤"来表示"风"，不仅是因为上古时这两个字字音相近，更重要的是因为"凤翼生风"，二者在意义上也有一定的联系。在对董先生的观点进行补充论证后，我又通过字形上的比对，解决了"朋""皇""凰"等字的源流问题。

此外，我对"文"和"字"的文化内涵也做了较为深入的剖析和证明。字的背后都有特定的文化意义，也有着源源不断的流传脉络。这种溯源的工作很重要，如果缺乏这样的工作，我们怎么能说自己了解汉字呢？如果不了解汉字，又怎么能了解汉字所负载的文化内涵呢？曾有学者主张"汉字西来"，我在《汉字源流》这本书里也反驳了这个观点，在充分利用了文献学、民俗学、考古学和语言学的基本途径和现有成果，并经过多角度、多层次的论证之后，我只能得出"作为中华文明重要的标志，汉字无可争议的是一种自源性文字"这个结论。汉字和中华文化的关系密切无比，就像皮肤和血肉一样，我们的文字是"活"的文字。我们做古文字目的不是去认已经认识的字，如果是认字，那多翻几次文字编就可以了。我们要通过释字考词去读通古文字材料，去发掘它们的深层价值，必须有从文字到文化的治学格局。这也是我在《汉字源流》这本书中一直强调的，必须从文字源流去窥探我们的文化源流。

尽管本人的研究成果很有限，但我相信自己的路子是走对了的。这应归功于我的老师和多位长辈对我的关爱和悉心的指导。在他们的指导下，我才能够在这块古老的园地里不断地耕耘和收获。

2016年8月，在日本冲绳海域近照

附录：论著目录（截至2019年）

一、专著

（1）《孙子兵法》（简注本——参加整理、校注），文物出版社1976年。

（2）《睡虎地秦墓竹简》（参加整理），文物出版社1978年。

（3）《郭沫若书简——致容庚》（编注），广东人民出版社1981年。

（4）《云梦秦简日书研究》（饶宗颐、曾宪通合著），香港中文大学出版社1982年。

（5）《楚帛书》（饶宗颐、曾宪通合著），中华书局香港分局1985年。

（6）《银雀山汉墓竹简［壹］》（参加整理、校注），文物出版社1985年。

（7）《随县曾侯乙墓钟磬铭辞研究》（饶宗颐、曾宪通合著），香港中文大学出版社1985年。

（8）《金文常用字典》（陈初生编纂，曾宪通审校），陕西人民出版社1987年。

（9）《香港人学汉字》（曾宪通、张桂光合著），中华书局香港分局1988年。

（10）《长沙楚帛书文字编》，中华书局1993年。

（11）《楚地出土文献三种研究》（饶宗颐、曾宪通合著），中华书局1993年。

（12）《容庚选集》（选编），中国现代社会科学家选集丛书，天津人民出版社

1994 年。

(13)《饶宗颐学术研讨会论文集》（主编），香港翰墨轩出版公司 1997 年。

(14)《曾宪通学术文集》，汕头大学出版社 2002 年。

(15)《古文字与汉语史论集》（主编），中山大学出版社 2002 年。

(16)《古文字与出土文献丛考》，中山大学出版社 2005 年。

(17)《汉字源流》（曾宪通、林志强合著），中山大学出版社 2011 年。

(18)《选堂访古留影与饶学管窥》，花城出版社 2013 年。

(19)《容庚杂著集》（选编），中西书局 2014 年。

(20)《曾宪通自选集》，中山大学出版社 2017 年。

(21)《出土战国文献字词集释》（曾宪通、陈伟武主编），中华书局 2018 年。

(22)《选堂书札（致曾宪通）》（编著），中西书局 2019 年。

二、论文

(1)《谈马王堆帛书文字与墓主人》，《文物》1974 年第 9 期。

(2)《〈孙子兵法〉与〈孙膑兵法〉简文注释》，《人民画报》1974 年第 9 期。

(3)《〈孙子兵法〉残简释文》，《文物》1974 年第 12 期。

(4)《秦简〈效律〉释文》，《文物》1976 年第 7 期。

(5)《银雀山汉简〈尉缭子〉释文附注释》（与李家浩合作），《文物》1977 年第 2 - 3 期。

(6)《湖北江陵昭固墓若干问题的探讨》（合作），《中山大学学报》1977 年第 2 期。

(7)《试谈银雀山汉墓竹书〈孙子兵法〉》，《中山大学学报》1978 年第 5 期。

(8)《试论郭沫若同志早期的古文字研究》（合作），《学术研究》1979 年第 4 期。

(9)《论罗振玉与王国维在古文字领域内的地位和影响》（合作），《学术研究》1980 年 1 月。

(10)《容庚教授捐献毕生珍藏图书》，《羊城晚报》1980 年 6 月 25 日。

(11)《楚月名初探》，《中山大学学报》1980 年第 1 期。

(12)《〈选堂集林〉读后》，香港《大公报》1982 年 3 月 9 日。

(13)《三体石经古文与〈说文〉古文合证》，《古文字研究》第 7 辑，中华书局 1982 年 6 月。

(14)《评高明〈古文字类编〉》，香港《中国语文研究》第 4 期，1982 年 9 月。

(15)《评张守中〈中山王䰩器文字编〉》，香港《中国语文研究》第 4 期，1982 年 9 月。

(16)《说"繇"》，《古文字研究》第 10 辑，中华书局 1983 年 7 月。

(17)《吴王钟铭考释——薛氏〈款识〉商钟四新解》，香港中文大学《古文字学论集（初编）》1983年9月。

（18）《读罗福颐〈三代吉金文存释文〉》，香港《中国语文研究》1983年2月第5期。

（19）《已故历史学家容庚教授》，《中国历史学年鉴1983》，人民出版社1983年10月。

（20）《汉字的起源和性质》，《中文刊授指导》1984年第2期。

（21）《探索地下"乐宫"的奥秘》，香港《大公报》1985年8月1日。

（22）《漫谈楚帛书》，香港《大公报》1985年9月15日。

（23）《现代汉字形近偏旁辨析》，《中文刊授指导》1985年第4期。

（24）《〈观堂书札〉考订》，《古文字研究》第12辑，中华书局1985年10月。

（25）《关于曾侯乙编钟铭文的释读问题》，《古文字研究》第14辑，中华书局1986年6月。

（26）《汉字的历史功绩》，《中文刊授指导》1987年第5期。

（27）《汉字结构理论浅析》，《中文刊授指导》1987年第6期。

（28）《金文常用字典·序》，陕西人民出版社1987年6月。

（29）《中国文字学发展史概述》，《中文刊授指导》1987年第9期。

（30）《古文字学纲要·序》，中山大学出版社1988年1月。

（31）《建国以来古文字研究概况及展望》，《中国语文》1988年第1期。

（32）《广东社科四十年（文字学）》，《伟大祖国的广东》，广东人民出版社1989年8月。

（33）《四十年来古文字学的新发现与新学问》，《学术研究》1990年第2期。

（34）《友谊的象征 探索的实录——读郭沫若在日本致容庚论学手札》，《中山大学学报》1990年第2期。

（35）《吴王光编钟铭文的再探讨》，《中国古文字研究会第七届年会论文》，1990年。

（36）《明本潮州戏文所见潮州方言概述》，《方言》1991年第1期。

（37）《明本潮州戏文疑难字试释》，《方言》1992年第2期。

（38）《汉字起源的探索》，《中国语言学报》第4期，商务印书馆1991年10月。

（39）《饶宗颐教授传略》，《海外社会科学家传记》，广东人民出版社1991年11月。

（40）《是正确评价〈汗简〉的时候了》，国务院《古籍整理出版情况简报》1991年10月第249期。

（41）《谈〈中国方术大辞典〉》，《广州日报》1992年4月7日。

（42）《"作"字探源》，《古文字研究》第19辑，中华书局1992年8月。

（43）《说"蹠""饙"及其它》，《江汉考古》1992年第2期。

(44)《从曾侯乙编钟之钟虡铜人说"虡"与"業"》,《曾侯乙编钟研究》湖北人民出版社1992年11月。

(45)《秦汉时制刍议》,《中山大学学报》1992年第4期。

(46)《郭沫若与中国古代社会研究》,《学术研究》1992年第4期。

(47)《明本潮州戏文〈苏六娘〉人文背景考察》,《汕头史志》1993年第1期。

(48)《汉字历史源远流长》,《中国文物报》1993年8月8日。

(49)《包山卜筮简考释（五则）》,香港中文大学《第二届国际中国古文字学术研讨会论文集》1993年10月。

(50)《四十年来中国古文字新发现的学问》,《中国语文研究四十年纪念文集》,北京语言学院出版社1993年10月。

(51)《清代金文研究概述》,（台湾高雄）中山大学《第一届国际清代学术讨论会论文集》1993年11月。

(52)《容庚先生的学术成就和治学特点》,《古籍整理研究学刊》1993年第4期。

(53)《世界瑰宝的重现》,《南方日报》1994年4月30日。

(54)《睡虎地秦简日书研究·序》,（台湾）文津出版社1994年7月。

(55)《〈规范用字四法〉卷前语》,广东人民出版社1994年8月。

(56)《已故考古学家商承祚教授》,《中国考古学年鉴（1992）》1994年。

(57)《论齐国"遅盨之䵼"及其相关问题》,《华学》第1辑,中山大学出版社1995年8月。

(58)《居延汉简研究二题》,《简帛研究》第2辑,法律出版社1996年9月。

(59)《敦煌本〈古文尚书〉"三郊三逋"辨正》,《于省吾教授百年诞辰纪念文集》,吉林大学出版社1996年9月。

(60)《楚文字释丛》,《中山大学学报》1996年第3期。

(61)《汉字起源的探索与思考》,日本东京《第三回国际汉字会议论文集》,日本汉字教育振兴协会1996年11月。

(62)《选堂先生与荆楚文化研究》,《华学》第2辑,中山大学出版社1996年12月。

(63)《释"凤""皇"及其相关诸字》,《中国语言学报》第8期,北京语言文化大学出版社1997年3月。

(64)《古文字资料释读中的训诂问题》,（台湾高雄）中山大学《第一届国际训诂学研讨会论文集》,1997年4月。

(65)《中日常用字比较研究》,《第四届国际汉字研讨会论文集》,江苏教育出版社1997年11月。

(66)《从"蛊"符之音读再论古韵部东冬的分合》,香港中文大学《第三届国际中国古文字学研讨会论文集》，1997年10月。

（67）《我的自述》，《中国社会科学家自述》，上海教育出版社1997年12月。

（68）《容庚先生的学术贡献与治学特色》，《容庚先生百年诞辰纪念文集》，广东人民出版社1998年4月。

（69）《难以忘却的怀念》，《李新魁教授纪念文集》，中华书局1998年9月。

（70）《李新魁教授纪念文集·编后记》，《李新魁教授纪念文集》，中华书局1998年9月。

（71）《宋代著录楚公逆钟铭文补释》，《徐中舒先生百年诞辰纪念文集》，巴蜀书社1998年10月。

（72）《〈周易·睽〉卦辞及六三爻辞新诠》，《中国语言学报》第9期，商务印书馆1999年5月。

（73）《楚帛书文字新订》，《中国古文字研究》第1辑，吉林大学出版社1999年6月。

（74）《容庚先生和他的颂斋藏器》，《镇海楼论稿》，岭南美术出版社1999年7月。

（75）《楚帛书神话系统试说》，（台湾新竹）清华大学《闻一多先生百年诞辰纪念文集》1999年10月。

（76）《简帛兵学文献探论·序》，中山大学出版社1999年11月。

（77）《古文字论丛·序》，（台湾）艺文印书馆1999年11月。

（78）《我和古文字研究》，《学林春秋》，朝华出版社1999年12月。

（79）《"喜"及相关诸字考辨》，《古文字研究》第22辑，中华书局2000年7月。

（80）《潮州饶宗颐学术馆记》，《文化的馈赠——汉学研究国际会议论文集（语言文字学卷）》，北京大学出版社2000年8月。

（81）《秦駰玉版文字初探》（合作），《考古与文物》2001年第1期。

（82）《谈"文"说"字"话源流》，《中国大学教育》2001年第6期。

（83）《"文字"纵横谈》，广东省语言学会（湛江）年会论文，2001年12月。

（84）《大师的童心》，《潮汕历史文化研究中心通讯》2001年第23辑。

（85）《从"子"字族群论及字族的研究》，香港大学第一届中国语言文字国际学术研讨会论文，2002年3月。

（86）《商锡永先生与楚帛书之缘及其贡献》，《古文字研究》第24辑，中华书局2002年7月。

（87）《秦至汉初简帛篆隶的整理和研究》，《中国文字研究》第3辑，广西教育出版社2002年10月。

（88）《纪念商承祚先生百年诞辰及中国古文字国际学术研讨会》，《国际学术动态》2003年第3期。

(89)《薪火相传二十年》,《中山大学高等学术研究中心成立二十周年特刊》,2003年9月。

(90)《〈周易·离卦〉卦辞及九四爻辞新诠》,《古籍整理研究学刊》2004年第4期。

(91)《中国文字学·导读》,《中文专业本科生百部阅读书目导读》,高等教育出版社2003年12月。

(92)《楚简道家文献辨证·序》,汕头大学出版社2004年3月。

(93)《聚珍遗珠集·序》,2004年5月。

(94)《容庚先生的生平和学术贡献》,香港岭南大学"岭南著名学者纪念研讨会"论文,2004年5月。

(95)《疾风知劲草,烈火见真金》,《大南山之子》,广东人民出版社2004年6月。

(96)《古文字论集·序》,中华书局2004年10月。

(97)《再说"蛊"符》,《古文字研究》第25辑,中华书局2004年10月。

(98)《二十世纪国学研究的丰碑》,《潮学研究》第11期,汕头大学出版社2004年11月。

(99)《治学游艺七十春——贺饶宗颐教授"米寿"》,《华学》第7辑,中山大学出版社2004年11月。

(100)《选堂访古随行纪实》,《华学》第7辑,中山大学出版社2004年11月。

(101)《明本潮州戏文〈金花女〉之语言学考察》,《方言》2005年第1期。

(102)《长沙子弹库楚墓帛书与帛画之解读》,《古文字与出土文献丛考》中山大学出版社2005年1月。

(103)《传抄古文字编·序》,线装书局2005年11月。

(104)《战国楚地简帛文字书法浅析》,《长沙三国吴简暨百年来简帛发现与研究国际学术研讨会论文集》,中华书局2005年12月。

(105)《"去、盍"考辨》,《中国语言学报》第12期,商务印书馆2006年6月。

(106)《古文字资料的发现与多重证据法的综合运用——兼谈饶宗颐先生的"三重证据法"》,《古文字研究》第26辑,中华书局2006年11月。

(107)《容庚先生与中国青铜器学》,《中山大学学报》2008年第3期。

2008 年，在上海复旦大学出土文献与古文字研究中心作"容庚先生和《商周彝器通考》"的学术讲座

（108）《二十世纪中国青铜器学的奠基之作——容庚〈商周彝器通考〉重排本"前言"》，上海世纪出版集团，上海人民出版社出版，2008 年 8 月。

（109）《卅载回眸》，《古文字研究》第 27 辑，中华书局 2008 年 9 月。

（110）《从"未知友"到古文字研究的知音——郭沫若与容庚论学书简述论》，《中山大学学报》2010 年第 2 期。

（111）《重拾红楼的记忆》，《出土文献》第 2 辑，中西书局 2011 年 11 月。

（112）《百之千之　去愚去诬——读〈容庚学术著作全集〉感言》，《古文字研究》第 30 辑，中华书局 2014 年 9 月。

（113）《谈谈怎样考释古文字》，《古文字论坛》第 1 辑，中山大学出版社 2015 年 1 月。

（114）《选堂先生与秦汉时制研究》，《韩山师范学院学报》2015 年第 5 期。

（115）《忆容、商二老——二老与古文字学研究室的往事》，《古文字论坛》第 2 辑，中山大学出版社 2016 年 11 月。

（116）《谈谈新见继志亭碑文对饶学研究之意义》，《华学》第 12 辑，中山大学出版社 2017 年 8 月。

（117）《三馀斋丛稿·序》，岭南美术出版社 2019 年 6 月。

（本文由曾宪通提供有关资料，由王辉整理撰写）

广东省第二届优秀社会科学家

戴伟华

一、学习经历：二月分明在扬州

戴伟华生在农村、长在农村，因为高考制度改革，他有了上大学的机会，成为1977级大学生。在扬州师范学院（今扬州大学）相继获得汉语言文学学士、文学（中国古代文学）硕士和博士学位。

戴伟华的父亲念过私塾，在农村算是文化人，父亲是一个有梦想的人，一直未放松过对他们的文化教育。小时候的戴伟华跟在大人后面干活挣工分，但由于他从小体质就弱，实在是挑不起重担。有一次，戴伟华挑着半桶泥浆，结果摔得鼻青脸肿。父亲对他说，如果学会吹笛子或吹口琴，也能在村上的宣传队混口饭吃。因此，戴伟华尝试过吹口琴，也尝试过吹笛子，可没几天就放弃了。因为没有音乐才能，父亲有些失望，这让戴伟华很难受。有一天，戴伟华对着茶杯上的图案画了一张兰竹图，父亲很高兴，后来不知从哪里找到一本欧阳询的《九成宫》，让他学写毛笔字。据当时一位插队知青说，戴伟华的毛笔字写得像模像样。这也许是受到了父亲的影响，因为父亲的毛笔字就写得很好。

戴伟华的母亲性格温和通达，乐于助人，在村里有很好的口碑，也是村上少有的能认字、会算账的女性。戴伟华中学毕业时，村里的民办小学正好缺老师，于是他就做了小学代课老师，那是1975年。因为父亲的理想教育，让他也有了梦想；

也因为母亲的性格，使他对待人和事比较平和；两年多的民办教师经历，让他有了读书的机会。其实，所谓读书，是指有机会接触到对他后来有影响的一两本书。戴伟华的同事张老师有一本《古文观止》下册，封皮和内页都稍有残损，他经常去张老师家，把那本书借回家。据戴伟华的回忆，《古文观止》开篇是李密的《陈情表》，一字一字读过去，让他第一次知道古代有这样情理兼备的美文，他还尝试着背诵其中的十多篇。参加高考时，作文题目是《苦战》，取自叶剑英的《攻关》诗"苦战能过关"，戴伟华把王勃的《滕王阁序》"关山难越，谁悲失路之人；萍水相逢，尽是他乡之客"做了修改，变为"关山难越，谁为苦战之人；萍水相逢，尽是攻关之士。"这一古文句子的活用引起改卷老师的关注而被加了分。就这样，高考改变了他的命运，让他有了进入扬州师范学院读书的宝贵机会。相比那些曾一起割草放牛、脱粒晒谷的兄弟姐妹们，他总是说自己太幸运了。

（一）师院的老师

扬州师院中文系有一批学有专长的先生，用他同学汪晖的话说："他们大多能够立足于某一传统，使之发扬光大，在学术领域独树一帜。扬州师院并不是孤立的例子，在江苏省，南京师范学院、江苏师范学院的文科，都可以凭借这些学术群落，在各自领域与北京、上海的高校相颉颃。"（汪晖《我的扬州师院》）

从古代文学学习角度说，大学期间戴伟华和赵继武老师渊源最深。那时他和1978级的蒋寅同学经常去赵继武老师家，如蒋寅所言："每随戴伟华兄去赵府问学，都能听到老师一些治学心得，时常获得读书方法的启迪。"（蒋寅《我的第一位学术蒙师》）赵老师属于旧派学者，长于诗词创作，毛笔字也写得很好，曾在泰州中学工作过，而戴伟华的家距泰州也只有五六公里路，与赵老师算有点地缘关系。当年没有电脑，更没有检索工具，进入学校后，学生们想了解老师们的情况，如发表了哪些论文，全靠打探。为了拜访赵老师，戴伟华做了很多功课。他搜寻了赵老师的几篇论文进行研读，其中一篇发表在《江海学刊》上的是关于苏轼的论文，另外两篇发表在《扬州师院学报》上。赵老师的文风朴实无华，偏重文献，如《读杜甫〈北征〉小记》一文只是讨论关于"此辈少为贵，四方服勇决"这两句的注释，而且文末所讨论的意义也给戴伟华留下深刻印象。赵老师认为："个别字句的解释，对整个作品来说，有时是小事，但有时又是大事。例如在上述《北征》的这几个诗句中间，两种注释产生了两个杜甫，谁是历史上真实的杜甫，谁是带着几分塑造加工的杜甫？这个问题不弄清楚，对于评价《北征》这首诗，乃至评价杜甫，都很难获得一个符合历史实际的结论。这就不是小事了。"《关于〈中国文学史〉中几个问题的商榷》一文，是对《中国文学史》中几处引文的批评论证，一类是引文出处不正确，另一类是引文与主旨关联度不强。这是在提醒学者和读者，要读懂一篇文章并不是件容易的事——在有注释帮助时，还要看注释有无依据，是否正确可信。写文章也要有依据，引文及出处都要准确无误。

赵老师家住在一楼，只有一间房，门朝南，稍有阳光，而且面积也不大，兼客厅、餐厅及卧室。一进门迎面矮柜中放着几部书，柜子上方挂着赵老师手写的新诗词，右边临窗放着一张小四仙桌，窗外有株芭蕉树，左边靠窗有一张小书桌，紧挨着桌子则是一张小床。戴伟华通常坐在门和桌子之间的木凳上。去拜访赵老师的次数多了，戴伟华也就很随意了。与赵老师谈的话题也不完全是学问和诗词创作了。

戴伟华本科毕业论文《许浑研究》就是在赵老师的指导下完成的。赵老师认为研究者如果不懂得写诗，那么论诗会有隔靴搔痒之病。因此，学写诗是赵老师对学生的一般要求。戴伟华说他在写诗方面虽下了功夫，但收效不大。赵老师常常在他的诗稿上写满批语，一首诗从初稿到定稿改动很大，每次听完赵老师的修改意见，事后他都会反复揣摩赵老师改诗的用心。他刚学写诗时，爱用悲伤语，觉得似乎能打动人。如赵老师批语"人当青春年少，何必作悲秋之叹"。这让戴伟华认识到健康向上才是正确的人生态度。戴伟华有五首诗词被收入《春风吹过四十年——1977级大学生诗词选》（湖北人民出版社2018年6月）中，他说，这也算是向赵老师交了一份学习诗词写作的作业。戴伟华和蒋寅多年前曾商量出一本赵老师诗词集，因蒋寅推荐，已选择数首在《中国韵文学刊》2017年第2期刊出。

李廷先老师研究《史记》与《汉书》的对读，著有《唐代扬州史考》，读书时，戴伟华也常去李老师家请教。李老师和赵老师在学术路径和方法上似有不同，而且两人的性格也不同。李老师为人爽直，在讲解诗词时，总会说"这首诗好啊，好啊"。随着他抑扬顿挫的声腔，能让人感受到诗的魅力所在。而赵老师儒雅，身材瘦削，两眼有神，他在讲课时，总有一些写论文的味道，比如版本不要搞错，引文要正确，特别是要举例论证，不禁让学生感到单调。不过，赵老师很有自己的见解，总能击中要害。总之，赵老师注重诗词艺术的讲授和旧体诗写作，而李老师则注重历史事件的讲述。两位老师对戴伟华都寄予厚望，希望他学业有成。他也从两位老师身上学到不少知识和方法，这对他以后的治学都有很大的影响。

谭佛雏老师教过戴伟华古代文论专题课，当时一个班有近200人，戴伟华是课代表，于是戴伟华有了和谭老师更多接触的机会。谭老师上课所发的讲义内容极其丰富，主要是王国维的《人间词话》和曹雪芹的《红楼梦》的研究，后来这些讲义都出版了。谭老师个子不高，说话速度慢，一口湖南腔，上课风格和其他老师不同，他的课的内容有些深奥——中文夹杂着大量英文注释。他是借用叔本华的悲剧理论来阐释王国维的《人间词语》和曹雪芹的《红楼梦》的，叔本华认为，人的全部活动都受生存意志的支配，实际上是因欲望无法满足，而产生悲剧的。

车锡伦老师教过戴伟华古代文学，是研究宝卷（中国古代一种说唱文学）的专家，在海内外享有盛誉。记得早年间，台湾"中研院"邀请大陆学者当客座教授，车老师就在其中，他代表大陆学者去讲宝卷和民间文学。车老师的《中国宝卷研究》一书获得教育部第六届高等学校科学研究优秀成果奖一等奖殊荣。车老师是那种一辈子只把一件事做好的典范学者，极其受人尊敬和崇拜。了解车老师境遇和经历的人，会更敬佩他对学术研究的执着和坚韧。

扬州师范学院是全国第一批设立中国古代文学博士点的学校，这归功于任中敏先生。戴伟华收藏有任中敏先生的书信一封，其内容大致痛斥所居环境，复以钢笔书附言数句，云："我脑贫血已十分严重！唯望最后一稿《敦煌歌辞总编》明春可以出版，过此便无留恋，可以撒手去矣！"数语诚挚动人。附言形式亦特别，粘八分邮票于纸上，希望对方寄回所需资料。任先生时年89岁（1986年）。89岁的老人，念念不忘的仍然是自己的学术事业，学术就是生命，待学术结束，生命方可结束！学校曾让戴伟华去做任先生的学术助手，他当时很紧张，与任先生见面时说了什么大多都不记得了，但任先生有几句话他记得很清楚："你来了，我会发你补助，你就要为我工作了。一天工作12小时，一年工作360天，不打折扣。"跟家人商量后，最终他婉拒了任先生，自感失去了一次学习的好机会。有了这次经历，他对自己的学术研究也有了新的要求，在做《唐方镇文职僚佐考》时，就算遇到困难，也仍然坚持，他觉得再苦也没有当任先生的助手辛苦。他苦心钻研任先生的治学路径，下决心把唐代幕府与文学研究做成如任先生的《唐声诗》，先做资料考证，再做分析。资料考证即《唐方镇文职僚佐考》，而分析部分则是他跟着王小盾老师攻读博士学位时完成的，并以《唐代使府与文学研究》为名出版。两本书后来在广西师范大学出版社的帮助下，以同样版式（非上下册）再版，这也算了却了戴伟华的心愿。

（二）难忘的大学读书时代

1977级的同学算是赶上了读书的好时光。为了教好高考改革后的第一批学生，学校里的老师们都非常认真，尽心尽力。当时系里安排的授课老师都是骨干。那时，老师仿佛和学生在同一跑道上比赛，竞试身手。

刚进校时，同学们在讨论问题时经常出现一些尴尬场面，比如茅盾和沈雁冰是否同一人，连温庭筠是男是女都搞不清楚，可见大家的知识多么贫乏。穷则思变，不懂那就去补。那时同学们读书真是"饥不择食"，觉得什么都是好的，什么都想要吃下去。戴伟华抄写的外国文学名著提要与重要章节、外国文艺理论家名言名段就有几大本。

那时同学们心态特别好：心齐，为班级争上游；有困难，互相帮助，尽力而为；不懂，就去学，没有人笑话；勤奋，平常事，大家都一样；好书，大家分享，没有人保留。

当时学校最缺的是图书馆的藏书，若有人借到名著，比如《复活》，被其他人看到了，就会和借到的同学说："等你还时，我去借。"如对方告诉你，已有人先和他说了，那就再和等候的同学说一声，文明排队。同学们相处的方式也很单纯，有求必应。

那时候，他们倚仗着年轻，记忆力好，恨不能把所有的知识都装进大脑。除了背诵古文唐诗宋词外，连中外文艺家评论的名言也记。那时毕业考试，只考两门：古代文学和现代文学。成绩公布后，戴伟华现代文学成绩排名第一，古代文学的成绩是第二名，这可能对留校任教有参考价值，因此他也格外重视毕业考试。古代文学相对熟悉一些，但现代文学也不能大意。事后他回想现代文学之所以能得高分，与背诵外国文学评论名句有关。一般同学复习时都会认真背诵书本上的内容。但在答卷时，戴伟华不仅写了教科书上的内容，还临场发挥，用了别林斯基和车尔尼雪夫斯基的话帮助阐述题意。当时，任课老师对他说："你引用别林斯基和车尔尼雪夫斯基的话来答卷，这很好，得了高分也是应该的。"

因为对古代文学有了兴趣，戴伟华对古代汉语学习也就有了要求。一是背诵《古汉语常用字字典》：每天早早起床，他就拿着《古汉语常用字字典》，背一条（一字）做个记号。第二天，他在废纸头上写上已背诵的字，并记上一个字有几个注释的数字，温习昨天背诵过的内容，然后再背诵几个新字。如此循环，两个学期过后，戴伟华利用晨读时间竟把一部字典背诵完了。二是戴伟华试着编写整理了一本《读成语学汉字》。成语相对易记易学，如果将古汉语用例换为成语，自己学习方便，也利于同学间的学习。后来因为其他事，这件事半途而废了。但在初步编写过程中，进一步理解了汉字的意思，对他阅读古籍很有帮助。

四年时间过得很快，戴伟华没有虚度。除了看过班级组织的几场电影以外，他没有进影院看过一场电影。生活也比较简单，没有想过"吃""穿"二字。毕业时，照的标准像所穿的呢料制服，还是他向同学借的。但他舍得花钱买书，一部《李太白集》五元一角，一部《杜诗详注》八元六角，这对于当时的他来说都是大钱，因为那时除学校包集体伙食外，每月的生活费是两三元。

（三）广结学缘

1982年1月，大学毕业后，戴伟华留校任教。1985年他在职攻读研究生学位，那时游学机会很多，江苏的几所学校将唐宋文学的研究生组织起来，一起学习，他因此拜访了南京师范大学的唐圭璋先生，还在南京师范大学、南京大学、苏州大学、杭州大学上课，听过吴汝煜、郁贤皓、周勋初、吴企明、吴熊和等先生的讲座，其中，郁贤皓先生的"李白研究"和周勋初先生的"高适研究"给他留下深刻印象。周勋初先生说，《千唐志斋藏志》拓本全国只有几本，南大图书馆有一本，他翻检墓志拓本发现高适家族墓志，解决了高适祖先的一些问题，这让戴伟华开了眼界，知道除传世《全唐文》外，尚有一种出土文献。此后他特别关注这类文献，尤其是在作《唐方镇文职僚佐考》时，他更是采用了大量墓志材料。后来他指导硕士研究生，就让学生用《隋唐五代墓志汇编》拓本做唐代墓志研究，算是研究生选题中较早切入这一领域的。《唐代墓志汇编》出版后，对于他们使用墓志材料更加方便了。

1995年，随王小盾老师攻读博士，让戴伟华对学术有了更深入的理解。王老师招收博士生，不拘一格，不限学科。学生中有戏剧、外国文学、历史学、音乐学、文艺学等专业方向。有人问王老师为什么招戴伟华，王老师说："《唐方镇文职僚佐考》五六十万字，是重要的文献工作，你不服，可以把这本书抄一遍试试。"王老师自谓行走在文学研究的边缘，让文学和其他学科结缘，解决文学问题。

王老师带学生有一套自己的方法。有些学生进șco已有学术成绩了，为了让学生知道有新任务，写好博士论文，他把学生在《中国史研究》《历史研究》《文学遗产》等刊物发表过的论文拿来讲解分析，指出文章结构、用词用语的问题，并特别指出如何用恰当的语言表达思想，使学生收获很大，后来戴伟华也常用这一方法指导学生。因为，分析文章的过程，也是警示学生的过程，指出不当或错误要毫不含糊，虽然学生当场会感觉很难堪，但私下还是很佩服王老师的学术眼光和对辞须达意的追求。

王老师的学术理想和境界、建树以及工作忘我的状态，是学生最好的精神财富。王老师指导的学生都学有所成，出版了很多重要著作，在各个行业都具有一定的影响。在这样的学术背景下，戴伟华在考虑文学问题时，常常试图和其他学科建立联系。比如他会去关心音乐与文学、语言学与文学的关系，最关心的还是历史与文学的关系。在做研究时，他经常会琢磨历史叙事与历史解释、历史想象与历史真理等的关联性，也会尝试运用史料辨析、考证、比较等方法。

在扬州师院工作过的卞孝萱先生对戴伟华多有帮助，程千帆先生就是卞先生介绍的认识，卞先生嘱咐他请程先生题写《唐方镇文职僚佐考》书名，以便和傅璇琮先生的序相配。程先生对年轻人很关心，希望年轻人尽快成长，欣然题写了书名，还把手边的三本书都题名赠送给戴伟华，这让他很感动。程先生还说，《宋诗选注》手边无书，对这本书有许多见解。程先生与戴伟华相识，还有另一层关系，蒋寅跟随程先生读博士，在与程先生言谈中蒋寅曾多次提到过他。其书《学术的年轮》中《立雪私记》有记：1985年7月10日去见程先生，蒋寅介绍过他们一起切磋诗词赏析事。程先生说："你们这些同学能互相坦率地批评，是很宝贵的，应该这样。以前汪东先生与吴瞿安先生同在南大任教，都教词学。汪东先生在讲义中直言'此处吴瞿安言之非也'。两人同乡同事，平时文酒交欢，是好友，但学问上是非分明，不互相吹捧。"戴伟华初次见程先生时，程先生说："做完了唐方镇僚佐考以后，也可以接着做宋代的僚佐考以及研究。"但后来戴伟华觉得做宋代工作量也很大，从技术层面看，也是重复的，就没有再继续下去，因此他总觉得辜负了程先生的期待。

在扬州师院近二十年教学研究中，戴伟华还得到过很多老师的指导和帮助。他的工作大致分为三个方面：第一，留校之初，协助一位年长的先生编写《汉语大词典》"邑"部的词条。做这一工作虽然时间不长,但他收获较大。文献学的工作规范和方法,让他在实际工作中有了进一步的体会和认识。第二,讲授"先秦到南北朝文学"。近二十年的教学,让戴伟华思考了许多问题。第三,唐代文学研究。这是他的主要研究方向,由《唐代幕府与文学》《唐方镇文职僚佐考》《唐代使府与文学研究》一系列成果构成。

应该说,戴伟华的唐代文学研究是和几位先生相联系的。在一次关于学术的访谈中,当被问及"在您的论著中,经常会提到任中敏、傅璇琮、王昆吾等先生,请问这些学者是如何影响您的?您又是如何继承和发挥他们的学术的?"时,他是这样回答的:"任中敏先生是一代大师,他追求学问的超凡毅力以及工作路径和著述体例对我有很大的影响,我和博士生张之为历时两年完成了任先生《唐声诗》的校理,由凤凰出版社出版,这也是在表达对任先生的敬意。傅璇琮先生是著名的文史研究专家、古籍整理专家和出版家,是学界最突出的领军人物之一。傅先生于我而言,如师如友。他对我既有学术理路的指引之功,更有对后学奖掖提携之情。随王师昆吾先生攻读博士学位是我学术生涯的重要转机。王师提升了我对研究方法和学术意义的认识:不仅重视文献资料的整理考订,而且重视考察事物之间的联系以揭示其本质,重视透过事物的矛盾状态去寻找其内在关系,重视历史与逻辑的一致。"

戴伟华在扬州的学习和工作经历都与这些先生有联系。后来他到广州创建中国古代文学的博士点,就得到了傅璇琮先生的无私帮助。傅先生向袁行霈先生、裘锡圭先生推介他们的学科,还写信给王元化先生,请王先生向郭豫适先生介绍他们的学科。2004年,戴伟华能得到召开中国唐代文学学会年会暨国际会议的机会,也是因为傅先生的支持。傅先生在会前到广州检查会议工作准备情况,参加他指导的博士论文开题,并提出了许多宝贵意见。当年戴伟华在扬州博士论文答辩邀请傅先生做主席,那天傅先生刚好要向李铁映同志(主管文教和古籍出版的中央政治局委员)汇报工作。但是傅先生在电话里将这件事告诉了戴伟华,并说学术工作要紧,会和李铁映同志解释,以后再去汇报。傅先生能按时主持戴伟华的博士论文答辩,凡是知情的人都很感动。傅先生所做的选择不是一般人能做到的,表现出一位优秀知识分子的本色。2005年,戴伟华所带的第一届博士毕业,就请傅先生来主持。后来,在编辑《傅璇琮学术评论》时,傅先生挑选了四张有他参与的博士论文答辩的照片,其中就有在华南师范大学参与博士论文答辩的这张照片。傅先生一直关心戴伟华的研究,常以自己的工作和成绩激励他。2012年商务印书馆出版的《傅璇琮先生学术研究文集》,戴伟华为该书撰写了两首七律,有云"文心史论峰千仞,宋韵唐音果满枝"。为了表达对傅先生的敬意和感激,他请中国书法家协会原副主席陈永正先生书写其中一首,并放在该书的封面上。

戴伟华在2005年《唐代文学综论》后记中说:"2000年来到广州,除了自身的学术工作,我还在推进学科建设。华南师范大学文学院的学术研究和学科建设有良好的基础，自 2000 年文学院中国古代文学第一个博士点建成后，2007 年中国古代文学被列为广东省重点学科。2011 年，中国语言文学一级学科获批博士学位授权点。在第九轮（2012 年）省重点学科评估中，中国语言文学一级学科被列为广东省优势重点学科。'211'三期建设评估验收获优秀成绩，并得到表扬和奖励。我积极参与了其中的工作，并得到领导和老师们的认可，对此，我内心充满感激之情。回顾自己的学术工作，《唐方镇文职僚佐考》对我具有不同寻常的意义，为日后的唐代文学研究打下了比较坚实的基础。30 岁左右，花了七八年时间，默默去做一件事。那时确实有些寂寞，感谢傅璇琮、卞孝萱、郁贤皓、罗宗强、周勋初等先生鼓励我要坐好冷板凳，出传世之作。这让我度过了人生难得的一段沉潜读书的时光：没有电子资源、不去发表文章，而是日复一日地阅读纸质文献，搜集、编排、考订唐代文史资料，每天都有收获，单纯而快乐。"不管在什么地方，他都能坚持学术研究，从不松懈。"

来广州之前，戴伟华一直在扬州学习和工作，由此有了好的学术交往，结缘学术界，也成了他学习阶段的重要收获。因为扬州，是他魂牵梦绕的地方！

二、学术历程：幕府地域诗歌史

戴伟华的学术经历可以从研究课题和研究重点这两个方面，将其简单分为四个阶段，在这四个阶段中，他最看重的还是 20 世纪 80 年代末 90 年代初撰写《唐方镇文职僚佐考》一书的工作经历。

（一）唐代幕府与文学研究阶段

1.《唐代幕府与文学》

戴伟华的硕士论文《中唐边塞诗研究》在相关领域有两个方面的新意：一是利用敦煌文献，将伯 2555 卷纳入边塞诗范围。因为任中敏先生的研究需要，扬州师院购买了黄永武主编的《敦煌宝藏》，这套书在当时价格不菲。因为知其珍贵，戴伟华有点好奇，就常常在图书馆翻看，对这套书比较熟悉。由于柴剑虹先生对伯 2555 卷有研究，经车锡伦老师介绍，他几次与柴先生通信，并请教之。柴先生有文章说到唐人用"国朝"二字言本朝例极少，戴伟华去信告知不少唐代用"国朝"二字的用例，因此得到柴先生的表扬和信任。二是以文人入幕来解释中唐边塞诗繁荣的原因。在查找文献时，戴伟华发现中唐边塞诗研究成果很少，董乃斌先生的论文比较重要。一次大家在办公室谈到董先生，同事周恩珍老师主动说董先生是他的复旦同学，而且是扬州人，要介绍给戴伟华认识，因此戴伟华有机会向董先生请教。有一次戴伟华在信中谈到文人入幕的意义，董先生回信说，他和傅璇琮等先生正在编辑"大文学史观"丛书，可以把唐代幕府与文学写成一本书，列入丛书中。那时候能出书是件天大的喜事，戴伟华全力以赴，夜以继日地搜集材料，及时向董先生汇报他的写作进程。董先生来信给予表扬："看来你把知识储备有效地调动起来了。"戴伟华认为这本书写得还比较稚嫩，但是一个重要的起步。他评教授去省里答辩时，评委问他为什么去做《唐方镇文职僚佐考》，他说："《唐代幕府与文学》出版后，深知肤浅，我决心'竭泽而渔'，充分搜集好资料重新做一次。"这句话感动了评委。其实《唐代幕府与文学》（1990年）被推迟了一两年才出版，这本书让戴伟华收获很大，由此他认识了傅璇琮先生。参加唐代文学会议时，戴伟华看到发下来的《唐代文学研究年鉴》（1991年）有刘石专文评介，他问刘石先生，刘石先生说是傅先生让他撰写文章介绍的。傅先生对年轻人的关心帮助是无私的，"润物细无声"。这套准备连续出版的丛书，只出了一套五种，作者为葛兆光、韩经太、张宏生、陈书良诸先生，他也在其中。刘石先生对《唐代幕府与文学》出版背景和内容做过介绍："这些年来，由于思想观念的发展与思维方式的革新，出现不少以新眼光、新角度研究中国古典文学的文章著述。傅璇琮先生主编、现代出版社出版的"大文学史观"丛书，就是一套意欲打破文学史与社会史、文化史的畛界，经由'大通'，获得'大有'的丛书。戴伟华的《唐代幕府与文学》是这套丛书中的一本，也是国内第一部比较系统研究唐代幕府与文学关系的著作，全书共分为五章。第一章概述历代幕府尤其是唐代幕府的设置、沿革等基本情况。第二章选取由初唐到晚唐十位较有代表性的著名作家，介绍他们的入幕经过与幕中经历。第三章分析唐代幕府兴盛与唐代文人纷纷入幕的原因，归纳文士的入幕途径和入幕人员的类型。第四、第五两章描述唐代入幕文士的生活与创作状况，介绍幕府中频繁的诗社活动、丰富的业余生活在创作中的反映，以及边塞、山水、送别诗、章奏之文、传奇小说等与文人幕中经历的紧密联系。全书结构井然，展示出唐代幕府与文人及与文学创作的方方面面，为人们了解唐代文学史与文化史提供了一个新的窗口。"1993年，戴伟华获批国家教育委员会"八五"社会科学规划项目"唐代幕府与文学研究"，经费8000元，这在当时是相当大的数额了。据说，其后袁世硕先生到扬州师院讲学，特别提到能获批得到这么多经费不容易，他参与评审时对这一新课题给予了充分关注。《唐代幕府与文学》1994年获江苏省教育委员会人文社会科学优秀成果奖三等奖、扬州市首届社会科学优秀成果奖二等奖。这对年轻人来说是莫大的激励。

2.《唐方镇文职僚佐考》

在天津古籍出版社初版序中，戴伟华交代了此书缘起："1987年我撰写《唐代幕府与文学》（现代出版社，1990年2月版），搜集了许多材料，当时遂萌生了一个研究计划，决心对唐人入幕这一问题做系统深入的探讨。首先，对这一问题作总体概括性的研究，写成《唐代幕府与文学》，此书出版后，得到前辈和同行的厚爱。然后,则把研究对象放在更具体也是最主要的方镇幕府上,写成一部包括考订和理论的《唐代幕府与文学研究》,分为上、下两编。现接受前辈学者的指教,把上编独立分开出版,即这本《唐方镇文职僚佐考》;下编则以《考》为参照,重点解决唐代(特别是中唐以后)文学发展中的几个基本问题,这一课题已被列入国家教委'八五'社科研究规划项目。《唐方镇文职僚佐考》前后写了六年左右,除了完成教学任务和领导布置的工作外,我投入了主要精力,不知是否达到预期的目标。由于条件所限,自己又学疏才浅,其中错误和缺漏一定不少,恳请专家学者们的批评指正。在这个课题研究的过程中,得到了许多前辈学者的指导和帮助。如果没有董乃斌先生的热情支持,也许我就不会选择这样一个有价值的研究课题……我特别要感谢程千帆先生,先生以八十岁高龄冒着酷暑为拙作欣然题签,感谢傅璇琮先生,先生为拙作写序之时,正值几个会议连续召开,极度紧张,好几天都工作到深夜。先生一直关心此书的写作,在我最初的样稿上写下了具体的修改意见,这一课题的完成从先生的著述中也得到许多启发。前辈的奖掖之恩,令我感激不尽,这将激励后学不断学习、不断进取。对他们,对许多关心拙作的先生和同行友朋,我表示衷心的感谢。一个年青学子在学术道路上能遇到他们是多么的幸运,我从心底感激他们,并向他们献上深深的祝福。"此书1997年获江苏省政府哲学社会科学优秀成果奖三等奖。

《唐方镇文职僚佐考》夯实了戴伟华在学术界的基础,对其学术人生具有重要意义。第一,当年学术大潮是关注方法论,追求理论建构,一般年轻人并不喜欢做这种枯燥的工作,而且其成果发表很难,甚至古籍整理类在单位都不算研究成果,五六年间还真没有发表几篇论文。当时有人不理解,特别是他的好朋友总在善意提醒他,认为他能做理论研究,为何去做这类人人皆可做的事,再说何时能完成也不能掌控。因此当时戴伟华是顶着压力去做的。第二,当时工作条件也不太好,筒子楼,戴伟华一家人挤在一间房子里,后来虽然也换到了26平方米左右的房子,但还是拥挤的。工作状态大致是爱人上班、小孩入托后,他把被子揭开,然后在床上摊开书,开始工作。第三,那时高校也有下海经商的,就算是不经商,也会想办法去代课,赚点钱,补贴家用。戴伟华的爱人支持他的工作,约定再穷也不去兼课,尽量把时间留下来读书,这一习惯戴伟华一直持续到现在。第四,当时出版太难,如考虑到出版,估计许多人都不愿意去做这种不生钱的赔本事。事实上也是这样,书稿完成后,他只能用自己的钱补贴出版,自费印刷,出一本五六十万字的书,那可是要花大价钱。戴伟华的爱人计算着过日子,倾其所有,把书印出来。戴伟华为了省钱,凡需要补写的字,都十分认真地在硫酸纸上刻写出来。现在不经提醒,一般读者还发现不了他补写的字,那是下了功夫的。也正是前面的辛苦,让他倍加珍惜后来的劳动成果。第五,用纸质本翻检了大量的文献,让他熟悉了各种典籍,把《全唐文》《全唐诗》翻检了多次。这使得他在以后的研究中,很容易联系到一个主题下的不同记载。电子数字化后,虽然检索极为方便,但其中利弊,对经历过一次利用纸本做大型专题考证的学者而言,体会更为深切,别有一番滋味在心头。

傅先生为该书写序，对戴伟华是极大的鼓励，傅先生序云："我与戴伟华同志原不认识。1989年下半年，在京的几位古典文学研究同行倡议编一套"大文学史观"丛书，并推选我担任主编。有位朋友介绍戴伟华同志的《唐代幕府与文学》，建议列入此套丛书。我一看题目，觉得与我过去在《唐代科举与文学》自序中所谈的相合，就很快决定列入这套丛书首批印行的五种之中，后即由现代出版社于1990年2月出版。自此之后，伟华同志即与我通信，彼此时常谈一些学问上的事情。后来他说，他有志于在唐代方镇幕府与文学的关系上做进一步的探索，而要想深入，必须在史的方面下功夫，于是决定着手作唐代方镇文职僚佐考。我赞同他的计划，在通信中就编纂等一些问题彼此切磋。我原以为这件工作总得做上十年八年，不想伟华同志锐志奋进，在短短几年内即完成这五六十万字的大书。但随后在出版上又遇到种种困难，几经磨折，现在终于有机会得以问世，总算皇天不负苦心人。他来信要我作序，我觉得在当前出版难、写书难，特别是搞考证资料难这样一种文化环境下，我是理应为这部著作说几句话的。这不单是为伟华同志本人，也是为了在目前这样一种特殊学术氛围中相濡以沫……正因为此，我在看到伟华同志的《唐代幕府与文学》一稿时，觉得竟有志同道合者在，不禁为之跃然。伟华同志有志于深入这一领域，且决定从治史着手，这既表明他勤奋，也确显示他的见识。因为考唐代方镇，吴廷燮的《唐方镇年表》虽已花了一番功夫，但可补正者正复不少。无论如何，方镇终究是方面大官，史料记载较多。现在要考其属下僚佐，而且要尽可能确定其年份，可以说比考方镇要难得多。首先对唐方镇僚佐的职掌作具体考述的，当首推台湾学者严耕望先生于20世纪60年代所作的《唐代方镇使府僚佐考》，载于《新亚学报》第七卷第二期及《庆祝李济先生七十岁论文集》。现在是要考列各方镇使府内各僚佐的姓名及任职年份，其所下的功夫就远非一二篇论文所能比。我觉得伟华同志之难能可贵处，不仅在于甘坐冷板凳来遍检各类史书、文集、笔记、杂纂，以及新出土的碑志，还在于能细心考绎其间的差异，纠正不少文献记载上的错讹。"

其后，傅璇琮先生对戴伟华从事的研究始终予以关注，他在《文学遗产》发表论文时提及"戴伟华先生即专注于唐代方镇幕府与文学的研究，撰写有《唐方镇文职僚佐考》《唐代使府与文学研究》等书，在这方面极有开拓之功"。这本书产生了很大的影响，史学界也很关注该书，著名学者张广达在《关于唐史研究趋向的几点浅见》（《中国学术》2001年第4期）一文中说："人们可以看到，以后资料编纂日渐加多加密，逐步进入到刺史乃至官卑人众的僚佐阶层，郁贤皓先生的《唐刺史考》、戴伟华先生的《唐方镇文职僚佐考》即是范式。这些都是耗费十年或数十年心血的巨著。郁贤皓先生在搜集刺史资料的同时，还搜集了九卿的资料，有关九卿的考据著作据闻不久也将面世。"孟彦弘《唐代兵制研究概观》云："戴伟华《唐方镇文职僚佐考》对唐代方镇的文职僚佐进行了稽考编年。这虽然不是对制度的考察，但这一工作却为我们进一步研究相关问题提供了极大的方便。"前辈学者如王达津先生云："此书补前人之阙，大有利于搞唐史、唐代文学的人，可谓功在国家，遥表敬意。"（1994年3月27日）王运熙先生云："大著材料丰赡，内容翔实，用力甚勤，对唐代文学研究者很有裨益，是一本很有价值的工具书。"（1995年4月24日）杜希德的高足、马来西亚学者赖瑞和教授《唐代基层文官》有云："《唐方镇文职僚佐考》则从墓志和唐史料中，挖掘出曾担任过文职僚佐的两千多人次，按任职方镇排列，是一项重要的基础研究，为后来学者提供不少方便。"

当戴伟华将书送给马自力先生时，马先生很快回了电话，希望以书评形式在《中国社会科学》给予推介。《中国社会科学》1994年6期发表了蒋寅先生《开启唐代文学研究的新窗口》专评："作者对唐代幕府与文学的关系问题研究多年，在《唐代幕府与文学》一书的宏观视野下，深入研究，从各类史书、文集、笔记、金石著录中勾稽材料，进行认真细致考辨梳理，考出节度使、观察使府文职僚佐近4000人次，并尽可能加以系年。通过这些研究成果，不仅可以了解文人在何时何地入何幕，还可以了解他们周围的文人，他们的交往和创作。这对唐代文学研究是很有实际意义的。""规模较大又比较系统的研究成果，为唐代文史的深入研究提供了极大的便利。如徐松《登科记考》、吴廷燮《唐方镇年表》、岑仲勉《唐人行第录》《郎官石柱题名新考订》、郁贤皓《唐刺史考》等，都带有阶段性意义。考订唐方镇文职僚佐，并尽可能确定其年份，这较之吴廷燮考方镇本身要难得多。方镇终究是方面大僚，史籍记载较多，而僚佐从事则不然。戴伟华选择这样一个题目，既表明他的勇气，也表明他的见识。《唐方镇文职僚佐考》的研究难度和学术价值是不言而喻的，它填补了学术界的一项空白，为研究唐文、唐史提供了一部很有参考价值的工具书。20世纪80年代以来的文学研究正经历着一个由形而上学方法向历史方法的转型，很多文学史问题都在对事实的实证研究中被重新认识，现在亟切需要的就是将文学史上的许多基本问题做进一步清理，使历史的连续性日益清晰地呈现出来。这样的工作是非常细致而艰苦的，但又极有意义。戴伟华的《唐方镇文职僚佐考》就是这种工作的一件出色的业绩，随着时间的推移和研究的深入，它的价值会愈益显现出来。"蒋寅先生在多种场合也推介此书，他在《中国诗学的百年历程》中说："其他相配的工具书还有郁贤皓《唐刺史考》、戴伟华《唐方镇文职僚佐考》等。这些成果给研究者带来的便利条件，是其他研究领域不能望其项背的。"

马自力先生也一直关注戴伟华的研究，其在《中唐文人之社会角色与文学活动》一文提道："对于唐代的文职幕僚，戴伟华先生进行过系统深入的研究，无论是相关材料的挖掘整理，还是对其整体特征的把握，都有独到的发现，取得了一系列重要成果。"（中国社会科学出版社2005年版，第205页）以文会友，马先生在《中国社会科学》杂志社工作时，给予戴伟华许多帮助和支持。

此书1997年获江苏省政府哲学社会科学优秀成果奖三等奖。

3.《唐代使府与文学研究》

接着《唐方镇文职僚佐考》后的工作，是在大量基础材料整理之上做系统研究的，戴伟华随王小盾老师读博士，这也就把它当作博士论文来完成了。

此书旧版后记云："这一篇博士论文是在昆吾师的严格要求下完成的，从结构安排到文字润色，昆吾师都给予了悉心的指导。在论文的评审和答辩过程中，傅璇琮、郁贤皓、龙晦、卞孝萱、杨明、叶长海以及程毅中、邱鸣皋诸先生勉励有加，对论文给予了高度评价，同时各位先生也提出了很好的修改意见，有些我在修订时已经采用。在此向诸位先生表示衷心的感谢。"此书出版后，《书品》1999 年 1 期"书苑撷英"、《唐代文学研究年鉴》1999 年、《江海学刊》1999 年 3 期、《中国文化报》1998 年 12 月 6 日、日本《中唐文学会报》2000 年刊等发表专文评介；《海峡两岸唐代文学研究史》《20 世纪中国文学研究·隋唐五代文学研究》等学术综述论著也给予重点介绍。

关于这本书的内容和意义，中国学术网《1998—1999 年隋唐五代文学研究综述》介绍："在其《唐代幕府与文学》《唐方镇文职僚佐考》的基础上，戴伟华完成了《唐代使府与文学研究》。这部研究文学与制度关系的著作，以文人分布和地域文化为线索，贯穿着由于方镇制度对文人生活的影响，中晚唐时期'文化下移''文学多元'的观点。全书前冠绪论，后缀余论，正文六章。一至四章是全面揭示使府文士生活的文化背景以及因使府文人分布引起的文学变化，并从地域性和时代性两个方面讨论使府制度对文学的影响；五至六章分论唐代诗歌、散文、小说与使府的关系，阐述使府文人生活对诗歌、小说和散文创作新风貌形成所起的积极作用。作者认为，只有厘清使府制度，才能去研究使府文人生存的文化环境，也才能去分析使府文人的生存情况和心态。因为使府文人的地域分布，我们不得不去思考文学的地域性问题；因为使府制度的前后变化，我们又不得不去考虑使府文学的时代性问题。在此基础上，就可以从文学体裁入手，分别讨论使府制度与诗歌、散文、小说的关系。这就是其研究唐代使府与文学的基本思路。在具体写作中，该书考订与阐释相结合，论证与描述相补充，还运用了统计、比较等方法。就该论题而言，此书在切入角度、结构安排、方法运用上均堪称力作。"

此书 1999 年获江苏省政府哲学社会科学优秀成果奖三等奖，2003 年获第三届中国高校人文社会科学优秀成果奖著作三等奖。

2019 年，戴伟华自书诗一首

(二)《地域文化与唐代诗歌研究》阶段

戴伟华研究地域文化与唐诗,与其由扬州调到广州工作的经历有一定关系。江浙文化和岭南文化各有其历史渊源和发展脉络,表现出差异性和互补性。戴伟华刚来广州时,确实有过一段两种文化的冲突和平衡期,特别是遇到意想不到的人事纠纷时,常有手足无措之无奈。由此,他对文化的同异和生存方式有了深刻的体验。这些经验在他的论文中是有反映出来的。戴伟华对李白的喜爱和研究,始于大学阶段,那时他关心李白诗文的表现形式,发表过李白散文研究的论文。到广州后,戴伟华则更关注李白的生存状态,一个少年时代在四川长大的诗人,是怎样走出四川,并在中原求得发展的?他的前辈同乡陈子昂出川是有本钱的,出身豪富之家,可以在京城摔坏价值连城的琴以吸引京城官员和百姓的关注。陈子昂从长江进入中原,经过荆门,可以高唱"谁知狂歌客,今日入楚来";李白经过荆门可没有这种自信,而是低吟"仍怜故乡水,万里送行舟"。从李白一生的行迹看,大致可以分为川、楚、鲁、京等生活圈,李白出川后的命运和文化冲突相关联,甚至李白在鲁地的婚姻悲剧也是与儒家文化无法协调的结果。

戴伟华的地域迁移,同样也遇到交流的问题。戴伟华所操的江淮官话和粤语的距离比他想象的要大得多,这种情况启发他重新认识东晋南迁时的文化冲突。西晋都洛阳,南迁后都金陵,金陵是吴歌产生之地,这说明东晋前金陵人是讲吴语的。晋都南迁,其带来的文化意义并没有得到全面认识。洛阳话和吴语的并存,不是产生于个体之间,而是一整块洛下音全覆盖金陵吴语区。文化之间的交流和冲突首先表现在对话中,要北方人听懂吴语、吴人听懂北方话,不是简单的事。故有智慧的语言学家在研究二者同异规律时,发现汉字有声调,声调有规律,同一汉字而音读有吴音和洛下音的分别,这种差别大多在声调上体现出来。依现存方言推测,汉字声调并非四类。为了求得交流,取四声用于日常对话,诗人并将之运用到写作中,这一诗体被后世称为"永明体"。因此,四声被发现应是汉语内部不同音读之间切磋认识的结果,与佛教、梵语应无关系。为便于理解,可以简单将梵语和汉语的关系表述为英语和汉语的关系,当人们分别用英语和汉语去读"下"时,没有也不可能发现音读特别是声调的联系,但当用北方话和四川话来读时,会发现北方话的"下"是去声,四川话的"下"是拐调的上声。

另外,戴伟华关注地域文化较久,《唐方镇文职僚佐考》本身就是唐代某一阶层活动的地域分布图,也是某类诗人创作地点的分布图。此前,他也试图研究文人的空间分布与排序,其中涉及地域文化,李浩先生在大著《唐代三大地域文学士族研究》中说:"戴伟华指出,文人的空间聚合与分离给文化带来刺激,给文学发展带来生机。见其所撰《唐代文学研究中的文人空间排序及其意义》,《扬州大学学报》1999年第1期。实际上,伟华兄之《唐代使府与文学研究》本身就是这方面

的一部扛鼎之作。"（中华书局2002年版，第6页）

此书是国家社科基金结项成果，在结项报告中有详细介绍，引录如下：

本成果重在解决文学创作问题，解决文学史的问题，改变过去文史结合过程中文史分论或重史弱文的表述结构，以文学问题立题，在文史结合中解决文学问题，将过去主要以诗人籍贯为主的地域文化与文学创作的分析，转换为以诗歌创作地点为主的地域文化与诗歌创作的研究。

本课题基本内容：本课题以问题立论而不同于通论或叙论体，在过去的地域文化和文学创作关系的研究中，比较重视作家的籍贯和阶层，本课题则在别人研究成果基础上，对此作出新的分析，以陈尚君《唐诗人占籍考》为基础，讨论这一分布状况与文学的关系。并指出诗人占籍可以帮助人们理解文化现象和内在规律，既要尊重实际，也要有相当的灵活性；家族是一种文化和文学传递的形式，家族承担某种文化或文学传播责任并发挥其作用，应该研究作家的家庭文化背景和家学渊源；僧诗通俗化与僧人阶层的出身以及他们的文化修养相关，诗僧绝大多数出生在文化落后的地区，出生在贫寒之家，没有多高的文化知识，只是靠自己经验和冥思，用韵语记录下对佛教思想的阐释和理解，他们始终在自己的宗教文化圈子里活动，他们发表诗作也是缘于宣扬佛教，故通俗易懂。再以《唐五代文人籍贯分布表》数据库为基础，分析不同时段文人分布的状况，指出中晚唐文化呈南移的趋势，但陕西和河南的作家绝对值仍大致始终处于其他地区的前面，或者是前列地区之一。同一区域中，作家分布往往呈现出一个或数个密集点，由这一个或数个密集点左右着这一区域的作家分布密度。即使是作家出现不多的区域，也有一个或几个作家分布的密集点，同时指出唐人的籍贯意识是很强的，但将籍贯和文学创作联系起来的观念却比较淡薄。

诗歌中的地域文化的呈现固然与籍贯有联系，但和诗歌创作地点相比，籍贯只是对地域文化与诗歌创作的静态描述，其局限性是很明显的，因此本课题于诗歌创作地点和地域文化的关系用力较大，费时一年有余制作《唐诗创作地点考》数据库，并以此为基础，分析唐诗创作的空间分布。诗歌创作地点的变化，其特征是记录了文人空间移动形成的运动轨迹，即移入场和移出场的转换。文人活动地点的变换不仅改变描述的对象，其风格也随之发生变化。京都为创作最集中的地点，这是诗歌创作地点呈现的普遍性原则。全国的政治中心应该成为诗歌最繁盛的地区，陕西、河南占绝对优势，在国力上升时期尤其如此。初盛唐大量的宫廷应制诗以绝对优势称霸诗坛，而且诗坛领袖也在他们中间产生。其基本形式分别为以文馆为中心的创作、以帝王为中心的创作和以朝臣为中心的创作。中晚唐时期，虽然二京所在之地诗歌创作数量的绝对值还是高于地方，但地方诗歌的快速增长也是事实，其增速已高于二京所在的陕西和河南。地方诗歌数量的增长有其特殊性。文人的流向取决于国家政治、制度以及时势的影响。

地域文化的表述与诗歌创作，这是对诗歌本体的研究，分别讨论唐诗中所体现出的地域文化意识、文学创作的区域重点及其文学表现、文化的历史传统与诗人生存的地域空间以及古都文化在诗歌中的表现和差异。其研究重点是作家的创作，如论隐逸诗人空间位置，以王绩为例，指出王绩处于政治边缘、诗坛边缘。边缘诗人不受主流诗坛的影响，诗歌或许能在保持旧传统上别于时流而独树一帜于诗坛。王绩诗的创作空间相对比较单一，他的表达大致是以自我思想和自我活动为中心的。王绩诗歌在总体上提供给我们特定历史时段某一区域文化的风貌，诗人的活动自身和诗人作品中展现的人物活动，构成了一幅绛州龙门的风俗图景，这和陶渊明笔下的故土图景在区域文化认识上是具有同样价值的。又如论历史文化传统和诗人生存空间的冲突则以李白为例，指出文化或顺应主体或对抗主体，原因之一，地域起了中介的作用，由于地域文化的介入，史、地、人关系的综合体在发生调整，鲁文化传统就是儒学传统，而东鲁则成了李白与儒家文化冲突极端表现的地点。在文化断续论中以陈子昂为例，指出文化断续表现为由于区域不同对历史传统的认同在同一时间区段中出现差异，交通发达地区文化的传承和时间是同步的，易与时俱进；而偏远地区，则表现为文化承续的守旧和固执。初唐蜀地文人面临的文学传统由于有东晋南朝的空白而可以直取汉魏。蜀地文人，西汉以辞赋为主，东汉魏晋渐趋文史而偏重史学，东晋南朝则文学衰落，间有史学问世。蜀学议论的传统，源于史学的修养，构成蜀中自成一统的文化结构。故出川后的陈子昂在风范上有别于时人，能在汉魏传统中找到医治当代诗坛重形式之病的资源。他的《感遇诗三十八首》在形式上复兴古调，在表述上重议论，在内容上重史学，这与蜀中文化是一脉相承的。

本课题内容的讨论和结构的设计基于这样的考虑，唐代文学研究成果质量高、数量多，易产生重复的劳动，这是我在写作过程中时时在警惕自己的。论文不片面追求字数和篇幅，而是从实际出发，以创新为原则。

本课题方法：其一，为实现创新之目的，在写作中不断修正计划，以达到言之者必己出，言之者必新出；其二，立论之资料力求超出时人，费时费力在所不惜；其三，追求理论创新和突破，理论必从研究对象的实际出发，而谨慎使用流行术语；其四，关注文学史上的重要作家和作品，对其做出符合历史事实的解释；其五，努力运用现代科技手段，建立适应本课题必备的数据库；其六，具体方法运用上尽可能吸收各学科研究的成果和获得成果的方法，如考据方法、数据统计的方法、文化学方法、民俗学方法等。

附录中两大数据库：《唐文人籍贯数据库》和《唐诗创作地点考数据库》，皆为填补空白之作，其功能不限于本课题的研究，这却是本课题用力较多的地方。

本课题创新之处在于：文献整理《唐代诗人创作地点考》，填补唐诗研究的空白，使本课题立论有了扎实的基础；对唐诗创作分布格局及其意义的分析，突破了唐诗研究原有的框架，提出中心平衡和转移的观点；在文化的历史传统与诗人生存的地域空间中，论述了诗人和历史传统的认同、断续和相斥的多种形态，在本质上揭示了诗人生存状况和思想之间的联系和冲突；首次引入弱势文化的理论，使作为题材研究的贬谪诗和边塞诗在更高理论层面上得到阐释；首次关注唐诗创作中的域外诗，使地域文化与诗歌的研究有了更为广阔的比较视野。

本课题的学术价值：在几种地域文化与文学关系研究的著作中，以独特的视角关注文学自身的问题，并对其中的重要文学现象和文学问题作了理论性的分析和归纳。本课题为地域文化与文学研究中有鲜明个性和创新特点的重要成果。

本课题的应用价值、社会效益：其研究的成果当会丰富文学史的表述，其方法也会对同类课题的研究有启发和促进作用，而两种数据库的建设不仅为文学史专题研究提供可靠的文献检索和排列功能，也会启发人们在中国古代文学研究中如何使用现代化科技手段，使研究更为精确和有效。围绕本课题的研究，已产生和将要产生一批成果，如指导研究生完成如下课题：《中晚唐袁州诗文创作研究》，此为侧重弱势文化区的文学创作个案研究；《唐代蒲州至太原一线的文学创作》，此为侧重交通的个案研究；《唐代洞庭湖地区的文学创作》，此为侧重水系的个案研究；《唐代庐山诗文研究》，此为侧重名山的个案研究。这些研究都成为地域文化与文学研究的方向性成果。

此书2009年获广东省哲学社会科学优秀成果奖著作类一等奖。

（三）唐代文化与诗歌研究

上述唐代幕府、地域文化与文学研究，都属于文化与文学研究的专题研究，此课题的设计不限于某一专题，而是做系统性研究，其实范围太大，真正做出来的仍然是极少的部分。因为戴伟华花了很长时间去思考，在这方面颇有些创新成果。比如，关于《河岳英灵集》的研究，他解释了序中两个时间节点"起于甲寅"和"开元十五年后"的确切含义，这可是难题。

首先考订《河岳英灵集》有三次编订，初选时在开元末，诗人数和诗篇数均不可知。第一次定稿（有终止时间载录的都应视为定稿）期在天宝四载（乙酉），诗人三十五位，诗一百七十首。第二次修改定稿期在天宝十二载（癸巳），诗人三十五位，诗作二百七十五首。此次在收入诗人数上未有调整，诗人数未有变化，并不意味着入选诗人没有变化，而作品数量上有了明显增加，说明此时作品收集量有了大的增长。第三次定稿也在天宝十二载（癸巳），在诗人数量上有了大的删减，从三十五人减到二十四人，作品由二百七十五首变为二百三十四首，少了四十一首。考虑到人数减少了十一人，而作品数仍维持在一个高位，删减去的诗人作品随之删减，留存的诗人作品应没有太大的变动。《河岳英灵集》"叙"各种传本的数字差异与现存通行本诗人数和作品数无关，数字差异只是反映三次定稿时当下的真实状态。其次才能解决"起于甲寅"问题,甲寅当为开元二年。殷璠叙中"起甲寅"与王湾相联系,是根据王湾进士及第年设限的,只是这一重要时间被殷璠(含有储光羲)误记了,而不是误写。而"开元十五年后"更为复杂,关于"开元十五年后",相关材料有:①《河岳英灵集》序:"开元十五年后,声律风骨始备矣。"②顾况《监察御史储公集序》云:"圣人贤人,皆钟运而生,述圣贤之意,亦钟运盛衰矣。开元十四年,严黄门知考功,以鲁国储公进士高第,与崔国辅员外、綦毋潜著作同时;其明年,擢第常建少府、王龙标昌龄,此数人皆当时之秀,而侍御声价隐隐,辚轹诸子。"序中"其明年"即开元十五年(727)。从顾况序依常识判断,可以说开元十五年的确切时间应与相关文人进士及第相关,而开元十四年(726)、开元十五年知贡举为同一人,两年进士登科者同一座主。储光羲、崔国辅、綦毋潜、常建、王昌龄皆为同门,彼此应熟悉。甚至可以认为"当时之秀"隐指"河岳英灵"。那么,为何不直书"开元十四年后"?第一步寻找可信之材料。《河岳英灵集》以王维、王昌龄、储光羲为代表诗人,其《序》言:"粤若王维、昌龄、储光羲等二十四人,皆河岳英灵也,此集便以《河岳英灵集》为号。""王昌龄"条下言:"顷有太原王昌龄、鲁国储光羲,颇从厥迹。且两贤气同体别,而王稍声峻。"第二步依常识之判断。从"王昌龄"条及顾《序》可知,原来的选本基础是开元十四年(726)、开元十五年(727)进士登科者,代表人物是王昌龄和储光羲。后来选入人数渐多,有了王维,故总序以王维第一。本来可以写"开元十四年后",但经选者及相关人士,主要是和储光羲反复斟酌和考虑,最终决定还是以"王稍声峻"的王昌龄为"声律风骨始备"的起点,而王昌龄开元十五年登进士第,故云"开元十五年后"。由此可见编选者的眼力和严谨。

戴伟华对《河岳英灵集》关注较久,发表有《论〈河岳英灵集〉初选及其诗史意义》(《文学评论》2011年第2期)、《储光羲与〈河岳英灵集〉》(《中国文学学报》2010年12月创刊号)、《论〈河岳英灵集〉初选似在开元末储光羲辞官归隐之时》(《远东文学问题》,圣彼得堡大学出版社2010年5月版)、《论〈河岳英灵集〉的成书过程》(《文学遗产》2013年第4期)、《杜甫:一个被边缘化的当代诗人——从〈河岳英灵集〉失收杜诗说起》(《文艺争鸣》2013年第8期)等。

在作家研究方面,戴伟华常常从文化出发,在制度层面探讨作家的生存状态,比如对李白的研究就是如此。李白是中国诗史中的大家,戴伟华从大学时代就对他感兴趣,还发表过李白散文研究论文。《李白待诏翰林及其影响考述》(《文学遗产》2003年第3期)、《李白自述待诏翰林相关事由辨析》(《文学遗产》2009年第4期)两文是围绕李白"待诏翰林"的讨论。李白进入长安,从其身份和活动区域看,都可视为人生的高峰阶段,一旦被玄宗赐金还山后,身份和地位都随之有了改变,而他自述待诏翰林事反映了自己从强势走到弱势时期的心理变化。李白出京后到他临终前,有三次自述过待诏翰林的相关情况,即天宝十三载(754)魏颢"江东访白"时,李白对他的陈述;至德二载(757)请宋中丞推荐的自述;宝应元年（762）十一月李白临终前对李阳冰的口述。由于时代不同、对象不同、目的不同、场景不同，所叙述内容存在较大差异，甚至产生了分歧，而比较其差异则能揭示其事实真相，并可描述当事者的心路历程。这一通过回忆的叙述又往往是有目的地选择过去而造成回忆缺陷，从本质上看，是弱势文化个体面对强势文化压力的被动选择。

而《文学研究的创新仍应以文献及其解读为基础——以李白与科举相关问题为例的分析》（《文学评论》2017年第1期）一文，则讨论李白与科举的关系。首先，对李白与科举制度关系研究大致可归纳为两类：其一是性格论；其二是身份论。这样分类后，才能解决李白与制度的问题。性格论者以逻辑推理方法，印证主观判断，即李白性格豪放，不拘常规，不屑于科举。而身份论者则以文献资料为基础，从李白身份出发，找出李白不能参加科举考试的客观条件。双方对于李白为何没有参加科举的解释差别较大，前者认为是李白主观意愿的结果；后者认为是李白受客观条件制约的结果。其实，双方的认识方法应该互补，特别是在李白研究中有必要将两种方法参互使用。李白年轻时积极备考，有心参与科举考试。李白在蜀地的创作可以确定的并不多，故记有功录《彰明遗事》保存李白少量作品实属珍贵。第一，保存了李白少量作品，有利于认识其诗歌创作的阶段性特征，认识一位杰出诗人的成长过程。第二，确认李白年轻时已具有诗歌写作的天赋。第三，李白少时的诗歌作品，表明他学习阶段在诗歌写作训练方面是下过功夫的。另外，赋的写作训练是应对科举考试的。李白读书匡山，至少是接受了以应科举考试文学之需的正规化训练的，可见其并非无心科举。

对科举的关心，应分为直接和间接两类。直接关心就是去关注和科举直接关联的人和事；间接关心就是去关注和科举并没有直接关联而有可能影响科举的人和事。李白间接关心科举应从年轻时开始。无论是投刺或献诗都沿承了李白年少时的理想，下笔不休、比肩相如以及诗文清雄、俊语间起，这对于年轻的李白意味深长。投刺在蜀中，献诗在安州，地点不同，时间亦异，但在这一被鼓励的过程中，李白怀揣理想，且有了实现理想的信心。开元二十三年（735）对于考察盛唐文人与科举关系具有特殊意义。李白《秋日于太原南栅饯阳曲王赞公贾少公石艾尹少公应举赴上都序》比附王、贾、尹三公，关心其结果，据《登科记考》，三人皆未登科。李白虽羡其可以应举赴上都，最后只能哀其落第。从其生活轨迹看，李白应谋划走另一条路。天宝元年李白得到唐玄宗召见，入京作翰林供奉，对走这一条路做了回应。

李白最终放弃科举，原因在于其出身，即身份。说他是"漏于属籍"，只是尊重其自己的表述而已。关于李白和科举关系，戴伟华认为有三点需要强调：第一，少年诗不要轻易否定，否定者只是观文望气而已，缺少文献支持。应明白一人之风格变化，诗歌在不同阶段呈现出不同特征，是自然现象；应明白李白早期诗有特殊的认识价值。第二，李白不是生来就拒绝科举，而是在努力中放弃，转而不屑科举，实属无奈之举。从追求到努力，再到放弃，这种过程分析，具有逻辑性，并可和文献相呼应和印证。第三，李白不能参加科举的原因并不明晰，小吏说和商人说皆可搁置，待有新材料发现再做论证，而"漏于属籍"说，虽扑朔迷离，但毕竟是当事人所述。这篇论文2019年获得广东省哲学社会科学优秀成果奖二等奖。

因为到广州工作，戴伟华也关心岭南文人的活动和创作，完成过一项课题。唐代岭南作家中，张九龄最为重要。《张九龄"为土著姓"发微》（《文学遗产》2011年第4期）一文是研究徐浩所撰碑文中"土著姓"以及张说与其通籍事。张九龄一系为岭南"土著姓"而无"门籍"，其出生必然归属于弱势群体中，在张说未与张九龄通谱系前，张九龄上书无果、科举无成。考之张九龄所撰张说碑、徐浩所撰张九龄碑和萧昕所撰张九皋碑，二张所通谱系并不可信。二张通谱系帮助张九龄解决了身份和地域卑微的困扰，为其科举成功和仕途发展铺平了道路。张九龄出身寒微，正表明了个人命运的弱势起点，他的一生都处于在强弱势文化之间不断转场的过程，即便在人生的强势阶段也不能完全摆脱"土著姓"的阴影。

《唐代小说的事、传之别与雅、俗之体》（《文学评论》2014年第3期）也是一篇富有创意的论文。唐代文人在小说创作中也自觉运用并区分着"事""传"这两个概念，在一些重要小说中留有分开且含义不同的痕迹。白行简《李娃传》："贞元中，予与陇西公佐话妇人操烈之品格，因遂述汧国之事，公佐拊掌竦听，命予为传。"沈既济《任氏传》："众君子闻任氏之事，共深叹骇，因请既济传之，以志异云。"李公佐《南柯太守传》："询访遗迹，翻覆再三，事皆摭实，辄编录成传，以资好事。"《卢江冯媪传》："钺具道其事，公佐因为之传。"《谢小娥传》："余备详前事，发明隐文，暗与冥会，符于人心。知善不录，非《春秋》义也。故作传以旌美之。"陈鸿《长恨歌传》："鸿与琅琊王质夫于是邑，暇日相携游仙游寺，话及此事，相与感叹。质夫举酒于乐天前曰：'夫希代之事，非遇出世之才润色之，则与时消没，不闻于世。乐天深于诗多于情者也。试为歌之，如何？'乐天因为《长恨歌》。意者不但感其事，亦欲惩尤物，窒乱阶，垂于将来者也。歌既成，使鸿传焉。"唐人小说中"事"与"传"的区分，其本质就是口头叙述与书面叙述的差别，因此而造成小说叙述的雅体与俗体相交融的叙事体式和审美风格。对之进行探讨有助于文化底层运动的深入研究和传统叙事学理论的建构。在唐代小说中，有一种明显的现象，即"事""传"二体交叉兼行。究其内涵而言，唐人对口头传述之故事谓之"事"，而以文字记述者谓之"传"。

在唐代文化与文学关系研究中，戴伟华面对问题，不求全面，而求有所发现。对于长安和江南的思考，正和当前文化热相呼应，如他熟悉的江南文化、岭南文化研究颇有声势。戴伟华对文化的兴趣在于对具体事物的关注，而非理论阐释。在研究长安时，他关注到安史之乱发生的乾元元年（758），这一年杜甫与其他几位诗人在大明宫唱和，一般研究者会在四人唱和中分析其高下优劣，希望在写作技巧上揭示四位诗人的各自家数，这一点非常重要。戴伟华更多是从文化生态着眼，考虑文人生存的环境以及与时代的关联。本来放入地域性章节探讨的问题，最后侧重在时代性，放入"作品论"一章，成为其一部分。研究重心也做了调整，放在回答"方回之问"了。此组唱和诗写作（758）离安史之乱发生（755）未远，安史之乱前后长安城应有变化，但在诗中没有留下痕迹，而评论者亦少有涉及于此。元方回《瀛奎律髓》二岑参"鸡鸣紫陌"云："四人早朝之作，俱伟丽可喜，不但东坡所赏子美'龙蛇''燕雀'一联也。然京师喋血之后，疮痍未复，四人尽夸美朝仪，不已泰乎？"说实话，方回是有眼光的，他的怀疑虽不确定，但确实是一个问题。

戴伟华的研究习惯是，较多人关注的事件就暂且不议，而去探索发现新的意义和文献价值。戴伟华认为，创新，事实上是与风险同在的，有时会付出很大代价。但探索与创新又必须保持清醒头脑，不是为了猎奇，而是一种推进学术发展的担当。

安史之乱中长安建筑未受大的破坏。安史乱起到至德二年（757）才收复长安。长安城虽遭抢掠，但其基本建筑应未遭大的破坏，这和洛阳很不一样。洛阳遭受了严重破坏，从颂扬京师角度看，四首诗写出京师长安建筑雄伟、风景祥和、人物雍容，应与实际相去不远。这四位诗人在安史乱前都有长安生活经历，甚至有较长的时间，因此可以说，诗中所写必定融入了盛世图景，诗中景象叠合着过去记忆和现在感触。后世读这一组诗，感受到的是盛世风采，甚至在描绘盛唐之音时也会引用其中诗句如"金阙晓钟开万户，玉阶仙仗拥千官"等以为例证。于此当慎重。四人唱和中没有一首触及刚刚发生的安史之乱及其给城市和文人心理造成的影响，这就是作者主观上的选择所致。诗歌无警醒与批判精神，甚至连"劝百讽一"之"讽"都见不着踪影。安史之乱后，国家元气大伤，长安城阙依旧，但已失去往日的辉煌。政治运作难免艰窘，危机潜伏，经不起风吹雨打，动乱随时都可能爆发。事实也是如此，乾元元年（758）唱和后的广德元年（763）吐蕃入长安之时，致使"长安中萧然一空"。至德二年（757）九月收复长安，而乾元元年六月前贾至等四人就有早朝大明宫唱和之事，前后不到一年时间。实际上，这四人的《早朝大明宫》唱和是把四人在盛唐长安所见融入当下的写作中，是盛世想象和眼前见闻的叠合，是往昔与今日的复调。因此，杜甫名作《饮中八仙歌》也在此做了新的解释，而通常所谓《饮中八仙歌》作年被系于天宝前期或后期，在文献并没有依据，而这里将此诗系于乾元元年，是在和以往系年的比较中确定的，是在诸说中取其最合理的一种。承接《早朝大明宫》的想象与现实结合的构思方式，《饮中八仙歌》具有同样的情感结构，此时的杜甫自叹没有八仙身处盛世的风流倜傥，也没有八仙饮酒时的放荡无碍，更加羡慕八仙豪饮而不必担心典衣还债，不过有邻里毕曜过从对饮还算差强人意。关于八仙的传说，成为杜甫与如毕曜等狂饮时的谈资，不断被修饰美化，不断被补充添加细节，也有可能不断增减人物。然后，杜甫在饮宴间不断举杯邀约那些仙人，将之写入长卷，呈现出传世《饮中八仙歌》风神。对《饮中八仙歌》赋予太多政治意义的解释，可能会离写作意图渐远，也会减损其艺术价值。《饮中八仙歌》本来就是写生活的样子，展现一群文士与饮酒相关的图景，是现实存在与想象的结合。在纵酒方面，杜甫和八仙一样，谓之醉，或谓之醒，皆可。杜甫以酒为媒,创作《饮中八仙歌》,展现出帝京的风流记忆和缅怀。杜甫乾元元年与贾至、王维、岑参四人《早朝大明宫》唱和,艺术精湛,身份得体,在诗歌史上产生一定影响。但此唱和在安史之乱发生后三四年间,故诗中歌颂长安雄壮气势受到方回的质疑,而这一点向来为论者所忽视。四人所写京城气象和现实应有相当的距离,诗中呈现的图景应是盛世的记忆和现世景象的叠合。缘此,杜甫的《饮中八仙歌》也正是昔日帝京风流的追忆和现实情景的慨叹,与其看作是杜甫困守长安时的诗歌,还不如放在乾元元年更为合理,时与邻里毕曜相交,其中一乐便是饮酒。《早朝大明宫》和《饮中八仙歌》分别代表了杜甫乾元元年公共空间和私人空间的写作。戴伟华认为,研究是一种接近真理和事实的过程,因此这里的考述力图更真实地反映杜甫《饮中八仙歌》的创作实际,希望成为一个可资参用的观点。

戴伟华很重视论文中提出的概念,概念的界定和阐释决定了论文的质量。在研究长安与江南时,他首先遇到"江南"这一概念,在过往的研究中,界定江南时,总拖着一个尾巴,即杜牧诗中的"江南""扬州"关系。扬州在长江以北,而杜牧《寄扬州韩绰判官》和《遣怀》两首诗让人误判杜牧认为扬州属于"江南"。实际上,杜牧对"江南""江北"界定清晰,从未混淆。杜牧《遣怀》诗中应为"落魄江湖"而非"落魄江南",这是版本问题导致人们认为杜牧此处将扬州归属江南;而《寄扬州韩绰判官》诗是因对创作地点理解有误,导致人们误解扬州地属江南。杜牧及唐人诗歌中的"江南"并不包括"扬州"。

戴伟华觉得,从概念出发会收到意想不到的效果。刘禹锡和白居易的《忆江南》,白词三首,而刘词二首,陶敏等学者认为刘词似遗佚一首,但刘禹锡词题显示"和乐天春词","春词"就是一个概念,和"秋词"有了区别。刘禹锡依"曲拍"所和白居易"春词"《忆江南》当为一首,而"山寺月中寻桂子"是"秋词"的内容,本不在刘禹锡和诗范围之内,故不应怀疑刘诗有遗逸。"曲拍"指依词式填词,而非依曲填词。刘禹锡和白居易的《忆江南》词,与其《同乐天和微之深春二十首》一样存在"江南缺席"现象。白词忆江南风物,而刘词不守白词首唱"忆江南"的要求,所写内容与应写内容偏离;所写地点与词调应写地点偏离。另外,情感也有了偏离,白居易词基本情感是"忆",对过去江南生活的眷念,而刘禹锡《忆江南》是与春天作别。

同样,戴伟华在研究《状江南》时也遇到一个概念,即诗题中"状",一般会将"状"理解为描绘、描写的含义,而《状江南》之"状"是"比"的意思,"状江南"就是用比喻的手法来描写江南。又因"每句须一物形状"的写作规则,造成一月一诗中以比喻手法呈现三物形状,这种写作方法突破了以往咏物诗一首咏一物的模式,在咏物诗史上自成一格,富有创新性。其以"状"法直观生动而全面地展现了江南风物,在江南诗歌写作中占有重要地位。大历浙东唱和有规模有持续时间,鲍防作为节度使行军司马参与了文人群体诗歌活动,并发挥了领导和组织作用，在诗体和诗境上多有开拓。《状江南》以"状"（"比"）法，在"每句须一物形状"限定下，开创了月令诗比喻体叙事的新途径。《状江南》在两方面有诗史意义：一是在咏物诗体写作上的创新；二是在月令诗的写作中突破李峤诗和敦煌诗的格局，另辟新境。

王湾《次北固山下》的研究则是另一种探索，结合政治与律历，试图揭示其深刻的内涵。张说将"海日生残夜，江春入旧年"手书后展示于政事堂，其实不是一件简单的事，今人习惯引用这首诗的"潮平两岸阔，风正一帆悬"来形容壮阔的场景和气势，比较直观，而"海日生残夜，江春入旧年"是有深文大义的，其展示的是变革之局，意思是说一个旧时代已经过去，一个新时代已经来临。"海日生残夜，江春入旧年"是说在夜未尽时，海上已经日出，旧年还未过去，江上的春天已经到来。海日、江春都是新时代的隐喻，残夜、旧年则是旧时代的隐喻。海日在残夜中生起，江春在旧年中已经到来，这是何等气派、何等的自信，又含有多少期待？以为楷式者，与其说是为诗歌创作提供楷式，不如说借此表达政治理想与改革决心，这使王湾诗成为盛唐之始诗风的标杆和政治旗帜。《河岳英灵集》有意将《江南意》的创作时间"甲寅"作为选诗起点，以标举"赞圣朝之美"及"声律风骨"兼备的诗学观。张说题诗于政事堂一事，因《河岳英灵集》唯一载录而流传后世，客观上《次北固山下》也就成了《河岳英灵集》诗学实践的范式，从而确立了此诗在盛唐诗学史中的重要地位。

戴伟华认为，历史上隐藏在文献资料背后的事件已逐渐浮出水面，但还有一些有待揭示。如明明白居易《忆江南》写有三首，而刘禹锡却以"和乐天春词依忆江南曲拍为句"和其词。多了两个重要说明，一是"和乐天春词"，二是"依忆江南曲拍为句"。前者说明，只和白居易"春词"，而不和其"秋词"；后者则说明，只依忆江南曲拍，而不必以"忆江南"为内容。刘词没有写江南，而是写洛阳。元稹、白居易、刘禹锡"春深"诗唱和，每人20首，元诗遗佚。大和二年（828）刘、白唱和只有时间"春深"之限而无地域南北之限，此前二人都有江南生活经历，刘禹锡则在少年时居住江南，但白居易诗中有江南描写，刘禹锡无一首咏及江南。白、刘《春深》唱和诗仍以长安咏唱为主，40首唱和诗中的长安风俗人物展现，内容丰富，层次丰富，人物丰富，合起来就是一部《长安春深风物录》。而"戎装拜春设，左握宝刀斜"礼俗、"青衣传毡褥，锦绣一条斜"婚俗等考订，亦可补史载、史解之阙。白、刘二人对江南书写或缺席，反映诗人对江南认知和江南体验的差异。对于《忆江南》唱和，"春深"诗唱和，戴伟华揭示了其中未为人知的内涵，从诗学史的角度还原其本来面貌。

2019年，戴伟华在新昌唐诗之路研究会上

（四）中国诗学研究

戴伟华一直关注中国诗学，思考过很多问题，除唐代诗歌研究以外，还有一批重要成果：

（1）诗歌形态和体式。《中国社会科学》发表了他的两篇文章，是关于诗歌形态和诗体发展的。在《独白：中国诗歌的一种表现形态》一文提出中国古代诗歌创作中一直存在着"独白"现象，它是诗歌的一种表现形态。独白诗的产生有其原因，缘于"诗言志"的诗学传统、文人的孤独情怀和自我情感描述的体验。独白诗在体式和表现手法上有明显的特征，常以组诗、古体的形式出现，表意上呈现出多义性和隐晦性，并有潜在的对话对象。在中国诗歌发展史和中国诗学史上，独白诗尚未引起当代研究者的充分关注，甚至还是一个空白。偶有文章触及独白，只是举例而已，零乱而无统绪，也会有种种误解。独白是贯穿中国诗歌史和诗学史中的重要概念，以此为视窗，可以完成一部中国独白诗史。此文 2005 年获广东省政府哲学社会科学优秀成果论文类一等奖。

第二篇文章是《论五言诗的起源：从"诗言志""诗缘情"的差异说起》，该文认为"诗言志"是阅读理论的总结，核心为赋诗以言志，其"诗"指《诗经》；"诗缘情"是创作理论的总结，其"诗"指诗体之诗，"诗言志"和"诗缘情"中的"诗"的内涵并不相同。诗歌的发展经历了《诗》—歌诗—诗三个阶段,"诗缘情"理论的提出和五言诗体写作兴盛同步,并且是针对五言诗的。五言诗的发展不是传统的字句演进的过程,而是文人观念的自我突破。五言诗初始阶段作者疑伪或佚名,五言诗以杂诗为名,都是五言诗不入正体的表现。基本思路是:阅读诗论强调的是诗之"用",创作诗论强调的是诗之"体"。"言志"的诗论在发育之初代表的是阅读《诗》的理论,故孔子只讲学诗、用诗和评诗。"缘情"的诗论在发育之初代表的是创作"诗"的理论,"欲丽""绮靡"则先后相续由创作诗论进而表述为文体诗论。《诗》转换为"诗",阅读诗论转换为创作诗论才有可能关注文体诗论。五言诗的形成论,是文学史上的重大命题,因为魏晋以后五言诗体成为占绝对优势的主流诗体。文人五言诗的成熟为何迟至东汉末年?过去的研究一般爱从诗句演进来探讨,《文心雕龙》《诗品》都是如此,这一模式一直延续到今天。戴伟华认为五言诗成熟晚的原因不在于其形式技能,而在于观念的落后。只有五言诗成熟以后并有相当规模的创作,才有创作诗论和文体诗论探讨的可能,魏晋人的创作诗论和文体诗论大多是针对五言诗的。先秦诗论只讨论诗的功能,易模糊不同文体之间的界线;魏晋诗论讨论诗之为诗的本质属性,使诗的本质彰显于各种文体之中,而区别于其他文体。曹丕《典论·论文》的诗论和陆机《文赋》中诗论都是回归诗之体式的讨论,有先后相续的关系。诗"缘情"是过程,是手段,是方式,达到"绮靡"才是作诗的目的,在这一层面上,它和"欲丽"是对应的关系。

五言诗的形成是诗歌史上的重大问题,其讨论分为两派:一是技术派,二是观念派。技术派偏重诗式探讨,试图寻找五言句式到五言诗体的关联。戴伟华是观念派,虽然呼应者稀,但他坚持认为从句型到诗体无关联性,文人五言诗的形成是由于观念的改变和解放。举个通俗的例子,白话诗出现之前,人们早已有能力用白话表达如胡适诗的形式和内容,但胡适所谓"尝试",更多的是观念的驱使,不存在形式的溯源问题。而文人五言诗发展为"永明体",再到唐代格律诗,这又是另一问题了。

第二篇论文2007年获广东省政府哲学社会科学优秀成果论文类一等奖。

另外,《学术研究》刊载的《四声与南北音》,与永明诗体相关。该文提出洛下音与吴音双音并存的时代,为了彼此语言交流研究双音的异同而发现汉字的四声,这种发现与佛教输入无关(《佛教转读与四声发现献疑》发表在《世界宗教研究》)。永明体在中国诗歌形式发展中有重要地位,它以四声发现为前提。有关四声的研究,其主流观点是四声发现与佛教相关,陈寅恪认为因缘于转读,饶宗颐认为因缘于悉昙。有关四声与佛学关系的学术讨论至为复杂,但有一点可以肯定:四声发现与佛教转读及梵呗相联系的传统说法是不可信的。佛经歌咏在天竺称为"呗",传入中国析为二事,咏经称为"转读",歌赞称为"梵呗"。转读应含有两种内容,即转和读,"转"当为翻译佛经,"转读"当将梵文或音译,或意译为汉语,再按一定声腔节奏去诵读。佛经翻译在梵语、汉语之间进行,梵文以表音见长，而汉字以表意为主，两者之间并无声调的联系。因此，在佛经翻译和转读中，不能发现四声。四声的发现当由汉语内部不同语音系统的比较来实现。四声的发现与南北音有因缘：在南朝官话和吴语"双语（音）并存"的特殊阶段，语音学的发展有了机遇。双语并存具有普遍性，因为官话与土著方言之吴音共存共生；双语并存具有可比性，因为二者是汉语内部的语言学关系；双语并存具有长效性，有了广泛而长时段的语言基础，研究是为了运用，运用又促进了研究，并有语言学的理论总结的要求，这一时期成了汉语音韵学研究的前所未有的高峰。对于一次政治意义的移都，一个庞大的语音群，而且是官方语用群，整体迁移到最为保守的语言区，吴语至今仍然保存在中国最有文化活力的区域，足以说明其具有顽强的生命力。从语言学上看，这一主流的官方语言强制性地、大规模地移入有传统有势力的吴语区，其价值尚未被人们充分意识到。

（2）音乐与文学关系。《学术研究》刊载的《论两汉的"歌诗"与"诗"》是对《论五言诗的起源》的补充，但侧重音乐性的"歌诗"。班固"咏史"为"歌诗"，不能作为第一首文人五言诗，理由之一是通常表述为"现存东汉文人最早的完整五言诗是班固的《咏史》……秦嘉的《赠妇诗》三首，是东汉文人五言抒情诗成熟的标志，从班固到秦嘉，经过一个世纪左右的发展，东汉文人五言诗的创作进入繁荣期"。"一个世纪"在时间上未免有些夸大，应该只是在半个世纪以上。这里暂不讨论此段内容的准确性如何，但问题是从班固的第一首五言诗到秦嘉第二首五言诗间隔有半个多世纪，这实在有违文学形式发展的规律。理由之二是班固时代无"诗歌"，只有"歌诗"。《汉书·艺文志》"诗赋略"中之"诗"，从著录看单指"歌诗"。《文选》有"咏史"一类，未收入班固《咏史》中，而是被收录在王融《永明九年策秀才文五首》李善注中，未题《咏史》之名，云"班固歌诗曰"，可见最早是无题的"歌诗"。

《音乐研究》刊载的《唐宋词曲关系新探——曲调、曲辞、词谱阶段性区分的意义》一文，戴伟华写作此文是为了解决对缪荃孙"同调而长短大殊"的困惑，所谓"乐"对"辞"的约束是有限的。若新和之辞与已有之辞在格式上必须对应时，其必然的结果是在一种曲调下有了统一的文字格式，无论词谱是否出现，指导人们按约定俗成的形式去写作的词式已实际存在并被应用。换言之，在词谱正式出现以前，客观的"词谱"已在创作中形成并在创作中发生作用。由曲调到曲辞，尚存在辞和乐紧密结合的共生关系，而"词谱"的实际存在意味着词和乐就可以分离而独立存在。其后，文人中有音乐知识和演唱能力的人仍然迷恋于词体起源时乐和辞的联姻关系，其实已不具有发生学的意义，只不过是不懈追求艺术精细的显示以及知识运用的满足。北宋有音乐才华的词人在写作中不满足于"和辞"（按文字格式完成），尝试直接"依调填词"，或改造旧有词牌，或自谱曲调著辞，这样就会出现新的"词谱"，这一过程似乎让人们由此一窥发生期的乐、辞结合的状态。但戴伟华认为这一状态的真实程度值得怀疑，因为这一过程已经融入了人们若千年探索的经验,多少会带有后人的想象。毫无疑问,宋以后的人研究的谱、辞相配的方法或规则应是身兼音乐家和文学家二职的文人使乐和辞不断协调以达到理想状态的过程,而不能以之解释乐和辞结合的原初状态。姜白石词谱是词成熟期的产物。所谓成熟,有两层意思:其一,词与曲谱的配合实质上已是词依曲谱填写的实践过程;其二,所谓自度曲,辞与曲的配合已经在已有的写作经验以及声、辞配合规则下进行,它只是其他定式的翻版。

(3)楚辞研究。一是名物;二是文体。《中山大学学报》刊载的《〈离骚〉"女嬃"为女星宿名的文化诠释》一文属于名物研究。

《离骚》中的人物性质争议最多的是"女嬃",王逸认为女嬃是屈原姊。后世承王说者,往往加以附会以验证其说法:一是以文物遗存来附会,以《水经注》及其所引袁崧说为代表;二是从文字音训来附会,以洪兴祖《楚辞补注》为代表。游国恩肯定了张凤翼"妇女之通称"的说法。袁崧《宜都记》所载文物遗存是真实的,其附会女嬃庙为屈姊庙,使材料自身存在矛盾,在秭归境内无屈原庙(祠)而有女嬃庙,于理难通。女嬃庙中"捣衣石犹存"揭示了女嬃的身份,秭归之女嬃庙、捣衣石的文化遗存,证明其是纪念"嬃女"星的,而非屈原姊。嬃(婺)女,是二十八宿之一。《离骚》中的"女嬃"为二十八宿之一的"女"星宿。

《文艺理论研究》刊载的《楚辞体音乐性特征新探——音乐符号"兮"的确立》一文是与文体相关联的研究。戴伟华一直关注楚辞中作为音乐标志的"兮"的研究。"兮"为楚辞音乐性的标志性符号,楚辞音乐性"标准器"的构建,基于"越歌"与"楚歌"的对译关系,也基于《渔父》中"歌"与"言"的对应关系。"兮"是音乐的泛声,文本中的虚字。传世《楚辞》,并非都是可歌的"楚歌",《渔父》篇"歌""言"之别即是确证。标明"楚歌"的作品,有"兮"字是音乐泛声的记音表现,而不带"兮"字的楚歌则是文本记载。传世《大招》在形式上是《招魂》的招辞部分,其中"魂乎归徕"与"魂兮归来"的差异,说明彼此的关系不是文本的模仿,而是对音乐记音的不同。《招魂》音乐结构的特殊性在于:从"兮""些"记音区分出不同角色的扮演,说明它具有仪式功能。"些"或为"止、止"二字误写。

戴伟华的研究视野开阔,这和他的学术观念相关。他在《社会科学战线》2001年6期发表的《交叉学科中的古代文学研究》一文阐述了交叉学科研究方法:一是交叉研究体现出研究者对研究对象的系统而深入的思考。如傅璇琮先生的唐代科举与文学研究是学科交叉研究古代文学的范例,其《唐代科举与文学》序云:"这本书把唐代的科举与唐代的文学结合在一起,作为研究的课题,是想尝试运用一种方法。这种方法,就是试图通过史学与文学的相互渗透式沟通,掇拾古人在历史记载、文学描写中的有关社会史料,作综合的考察,来研究唐代士子(也就是那一时代的知识分子)的生活道路、思维方式和心理状态,并努力重现当时部分的时代风貌和社会习俗,以作为文化史整体研究的素材和前资。"戴伟华认为这一研究方法的意义远远不止文史沟通,而是带来一种更为宽广的文化视野。二是在交叉学科中有利于提出问题和解决问题。交叉研究不仅是工作思路,而且要通过交叉研究得出新颖而有说服力的结论,这才是学科交叉研究的目的,也就是要解决问题。任中敏先生的唐代音乐与文学研究开创了一个领域,解决或部分解决了文学史中的一些遗留问题,比如关于词的起源问题,学术界有多种说法,而任先生是从音乐与文学关系的角度来考察的,从文化层面揭示了词调的发生过程。

2019年戴伟华夫妇在马尔代夫

三、学术影响:涓流有心归大海

戴伟华扎实的学术研究工作,不仅得到了学术界的充分认可,也为国家社会科学基金管理机构通报表彰,成为严谨治学潜心钻研学术的榜样。"地域文化与唐代诗歌研究"是国家社会科学基金课题,在结项时,该项目得到了主管部门的高度赞扬,全国哲学社会科学规划办公室以"倡导严谨治学潜心钻研的优良学风、努力推出价值厚重影响深远的优秀成果"为题进行通报,云:"引导学风建设,是发挥国家社科基金项目导向和示范作用的重要方面……近期,国家社科基金项目在史学、文学、语言学等基础学科研究取得了一些优秀成果,其中有关文献整理方面的成果尤为突出,很有价值和分量。这些成果凝聚了各个项目负责人多年潜心研究的心血和汗水，充分体现了他们甘坐冷板凳、十年磨一剑的治学精神和治学态度。"通报表彰了三项成果，其中文学类为戴伟华的《地域文化与唐代诗歌研究》，该项目建立了文献整理类"唐文人籍贯考"和"唐诗创作地点考"两大数据库，这不仅为高质量完成该项目研究任务奠定了坚实的文献基础，也填补了唐诗研究中的学术空白，为今后中国文学史研究提供了具有强大文献检索和排列功能的资料库。鉴定专家们评价说，建立这两大数据库，不仅需要较高的文史修养，还得忍受艰苦劳作和单调寂寞，体现了作者严谨、扎实的学风。当时戴伟华建数据库是为了促进项目深入展开，应该说其思路和方法对以后人们以更专业的工具建成此类数据库有开拓之功。

戴伟华还积极参与海内外学术交流，曾被邀请到美国、韩国、日本、俄罗斯、加拿大等国进行学术交流和演讲。他在日本早稻田大学做"李白的悲剧与诗"的学术演讲，在京都同志社大学参加东亚汉籍交流之"有关域外汉籍研讨价值之探讨"研讨会，发表《〈文镜秘府论〉载录〈河岳英灵集叙〉的价值》报告，在福冈参加中国文学地理学国际研讨会，发表《中国文学地理研究的宏观与微观》大会报告。在俄罗斯圣彼得堡大学远东文学研究第四届国际学术研讨会上发表《〈河岳英灵集〉初选似在开元末储光羲辞官归隐之时》报告。另在香港、澳门、台湾地区多所大学做过学术交流和演讲。

戴伟华主要学术兼职是在中国唐代文学学会任副会长，这个学会很有学术声誉，2008 年他被推选为副会长，这是学界对他做唐代文学研究的肯定。2015 年，为了地方文化建设的需要，由戴伟华牵头成立了中国刘禹锡研究会。2019 年，戴伟华在中山大学提交关于刘禹锡《春深二十首》《忆江南》的论文，评议者北京大学杜晓勤教授说："以前我觉得你不像中国刘禹锡研究会的会长，但读过你的论文后，我觉得你就是刘禹锡研究会的会长。"朋友间的幽默表述，让他认真反思了研究会成立的前前后后，他觉得要做到像个会长不容易，确实需要精力和经费投入。一是要保证研究会的正常运作，筹办年会。二是要理清学术史。在常德召开的年会上，他组织撰写卞孝萱、朱金城、陶敏等故世先生的研究论文，也约请撰写现任副会长肖瑞峰先生的研究论文，肖先生是刘禹锡研究专家，也是扬州师院的校友，很支持学会的工作。戴伟华是一个很细心、做事很周到的人。三是要组织系统研究，他申请了高校古委会项目"刘禹锡资料汇编"。四是要出版《刘禹锡研究》专辑，第三辑正在编辑中，前两辑出版后，得到了学术界好评。

在培养学生方面，戴伟华是尽心尽力的。他对研究生要求严格，他的学生也很努力。在有限的指标下，他的多名硕士、博士研究生获得国家奖学金。对博士研究生的培养，戴伟华比较重视文献基础。吴夏平是戴伟华在华南师范大学工作期间招收的第二届博士生，他硕士期间在贵州大学跟随房开江教授研习唐宋文学。在戴伟华的指导下，吴夏平比较早地确定了研究方向，拟以"唐代中央文馆制度与文学研究"为题展开研究。对于这个选题，吴夏平是非常陌生的，因其硕士阶段主要研习宋词，硕士论文题目为《北宋雅词流变论》。因此，戴伟华要求他首先必须熟悉相关文献。熟悉文献的第一步，是要掌握基本的文献学知识，特别是与唐代文学研究相关的目录学和文学史料学知识。为此，戴伟华开设了"文学与文献"课程，系统讲授《汉书·艺文志》《隋书·经籍志》《四库全书总目》等史志目录，以及晁公武、陈振孙等人所著私家目录。文学史料学方面，戴伟华要求阅读陶敏先生的《隋唐五代文学史料学》和黄永年先生的《唐史史料学》等书。这个选题的重心是文馆制度与唐代文学的关联性，为此他又开设了"制度与文学"课程，指导阅读《唐六典》《通典》《唐会要》及正史所载职官、选举等志书。此外，他还强调必须熟悉当代学者研究制度与文学关系的论著，特别是程千帆先生的《唐代进士行卷与文学》及傅璇琮先生的《唐代科举与文学》等著作。

听课和阅读只是为了打基础，对于毕业论文写作来说是远远不够的。要想进入比较好的研究状态，必须有一个切实可行的抓手。这个抓手就是"唐代文馆文士考"，也就是要把曾在文馆中任职的文士考证出来，如任职机构、时间、出身、迁入和迁出职务等。只有详细搜集这些材料，才能在宏观上把握文士群体与文学的关联。吴夏平本人也非常努力，在一年多时间里就考证文士任职2500余人次，40余万字。2004年，受基金会资助，吴夏平获得香港中文大学访学的机会，利用港台及域外文献充实毕业论文。在论文写作中，戴伟华经常提醒他考证只是基础性工作，不能代替研究。好的学术研究，应是文献学与文艺学的完美结合。因此，考证的同时必须细读作品，强调材料搜集要有分类意识。可在电脑中设置不同文件夹，注明主题，文件夹里面的文档相当于学术卡片。同时，要特别注意隐性材料。隐性源于材料的省略，因此阅读时要善于利用相关知识补充。例如，根据李清照《金石录后序》"之衢""赴越"的记载，可考定《武陵春》作于绍兴元年（1131），而非绍兴五年（1135）。这是因为《后序》省略了从衢州到越州必经婺州（金华）的记录，阅读时需要利用地理知识进行补充。

吴夏平按时完成了毕业论文，2005年冬举行答辩。傅璇琮、邓乔彬、吴承学、陈飞等先生给予了较高评价，论文被评为优秀。毕业后，他回到贵州师范大学文学院工作，在承担教学工作之余，积极从事学术研究，2006年评为副教授。2007年，在博士论文基础上修改的学术专著《唐代中央文馆制度与文学研究》列入齐鲁书社"文史哲博士论丛"出版。戴伟华在该书序中提道："我在相当长的一段时间里做唐代幕府与文学关系的研究，其中所涉及的文士基本上是活动在地方的，是在野文士，而任职于唐代文馆及中央各部的中下层官吏则属于在朝文士。朝野文士之间的关系如何，其文学创作是如何互动的，文学作品的雅、俗与朝、野文士分列有无联系——这样一些问题应当继续探讨。夏平对学术研究有兴趣，有感情，其有意于此乎？"这启发了吴夏平以"唐代文馆文士朝野迁转与文学互动"为题申报国家社科基金项目，幸运获批。他很兴奋地给老师戴伟华打电话说"一语点醒梦中人"。2008年，吴夏平被评为教授，遴选为硕士生导师，开始指导古代文学和古典文献学专业研究生。在他的指导下，多名学生先后考入中山大学等学校继续攻读博士学位，其中两位学生现已成为同事。

评上教授以后，吴夏平完成了国家社会科学基金项目和贵州省哲学社会科学项目的研究任务，申请到一项教育部哲学社会科学规划项目，出版了第三部专著《唐代文馆文士社会角色与文学》。2013年博士后出站回到贵州师大文学院，被遴选为学校首批博士生导师，开始指导博士生。

到现在，吴夏平已出版四部专著，在《文学评论》《文学遗产》《北京大学学报》等刊物发表论文60余篇。他的努力也得到学界的肯定，曾获贵州省哲学社会科学研究优秀成果奖二等和三等各两次，获贵州省高校哲学社会科学学术带头人、青年创新人才、省管专家等称号。

张之为是戴伟华2009届硕士和2014届博士。博士毕业后进入云南大学工作，现为云南大学文学院副教授。入选2018年云南省"万人计划"青年拔尖人才专项、2017年云南大学"东陆中青年骨干教师"培养计划，主要从事唐宋文学、音乐文学研究。

在读期间，张之为承担"十二五"国家重点图书出版规划项目《任中敏文集》中《唐声诗》的校理，对任先生此部力作进行全面、系统的整理。成稿《〈唐声诗〉校理》由凤凰出版社于2013年出版，并于2019年再版。《任中敏文集》获第十八届华东地区古籍优秀图书奖。主持2012年度华南师范大学研究生科研创新基金项目，为本年度华南师大文史哲专业唯一立项者。在校期间获得研究生国家奖学金、华南师范大学研究生"科研创新标兵""科研创新先进个人""曾永裕奖学金"、第四届"勤勤论坛"文学院博士研究生学术论坛优秀论文奖等奖项和荣誉称号。

博士毕业迄今，张之为主持国家社会科学基金西部项目、教育部人文社会科学研究青年基金项目、云南大学人文社科青年项目各一项，承担云南省哲学社会科学重大招标项目子课题一项。撰写《唐诗与音乐》一书，由暨南大学出版社于2017年出版。已在《文学遗产》《光明日报》《中山大学学报》等学术刊物发表论文数十篇。论文《唐五代"渔父"系统歌辞调名辨析——兼论早期文人杂言曲子辞的文本建构》被《中山大学学报》安排在2019年第一期第一篇推出，《高等学校文科学术文摘》转载，此文获得"中国唐代文学学会第十九届年会暨唐代文学国际学术研讨会优秀论文奖"。

戴伟华鼓励学生在读博期间，做一些古籍整理的实训练习，如校勘、辑佚、注释等。例如张之为关注音乐文学，除了《〈唐声诗〉校理》以外，就选了《乐府杂录》尝试做辑佚，写成《〈乐府杂录〉佚文辑考》，后来这篇文章发表在韩国的《东亚人文学》上。发表尚其次，关键是在进入学术工作早期扎实地做一些文献学训练，对学生的益处是不言而喻的。

赵小华是戴伟华2007届博士，现为《华南师范大学学报》研究员。她的博士论文《初盛唐礼乐文化与文士、文学关系研究》入选"岭南博士文库",获广东优秀哲学社会科学著作出版基金项目资助。主持教育部哲学社会科学青年基金项目、广东省哲学社会科学规划办一般项目各一项,所完成的广东省哲学社会科学规划项目被评为优秀;在《哲学研究》《光明日报》《学术研究》《吉林大学学报》等刊物上发表多篇论文;运用古代文学研究注重材料、考镜源流的方法,发掘出国学大师饶宗颐曾任职华南师范大学,弥补了华南师范大学校史多年的缺失。

戴伟华认为,要把学生培养成对社会有用的人,即使他们不在学术研究岗位,也能做出成绩。陈景春是戴伟华2004届硕士和2017届博士。读书期间,陈景春接受了扎实的文学专业与写作训练,曾在《光明日报》实习,现在广州某高校任党政办(外事办)主任。2015年陈景春到教育厅挂职副处长,后借调教育部,参与《中国教育现代化2035》及全国教育大会重要材料的起草工作,执笔广东省教育发展"十三五"规划。其表现获教育部、教育厅充分肯定。教育部专门致感谢信给教育厅,表扬"陈景春同志充分发挥一线实践经验丰富、理论水平较高、文字功底扎实的优势""为高质量完成《中国教育现代化2035》的编制和有关重要文稿的起草做出了重要贡献",成为省教育厅有史以来借到教育部唯一获发文表彰的干部。教育厅随后也发文通报嘉奖,"(陈景春同志)勇于创新、敢于担当、作风严谨、业绩突出,较好地发挥了年轻党员干部独当一面的作用"。

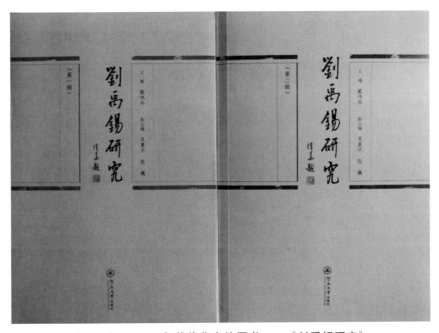

2017年、2019年戴伟华主编图书——《刘禹锡研究》

四、心得感言：一滴水珠映大千

我是幸运的。在学术成长之路上，许多人给予我帮助。首先是拙作刊载的各类期刊的编辑们，如果没有他们的帮助，我的论文也就没有发表的机会，经他们指导和往返修改，才有了论文面世的模样。感谢《文学遗产》《中国社会科学》《文学评论》《历史研究》《世界宗教研究》《音乐研究》《学术研究》《中山大学学报》《文艺研究》《江海学刊》以及我工作单位的《扬州师院学报》《扬州大学学报》《华南师范大学学报》《广州大学学报》等刊物。其次，前辈和同行友朋的指教、帮助，使自己有了前进的信心。特别是那些前辈的风范令人景仰，傅璇琮先生无私助人的大爱精神，一直是我学习的榜样。我总是模仿他的样子去帮助人，"仁者爱人"之"人"是没有差别的，帮助爱你的人，甚至在关键时刻去帮助那些反对你的人，热爱生活，崇尚善良，无怨言，不居功。在广州，我有幸结识陈永正先生，陈先生的文人风范，超然高举，让我敬佩。陈先生的《诗注要义》一书在出版之际，邀我为之写序，实为提携。我在序的开头说："陈永正先生是旧派学者，清能远浊，高能自安。恕我交游不广，视野局狭，誉赞陈先生为最后一代传统文人代表，此非余之私见，与闻者皆言，是为公论。"

出身寒门，一切都靠自己，其中家庭对我有一定的影响。父亲念过私塾，写得一手漂亮的毛笔字，在农村算是文化人。父亲年轻时在上海码头做过苦工，上海刚解放时，因字写得好被派去收税，当了税务员；后来回乡到人民公社做了会计的工作。因此，父亲认为字写得好，可以有饭吃，我兄弟二人在这方面均受到父亲的影响。父亲也算对文化有兴趣。虽住着茅草房，墙壁上总会贴着别样的印刷字画，如王羲之的《快雪时晴帖》、赵朴初书写的毛泽东诗词，还有陈之佛的"喜鹊登梅"以及吴昌硕篆书的对联等。他也喜欢抄写唐诗，但从未见他挂在墙上，我读的第一首唐诗就是父亲抄写的杜牧的《清明》。因浅显通俗，我还是能粗通诗义的，脑中总是想着"牧童遥指"的画面。后来我为生产队放牛，骑在牛背上也会模仿诗中牧童的动作，至今我仍然时不时想起最初接触这首诗的喜爱状态。

耐得住寂寞，不受外界影响，做好自己喜欢做的事。在我做《唐方镇文职僚佐考》研究时，很多年轻人不太愿意做资料整理和考据工作，而我因课题研究的需要做了这件事，得到了当时学术界的重视和表扬，直到今日仍然被人记起。中华书局总经理徐俊先生在《傅璇琮先生逝世前后及我对他的两点认识》中说："八十年代以后的十数年，正是像傅先生这样的学者的示范和推动，一批唐代文学学者在基本文献的整理方面，在专题索引、文史工具书的编撰方面，从学科构建的高度，投入了大量的精力。他们包括周祖譔先生、周勋初先生、郁贤皓先生、陶敏先生，还有在座的陈尚君、戴伟华先生，他们为扭转学术空疏之风，起到了关键的作用。"成果能否在当下和以后产生影响，和时风有很多关系。可能在那个时代，三十多岁的年轻人，其勤奋精神容易被人发现，客观来说也在扭转风气中有微薄贡献。徐俊先生学术成就专精而深博，其《敦煌诗集残卷辑考》《鸣沙习学集》等都是具有划时代意义的学术著作，深为我敬佩。他在重要场合讲这样的话，更多的是在表达对学术研究风格和方法的某种期待。

我做事比较认真。自国家社会科学基金项目划分等级始，我主持的三个项目连续获得了"优秀"。我的体会是，一要全身心投入，这可能和我未从事过行政工作有关系。从1982年大学毕业留校工作以来，我的精力都放在教学和科研上。二要把好质量关。如20世纪90年代后期，我在指导研究生做唐代墓志研究时，先独立完成了《出土墓志与唐代文学研究》一文（发表于中华书局出版的《传统文化与现代化》，1998年第4期），这样指导学生才能做到心中有数。另一个指导学生的办法是，及时把项目阶段成果和学生做交流，共同探讨，学生受益，导师也得益，可以教学相长。三要做得深细，并做出全新的理论概括。

例如，我在做"地域文化与唐代诗歌研究"课题时，在文学史研究中，是在边塞诗和贬谪诗的基础上展开讨论的，提出强弱势文化理论，创造性地将两者置于一个新的理论视域。我认为，文化可分为弱势和强势两大区域，也可以划分为更多层次的文化区。安史之乱后，南方经济有了发展，当然文化也得到了发展，与此同时，南方成了经济重心，并非文化中心，但也不能说文化中心南移。文化中心仍在以京师长安为中心的北方区域，终唐之世，文化中心都未能南移，此其一。其二，文化需要积累，本土文士的出现，相对也有一个文化积累期，弱势文化区的文化积累更为缓慢，大致要到中唐时才会有文士出现，初盛唐时文士的出现是非常偶然的。其三，本土作家在表现本土文化时有局限性，他会视自身生活的环境所呈现出的景观为平常现象而不去表现，如果他们以平常的心态来对待生存环境中的物象，并写入诗篇，同样也会在不经意间再现某一区域的文化特征。外来作家颇有优势，他们是以外来者的眼光审视环境的，从写作心理来看，他们更乐于展现与以往经历和经验不相同的部分，而省略相同的部分。其四，文士的移入带来某一时期的创作高峰。弱势文化区的诗歌创作，因其依赖外来文士的进入，表现为创作中的孤峰现象，它的前后期基本上是空白。其五，文士视觉反差给创作带来新奇的格调。弱势文化区往往处于边远地带，有特殊的地理特点和风土习俗，故对于外来文化具有新鲜感。文士生活在这里，和原来已认同的文化存在进行比较，并写出其明显的差异性。移入场与移出场的文化差异构成了诗歌奇特景观，成为某一时期最富个性而又最有特色的诗歌，这是一条规律。其六，这些能给弱势文化区创作带来丰硕成果的诗人，都有很深的诗学修养，他们已经积累了丰富的诗歌创作经验，因此才有能力将文化弱势区的景象用诗的形式表现出来。其七，诗风的调适在这里是指诗人进入新的创作环境，由于受到外部事物的影响，逐渐调整原来的创作模式，适应新环境,从而形成另一种和自己原来诗风不同的诗歌创作特点和形态。诗风的维持是指新诗风由于环境的需要得到保持,并会持续到创作主体从这一生活场中移出。从个人诗风发展上看,这一类诗人在弱势文化区的创作,不仅摆脱了个人习惯的诗歌写作套路,也远离了文化中心,远离了中心所形成的公众写作模式,或在内容上,或在表现内容的方法上。在这类诗歌写作过程中,没有干扰源,相对一个时期能保持独特的创作风格。其八,诗人的创作也表现为奇峰突起。这种表现方法随作者从弱势文化场的移出,其诗风也随之消失,甚至不留痕迹。不再追忆,这和从强势文化区移出不同。其九,这类诗歌的创作比较孤立,与周围人缺少联系,不可能形成创作群体。因此个人的行为对于在文化弱势区的创作起到很重要的作用。其十,弱势文化区诗歌创作效果,远远低于作者的期待,很少为权威或公众话语所接受而被给予恰如其分的评价,即便为人所注意也要等到多少年之后。其十一,作者在弱势文化区的创作有一点不能忽视,即他们并不希望在这一地区生活得太久,尽管从创作角度看,超越原有生活经验的事物总能吸引主体去表现,但在生活质量上他们非常留恋旧的环境,希望返回原有的生活环境。其十二,弱势文化区的文化活动多由强势文化的介入,其人员输出源于中央,强势文化的介入,势必有两种结果:一是影响落后文化,提升弱势文化的质量;二是使文化纷呈的状态渐趋一致,使原本富有个性的区域文化渐渐失去光彩和魅力。其十三,以义净在古印度的创作为例,义净的写作是在特殊的弱势文化区域的文学创作,这是在非汉语文化区的汉语诗歌写作。其《杂言》和《一三五七九言》二诗在诗歌形式发展史上,有其独特的价值。义净二诗在辞式上的创格,当与他在印度求法十三年有关,有可能受到印度文化、佛教梵呗等影响,义净的创作保留了中印文化交流的痕迹。一种新诗式的产生,必然受到特殊因素的刺激,义净二诗在中国诗歌体式演变中的意义不应忽视,《杂言》虽对传统的歌行体句式、段式有所借鉴,但其整首诗所显示出的结构、章法有其特殊性,《一三五七九言》则是三五七言诗的先导和"宝塔诗"之祖,这是无疑的。义净十多年生活在异国他邦,与中土隔绝,在空间上,他的创作也为研究当时诗坛诗风诗式的嬗变提供了一个可做比较的重要例证。弱势文化区相对于中原文化,离开中原文化越远,其差别也越大,其独特性也就越鲜明。这样的理论提升是源于对材料的透彻分析,故国家社科规划办给以通报表彰。

  学术研究应致力于创新,创新是学术生命所在。如《论月令组诗〈状江南〉艺术创新及其诗史意义——兼证敦煌〈咏廿四气诗〉作时与性质》(《文学评论》2020年第3期)一文,对作为月令诗的《状江南》研究有许多创新点:一是将《状江南》置于唐代咏节气诗的发展过程中来论述。二是将敦煌诗系于天宝年间,这是敦煌学研究中的重要成果,因此才有可能将李峤诗与敦煌诗做比较,说明二者在节气诗中的特色,首次指出贵族节气诗与方便指导农事节气诗的差异,挖掘民间诗的价值。三是对《状江南》地方特色的揭示,改变了此前成果的平面分析,指出其与"每句状一物形状"配合,丰富了节气诗的地方性、具象性、鲜活性。四是指出《状江南》节气诗在李峤、敦煌序列表述中的创新性及其在节气诗的发展中的地位和价值。五是试图以孟浩然诗为例，探索文人与民间诗的关联性。六是在常见材料中发现其价值，述其得失，辨其正误，寻找材料与材料之间联系，构建理论体系，由表象切入本质。

这篇论文最大亮点是解决敦煌诗系写作时间的问题，并将之置于《状江南》之前，进行比较。《唐一行开元大衍历经》之前采用《魏书·律历志》，《大衍历》只在开元十六年（728）到宝应元年（762）之间使用，其后停用。此处将文中考证一例内容表述如下：敦煌《咏惊蛰二月节》："阳气初惊蛰，韶光大地周。桃花开蜀锦，鹰老化春鸠。时候争催迫，萌芽护矩（短）修。人间务生事，耕种满田畴。"按，诗中所写为"惊蛰"，而《唐一行开元大衍历经》："惊蛰二月节，坎上六。桃始华，仓庚鸣，鹰化为鸠。""桃始华"在诗中对应的是"桃花开蜀锦"，"鹰化为鸠"在诗中为"鹰老化春鸠"。可见诗中所写惊蛰与《大衍历》所写惊蛰物像是对应的，但《魏书·律历志》将"鹰化为鸠"放置在"春分"中，而不在"惊蛰"里，说明敦煌诗中惊蛰描写和《魏历》不对应。敦煌诗是敷衍《大衍历》的，故诗、历均是严格对应的，这可以证明敦煌诗写作的时间只能是《大衍历》使用的开元十六年到宝应元年之间，而早于《状江南》写作的大历年间。

此外，我学术之余有习字写诗的爱好，陈永正先生为了鼓励我，为我《自书诗选》题名作序云："当世之擅书者，诗或不文，工诗者书或无法，先生之书进退于二王米董之间，功力颇深，与其诗宛然合璧。"我是有自知之明的，婉言谢绝前辈和朋友们推介我加入书法协会、诗词学会。业余爱好，自由自在，可怡情养性，一旦入会，我会于心不安。

人在江湖，名利之心难免；传记行迹，自谀之习未除。小结如此：

戴伟华，中国唐代文学学会副会长，中国刘禹锡研究会会长。广东省政府文史馆馆员，广东省优秀社会科学家、广东省"特支计划"宣传思想文化领军人才，广东省社会科学联合会顾问，广东省和广州市非物质文化遗产保护专家委员会委员，享受国务院政府特殊津贴专家。现为广州大学人文学院教授，广东省社会科学研究基地"粤港澳大湾区语言服务与文化传承研究中心"学术委员会主任。曾任扬州大学文学院教授、博士生导师；华南师范大学学位委员会副主席、文学院学术委员会主任、博士生导师。广东省重点优势学科中国语言文学一级学科负责人。先后主持国家社科基金项目四项，连续获得广东省政府哲学社会科学优秀成果一等奖三项，中国高校人文社科优秀成果奖一项，在《中国社会科学》等刊物发表论文一百余篇，出版著作《唐方镇文职僚佐考》等十余部。

走到今天，能有些微的成绩，要感谢的人和事、单位太多，同样，也要感谢我的亲人和朋友，我的学生。于此，有诗为谢：

感谢一柄荷叶
在风雨交加的清晨
因忘记带伞
庇护我走上征程

感谢一片新绿
在缺少阳光的季节
飘来窗前
让我嗅到春的气息

感谢一滴水珠
在困顿孤寂的日子
映射大千世界
启示我想象别样的风景

感谢你的一次回眸
在我无助无奈的时候
你的微笑
胜过千千万万的呼唤

感谢身边的人身边的事
也许微不足道
但在我心中却留下
像刀刻一样的痕迹